J. H.와 그의 외할머니 류위쿤에게 이 책을 바친다.
그 이유는 이제 곧 알게 될 것이다.

AT THE CHINESE TABLE

Copyright © 2021 by Carolyn Phillips
All rights reserved
Korean translation rights arranged with
InkWell Management, LLC through EYA Co., Ltd.

이 책의 한국어판 저작권은 EYA Co.,Ltd를 통해 InkWell Management, LLC 사와 독점계약한 마르코폴로가 소유합니다. 저작권법에 의하여 한국 내에서 보호를 받는 저작물이므로 무단전자 및 복제를 금합니다.

미국 셰프가 본 중국 미식의 정원
차이니즈 테이블

캐롤린 필립스 지음 | 채효정 옮김

마르코폴로

차례

한국어판 서문
6

글쓴이의 말
8

프롤로그
12

1장 생소함 Unfamiliarity
16

2장 모호함 Obscurity
44

3장 갈망 Avidity
62

4장 반감 Antipathy
88

5장 순응성 Adaptability
120

6장 **일관성** Consistency
140

7장 **대식가** Gluttony
164

8장 **전체성** Entirety
180

9장 **당혹감** Perplexity
206

10장 **명료성** Clarity
242

11장 **능숙함** Proficiency
268

감사의 말
294

용어집 및 기본 요리법
296

요리법 색인
310

한국어판 서문

중국인 남자 J. H.와 사랑에 빠진 것은, 캘리포니아에서 자란 저에게 상상도 못했던 놀라운 삶을 선사했습니다. 남편과 제가 지난 48년간 함께 경험한 모든 것은 대만, 중국, 미국에서 우리의 삶을 완전히 변화시켰죠. 결국 남편은 학자가 되어 하퍼콜린스 출판사에서 『전쟁의 예술: 손자』와 『도덕경: 노자의 생명서』를 썼습니다. 한편 저는 중국의 음식에 관한 네 권의 책을 썼으며, 현재 남편과 함께 『주역』에 대한 연구를 하고 있습니다. 삶은 계속해서 더 나은 방향으로 진화하고 있습니다!

음식을 중심으로 한 세상이라는 표현은 우리 부부에게 딱 맞는 말입니다. 제 남편은 자신의 지론처럼 맛있는 음식을 먹는 것을 최고의 가치로 생각하며 저도 마찬가지입니다. 그래서일까요. 그는 항상 배고프다고 합니다. 물론 저도 그렇고요.

타이베이에서 캘리포니아로 돌아온 저는 중국 요리 및 요리책을 공부하기 시작했고, 결국 중국에 35개의 지역별 요리 전통이 존재한다는 것을 발견했습니다. 이 경험을 바탕으로 중국 요리 전체와 그 지리적·역사적 배경을 탐구하는 책을 썼습니다. 제목은『천국 아래 모든 것: 중국의 35가지 미식 *All Under Heaven: The 35 Cuisines of China*』로 지었습니다. 제 생각에 중국의 요리는 세계에서 가장 훌륭한 요리 중 하나이기 때문입니다. 유일한 아쉬움은 아직 많은 사람들이 이 사실을 모르고 있다는 점입니다! 이 책은 곧 상하이의 출판사에서『중국에서의 만찬: 외국인 아내의 관점에서 본 중국 요리(饗宴中國: 洋媳婦兒眼中的中華美食)』라는 제목으로 출판될 예정입니다.

중국에는 "백성들은 음식을 하늘로 삼는다. 백성들에게 가장 중요한 것은 음식이다(民以食為天)"라는 말이 있습니다. 이 개념은 중국인들에게 오랫동안 중요하게 여겨져 왔으며, 남편과 시부모님에게도 마찬가지였습니다. 황(黃)씨 가문에 시집갈 때만 해도 이 사실을 전혀 몰랐지만, 시간이 지나면서 저도 그들에게 동화되어 갔습니다. 또한 시부모님이 전쟁으로 폐허가 된 중국 본토에서 살았던 삶에 대해 들었고, 송(宋)과 명(明) 시대에 살았던 선조들의 이야기들도 전해 들었습니다. 저는 이 모든 것이 잊혀지지 않도록 기록으로 남기고 싶다는 생각이 들었습니다.

지난 50년간 제 삶의 거의 모든 것은 중국 문화에 중심을 두었습니다. 한국 역시 제가 무한한 존경과 열정을 품은 나라입니다. 이 회고록이 한국어로 번역된다는 것은 엄청난 영광입니다. 마르코폴로 출판사의 김효진 대표와 디자인을 맡아준 우주상자에게도 감사드립니다. 또한 멀리서도 이 모든 과정을 성공적으로 조율해 주신 에릭 양 에이전시의 신형식 이사님과 미국 측 에이전시 잉크웰 매니지먼트사의 알렉시스 헐리에게도 감사드립니다.

글쓴이의 말

이 책에 나오는 요리법은 주로 대만에서 지낸 8년 동안의 음식에 관한 추억과 중국 본토와 미국에서 남편과 함께 즐겼던 몇몇 맛좋은 식사에 기반한 것이다. 이 책에 돼지고기와 마늘과 단 음식이 너무 많이 나온다면, 그걸로 내 취향이 어느 쪽인지 알 수 있을 것이다. 이 책에 나오는 다양한 재료들을 구매하고 이용하는 방법은 297쪽부터 나오는 '용어집 및 기본 요리법'을 참고하길 바란다.

 이 요리법들에 쓰이는 재료 중 일부는 구하기가 어려울 수도 있는데, 중국인 커뮤니티 가까이에 살지 않는다면 특히 더 어려울 수 있다. 주식과 양념 중 대부분은 온라인으로 구매할 수 있고 동아시아 식품을 파는 괜찮은 상점이나 차이나타운에 갈 기회가 생길 때마다 확실히 사서 쟁여놓아도 좋지만, 가끔은 그걸로도 부족할 때가 있을 것이다. 그래서 나는 거의 모든 요리법의 끝에 한두 문단을 덧붙여서 겨울 멜론이나 마름을 살 수 없다는 등의 문제를 어떻게 해결할지에 관해 몇몇 아이디어를 제공해 놓았다. 늘 그렇듯 식재료들에 대한 자세한 정보는 부록을 확인하길 바란다.

나는 보통 쓰는 미국식 컵과 큰술(T), 작은술(t), 파운드에 더해 미터법도 포함했다. 조금이나마 간단히 하기 위해 이 계량값들은 대부분 근사치로 했다는 점을 밝혀둔다(즉, 1파운드는 더 정확히 말하면 454그램이지만 이 책에서는 500그램과 같다고 했다). 그 정도의 증가분은 페이스트리와 사탕을 만들려는 것이 아닌 이상 차이가 거의 없기 때문이다. 앙트레의 분량은 별다른 말이 없는 한 여러 가지 코스가 나오는 식사 일부로 제공될 것을 고려한 양이다.

이 책 전반에 걸쳐서 로마자를 쓸 때 보통 지명(타이베이台北와 가오슝高雄처럼)과 특정한 사람 이름(유명한 사람 이름이나 주로 쓰이는 철자법이 알려진 이름)을 제외하고는 가급적 한자를 함께 표시하고자 했다.

여기 나오는 경험과 대화 일부는 글의 흐름을 위해 압축하거나 엮거나 바꿔 쓴 내용이 있지만, 있었던 일을 솔직하게 쓰려고 최선을 다했으며 가능한 한 사실에 기반해 추론하려고 노력했다. 어떤 경우이든 이 책에 오류가 있다면 그 어떤 오류도 다른 사람 잘못이 아닌 나의 잘못이다.

2020년 3월, 캘리포니아에서
캐롤린 필립스 *Carolyn Phillips*

프롤로그

가끔은 내 인생이 중국과의 긴 연애였던 것처럼 느껴진다. 하지만 솔직히 말해 이 고대 국가의 아름답고 맛좋은 온갖 것들에 대한 나의 욕망이 제대로 불붙은 때는 1976년이었다. 그해 대학에서 집으로 돌아와 있던 나는 앞으로 뭘 하면 좋을지 몰라서 막막했다. 단 한 가지 확실했던 것은 하와이 대학교에서 들었던 수업에서 배운 것보다 중국에 대해 더 많은 것—중국의 언어, 문화, 음식—을 배우고 싶다는 야심이 흐릿하게나마 있었다는 것이다.

내가 당면했던 문제는 프롤레타리아 문화대혁명의 위력이 13년의 긴 세월이 지나고 한풀 꺾이기 시작했다 해도 가까운 시일 내로 중국 본토로 가는 문호가 외국인, 특히 미국인에게 굳게 닫혀 있을 것 같다는 점이었다. 그리고 그때 대만 어학프로그램에 대해 읽었다. 나는 무엇을 왜 하려는 건지 크게 생각해 보지도 않고 신청을 했고 몇 개월 만에 세계 반대편으로 여행하고 있었다.

대만에 도착하자마자 중국 표준어인 북경어를 산소처럼 들이마실 것이라고, 마법처럼 서서히 터득해서 유창해질 수 있다고, 나는 순진하게 믿고 있었다. 놀라운 일이지만 적어도 내게는 그런 일이 일어나지 않았다. 하지만 다른 면에서 봤을 때 나는 믿기지 않을 만큼 운이 좋았다. 당시 나는 몰랐지만 공교롭게도 여러 가지 일이 동시에 겹쳐 일어나는 바람에 타이베이는 중국 각 지역 토속 음식의 본고장이 되어 있었다. 대만 경제도 첨단기술 혁명의 여파로 빠르게 부상하고 있었고, 이런 갑작스러운 자금 유입에 셰프들은 끝없이 다양하고 독특하며 황홀한 중국 요리를 얼마든지 제공하는 고급 요리의 성지를 세워 대응하는 중이었다.

막 도착한 나는 북경어로 기본 대화 정도만 했을 뿐 많은 내용을 소화하지는 못했지만, 그래도 중국의 미식이 내게 말을 걸어와 위로하고 가르치고 환대해 준 덕분에 조금이라도 더 오래 버틸 수 있었다. 결국 나는 학자이자 미식가인 한 남자와 사랑에 빠졌다. 그는 자신이 속한 세상 내부로 접근할 수 있는 예상치 못한 기회를 내게 주었고, 그렇게 해서 6년이라는 또 한 번의 믿기지 않는 시간 동안 나는 대만을 고향으로 삼아 지낼 수 있었다.

남자친구와 대만과 중국어가 지금의 나를 만들었다는 데는 의심의 여지가 없다. 그 덕에 나는 결국 성인이 된 후의 인생 대부분을 전문 중국어 통역사로 일하면서 살았고, 그런 다음에는 중국 음식에 대한 나의 애호를 음식 전문 기고가이자 예술가라는 노년의 경력으로 빚어낼 수 있었다. 그래도 더 중요한 건 아마도 모국땅의 역사와 서로 복잡하게 얽힌 가문의 역사가 범상치 않은 삶의 미로처럼 돼버린 어느 중국인 가족의 일부가 되었다는 것이리라.

이것은 나의 이야기. 그리고 그들의 이야기이다.

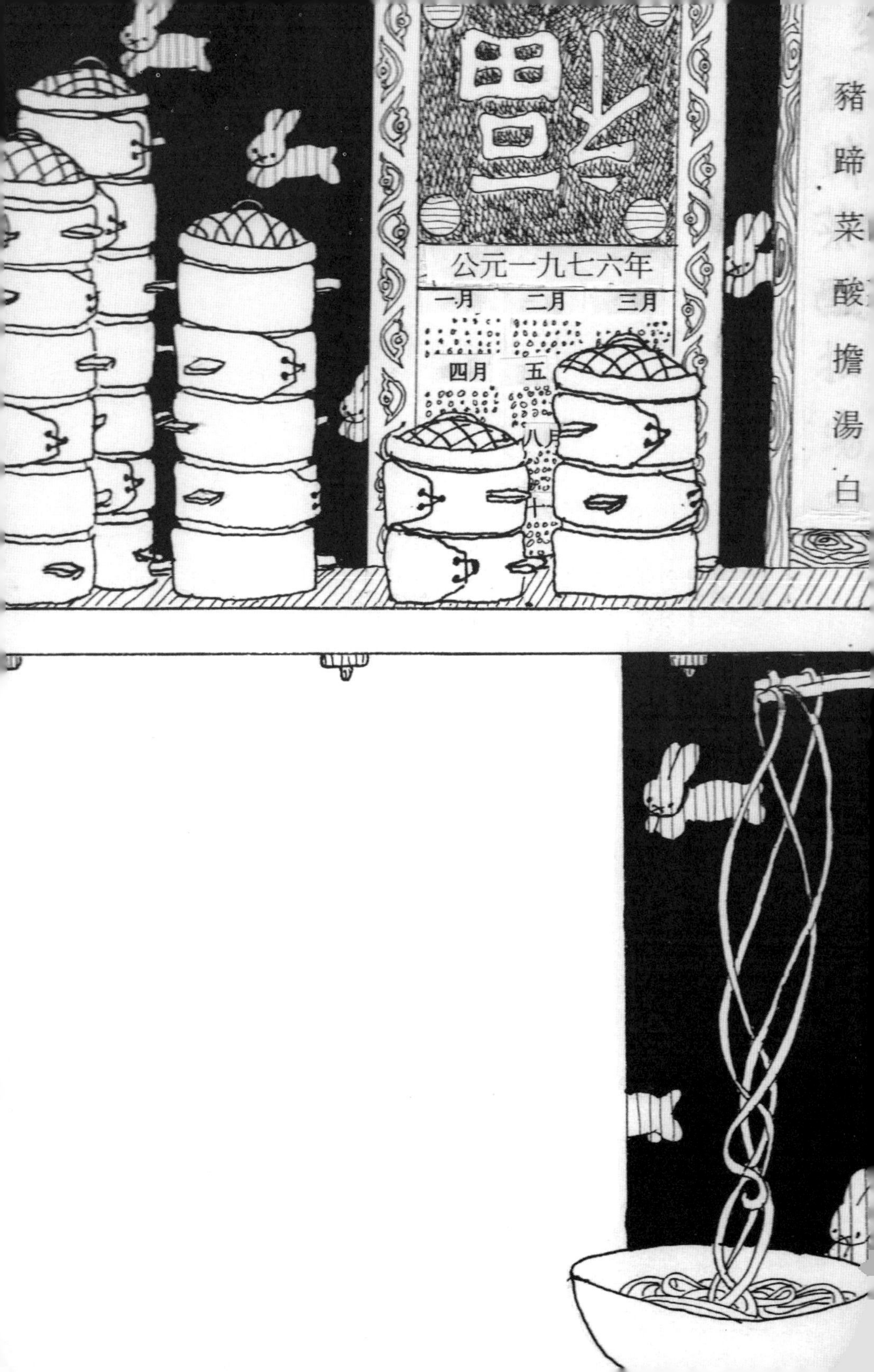

公元一九七六年
一月 二月 三月
四月 五月
八月

豬蹄菜酸擔湯白

1장

생소함 *Unfamility*

타이베이: 1976년~1978년

저 아래서 반짝이며 창문마다 잠에서 깨어나는 이 도시의 풍경은 듣던 것보다 이곳이 훨씬 이국적이고 결정적으로 훨씬 신나는 곳이라는 것을 넌지시 알려준다. 앞으로 불과 몇 년 안에 난 이곳을 상상을 뛰어넘을 만큼 사랑하게 될 것이다. 하지만 신비한 아시아 국가의 수도에 있는 한 가정집에서 첫날 아침을 맞이하는 순간에는, 저 아래로 제멋대로 뻗어나가다 밤 안개와 어둠 속으로 사라져 버리는 후텁지근한 냄새를 들이마시는 것만으로도 나는 충분히 만족스러웠다.

간소하고 작은 욕실 바깥에서 디젤 매연과 지난밤 내린 비, 기름에 뭔가 튀기는 냄새, 백단유 향과 참기름 냄새, 이따금 풍겨오는 담배 연기가 뒤섞여 뭐라 꼭 집어 말하기 어려운 타이베이 특유의 자극적인 냄새와 아열대성 공기가 뒤섞여 휘몰아친다. 이번 여행 이전에 가본 외국이라곤 캐나다밖에 없는데도, 나는 대학에서 네 학기 동안 배운 중국어만 믿고 지구 반대편에서 일 년을 보내겠다며 여기

온 것이다. 창밖을 바라보며 내가 믿을 수 없을 만큼 용감한 건지 아니면 지독히 멍청한 건지 생각한다.

날짜는 1976년 9월 3일. 나는 스물한 살이다. 3천 마일 반경 안에 아는 사람이라곤 알게 된 지 며칠 안 된 사람들뿐이고, 미국인은 중국어를 배우겠단 희망을 버리지 못한 나 같은 젊은이가 한 명 있을 뿐이다. 일어났을 때부터 위장에서 보내는 끈질긴 항의를 못 참고, 나는 해가 지평선 위로 솟아오르자마자 거리를 나서기로 결심한다. 청바지에 티셔츠를 걸치고, '한두 시간 나갔다 올게요'라고 쪽지에 중국어를 끄적여 놓고, 집 열쇠와 약간의 현지 화폐를 쥐고 사전 한 권을 뒷주머니에 쑤셔 넣는다. 실내용 슬리퍼를 현관문 옆에 가지런히 놓은 다음 낡은 테니스화로 갈아 신고 아파트 계단을 종종걸음으로 빠르게 내려간다. 좁은 골목길이 나오면 왼쪽으로 방향을 틀어 창밖으로 봤던 시끄러운 도로를 향하자, 새로운 삶을 맛있게 시작하고 싶은 마음이 더욱 간절해진다.

쑹장로松江路와 신이로信義路가 만나는 교차로를 지나 평범한 콘크리트 아파트 건물 사이로 나 있는 작고 어두운 골목길로 들어가는 주부와 노인들 무리를 따라간다. 그들 손에 들린 빈 쇼핑백이 내가 알아야 할 모든 것을 말해주고 있다. 그들을 거의 따라잡아 마지막 코너를 돌아 넓은 길로 들어서자, 북적거리는 시장의 소리와 냄새와 말도 안 되게 아름다운 풍경이 거의 바이러스에 가까운 강도로 감각 기관에 쏟아진다.

하루치 장을 보려고 몰려든 인파에 떠밀리며 나는 힘겹게 길을 오른다. 눈부신 빛깔의 과일이 산더미처럼 쌓여 몇몇 상점 앞을 장식하는가 하면, 이름도 모르는 신선한 농산물과 건재료, 한 번도 본 적 없는 아직도 퍼덕이는 생선을 파는 상점들도 있다. 도마와 저울이 든 벤치 주변에 살아 있는 오리와 닭이 잔뜩 담긴 대나무 우리 여러 개가 모여 있고, 그 옆에 똥과 깃털 범벅이 된 달걀이 담긴 바구니가 놓여 있다. 어느 푸줏간 주인이 지난밤 도살한 돼지의 온갖 부위를 파는데, 정확히 정사각형 젤리처럼 응고된 적갈색 피가 맑은 물에 담가져 있고, 갈고리에 걸린 갓 도축한 목살, 뒷다릿살, 갈비, 족발, 털 뽑힌 머리 아래에는 돼지의 모든 장기가 세척되어 작은 플라스틱 용기에 담겨 정렬되어 있어서 과연 이 동물이 예전에 무엇이었는지 남은 궁금증을 모조리 풀어주려는 듯하다.

    시장에선 삶의 냄새와 죽음의 냄새가 난다. 나로서는 한 번도 마주한 적 없는 전혀 새로운 광경이다. 동네 아이들과 개들이 어젯밤 불어닥친 스콜로 생긴 웅덩이를 피하면서 뛰어간다. 가끔 지나가는 행인들 중 한 사람이 내가 달라 보인다는 걸 문득 깨달았는지 가던 길을 멈추고, 나를 빤히 쳐다보며 씩 웃는다. 상인들은 팔러 나온 상품들을 대만어나 북경어로 열심히 외쳐댄다. 주변에서 벌어지는 입심 좋은 말씨름과 가금류의 꽥꽥대는 소리가 한데 어우러져 기묘한 교향악처럼 들린다. 장을 보러 나온 사람은 물건을 가지고 무조건 흥정을 벌이며 더 좋은 가격이 나올 때까지 완강히 버티다가, 비로소 돈과 물건의 교환이 이뤄지면 갑자기 양쪽 모두 미소를 지으며 좋은 하루를 보내라고 인사를 주고받는다. 손님 중 다수는 돌아갈

---

1. 짧은 시간에 거센 소나기를 뿌리는 열대성 집중호우—옮긴이 주(이하 각주는 옮긴이 주이며, 각 장의 마주는 글쓴이 주임을 일러둔다).

때 파 한 단이나 싱싱한 고추 한 줌을 덤이나 사은품으로 집어 간다. 이런 작별 선물들이 가져가기 쉽게 묶음으로 만들어져 매대 모서리에 정렬되어 있는 걸 보면, 이건 상인들도 그러려니 하는 일인 것 같다. 이 모든 게 나로서는 이해가 잘 안 되지만 그래도 정말로 배우고 싶은 게임의 일부분이다.

행상과 소규모 식당들도 시장 내에서 작은 필지를 점유하고 있다. 그런 곳에서 파는 맛좋은 쌀국수와 일종의 차우더의 냄새를 맡자 입안에 침이 고인 나는 특히 냄새가 좋은 가판대 하나를 지나치지 못하고 머뭇거린다. 나는 다른 무언가가 필요하다. 그것이 뭔지는

---

2. 생선이나 조개류와 채소를 넣고 걸쭉하게 끓인 수프.

몰라도 정말로 뜨겁고 위안을 주는 것이라야만 한다. 새너제이 *San Jose* 에서 호놀룰루를 거쳐 로스앤젤레스로 간 다음 도쿄로 가서 장시간 경유 끝에 드디어 타이베이 시내의 정글 속으로 풀려나기까지 진이 다 빠지는 비행을 한 뒤, 나는 몸을 아직 회복하지 못해 피로에 시달리고 있다.

오른쪽으로 돌아 작은 골목으로 들어가자 내 코가 활기를 되찾는다. 가족이 운영하는 어느 포장마차 문가에 놓인 육수 통에서 커다란 고깃덩어리가 향긋한 냄새를 피우며 끓고 있고, 위태위태한 탁자에 둘러앉아 아침밥을 만족스럽게 후루룩거리는 손님들을 보니 내가 제대로 찾아왔다는 걸 확실히 알 수 있다. 나는 대만에서 유명한 우육면 한 대접을 주문하고 자리에 앉아 거칠게 유약이 발라진 오른쪽 도자기 용기에서 플라스틱 젓가락을 꺼내고 벽에 등을 기댄다. 북적대는 시장을 내다보면서 정말로 그 먼 길을 지나 대만에 왔다는 사실과 이제 제대로 중국식 요리로 처음 식사를 할 것이며 그 요리가 환상적일 거라는 예감에 나도 모르게 감탄하고 만다.

사실 타이베이에 오게 된 것은 다른 이유가 있어서가 아니라 우연에 가까웠다. 불과 몇 달 전 대학 게시판에 올라온 해외 유학 관련 공지를 보고 별생각 없이 타이베이와 도쿄에 지원했는데, 합격한 것이 북경어 프로그램이라서 정신 차려 보니 어느새 대만으로 가고 있었다. 어쩌면 여기서 지내는 동안 앞으로 살아갈 방법을 알아낼지 여부는 이제 운에 맡길 일이다.

대만에서의 첫 몇 주 동안은 근사한 시간을 보내며 내 주위를 소용돌이치는 세상을 어린아이의 눈으로 바라보며 참신함을 만끽하곤 했다. 단어가 아니라 흐릿한 형체가 보였고, 생각이 아니라 와글와글 떠드는 소리가 들렸다. 개학이 일주일도 채 남지 않았으니 이건 일시적인 현상일 뿐이란 희망을 버리지 않았다. 하지만 한 달이 지난 지금도 상황은 크게 나아지지 않았다. 북경어는 문밖의 특별한 세상과는 전혀 상관없는 교과서를 통해 배웠고, 어학 선생님은 대부분 나보고 조용히만 있으라고 설교하는 것 같았다. 더 나쁜 것은 너무 건조해 먼지가 풀풀 날 것 같은 역사, 문학, 예술에 관한 수업이었다. 마치 중국 문화를 굉장히 이해하기 어려운 것으로 만들어 반드시 멀리하게끔 하겠다고 피의 맹세를 한 것 같은 사람들이 영어로 가르친다. 약 두 달 정도 노력한 끝에 마침내 간단한 국수 한 그릇으로 이곳 삶을 이해할 작은 창을 열 수 있다는 걸 깨달았다. 그건 언

제 어디서든 기회가 될 때마다 외식하기 좋은 핑계가 되기도 했다.

첫해에 내가 발견한 최고의 요리이자 현대 중국을 이해하는 데 그 어떤 교과서보다 도움이 됐던 경험은 바로 '장씨네 딴딴면老張擔擔麵'이라는 타이베이의 작은 구멍가게였다. 이 식당에서는 쓰촨四川省의 성도인 청두成都의 길거리 음식 말고는 메뉴가 거의 없다. 얼핏 보면 별거 아닌 것 같지만 익숙지 않은 감질나는 향이 뭉게뭉게 문밖으로 뿜어져 나와 가게 안으로 유혹한다. 나는 조심조심 안으로 빨려들어가듯 자리에 앉는다. 메뉴를 읽을 수가 없어서 옆 테이블 사람과 같은 것을 달라고 한다. 내 주문을 점원이 그르렁대는 목소리로 주방에 외친다. 요청이라도 할라치면 으르렁대기 일쑤고 눈도 똑바로 맞추기 어려운 이 식당에서는 흔한 바이커 바에서나 맛볼 수 있는 모든 매력과 환대를 경험할 수 있다. 하지만 마침내 음식을 먹기 시작하면 최대한 자주 여기 와서 저녁을 먹겠다고 마음먹게 된다. 여기를 나만 아는 비밀 클럽하우스로 간직하고 싶었던 나는 이 식당에 반할 만하면서 확실히 함구해 줄 소수의(린과 같은) 미국 친구에게만 이곳을 소개해 주었다.

어느 날 나는 선생님 한 분에게 이곳 점원들은 왜 그렇게 끔찍스러울 만큼 퉁명스러운 거냐고 물어보았는데, 그분의 이야기로는 장씨네 딴딴면의 점원들은 쓰촨성 출신의 퇴역 징집병이 대부분이며 한때 장제스蔣介石의 국민혁명군에 속한 보병이었다는 것이었다. 그들은 내전에서 공산당과 싸웠거나 일본 침략자들과 싸웠거나 아니

---

3. biker bar, 모터사이클을 즐기는 사람들이 즐겨 찾는 술집으로 술집의 주인도 모터사이클을 즐기는 사람인 경우가 많다.

면 둘 다였다. 그리고 제2차 세계대전은 결국 끝이 났지만 중국 내전은 결코 진짜로 끝나지 않았는데, 장제스와 그의 부대가 마오쩌둥에게 항복하는 대신 1949년에 서둘러 대만으로 떠났고 거기서 미국의 군사 지원을 받고 힘을 키워 별도 정부를 설립했기 때문이다. 당시 미국이 취한 맹렬한 반공 입장은 언젠가는 본토를 되찾을 수 있을 거라는 생각이 들도록 장제스를 부추겼고, 그래서 그 이후 교착 상태는 보류된 채 뒷전으로 밀려나 점점 희미해져 갔다.

하지만 사람들이 치러야만 했던 대가는 실로 막대했는데, 이처럼 대만 해협을 사이에 두고 양쪽에서 서로 적이 되어 완강히 대립하게 되자 가족과 친구들끼리도 서로 완전히 단절되었기 때문이다. 부모와 자식 간이나 부부간의 편지 왕래조차 금지되었다. 이로 인해 가장 큰 타격을 입은 건 낮은 계급의 퇴역 군인들이었던 듯했는데, 동료 징집병들과 함께 혈혈단신으로 대만에 와서 이제는 겨우 입에 풀칠이나 하는 직업에 안주해야 했으니 새 가정을 꾸릴 여력조차 없을 터였다. 따라서 그중 다수는 익숙한 음식과 고향 말을 할 줄 아는 사람이 많은 장씨네 딴딴면 같은 가게에서 일하며 고독한 여생을 보내야만 했으니 자신들의 운명을 분하지만 그야말로 울며 겨자 먹기로 받아들였다.

가을이 되어 태풍이 이 섬나라를 할퀴고 갔다. 그래서 다른 모든 핑계처럼 이 작은 식당으로 숨어들기 좋은 구실이 되었다. 이런 시기에는 파이버글래스 소재 차양에 퍼붓는 빗소리가 너무 커서 대화할 수 없을 때도 있다. 하지만 어쩌다 모르는 사람과 같은 테이블에 앉게 되더라도 우리는 각자 이 절묘하게 매운 식사를 완벽한 고독 속에 즐기기 위해 열심히 서로를 무시한다. 주전자를 공유하는 일도 인사를 나누는 일도 없다. 이 메마른 요새를 도피처 삼아 들어온 이상은 30센티미터 떨어져 앉은 상대방은 사실상 존재하지 않는다는 것이 불문율이다.

 내 몫의 국수가 담긴 대접이 식탁 위로 내동댕이쳐지듯 나오면, 나는 그걸 앞으로 끌고 와서 갓 뽑은 뜨겁고 하얀 국숫발을 감탄의 눈길로 바라본다. 국수가 소스를 완전히 뒤덮고 있는 이 작은 양푼 대접은 꾸밈없고 순수한 인상마저 풍긴다. 하지만 맛은 전혀 그렇지 않다. 땅콩 가루와 참깨 반죽, 다진 돼지고기, 채 썬 파와 마늘, 곱게 저민 피클, 그리고 불같이 매운 고추기름인 홍유에 쓰촨 후춧가루를 뿌리고 달짝지근한 간장을 넣어 만든 매캐한 유약이 면 표면에 잘 배어들도록 국수와 그 아래 숨겨진 소스를 살살 버무린다. 한 입 베어 문 면발을 혀끝에 감돌다 삼키게 되면, 나도 모르게 한숨을 내쉬고 입맛이 살아나 더 먹고 싶어진다. 허기가 금세 가라앉은 나는 팔꿈치 가까이에 놓인 조그마한 삼발이에 담긴 돼지갈비로 눈길을 돌린다. 역사상 이보다 더 크림처럼 부드러운 돼지갈비는 절대 존재하지 않았다. 매콤한 양념장에 푹 담근 뒤 증기로 찐 작은 밥알들을 묻혀 낸 갈비 옆에는 육즙과 양념과 기름을 전부 빨아들여 버터처럼 부드러워진 고구마 덩이들이 떠 있다. 나는 돼지고기와 황갈색 고구마를 잘 으깨서 입천장이 닿도록 양껏 먹는 방법을 금세 배운

다. 맛들이 잘 섞이고 향기가 코 뒤쪽과 부비강 안쪽까지 솟구쳐 올라오지만, 먹는 모습이 별로 예뻐 보이지 않는 만큼 그 때문에라도 여기서는 항상 혼밥을 해야 한다.

분명히 이 음식이 가진 매력의 일부는 고추에 있지만, 고추보다 더 많이 들어가 관심을 달라고 아우성치는 향신료들이 맛을 보태준다. 흔히 쓰이는 좋은 향 삼총사인 싱싱한 생강과 파와 마늘, 블랙 카르다몬, 소금을 친 검은콩, 발효 누에콩이 들어간 칠리 반죽과 팔각, 회향, 말린 감초 뿌리에서 나는 목캔디 같은 잔향이 뒤섞여 있다. 내가 쓰촨 후추계의 진수라고 생각하는 화자오花椒는 고추의 알싸함을 덮고도 남는다. 이 작고 분홍빛 가죽 같은 겉껍질들은 입술과 혀를 얼얼하게 만든다. 풍미라기보다 감각 반응에 가깝고, 매콤함이라기보다 강렬함에 가까우며, 좋은 맛보다 좋은 향에 가깝다. 하지만 중국어와 영어로 옮기는 과정에서 거의 늘 그렇듯 매끄럽게 번역하기는 쉽지 않다. 쓰촨과 통후추peppercorns 같은 단순한 영어 단어로는 원래 언어의 정말 중요한 핵심을 제대로 전달하지 못하는 일이 허다하다. 여기서 우리가 말하는 것은 사실 후추의 또 다른 품종이 아니라 산초山椒나무의 친척뻘 되는 식물이기 때문이다. 게다가 중국에서 가장 오래된 본초학에 따르면,⁴ 이 식물은 쓰촨보다 더 북쪽인 산시성 인근의 어딘가에서 기원했다. 그러한 오류는 서툰 번역가들 잘못이다.

이처럼 이상하고 내용을 오도하게 하는 해석은 수십 년이 흐르는 동안 스스로 몸집을 불리며 틀린 정보를 주고 혼란을 일으키기 때문에 나는 그런 해석을 무너뜨리고 나서야 눈먼 사람처럼 더듬더듬 이 거대한 문화의 미로를 빠져나갈 수 있게 되었다. 중국어와 영어의 완

---

4. 약 2천 년 전에 쓰인 신농본초경神農本草經일 가능성이 있다.

전한 단절은 처음 몇 년 동안 나의 숙적이 될 것이다. 사실은 진즉부터 깜짝 놀랄 만큼 허우적거리는 중이다. 호놀룰루에서 들은 수업 덕에 네 살 먹은 중국인 아이보다 글은 더 잘 읽지만, 말로 알아듣게 설명할 때는 현지 유치원생이라도 나를 단연코 앞설 것이다.

나로서는 다행인 것은 주저 없이 말할 수 있는 단어가 하나 있다는 것인데, 그 말은 바로 돼지갈비 튀김 zha paigu·炸排骨이다. 내 생각에 이 용어는 돼지고기 애호가인 중국인들 속에서 사는 사람이라면 누구나 반드시 알아야 할 실용 용어 중 하나인데, 다른 건 몰라도 매우 훌륭한 식사를 할 가능성을 보장해 주기 때문이다.

돼지고기 요리를 만드는 수준에 있어서 대만의 갈비 좌판에 견줄 만한 곳은 전 세계를 통틀어도 거의 없다. 최고급 품질의 돼지고기를 덩치 큰 남자 손바닥만 한 크기로 잘라서 도자기 접시만큼 얇은 두께가 될 때까지 두들긴다. 요리사가 이렇게 준비 단계에 공을 들이면 고기에 연화 작용이 일어나서 손수건처럼 부드러움과 흡수력이 생긴다. 은은한 향이 나는 고기에 간장, 마늘, 갖은양념으로 만든 진한 양념장을 두르고 고구마 전분을 묻혀 바삭하게 잘 튀긴다.

그 옛날 중국의 한족이 보잘것없는 돼지를 진정 길이 남을 식자재로 소중히 다루지 않았더라면 마법과도 같은 중국의 미식이 얼마나 많이 사라졌을지 나는 이따금 궁금해진다. 우리가 아는 바에 의하면 중국 북부의 방대한 황허강 유역에 살던 어느 호기심 많은 인류가 바로 돼지고기라는 낙원을 발견한 당사자였을지 모른다. 이 모든 것이 어디서부터 시작됐든 간에, 인류와 돼지의 진짜 첫 조상들은 2백만 년도 더 전인 홍적세 초기에 나타났다. 신석기 시대인 대략 기원전 8

천 년부터 약 6천 년 뒤 청동기 시대가 도래할 때까지 돼지는 이미 중국에서 크게 사랑을 받았기에, 오늘 여기 이런 대접 표면을 따라 미끄러지듯 움직이는 듯한 문양처럼 가재 도구를 장식하게 되었다. 그 무렵 현지에 살았던 인류는 이 맛 좋은 동물을 부를 이름을 글자로 만들어 주었다. 돼지를 뜻하는 최초의 한자어 '저猪'를 자세히 뜯어 보면, 꼬리 끝은 똑바로 세우고 머리는 공중에 떠 있고 작은 다리는 왼쪽으로 흔드는 작고 귀여운 동물 모습을 볼 수 있다.

돼지고기는 여전히 모든 한족 요리의 대표적인 재료라서, 고기에 대한 대명사로 쓰일 정도다. 오늘날까지도 중국인들이 차오러우炒肉

(고기볶음), 러우쓰肉丝(잘게 썬 고기), 바이로우白肉(수육)라 부르는 요리는 어김없이 돼지고기를 지칭하는 것인데, 중국인에게 고기란 늘 돼

지고기이기 때문이다. 다시 생각해 보면 『주례周禮』에 나오는 어느 연회 메뉴에 옛 황제를 위한 '여덟 가지 절묘한' 코스 요리가 기록되어 있는데, 구운 새끼돼지로 화려하게 시작해서 말린 고기와 구워 만든 개의 간 요리로 빠르게 넘어간다. 어쩌면 황제의 잔치 음식은 소문보다 맛이 좋았을지 모른다. 그랬기를 바랄 뿐이다.

우리 교실 전체를 온통 도배하고 있는 중국 지도에는 장제스의 모든 꿈이 좌절된 1949년경의 국경들이 표시되어 있었다. 하지만 나는 그 지도를 한 번도 제대로 본 적이 없었는데, 여기 온 표면적인 이유가 중국어와 중국 문화를 배우기 위해서라지만, 내 눈앞의 현실은 오로지 대만일 뿐 중국은 추상적인 것으로 빛이 바래 있었기 때문이다.

내가 머물고 있는 가정집의 여주인 이씨 이모는 대만 가정식 요리 솜씨가 탁월해 저녁마다 배추튀김, 간단한 생선튀김, 불가능하리만치 부드러운 갑오징어 볶음 등의 특별 요리를 가족들과 내게 만들어 주었는데, 그 덕에 이런 생각은 음식 문화로도 이어졌다.

그렇지만 이씨 이모가 호화로운 고기요리까지 차려주는 일은 드물었기에, 나는 집에서 멀리 나와 있을 때마다 돼지고기의 무한해 보이는 가능성, 특히 코를 간지럽히고 식욕을 돋우는, 잘게 잘라 푹 삶아 고수 잎과 땅콩과 설탕을 뿌려 만드는 삼겹살 샌드위치 같은 대만식 간식을 탐닉했다. 일종의 균형 잡힌 식사를 하기 위해 나는 늘 제철 과일을 한두 봉지씩 종류를 가리지 않고 샀는데, 특히 이 섬에서 나는 '작은 비취'라 불리는 작고 노란 망고수박과 향기 좋은 탄산 즙을 입술에서 분출시켜 팔뚝까지 흘러내리게 하는 통통한 리치,

그리고 말도 안 되게 훌륭하다는 것 말고는 달리 형용할 말이 없는 생기 가득한 풍미와 아삭아삭한 질감의 '흑진주' 롄우蓮霧·wax apple에 금세 빠져든다.

하지만 중국의 다른 모든 성과 요리의 본고장들의 음식을 내가 아직 모른다는 문제가 남아 있다. 나는 융캉제를 터벅터벅 걸어 신비스러운 향신료를 산더미처럼 넣고 푹 삶은 닭고기 요리를 먹으러 간다. 메뉴판에는 이 요리가 허난성에서 기원했다고 나오지만, 그 고장이 어딘지, 그게 왜 중요한지, 중국 역사에서 무슨 역할을 했는지 나는 전혀 종잡을 수 없다. 그저 메뉴판에서 산시陝西 또는 차오저우潮州라는 단어들이 나오면 내가 주문한 음식이 밀인지 쌀인지를 짐작할 수 있을 뿐이다.

그러다가 양념을 낭비하다시피 뿌린 시안식 수타면 한 대접에 호기심이 발동해서, 나는 그 방대한 지도를 좀 더 꼼꼼히 들여다보게 된다. 그때 나는 옛날에 황제들은 수도를 방어 요새로 삼고 그 성곽 안에 최고의 부러움을 살 만한 궁궐과 최고로 맛있는 요리를 숨겨두었다는 내용을 읽은 기억이 난다. 베이징에서 동남쪽으로 한참 떨어진 곳에 있는 이 황궁은 한때 창안長安—시안의 옛 지명—이라 불렸다.[5] 나는 그 고장 음식에 왜 그렇게 특이한 향료가 들어가는지 여전히 의아해하며, 저 밖 방대한 영토에서 강한 바람에 노출된 만리장성이 부서져 내려 모래 언덕을 이루는, 한때 중동과 중앙아시아를 중국과 연결해주던 고대 실크로드를 따라 찍힌 점선을 손가락으로 되짚어간다. 이 황실이 낸 길을 따라 진귀한 향신료를 무겁게 싣고 동쪽으로 여행하는 대상인들을 상상하면, 그 국수 대접 안에 겹겹이 얹은 양념에 생동감이 느껴진다.

그렇게 얻은 작은 정보 조각은 나중에 더 자세한 내용을 알아낼 때까지 머릿속 인덱스 파일에 저장해 둔다. 하지만 그때까지 이 지명들은 더는 단순한 개념에 그치지 않을 것이며, 나는 점심으로 뭘 먹을지 궁싯거리면서 그 크고 낡은 지도를 더 가까이 더 오래 바라본다.

중국의 지형을 분석하는 일은 어려웠지만, 음식은 나에게 길을

---

[5] 장안("영원한 평안"이라는 뜻은 오늘날 진시황의 병마용 군대가 있던 시안("서쪽의 평안")으로 더 잘 알려져 있다.

보여주었고 또 어쩌다 보니 내가 딱 맞는 장소에 딱 맞는 몇 년 동안을 머물게 되었다. 옛날 옛적에 그리고 최근 이십 년가량의 아주 흥미로운 시간 동안 대만은 세계 최고급 중국 요리의 본고장이 되었다. 이 모든 일은 1949년에 시작되었다. 제2차 세계대전과 중국이 일본인들 손아귀에 들어가 겪어야 했던 그 모든 잔학행위가 끝난 지 불과 4년이 지나고 국민혁명군은 공산당과의 내전에서 지고 있었다. 장제스는 최후의 저항으로 군대를 이끌고 중국에서 가장 작은 고장인 대만이라는 섬으로 갔다. 정말 다행인 점은 부유하고 인맥 좋은 본토 주민들이 대만 해협을 건널 때 중국의 최고 요리사들 다수가 짐을 싸서 동행했다는 것이다. 가족 요리사, 선조들이 살던 고향 음식을 갈망하는 재능 있는 군인을 비롯해 각 고장 출신의 미식가들이 남은 빈틈을 모두 채웠다. 중국의 방대하고 다양한 요리의 총합이 갑자기 한 장소에 모이게 된 것이다. 그렇더라도 인도와 멕시코같이 복잡한 여러 음식 문화에서와 마찬가지로, 중국에서 가장 창의적인 셰프들은 식당에 있기보다는 개인의 집에서 일할 가능성이 훨씬 더 컸다.

심지어 요즘에도 대중음식점은 부유하고 유명한 사람들이 식사하기에 선호하는 곳은 아닌데—거대한 족자에 그려진 〈청명상하도清明上河圖〉[6]에서 볼 수 있듯—중국 요리 예술은 대개 잘사는 사람들의 식탁을 위해

---

6. 베이징에 있는 고궁박물원 소장품의 일부인 이 긴 족자는 북송 시대(960-1127년) 장택단張擇端이 그린 것으로, 중국에서 가장 유명하고 귀중한 풍경화 중 하나다. 〈청명상하도清明上河圖〉는 현재 허난성 카이펑의 한 식당에서 여러 남성이 식사를 즐기는 모습을 묘사한 그림이다. 더 중요한 사실은 이 그림이 혁명 이후 프랑스에서 프롤레타리아를 먹여 살리기 위해 발명된 레스토랑이 최초의 것이 아니라는 사실을 증명한다는 점이다. 오히려 유럽이 암흑기에서 막 벗어나기 시작했을 때 중국에서는 이미 온갖 종류의 식당이 아주 흔하게 존재하고 있었다.

서, 그리고 지식인들의 즐거움을 염두에 두고 개발되었기 때문이다. 이것은 이 나라에 가장 잘 알려진 요리책 중 하나인 『수원식단*The Sui Garden Gastronomy*隨園食單』에 잘 묘사되어 있다. 1700년대 말에 시인 원매袁枚가 친구와 동료 미식가들과 함께 식당에서 즐겼던 326가지의 요리를 담은 이 책에는 주로 개인 집 부엌에서 만든 창작 요리들이 담겨 있음은 말할 것도 없다. 그 전통이 오늘날까지 그대로 이어져 온 것이다.

7. 원매의 거처인 수이유안隨園은 영어로 "만족의 정원Garden of Contentment", "숙박의 정원Garden of Accommodation", "조화의 정원Harmony Garden" 등으로 다양하게 표현된다. 영어에 해당하는 지명을 정확히 파악하기 어려운 이유는 난징의 수도 장쑤에 있는 땅의 전 소유주 이름이 수이(Sui)였기 때문에, 학식 있는 사람으로서 마땅한 겸손함을 보여주기 위해 기본적으로 '따르다' 또는 '가다'라는 뜻의 동음이의어를 써서 이름을 지었을 뿐이라는 점을 스스로 밝힌 바 있다. 그래서 영어로 자연스럽게 번역하기 쉽지 않다.
위안 선생은 중국의 고전 요리책 중 하나를 저술했을 뿐만 아니라 여성 교육 진흥의 선구자이자 예술의 후원자로 재능 있는 시인들을 많이 사귀었고, 결국 자신의 정원을 딴 제목으로 작품을 수집해 많은 사랑을 받았다.

셰프들이 대만에 당도하고 약 25년이 지날 때까지 최고의 외식지가 존재하지 않았던 또 다른 이유는 건실하지 못한 경제 탓도 있었지만, 총알 싸움보다 말싸움을 주고받으며 천우신조로 타협을 이룬 대만과 본토 간의 내전 때문이기도 했다. 1975년에 장제스가 (1976년에는 마우쩌둥이) 사망하자 대만 정부는 실리콘 밸리의 우리 엄마 집 근처에서 활발했던 첨단기술 혁명을 획득할 수 있을 정도까지만 사회 통제를 풀어줄 아주 완벽히 시의적절한 구실을 얻게 되었다. 내 이야기에서 그보다 더 중요한 것은 그 후 오래 지나지 않아 그 졸부들과 역시나 배가 아주 고팠던 기업가들이 명석한 개인 셰프들 다수에게 타이베이 시내에 레스토랑을 열라고 설득하기 시작했다는 것이다.

줄여 말하자면, 대만의 수도는 내가 그곳에 나타났던 바로 그때 미식가의 천국으로 변모하는 중이었고 그 상황을 나는 정말이지 제대로 활용한 것이었다.

내가 알던 거의 모든 미국인은 2년째가 끝날 무렵이나 그보다도 훨씬 전에 좀 더 익숙한 고장으로 떠나고 말았다. 그러는 이유는 (말하면서 보통 깊은 한숨이 따라 나오는데) 타이베이에서 외국인이 그보다 오래 살기에는 너무 진이 빠지기 때문이다. 당시의 나도 2학년 언어 전공 학생들이 겪는 이상한 존재감 속에 갇혀 지내면서 그 이유를 서서히 이해하기 시작한다.

부분적인 문제는 내가 마을 위쪽 끝자락 부근의 아파트에 혼자 살아서 더는 손쉽게 미국적 환경에 숨어드는 데 의존할 수 없다는 것이다. 대신 나는 내가 원한다고 생각한 것, 즉 완전한 동화를 얻었다. 하지만 나는 아직 이곳 쑹산 지구松山區 사회에 맞춰 들어갈 수 있을 만큼 말을 잘하지는 못하는 상태다. 이곳 사람들이 움직이고 옷 입는 방식을 결코 비슷하게 따라하지도 못할 것 역시 분명하다. 이 일에 나는 심지어 더 민감하고 짜증스럽게 반응하고 마는데, 어떤 자리에 내가 있으면 늘 내가 자리한 것에 대한 말이 나오며, 은밀히 비웃음당하고 조롱당한다는 느낌이 들기 때문이다. 닌자 액션도 더 커진다. 태양이나 비를 막듯이 사람들 시선으로부터 자신을 지키기 위해 나는 종종 우산을 편다. 재키 오나시스 풍의 커다란 선글라스를 쓴다. 밤색 머리칼을 뒤로 단단히 묶어 모자나 스카프 아래로 쑤셔 넣는다. 이목을 끄는 색은 가리는 편이 낫기 때문이다. 웃을 때는 입을 가린다. 치마를 입고 굽 높은 구두를 신는다. 이 거대 벌집 안에서 일하는 꿀벌이 되고자 고군분투한다. 매일매일 끝없이 펼쳐진 문화의 지뢰밭에서 굽 높은 구두를 신고 길을 찾아야만 하는 나는 걱정스러우리만치 서툴게 넘어지기 일쑤다.

미국으로 돌아가고 싶다는 유혹을 거부하기 힘들 때도, 난 여전히 굴복할 준비가 되어 있지 않았다. 엄마와는 한 달에 한 번 통화하는데 엄마는 통화를 끝낼 때는 늘 "언제 돌아올 거니?"라는 질문을 화법을 바꿔가며 물어본다. 그러면 나는 나중에요, 또는 시간을 좀 주세요 라고 응수한다. 이 나라 말을 배우고 싶고 언젠가는 어떻게든 적응하겠지만, 문제는 아무리 중국어와 씨름하며 머리에 집어넣더라도 시험 기간만 머릿속에 있다가 도로 밖으로 빠져나간다.

하지만 포기한다고 하더라도 나는 갈 곳도 생활비도 없다. 엄마와 나는 최선을 다해 보았지만, 우리가 함께 있는 시간이 즐거웠던 건 내가 여기 온 첫해에 대만과 홍콩과 일본을 돌며 여행했을 때뿐이었다. 4주 동안 언어 측면에서 내가 주도권을 잡고 있어 우리의 권력 구도가 뒤집혔기 때문이었다. 우리가 일종의 동등한 사이가 되자 엄마는 뭔가 이상한 이유에서 그전에는 가능하리라 생각도 못했던 방식의 자유를 느꼈다. 엄마가 그렇게 활발하고 많이 웃는 모습은 한 번

도 본 적 없다. 하지만 그때는 너무 늦어버린 상태였다. 내가 지구 반대편에 사는 전혀 낯선 사람으로 변해 있어서 엄마와 나의 거리는 너무 멀어져 있었으니까 말이다. 엄마는 국제 전화로 통화하면서 유감스럽다는 듯 이제 내가 더는 엄마의 어린 딸이 아니고 이제는 나를 못 알아보겠다고 또다시 말한다. 그리고 나도 두 번 다시 엄마의 생활 방식으로 돌아갈 수 없다는 걸 고통스럽게 자각한다.

그렇다는 건 곧 당시의 내가 말도 안 되는 장소에 갇혀서 나갈 길조차 없다는 뜻이다. 한 걸음 내디딜 때마다 뒤에서 나무들이 닫히고 흙먼지 가득한 길만 눈앞에 나타나는 요정 이야기처럼, 나는 바위에 걸려 넘어지면서도 흙길을 따라 더듬더듬 길을 찾아간다. 이제 숲속 너무 깊은 곳에 들어와 있어서 별빛도 길을 알려주지 못한다. 멈추면 나뭇가지가 기어 올라와 앞으로 밀어낸다. 모퉁이를 돌았을 때 마녀의 오두막이 있기를 바랄 뿐인데, 솔직히 말해서 생강빵만 조금 있어도, 아니 그보다는 쪼글쪼글 주름진 노파와 잠시 영어로 대화할 수만 있어도, 그 노파가 나를 오븐에 밀어 넣으려 할지라도 그걸 얻기 위해 나는 살인도 불사할 것만 같기 때문이다. 적어도 무슨 일이 벌어지고 있는 건지는 알 테니까.

대만식 돼지갈비 튀김
TÁISHÌ ZHÁ PÁIGǓ · 台式炸排骨

이 요리법은 외워라. 애용하게 될 것이다.

Ingredients

양념장
- 마늘 2쪽 잘게 다진 것
- 료주 3큰술
- 노두유(중국식 일반 간장) 1큰술
- 오향분 1작은술
- 붉은 고춧가루 ¼작은술 (선택 사항)
- 갓 간 후추

나머지 재료
- 뼈 없는 돼지갈비(약 350그램)
- 고구마 전분 1컵(140그램)
- 튀김용 기름
- 필요에 따라 천일염

Recipe

먼저 중간 크기의 볼에 마늘, 청주, 간장, 오향분, 기호에 따라 붉은 고춧가루, 후추를 넣고 섞어 양념장을 준비한다. 따로 둔다.

키친타월로 갈비를 두드려 물기를 제거한다. 이때 갈빗살은 1cm 두께보다 두껍지 않아야 하므로 그보다 두꺼운 부위는 가로로 반을 가른다. 도마에 갈비 한 점을 놓고 무거운 (칼날이 아닌) 칼의 평평한 뒷면을 사용해 갈비 전체를 위아래로 두드려 표면에 촘촘히 골이 지게 한다. 다진 고기를 90도 돌려 다시 위아래로 두드리되 힘줄이 숨어 있는 지방의 줄무늬 부분을 집중적으로 두드린다. 갈비를 뒤집어 반대쪽도 두드린다. 작업이 끝났을 때 갈비는 얇아야 하며(6㎜ 이하 두께), 푹신하게 보일 정도이나 살점이 흩어지지는 않아야 한다. 이 단계를 다른 갈빗살에도 반복한다. 갈비를 뒤집어 양면이 양념장에 뒤덮이게 한다. 그릇의 뚜껑을 덮고 최소 20분에서 최대 2시간 동안 냉장 보관한다.

전분을 넓은 대접에 붓고 그 옆에 큰 접시나 베이킹 시트를 놓는다. 갈비 하나를 녹말에 담가 조심해서 푹 적신 다음 여분의 녹말을 부드럽게 털어내고 준비된 접시나 팬에 놓는다. 다른 쪽 갈비도 같은 과정을 반복한다.

냄비에 기름을 약 2㎝ 정도 붓고 중간보다 센 불에서 가열한다. 뜨거운 기름에 나무젓가락이나 대나무 젓가락 끝을 넣었을 때 즉시 거품이 올라오면 바로 갈비 중 하나를 기름에 미끄러트리듯 넣어 평평하게 눕힌 다음, 튀김 가리개로 냄비를 덮고 돼지고기를 한 번씩 뒤집으며 양면이 노릇노릇하고 바삭해질 때까지 튀긴다. 다진 돼지고기를 깨끗한 도마에 옮기고 다른 다진 돼지고기에도 같은 과정을 반복한다. 돼지고기가 충분히 식으면 십자 모양으로 얇게 썰어 소금을 살짝 뿌린다. 뜨거운 찐 밥과 기호에 맞는 양념을 곁들여 낸다. 147쪽에 나오는 갈릭 칠리소스와 궁합이 잘 맞는다. 전채요리로 2인분, 코스 요리 일부로 4인분이 나온다.

Tip

고구마 전분은 항상 최고의 결과를 선사하는 고전적인 재료다. 온라인에서 쉽게 구할 수 있으니 찾아보자. 돼지 갈비 튀김을 꼭 먹어야겠는데 기다릴 수 없다면 옥수수 전분을 써도 좋다. 그 마음은 나도 완전히 이해하고, 그래도 괜찮다고 내가 장담한다. 세 번째 선택지로는 타피오카 전분이 있지만, 너무 걸쭉하게 만들면 끈적끈적해지는 경향이 있으니 적절히 조절하자.

골든 캐비지 프리터

ZHÁ GĀOLÌCAÌ WÁN · 炸高麗採丸

이 대만의 전통 가정식 요리는 단순함 그 자체다. 채 썬 채소를 전분과 달걀로 반죽한 후 작고 동그란 모양으로 바삭하게 튀겨낼 뿐이니까. 이 요리는 민박집 이모님이 자주 만들어 주셨는데도 질리지 않았다. 민박집 이모님이 만들던 다른 요리와 마찬가지로 요리법이나 요리책을 참고하지 않고 주방에서 보낸 수년간의 기억에 기대어 만든 것이다. 내가 먹어본 대부분의 다른 버전과는 달리 이모님 요리는 채소가 중심이었고 반죽은 서로 달라붙지 않게 하기 위한 것뿐이어서 거의 튀김 비슷한 가벼운 식감을 느낄 수 있었다.

Ingredients

디핑 소스
  갈릭 칠리소스 ¼컵(60ml)
  발사믹 식초 또는 쌀 식초 2큰술
  입맛에 따라 설탕 추가

튀김
  양배추 ¼개(약 225그램)를 껍질을 벗기고 2센cm 이하로 잘게 채썰기
  중간 크기의 당근 ½개, 껍질을 벗기고 갈아놓기
  중간 크기의 노랑 또는 빨강 양파 ¼개, 잘게 썰기
  달걀 큰 것 3개, 가볍게 풀어놓기
  옥수수 전분 3큰술
  다용도 밀가루 2큰술
  베이킹파우더 1작은술
  고운 천일염 ½작은술
  튀김용 기름

Recipe

먼저 칠리소스에 식초와 설탕을 넣고 저어 소스를 만든다. 튀김을 준비하는 동안 소스가 부드러워지게 놔둔다.

양배추, 당근, 양파를 중간 크기의 볼에 넣는다. 달걀을 넣고 섞은 다음 옥수수 전분, 밀가루, 베이킹파우더, 고운 천일염을 뿌려 전부 섞어준다.

오븐을 섭씨 120도로 예열한다. 내열 접시에 유산지를 깐다.

큰 프라이팬에 약 1㎝ 정도의 기름을 붓고 중간보다 센불에서 뜨겁지만, 연기가 나지 않을 때까지 가열한다. 여러 개를 한 번에 작업하며 젓가락으로 반죽을 입힌 채소를 집어 뜨거운 기름에 옮긴다. 채소가 서로 달라붙지 않고 표면에서 펄럭일 충분한 공간이 필요하니 너무 많이 넣지 말자. 다 익을 때까지 양면을 노릇하게 구운 다음 접시에 옮겨 오븐에서 뜨겁게 유지한다. 뜨겁게 해서 디핑 소스와 함께 낸다. 4인분이 나온다.

Tip

현지에서 사랑이나 돈을 주고도 신선한 프레즈노 고추를 구할 수 없다면, 병에 든 중국 고추 소스를 사거나 무엇이든 원하는 소스를 사용하라.

반죽에 들어간 채소에서 물이 얼마나 나오느냐에 따라 조리 시간이 달라질 수 있다. 따라서 채소를 튀기기 직전에 모든 게 약간 묽어 보이면 여분의 물기를 빼고 하면 된다.

2장

모호함 *Obscurity*

타이베이: 1978년

내 컵에 든 아주 뜨거운 녹차에 오후의 햇살이 잔잔히 일렁이듯 반짝인다. 침묵이 도시 외곽의 이 우아한 아파트의 거실을 감싸고 있고, 타이베이에서 쉼 없이 들려오기 마련인 자동차와 오토바이 소리도 창가에 드리워진 리넨 커튼 덕분에 은은하게 들린다. 방은 정돈이 잘 되어 있고 나무랄 데 없이 놓여 있는 우아한 수집품들이 집주인의 체계적인 정신과 잘 살아온 인생을 증명한다. 이 모든 것은 누구에게나 휴식을 위한 완벽한 처방이 됐을 터이지만 한편으로는 익숙지 않은 고요함이 내 신경을 건드린다. 뭔가 할 일이 없나 궁싯대며 달걀 껍데기 색을 띤 작은 찻잔을 매만지다가 지독히 뜨거운 찻잔 표면에 손가락이 달라붙는 느낌이 든다. 나는 흠칫해서 다시 원래대로 꼿꼿한 부동자세로 되돌아간다.

가오쯔高梓 교수님은 자신의 주먹만한 크기의 찻주전자와 뜨거운 물이 가득 담긴 용기를 들고 쪽모이 세공 마루를 둥둥 떠다니듯 우아하게 가로질러 온다.

교수님은 내게 북경어로 묻는다. "차가 입에 맞아요?"

나는 향이 좋다는 의미로 뭐라고 중얼거리면서 중국어의 모든 성조를 제대로 말하고 있기를 간절히 바란다. 교수님은 상냥하게 싱긋 웃고 작은 부엌으로 되돌아간다. 나도 이 전설적인 무용 선생님을 따라가려고 일어섰는데, 회색 전통 의상의 바스락거리는 소리가 들릴락 말락 할 정도로 마른 체구의 교수님은 손을 내저으며 나를 다시 의자로 돌려보낸다. 작은 탁자에 놓인 세피아 톤의 사진들, 누렇게 얼룩진 종이에 흘려 쓴 붓글씨 액자, 선반 위 낡은 책들이 여기가 학자의 은신처임을 말해주고 있고, 구석을 밝히고 있는 작은 화병이 방에 여성스러운 분위기를 더해주고 있다. 이 아열대 섬에선 보통 방마다 하나 걸러 하나씩 흰곰팡이와 습기의 희미한 암류가 흐르기 마련인데, 이 집에선 자연이 엄격히 길들어져 있는 것처럼 먹 냄새, 가구에 바른 동유, 우려낸 차향과 낡아서 갈변한 책 냄새, 달콤한 담배 냄새가 풍겨온다. 나는 기분 좋게 코를 씰룩거린다.

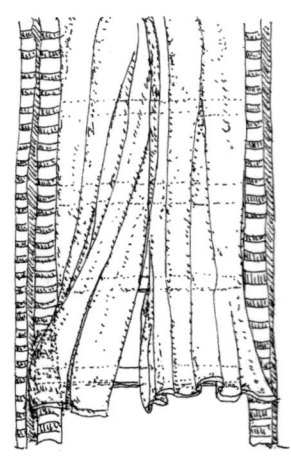

때는 1978년 늦여름의 어느 날, 기백 있는 페미니스트이자 한 세기만큼의 나이를 먹은 이 학자의 집에 나 홀로 손님으로 와 있다. 거기 앉아 있는 나는 집주인 나이의 삼 분의 일도 안 되고 주변 세상에 대해 너무 아는 게 없어 불편함을 느끼는 미국인 관찰자이다. 내가 여기 온 주된 이유는 예전에 읽었던 20세기 초 중국 여성 인권 운동에 대해 석사 학위 주제로 삼았기 때문이다. 그리고 이 일을 최대한 신나는 일로 받아들이고, 해당 주제에 관한 중국어로 된 소량의 장서는 물론 1920년대 이후에 나온 회고록과 신문 기사 수집본도 사들인 터였다. 그 프로젝트의 최종 단계는 그 역사를 실제로 살아낸 인물을 추적해 인터뷰하는 일로 구성되어 있다. 프로젝트를 시작하고 벌써 몇 년이 지나고 있었기에 제대로 하려면 서둘러야 한다.

이 일과 관련해 나를 처음 받아들여 준 분이 가오쯔 교수님이다. 교수님이 영어를 거의 못 해서 이 인터뷰가 우리 둘 모두에게 고역일 거라는 건 알고 있다. 그래서 교수님이 간식 거리를 차리는 동안 나는 머릿속으로 질문을 연습하며 좋은 인상을 줄 수 있기를 간절히 바라고 있다.

교수님이 다시 한번 부엌으로 모습을 감추자, 내 정신은 근래 가장 잘하는 일을 한다. 바로 공회전. 내 집중력 저하의 부분적인 원인은 늘 배가 고프고 어지러워서인데, 직설적으로 말하자면 내 뱃속이 심각한 반항을 하고 있어서다. 이런 일은 대만에 새로 온 사람이라면—여기 온 지 2년이 지났는데도 나는 아직도 새로 온 사람인 것처럼 여겨진다—누구나 겪을 수 있는 일이라고 모두가 권위를 가지고 말한다. 살이 너무 빨리 빠져 치마와 바지가 흘러내리지 않게 튼튼한 기저귀 핀으로 허리춤을 고정해야 할 정도이니, 이곳의 물과 토양이 내 몸과 맞지 않는다는 것을 몸소 증명하고 있는 셈이다.

이처럼 약해진 상태라서 내가 방어막을 내릴 때마다 무례한 타격이 나의 소중하고 작은 뇌를 때린다. 이런 타격은 의미 없는 일부터 끔찍이 무서운 일까지 다양하게 벌어졌고, 그런 다음 다시 무의미한 일로 되돌아가며 하루가 흘러 간다. 가장 낮은 수위의 일을 예로 들면, 이곳에는 의복을 어울리게 입고자 애쓰는 사람이 거의 없어서 격자와 페이즐리 무늬, 줄무늬와 아가일 무늬가 한데 섞여 무지개색을 이루는데, 사실 무지개라는 말이 주는 기쁨의 반도 안 되는 색채감인 것이다. 외국 영화는 폭력적이고 성적인 장면을 상당 부분 관객이 보기 전에 삭제하고, 때로는 중요한 장면까지 검열에 포함될 때도 있어서, 나는 이따금 〈택시 드라이버 *Taxi Driver*〉나 〈캐리 *Carrie*〉를 보고 난 후 완전히 어리둥절해져 극장을 나서기도 한다. 그런데도 이곳에서 할리우드 영화는 여전히 번성하고 있다. 도시 전역의 커다란 광고탑에 비교적 최신 영화는 물론 로버트 테일러와 비비언 리 주연의 1940년 작 〈애수 *Waterloo Bridge*〉의 리메이크 같은 알짜배기들이 종종 올라온다. 이 광고판은 영화 제목과 스타의 이름을 중국어로 쓸 자리를 남겨두고 손으로 그린 것인데, 물론 제모하지 않은 여성들—이를테면 영화 〈샴푸 *Shampoo*〉와 〈황금 총을 가진 사나이 *The Man with the Golden Gun*〉에서 과감한 포즈를 취하는 풍만한 여배우들을 위해 화가들이 겨드랑이털을 적절히 덧칠하는 독창성을 보여 줄 때도 있다. 물론 그렇게 하는 게 줄리 크리스티*Julie Christie*나 브릿 에클랜드*Britt Ekland*를 기쁘게 했을지는 의문이지만 말이다.

그런 다음엔 악몽에 시달리게 만드는 것들과 만난다. 다리를 절뚝이고 부스럼에 덮인 개들이 너무 많아 들개라기보다는 영락없는 문둥이처럼 보인다. 너무 많은 젊은이들이 소아마비로 절름발이가 되었고, 홍등가에서 몸을 파는 소녀들도 즐비하게 늘어서 있다. 또 신체 일부를 잃은 거지들과 누더기를 걸친 아이들이 지하 통로를 점거하고 나란히 누워 있다. 나는 이제 중국어로 갑상선비대와 곱사등이, 택시 댄서[8](정말이지 알고 싶지 않은)라는 단어들도 알게 된다.

이런 끔찍한 일을 웬만큼 오래 겪다 보면 일상생활마저 괴롭게 느껴질 것이다. 인간으로서의 동질감을 느끼게 해주는 일은 더는 눈에 띄이지 않고 대신 서로의 사회를 구분 짓는 소소한 차이들만 죄다 눈에 들어올 것이다. 수돗물은 십 분 정도 끓여야만 마실 수 있다. 얼음은 어떤 물로 얼렸는지 모르니까 집이나 큰 호텔이 아닌 곳에선 절대 고르지 않는 게 좋다. 뿌리채소와 상추는 날것으로 내놓지 않는데, 농장에서 인분으로 비료를 주기 때문이다. 거리 배수로는 무거운 쇠 살대 아래로 개방 하수구들이 이어져 있어서 더운 계절에 풍기는 악취의 원천이 눈에 보일 지경이다. 이 모든 것은 문화적 충격에 불과하며 모든 사람이 내 심약하고 예민한 성미에 맞춰주느라 열심이진 않을 거라고 혼잣말을 해보지만, 결국에는 공중화

---

8.   taxi dancer. 댄스홀에서 시간당 돈을 받고 춤상대가 되어 주는 여인을 뜻한다.

장실의 휴지까지 변기 꼭대기 위의 상자에 올려놓은 걸 보면 끝없는 짜증이 폭발하고 만다.

이 시기에 대만이 맞닥뜨린 문제는 대부분 장제스의 책임하에 있다고 볼 수 있다. 장제스가 본토에서 집권한 배경에는 과거 상하이가 세계의 악덕 자본의 중심지였던 시절에 악명 높았던 청방靑幇의 지원이 있었다. 장제스는 결국 파시스트 성향을 띠게 되었는데, 스스로를 총통으로 자칭하고 심지어 스페인의 독재자 프란시스코 프랑코*Francisco Franco*의 아시아인 버전이라고 할 만큼 콧수염, 망토, 훈장, 카키색 제복을 그대로 흉내내고 다녔다. 그렇지만 패션 쪽은 그렇다 쳐도 장제스는 별다른 성취를 이루지 못했고, 분명 국민들의 삶을 개선하는 데 많은 공을 들이지도 않았다. 아마도 그런 걸 시간낭비라고 여겼을 것이다. 장제스는 1949년부터 1975년까지 대만을 철권통치했으나, 자신을 유배 중인 지도자라 여기며 어떻게든 본토를 수복한다는 것에 모든 희망을 걸고 있었다. 장제스는 통일에 관한 한 전혀 진척을 이루지 못한 채 내가 왔던 해의 이전 해에 사망했고, 대만 사회는 장제스가 남긴 야간통행 금지, 혹독한 마약류관리법, 일당 독재, 매춘과 조직범죄의 성횡, 언론 검열 등 같은 문제들로 여전히 씨름하고 있다. 텔레비전에서는 정해진 날마다 경극의 음악이 꽥꽥대며 나오는데 바로 대만 총통이 좋아했던 곡이라서다. 이제 그가 사망했으니 방송 프로그램과 법률이 바뀌어도 안전하다는 것을 아무도 알아채지 못했거나 신경 쓰지 않는 것 같다.

　나무 쟁반 위에 놓인 자기 그릇이 땡그랑 울리는 소리에 안주인이 돌아온다는 걸 알고, 나는 재빨리 얼굴에 미소를 띠고 일어난다. 우리 사이에 놓인 낮은 탁자 위 작은 사기 접시에 차와 곁들여 먹을 말린 과자와 설탕 조림 과자가 담겨 있는데, 앉은 자리에서 한번에 다 먹기에는 많은 양이다.

　노교수가 작은 받침 접시와 그릇을 윤나는 목재에 능숙한 솜씨로 늘어놓는다. 한쪽에 쌓여 있던 청화백자 그릇들을 듬성듬성 펼쳐 놓고, 칸칸마다 보석함을 전시하듯 먹을 수 있는 보석들을 담는 광경에 난 넋을 잃고 바라본다. 그 인형만한 용기에 들어 있는 간식들은 정말 황홀하다. 루비색 산사나무 페이스트를 얇게 썰어 동전 모양으로 말린 것, 호박에 갇힌 개미처럼 캐러멜화된 설탕의 황금색 피라미드에 굳힌 얼린 잣, 구운 호두와 검은깻가루로 만든 가느다란 도미노에 두른 옅은 색의 쌀가루 떡, 녹두 가루에 팥 앙금을 넣고 상서로운 문양을 새겨넣은 이끼색 케이크, 한입에 먹는 크기로 구운 참깨 쿠키, 소금을 치고 팔각으로 은은한 맛을 낸 말린 수박씨, 땅콩과 참깨로 만든 섬세한 황갈색 큐브.

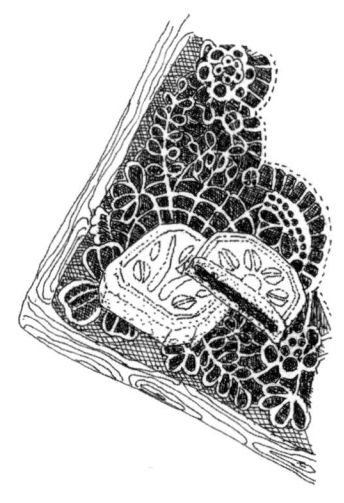

"이것 한번 드셔보세요." 가오쯔 교수님은 녹두 케이크로 내 주의를 끌며 먹어보라고 권한다. 자칫 부서지지 않을까 조마조마하며 나는 조심해서 한 개를 집어 올린다. 야금야금 베어 물며 구운 참기름 향과 팥앙금의 단맛을 상쇄시키는 짠맛을 동시에 즐긴다. 혀에 닿자 그 작은 조각은 부드럽고 축축한 모래처럼 녹아 사라진다. 머뭇거리며 차를 한 모금 마셔보았더니 처음엔 약간 떫은 맛이 나지만, 그다음엔 혀를 넘어가면서부터는 아주 달다.

안주인과 즐거운 담소를 주고받은 후에, 나는 쭈뼛쭈뼛 교수님과 논의할 주제를 슬슬 꺼내든다. 그날 내가 솔직했더라면—교수님뿐 아니라 또한 나 자신에게도—실은 그 과제를 하기에 내 언어 실력이 충분하지 않아서 교수님의 시간을 낭비하고 있을 뿐이라고 고백했을지도 모른다. 하지만 그 대신 나는 간간이 생기는 대화의 공백을 대강 적당한 말로 채우며 가식적인 모습을 끝까지 유지한다. 우리가 교수님의 인생에 관해 이야기하는 동안, 교수님은 탁자에 준비된 호박색 덩어리 중 하나를 맛보라고 내게 권한다. 한쪽 모서리를 베어 물자, 사탕 조각들과 잣 부스러기가 혀 위에 쏟아져 내린다. 단맛을 완화해주는 캐러멜의 쌉쓸한 끝맛을 음미하며 잇새에 낀 설탕과 견과류의 작은 조각들을 녹아 없어질 때까지 혀로 밀어낸다.

이것은 요정들의 앙증맞은 잔치

라 해도 손색이 없다. 나보다 나이가 많은 중국인의 집에 손님으로 가 본 적이 처음이라서, 나는 테이블에 있는 걸 야금야금 먹으며 나하고는 별로 맞지 않는다고 생각했다. 과거 옛 쑤저우蘇州의 어느 나른한 연꽃 연못에 자리한 여름 정자에서 한 주전자의 좋은 차를 목가적으로 즐기기 위해 곁들임으로 고안된 간식이었기 때문이다.

    너그러운 안주인이 차와 곁들여서 내놓은 간식들 언저리로 보이는 청자 쪽접시에 내 시선이 내려앉는다. 동전만한 건새우 여섯 개가 곡예를 부리는 듯한 모습으로 작은 덩어리를 이루고 쌓여 있다. 진짜라기엔 너무 완벽해 보여서 마치 세공에 광신적으로 열광하는 사람이 산호로 조각한 듯하다. 그걸 안주인이 내 쪽으로 밀어준다. 내가 너무 오랫동안(0.5초 정도) 망설였더니 교수님은 먼저 하나를 집어 들어 살짝 베어 물며 내게도 똑같이 먹어보라고 제안한다. 조심조심 새우의 꼬리를 뽑아 한쪽 끝을 입술 사이에 밀어 넣고 한 조각 베어 문다. 극세한 소금 알갱이들이 풀어지며 바다가 미각에 울려 퍼지고 맛봉오리에 부딪히더니 코를 통해 퍼져 오른다. 야금야금 씹기 시작하니 새우살의 악취 나는 풍미가 염분 섞인 바다의 풍미와 뒤섞인다. 아까 마시던 씁쓸한 녹차를 한 모금 마셨더니, 그 끝맛에서 이제는 뭔가 꽃향기 같은 게 느껴진다. 나로서는 혼란스러운 변화다. 그 갑각류 동물을 입안에 넣고 굴리면서 이 새우가 짠맛을 잡아줄 화려한 코팅이나 관심을 돌릴 참깨도 없는, 늘 먹던 건새우 그 이상도 그 이하도 아니라는 것을 깨닫는다. 새우가 보여주는 자연 그대로의 단순성과 탁월한 용감성과 당당함이, 교수님의 식탁을 장식하는 매우 아름답고—하지만 형언할 수 없을 만큼 인공적인—달콤한 음식 조각들과 강렬한 대조를 이루고 있다.

안주인의 찻잔에 차를 좀 더 따르고 내 잔도 채운 다음 조심조심 차 한 모금을 홀짝이면서, 나는 건새우 덕에 매화꽃 향기와 꿀이 더욱 어우러져 녹차의 마지막 잔향을 대신하고 있다는 것을 알아챈다. 생각에 잠긴 채 남은 새우를 씹으며, 이 색다른 감각에 코와 혀가 반응하는 방식을 한껏 즐긴다.

어느새 손에 들고 있는 섬세한 백색 찻잔 속 풍경도 더 유심히 바라본다. 찻잎이 일련의 빛깔—옅은 짚색, 애벌레빛 녹색, 짙은 올리브색, 버터 같은 황색—으로 변해가는 과정, 차 자체에서 우러나는 향, 그 향의 음영과 씁쓸한 맛, 우려낼 때마다 계속 달라지는 찻잎 하나하나를 비추는 여름 햇살. 대략 열 번째 잔마다 가오쯔 교수님은 의식을 치르듯 벽돌색 이싱宜興 자사호[9] 속의 누덜해진 찻잎을

---

9. 자사호는 차를 마실 때 사용하는 다기의 하나로, 중국 장쑤성 이싱에서 생산되는 자사원석을 사용해서 빚는다.

새 롱징차龙井茶의 길고 가는 찻잎으로 바꿔준다. 교수님은 많이 써서 낡고 칠이 벗겨진 금속 깡통을 열고, 엄지손가락보다 좁은 오래된 대나무 숟가락으로 찻잎의 분량을 세심히 측정한다. 그런 교수님을 보면서 나는 오늘의 자리가 단순한 차 대접이 아니라, 이전에는 존재하는 줄도 몰랐던 풍미와 향기의 명상에 참여하게 해준 배려임을 깨닫고 엄청난 고마움을 느낀다.

무려 한 시간을 끝도 없이 나오는 찻잔들과 보석처럼 예쁜 다과들을 즐기며, 나는 안주인의 목소리에서 느껴지는 완벽한 리듬과 함께, 테이블에 놓인 온갖 음식도 내게 말을 걸어와 그들이 얼마나 특별한 완벽함인지 인정하라고 요구하는 것 같은 인상을 받는다. 그러는 동안 마음속 어지러웠던 퍼즐 조각들이 제자리를 찾아가기 시작한다. 갑자기 마음 깊은 곳에서부터 기쁨이 샘솟는다. 여태껏 나의 접근방식이 문제였을 뿐, 이 나라나 이곳 사람들이 문제가 아니었다는 걸 깨닫는다. 오래도록 나의 내부를 비틀던 불안이 드디어 물러서고 만다. 위장이 우르릉대기 시작한다. 다과회가 끝날 무렵에는 오후 내내 한 일이라곤 냠냠거린 것뿐인데도 나는 정말로 배고파서 죽을 것 같다. 그래서 나는 작별 인사를 하고 골목을 돌아나와 좋은 냄새가 나는 작은 가게로 숨어든다. 커다란 그릇에 담긴 뜨거운 참깨 국수를 게걸스럽게 먹어 치우기 위해. 따스한 환대가 온몸

을 관통해 휘감는다. 이후 몇 달 동안 나는 혼자 중국인 식객들에게 둘러싸여 외식하려고 애쓰며 사람들 앞에 놓인 음식을 뭔지도 모르고 주문하고 또 맛을 맛보면서 새로운 배움의 과정을 시작했다. 한번도 못 들어본 요리가 나오는 구멍가게를 찾아다녔고, 알고 지내는 중국인마다 붙잡고 어디서 무엇을 왜 먹어야 하는지 묻고 다녔다. 바삭한 발효 양배추를 얹고 스모키 향이 나는 고추기름을 뿌려 먹다 보면 고약한 냄새가 나는 튀긴두부(일명 초우또우푸 臭豆腐)에도 중독성을 느꼈다. 전보다 더 많이 웃는다는 말을 들었고 허리춤을 고정하던 옷핀도 내버렸고, 몸은 잃었던 껍질 일부분을 회복했다.

대만에서 혼자 살았던 마지막 몇 달 동안 나는 계속해서 그런 구멍가게를 샅샅이 찾아다녔다. 물론 앞으로도 안정기와 막다른 길목은 계속 마주칠 테지만 그 또한 타협하며 앞으로 나아가야 할 것이다. 그렇게 나는 음식을 중국인의 관점에서 받아들이는 법을 배우는 것에서 중국을 이해할 열쇠를 찾을 수 있었는데, 그것은 말 그대로 즐겁기도 하고 벅차기도 한 과제였다.

고대 문명 끝자락에 걸터앉아 바깥에서 안을 들여다보며 드디어 내가 그 벽 꼭대기에 올라 있다는 걸 알게 된다. 이제 내가 할 일은 코가 이끄는 대로 따르는 것뿐.

나는 이제 그 벽 너머로 간다.

차이나타운식 아몬드 쿠키
TÁNGRÉNJIĒ XÌNGRÉN BǏNGGĀN · 唐人街杏仁餅乾

가오쯔 교수님이 차려준 맛있는 다과를 완전히 재현할 수는 없겠지만 사실 어려서부터 나는 샌프란시스코 차이나타운에서 만든 바삭바삭한 아몬드 쿠키를 좋아했다. 엄마와 외할머니와 함께 새너제이에서 샌프란시스코까지 기차를 타고 갔던 적이 있다. 이날은 정말 중요한 날이었기 때문에 우리 모두 모자와 장갑을 착용했다. 그러고 나서 차이나타운을 돌아다녔고 나는 커다란 분홍색 쿠키 상자를 사달라고 엄마와 할머니를 조르고 졸라 설탕에 절인 코코넛, 말린 리치, 설탕을 입힌 아몬드 한 봉지를 사들였다. 15년이 지나서 내가 타이베이로 떠난 것도 어찌 보면 당연한 일이다.

Ingredients

쿠키

    유기농 고형 식물성 쇼트닝, 좋은 라드 또는 무염 버터 ¾컵(145그램)

    굵은 설탕 ½컵(100그램)

    코코넛 슈가 또는 포장된 다크 브라운 슈가 ¼컵(45그램)

    큰 달걀 1개

    아몬드 익스트랙 1큰술

    바닐라 익스트랙 2작은술

    아몬드 가루 ¾컵(100그램)

    박력분 1¾컵(165그램)

    고운 천일염 ¾작은술

    베이킹소다 ¾작은술

토핑

    큰 달걀 1개, 가볍게 풀어놓기

    데치지 않았거나 데친 통아몬드 32개(껍질은 벗기지 않아도 좋음)

Recipe

쇼트닝이나 라드, 두 종류의 설탕과 달걀 추출물을 푸드 프로세서 볼에 넣는다. 기계를 약 1분간 작동하다가 가끔씩 멈추고 옆면을 긁어내되, 아주 가볍고 크리미한 혼합물이 될 때까지 이 과정을 반복한다. 작은 볼에 아몬드 가루, 페이스트리 가루, 고운 천일염, 베이킹소다를 넣고 섞어준다. 이 혼합물을 푸드 프로세서에 넣고 반죽이 고르게 섞일 때까지 펄싱한다.

작업대에 유산지 또는 호일 2장을 깔아준다. 반죽의 절반을 각 시트에 긁어내어 종이나 호일에 놓고 20㎝ 길이의 통나무 모양으로 균일하게 편 뒤에 시가처럼 돌돌 만다. 반죽이 단단하면서도 자르기 쉽게 굳을 때까지 약 20분간 얼린다.

오븐의 위쪽과 아래쪽 3분의 1에 선반을 놓고 섭씨 135도로 설정한다. 베이킹 시트 2장에 실팻이나 유산지를 깔아준다.

각 반죽 토막을 16등분으로 균등하게 자른다(이때 반죽이 약간 끈적끈적하게 느껴질 수 있지만 정상이다). 자른 것을 유산지를 깐 시트에 약 5㎝ 간격으로 놓는다. 각 슬라이스에 달걀물을 바르고 가운데에 아몬드를 통째로 박는다.

쿠키를 25분간 굽는다. 시트를 위에서 아래로, 뒤에서 앞으로 돌려가며 굽고 불은 섭씨 160도로 높인다. 쿠키가 노릇노릇해질 때까지 약 10분간 더 굽는다. 오븐에서 꺼내 시트 위에 놓인 채로 실온에서 식힌다. 밀폐 용기에 담아 실온에 보관하거나 더 오래 보관하려면 냉동 보관해도 좋다. 32개의 쿠키가 나온다.

크런치 브랙퍼스트 라이스 롤
ZĪFÀNTUÁN · 粢飯糰

타이베이에 온 처음 몇 달 동안 내가 가장 좋아했던 아침 식사는 이 달콤한 라이스 롤이었다. 평일 아침마다 내가 다니던 어학원 앞에서 중년의 대만 아주머니가 카트에서 라이스 롤을 팔았기 때문이다. 뜨거운 찹쌀밥, 튀김 반죽, 구운 땅콩, 설탕의 완벽한 식이 조합이라서 내가 이 음식에 푹 빠진 것도 무리가 아니다.

Ingredients

튀긴 중국식 꽈배기 도넛(유타오油條) ½개 (용어집 및 기본 요리법을 참조할 것)

갓 지은 찹쌀 약 4컵(700그램)

다진 구운 땅콩 ½컵(65그램)

구운 참깨 ½컵(70그램)

설탕 ½컵(100그램), 또는 기호에 따라 추가

Recipe

오븐을 섭씨 150도로 예열한다. 꽈배기 도넛을 가운데로 길게 2등분한 다음 각 조각을 한 번 더 2등분으로 자른다. 작은 베이킹 시트에 놓고 오븐에서 바삭해질 때까지 가열한다(원한다면 딱딱해질 때까지 섭씨 135도에서 더 오래 구워도 좋다).

밥이 아직 뜨거울 때 먼저 깨끗한 마른 수건을 조리대 위에 깔고 깨끗한 대형 지퍼락으로 덮은 다음 그 위에 비닐 랩을 씌운다. 수건은 손을 보호하고, 비닐봉지는 미끄러운 표면을 제공하고, 비닐 랩은 찹쌀을 다루기 쉽게 해주는데, 밥이 충분히 식었을 땐 수건을 생략해도 된다.

뜨거운 밥의 1/4을 비닐 랩 가운데에 떠서 실리콘 주걱으로 20㎝ 정도로 정사각형 모양이 되게 골고루 편다. 땅콩, 참깨, 설탕을 1/4씩 가운데에 뿌리고 구운 꽈배기 도넛을 그 위에 얹는다. 랩을 세 겹(수건을 사용하지 않을 때는 두 겹)으로 겹쳐서 꽈배기 도넛 주위에 밥과 양념을 말아 올린 후에 끝을 두드려 모든 것을 밀봉한다. 라이스 롤을 손으로 가볍게 짜서 뭉쳐 떨어지지 않도록 한다. 필요한 경우 라이스 롤을 감싸고 있는 비닐 랩의 위치를 바꾸고, 먹는 사람이 한 입 먹을 때마다 랩을 벗겨낼 수 있도록 랩을 씌운 채로 낸다. 같은 과정을 반복하여 총 4개의 롤을 만든다. 4인분이 나온다.

Tip

냉동 중국식 꽈배기 도넛(설탕이나 토핑을 얹지 않은 길고 부드러운 도넛 조각)은 중국 식료품점이나 광둥식 델리에서만 판매할 가능성이 크다. 즉, 여기서 창의력을 발휘해야 할 수도 있다는 뜻이다. 멕시칸 츄러스가 맛이 약간 비슷하므로 코팅된 계피 설탕 대부분을 벗겨내서 (취향에 따라 시나몬 라이스 롤을 즐기고 싶다면 그대로 두어도 좋다) 대신 사용해도 좋고, 아니면 만두피를 튀겨 사용할 수도 있다. 우리가 원하는 결과는 바삭바삭하면서 맛의 대조가 느껴지도록 심심한 재료를 얻는 것이다. 무엇을 어떻게 사용하든, 그 결과는 환상적일 것이다.

3장

갈망 *Avidity*

대만 남부와 타이베이: 1978년

그가 어느 날 아침 모험을 하고 좋은 음식을 먹게 해준다며 나를 기차에 태운다. 나는 일등석에 낭비할 돈이 없다고 항의하지만, 남자친구는 내 반대는 아랑곳하지 않고 들뜬 기분을 겨우 참으며 대만 최남단 지방의 해산물과 향기로운 과일, 맛좋은 야시장에 관한 묘사를 늘어놓는다. 새로운 붐이 이는 첨단기술 도시인 신주新竹 남쪽 어딘가를 지나갈 때 기차 승무원이 도시락을 건네주자, 나는 뚱한 표정으로 다 식은 밥과 맛없는 돼지갈비를 젓가락으로 찔러본다. 남자친구의 추억을 따라가는 이 여행은 아직까진 그리 대단하게 생각되지 않는다.

기차 창밖에서 건물들이 사라지고 뜨거운 태양 빛을 반사하는 반지르르한 논이 바둑판처럼 끝없이 펼쳐진 풍경이 나오자, 기분이 차츰 누그러진다. 차량이 덜컹대고 흔들리는 통에 사진은 찍지 못했고, 기차가 시끄러운 소리를 내며 느린 속도로 지나갈 때 농부들을 향해 손을 흔드는 게 고작이다. 그 옆으로는 아낙네들은 강한 햇볕을 가리려고 알록달록한 면 보자기와 고깔모자로 얼굴을 휘감고 눈만 내놓은 채 논두렁에 발목까지 담그고 서 있다. 그들이 손을 흔드는 모습은 대만 열대 농장으로 오라고 우리를 환영해주는 것만 같다.

남자친구의 머리가 꾸벅꾸벅 기울어지다 내 어깨 위로 떨궈지는데, 역시 포만감과 부드럽게 흔들리는 기차는 결국 거부할 수 없는 조합이 분명하다. 나는 J. H.의 고개를 천천히 밀어 겨우 똑바로 한 뒤, 가방에서 스케치북을 꺼낸다. 새로 깎은 미술 연필로 그의 얼굴 윤곽을 그린 다음, 비슷해 보일 때까지 턱을 몇 번이고 다시 그린다. 이 남자가 옆에서 잠드는 바람에 그를 뚫어지게 쳐다볼 흔치 않은 기회를 얻게 된 나는 연필을 들고 그만의 독특한 코와 입의 작은 굴곡들을 살살이 파악한다. 그는 불과 두 달 전 우리 집에 들어와 함께 살기 시작했다. 그래서 아직 그의 얼굴이 낯선 사람 같아 보일 때도 있지만, 그리면 그릴수록 그의 모습이 더 뚜렷하게 눈에 들어오고 더 익숙해진다. 스케치하는 동안, 나는 그의 눈꺼풀 아래의 둥그스름한 눈 모양, 입술 양쪽에 난 눈물 모양 보조개, 콧잔등의 오르내림을 손가락 끝에서 느낀다. 그는 뭔가 중얼거리더니 차량 지붕 쪽으로 고개를 비스듬히 돌린다. 나는 스케치북을 한 장 넘겨 초상화를 새로 시작하고 드디어 눈앞머리의 작고 둥근 고리를 재창조할 방법을 터득한다. 더 단단한 연필로 바꾸어 속눈썹과 눈썹의 미세한 모발들을 획획 그려 넣는다.

---

10. 그의 중국 이름은 황주화(Huang Zhuhua)다. "중국의 기둥"이라는 뜻이며, 언젠가 Juh-hwa라고 로마자로 표기된 적이 있다. 중국인이 아닌 사람들이 자기 이름을 정확히 발음하게 만드는 걸 오래전에 포기하고 머리글자만 사용하고 있다. 나는 그에게 자신을 쉽게 소개할 수 있도록 "제임스 황"(제임스 황은 미나가와 료지의 만화 《암스》에 나오는 위험한 특수능력자의 이름이기도 하다.)이라는 이름을 쓰라고 여러 번 설득했지만, 그 유머를 그는 이해하지 못했다.

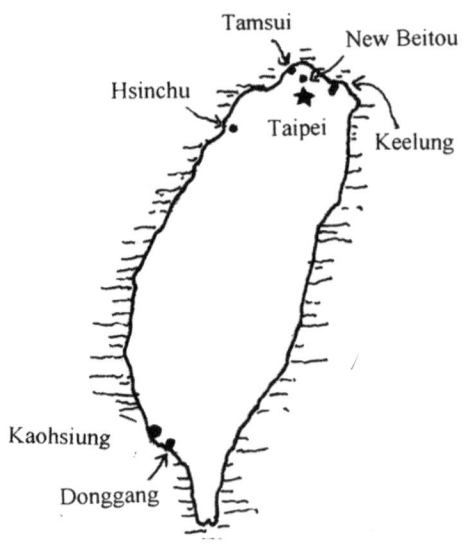

　종일 기차로 여행하고 늦은 오후가 돼서야 가오슝高雄이라는 거대한 항구도시에 다다른다. 다음 날 아침 우리는 둥강東港행 버스를 잡아타고 그의 가족이 살던 북부 외곽의 군영지로 간다. 한때 한가로운 어촌 마을은 이제 큰 규모로 발전해 있다. J. H.와 내가 주변을 돌아다니는 동안 J. H.는 뭐가 어디에 있었는지 기억해 보려 한다. 표지판을 따라 현지의 몇몇 명소, 이를테면 어부들을 보호해 주는 도교의 신을 받드는 정교하게 장식된 둥강 둥룽묘東隆廟 같은 곳에 가보지만 그 밖에는 어디 가서 뭘 해야 할지 몰라 갈피를 잡지 못한다. 결국 우리는 어시장을 찾아 나선다. 여기 대놓은 나무배들은 대부분 평저선 형태의 알록달록한 나룻배로, 뱃머리 한쪽에 커다랗게 그려진 눈이 끝없이 밀려오는 파도를 지켜보며 어부를 보호해 준다.

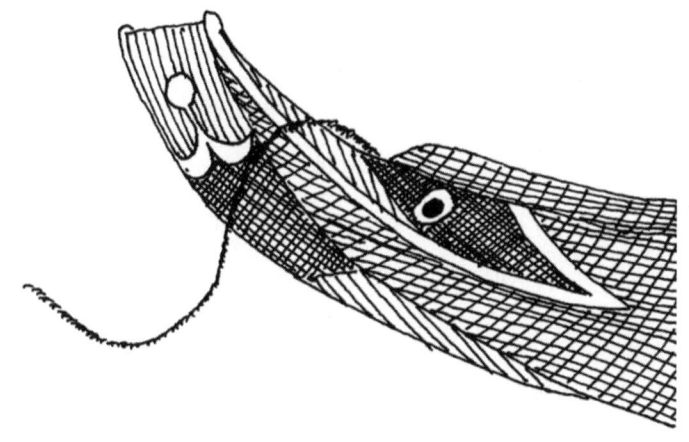

다펑만大鵬灣 기슭을 따라 늘어선 식당 가판대에 도착할 즈음엔, 난 이미 배가 고파 죽을 것만 같아 빨리 어디서 먹을지 정하려고 안달인데, 남자친구는 그곳 요리사 중 한 명이 왠지 아는 얼굴 같다며 대화를 시작한다. 거의 십 년 만에 처음 고향에 돌아온 J. H.는 신나게 자기 엄마가 현지 고등학교에서 중국어를 가르쳤다고 말한다. 그 요리사는 J. H.의 어머니가 자기가 가장 좋아했던 선생님 중 하나였음을 기억해내고 그가 어머니를 많이 닮았다고 말한다. 우리가 앉자마자 음식들이 나오기 시작하는데 우리가 주문한 요리뿐만 아니라 요리사가 서비스로 대접하는 요리도 더해져 상차람이 풍족하다. 첫 번째 접시는 육즙이 풍부하고 단맛이 나는 활새우를 빠르게 쪄낸 것으로, 갈릭 디핑 소스가 곁들여져 입맛을 돋운다. 또 게 두 마리는 잘게 썰어 대파를 넣고 구름 같은 스크램블드에그와 함께 볶는다. 살이 통통히 오른 갑오징어 몸통은 십자를 내어 섬세한 깃털처럼 만든 다음 냄비에 넣고 빠르게 익혔는데, 너무 감미롭고 부드러워서 먹은 줄도 모르는 사이에 입안에서 사라진다. 해가리비—크고 납작하고 둥근 데다 한쪽은 흰색에 다른 한쪽은 짙은 적갈색이라 그런 이름이 지어졌다—는 잘 쪄서 진한 풍미를 살리도록 시큼한 소스와 함께 곁들여 나온다. 요리들이 연이어 나오는 데다 양도 아주 많아 먹다 지칠 지경이다. 알이 작은 굴을 넣어 끓인 맑은국과 초생강으로 식사가 마무리된다. 의심의 여지 없이 이제껏 먹어본 중 가장 특별한 식사다.

   식후에 식당 주인과 그 마을에서의 생활과 옛 고등학교에 관한 대화를 나누고 난 뒤, 우리는 가오슝으로 돌아갈 밤 기차를 놓치지 않으려고 역을 찾아 헤맨다. 하지만 그 어디에도 역은 없다. 마을에 줄지어 선 키 큰 빈랑나무 뒤로 해가 넘어가자, 공원 벤치에 앉아

---

11.   영어로 Sun and Moon Scallop이라 불린다.

있던 나이 든 주민이 예전의 지선은 이제 없어졌노라고 알려준다. 다시 말해 둥강에서 하룻밤 묵어야 한다는 뜻이다. 우리는 서로 어깨를 으쓱하고 묵을 만한 호텔을 알려 달라고 청한다.

밤이 다 되어서야 마침내 현지 싸구려 여인숙 방을 하나 찾아낸다. 벽과 바닥에는 진홍색의 얼룩투성이고, 눅눅한 열대 특유의 공기에서 맡을 수 있는 것은 말라붙은 채 부패한 달콤한 감초 냄새뿐이다. J. H.는 내가 보고 있는 얼룩은 사실 핏자국이 아니라 빈랑열매즙일 뿐이라며 나를 안심시키는데, 여인숙을 시간제로 이용하는 손님들이 씹다만 빈랑을 버릴 때 정확히 조준하기는커녕 마구 뱉다 보니 생긴 거라고 했다. 그 말을 듣고 보니 적어도 감초 냄새가 왜 나는지는 설명이 된다. 나는 다른 곳으로 데려가 달라고 J. H.에게 빌었지만, 결국 이 여인숙이 우리에게 남은 유일한 선택지이다. 찌든 때, 대담한 바퀴벌레들, 십 년 동안 한 번도 청소하지 않았을 욕실을 나는 역겨워하며 둘러본다. 변기 변좌에는 종이를 깔고 앉고, 세면대는 건드리지도 않고, 두 발이 바닥에 닿지 않도록 의자 위에서 몸을 웅크린다. 적어도 창의력이 없는 한 바퀴벌레들이 그 위까지 올라오지는 못할 것이다. 나는 무척 지쳐서 화가 났고 끔찍한 기분이 들지만 적어도 배는 부르다. 벽장 안에는 정체 모를 곤충들이 허둥지둥 달아나고, 복도에서 고함 소리가 들려오고, 얇은 벽을 통해 신음과 가래와 침 뱉는 소리가 뒤섞여 들려온다. 해가 뜨려면 아직 멀었

---

12. 빈랑나무 열매는 전 세계적으로 인기가 있다. 값싸고 구하기 쉬운 마약성 성분으로 택시 운전사나 농부 같은 평범한 사람들이 하루를 버티는 데 도움이 된다. 중국계 미국인 친구 밀리가 용감하게도 한 번 먹어보았는데, 리뷰를 청했더니 냄새만큼 맛도 나쁘고 어지러워 정말로 추천할 수가 없다고 했다. 밀리처럼 고된 일을 마다하지 않는 친구가 있어 신께 감사할 따름이다.

지만 우리는 첫 버스를 잡아타고 마을을 빠져나간다.

J. H.가 나를 잘 먹인다는 사실 하나만은 인정해줘야 한다. 타이베이에서도 그랬고 남부 지방에 갔을 때도 그랬다. J. H.는 음식이란 주제에 대해 내가 평생 들어본 것보다 더 많은 아이디어를 내놓는데다, 나를 살찌우고 내 미각을 훈련하는 일을 자신의 의무로 여기고 있다. 함께 보낸 처음 몇 달 동안 그는 평소 자주 가던 단골식당들을 내게 소개했다. 이 미식가가 옆에 붙어서 모든 주문을 대신 해주자 이 구멍가게들은 중국 미식의 전혀 다른 비전을 보여준다. 보통 쥐엔춘眷村에서[13] 찾은 작고 값싼 식당에서 간단한 음식으로 이른 저녁을 먹는다. 아마도 아버지가 국민혁명군 퇴역 공군 대령이어서겠지만, J. H.의 어려서 먹은 가정식과 편안함, 가족과 같은 모든 것들에 가장 행복한 추억이 집중되어 있는 듯하다. 그 결과로 우리는 채소와 두부와 밥 정도로 간소한 식사를 주로 하는데 확실히 건강에 좋고 결정적으로 맛도 좋다.

식사를 하면서 J. H.는 자기 자신의 이야기, 어린 시절 그의 어머니가 그와 세 동생이 버겁다며 멀리 떨어진 기숙사 학교로 보낸 이야기를 한다. J. H.는 어린 소년들 무리에서 생활한 여러 추억담도 들려준다. 폐공장 굴뚝에 기어올랐던 일, 달빛 아래서 서로 벌거벗고

---

13. 과거 국민당 군인들과 외성인 가족들이 살던 군사 거주지 마을.

하천에 옷이 둥둥 떠내려가는 걸 지켜보던 일, 거북이 등에 풀로 파리를 붙여서 가엾은 교사가 칠판을 볼 때 교사 책상에 몰래 던져놓았던 일, 수위의 뒷뜰에서 바나나를 훔쳐 벽 뒤에 숨어 전부 먹어치우던 일, 산새와 물고기를 잡아 소금을 치고 건조시킨 후 방과 후에 잔치를 벌이던 일, 쓰촨 사투리를 남들처럼 빨리 말하기 등등. 그런 생활에 젖어 있다 보면 덩치 작은 기숙사 생도들은 이 세상이 실은 어린 소년들의 규칙대로 돌아가는 비밀 사회라는 환상을 품곤 했다. 마치 파리대왕이 꼬마 니콜라를 만날 때의 이야기랄까.[14] 그는 나를 배꼽 빠지게 웃겨 눈물까지 흘리게 하고는 그런 자신의 능력을 자랑스러워한다.

어떻게 보면 어떤 장소에 반한다는 것과 어떤 사람에게 반하는 것은 아주 비슷하다. 둘 다 자신의 모난 구석을 누그러뜨리고 상대에게 자신의 일부를 내줘야 하는 데다 종국에는 운명을 함께해야 하기 때문이다. J. H.가 아니었더라면 내가 어땠을지 이따금 궁금하기도 하다. 그 어떤 경우에도 북경어가 조금이나마 쉬워질 때까지 대만에서 버티기 쉽지 않았을 것이고, 어쩌면 영영 이 언어를 읽는 법을 배우지 못하고 이 섬나라에 계속 있었을 이유도 찾지 못했을 확

---

14. 『파리대왕』은 윌리엄 골딩의 소설로 핵전쟁이 일어난 가운데 어느 무인도에 불시착한 영국 소년들의 이야기를 다뤘으며, 『꼬마 니콜라』는 프랑스 작가 르네 고시니가 쓴 책으로 니콜라와 친구들이 일상 생활에서 말썽과 쌈박질을 벌이는 일화들을 그렸다.

률이 높다. 하지만 그는 이제 내 곁에서 내 삶의 일부가 되어 있다. 그는 나에게 다가와서 우리를 잇고 있던 얄따란 실을 붙잡아 이 모든 것을 변화시켰다.

믿기 어려운 사실은 내가 대만에 착륙해 제일 먼저 만난 사람이 바로 J. H.라는 거다. 그 말을 들으면 사람들은 감탄한다. "아, 첫눈에 반하셨군요. 예쁜 사랑 이야기네요."

그런데 정반대다. 나는 그를 혐오했다. 내가 그렇게 반응한 데는 그의 탓도 있었던 것이, 그의 입에서 처음 나온 말이 "오, 당신이 애들을 싫어한다는 그 사람이군요."라는 말이었기 때문이다. 그는 타이베이 북부 외곽에 있는 낡은 쑹산松山 공항으로 나를 비롯한 학생들을 마중하러 나와 있었다. 나는 황록색 유니타드를 입고 남녀평등 펜던트를 걸고 커다란 군용 배낭을 메고 허리를 잔뜩 구부린 채 숨이 차는 걸 최대한 참으며 재차 설명했다. 아기나 유아가 없는 집에 머물게 해 달라고 요청했을 뿐이라며, 그건 단지 공짜 보모 노릇에 얽매이지 않고 조용히 공부하고 싶어서라고 말이다.

"내 말이 그 말이에요. 당신은 애들을 싫어하는 사람이 맞잖아요." 그는 으르렁댔다.

J. H.는 우리 학교 행정관으로 일했는데, 그의 처지에서 보면 나는 그저 응석받이처럼 떠먹여 줘야 할, 길게 줄지어 선 골칫덩어리 미국 대학생 중 하나였다. 그의 말에 의하면 홈스테이 목록에 있던 가족들은 전부 어린 자녀나 아기가 있어서 내 요청에 맞는 가족을 찾는 데 오랜 시간이 걸렸다고 했다. 그래서 그런지 그도 나에게 그다지 호감이 있진 않았다.

몇 달 뒤 J. H.의 미국 영주권이 나왔을 때 나는 무뚝뚝하게 작별을 고했고 다시 볼 일은 없을 거로 생각했다. 하지만 1년 정도 지나서 그가 롱비치에서 새로 얻은 직장은 그를 다시 타이베이로 파견 보내버렸다. 어쩌면 캘리포니아의 시댁에 완전히 질려버린 그의 아내가 친정 부모를 너무 그리워한 나머지 타이베이 외곽에 새 어학원을 설립하고 그에게 직접 관리를 맡아달라는 계획을 세워서였을까. 사정이 어찌되었든 J. H.와 그의 아내 사이의 불화는 깊어졌고, 급기야 그의 아내는 이혼하고 싶다며 그에게 집에서 나가 살라고 할 지경까지 되었다. 몇 개월 뒤 그는 오래전부터 알던 미국 학생 중 하나인 마이크를 만나 커피를 마셨다. 어쩌다 보니 마이크는 내 오랜 친구이기도 했는데, 결국 마이크는 우리 학교에 다니던 친구와 나를 오라고 해 그 자리에 끼워 주었다. 잠시 후 마이크와 내 친구가 뭔가 볼일을 보러 나간 사이에 J. H.와 나만 테이블을 가운데 두고 서로 마주 본 채 남게 되었다. 우리는 계산서를 달라고 했고 그는 나에게 택시를 잡아주겠다고 했다.

택시를 잡으려고 거리를 거닐었지만 마침 빈 택시를 찾을 수 없어서 우리는 그냥 계속 걸으며 대화를 나누었다. 선선한 저녁이라

오래 거닐기 딱 맞은 날씨였고 밤하늘에는 별들이 총총히 떠 있었다. 적어도 그런 것처럼 보였다고 J. H.가 말했다. 내가 확실히 기억하는 건 그때 나눈 대화가 얼마나 길었든 간에 서로 제대로 된 대화를 나눈 게 그때가 처음이었다는 거다. 우리는 정치, 문학, 철학, 역사, 예술에 대해 토론하다 보니 결국 타박타박 7마일이나 걷고 말았다. 그날 저녁 J. H.는 작별인사를 하며 언제 만나 커피나 한잔 더 할 수 있겠냐고 물었고 무슨 이유에선가 나는 "그럼요, 안 될 이유 있나요?"라고 답했다. 다음 날 아침 그는 전화했고 그렇게 해서 나는 독신으로 사는 삶에 종지부를 찍게 되었다.

나는 이 남자를 어찌하면 좋을지 몰랐다. 온갖 존재론적 위기만으로도 나로서는 이미 감당할 일이 너무 많았고 인생이 더 복잡해지

는 것은 필요로 하지도 원하지도 않았다. 일단 그는 나보다 나이가 훨씬 많은 열세 살 연상이다. 게다가 그는 결혼 생활의 무게로 괴로워하고 있었고 세 살짜리 딸의 양육권도 해결되지 않은 상태였으니, 스물세 살이던 나로서는 정말로 다루고 싶지 않은 문제들뿐이었다. 게다가 나는 사랑에 빠지지 않기로 결심하지 않았던가. 내게는 해야 할 일이 너무 많았다. 시베리아 횡단 철도를 타고 모스크바에 가기, 유럽 전역을 도보로 여행하기, 완벽한 남자 만나기, 이상적인 직업에 안착하기, 이번 생에 정말로 해야 할 일 발견하기 등등. 이 관계는 잘 되지 않을 거라고 나는 그에게 거듭 말했다. 하지만 그런 거부에도 불구하고 그는 내 고집을 꺾었다. 당시 J. H.는 (지금도 그렇지만) 내가 만나본 사람 중 최고로 지적인 사람이었다. 그의 음성, 그가 나에게 가르쳐 주고 싶어 하는 것들, 그의 카리스마와 지식과 끝없이 이어지는 대화, 잘생긴 얼굴, 그가 내게 먹인 온갖 환상적인 음식이 나는 정말이지 좋았다. 그러던 어느 날 그를 바라보며 나는 한순간 머리가 맑아졌다. 그리고 내가 그에게 완전히 반했다는 것을 깨달았다.

그에게 그렇게 잘 먹는 법을 가르쳐 준 게 누구였지는 결코 제대로 알아내지 못했다. 그 역시 기억하지 못했고 서서히 터득한 거라고만 했을 뿐이다. J. H.는 사진처럼 정확한 기억력과 끝없는 식욕을 타고난 사람으로, 한 번이라도 먹어본 음식은 그 맛을 전부 기억하기 때문에 미식의 스펀지라는 말로 묘사해야 될 사람이다. 게다가 확실히 음식에 까다로워서 셰프가 완벽한 음식을 내놓지 못할 때마다 끝없이 짜증을 냈다. 그래서 나는 요리법을 외우고 있는 서양 요리를 중심으로 여러 번 음식을 차려 주었는데, 그때마다 그는 식후에 설거지를 힘껏 도와주는 동안, 자신이 정말 좋아하는 중국 요리까지 해줬으면 하는 바람을 넌지시 내비치기 시작했다.

처음에 그의 전략은 우회적이었다. 우리는 늘 서점에서 어슬렁거리기를 좋아했는데, 어쩌면 그때 그는 내가 대만 유명 텔레비전 요

리 프로 진행자인 푸페이메이傅培梅가 쓴 화려한 요리책을 탐욕스럽게 쳐다보는 모습을 눈여겨봤을 수도 있었다. 그래서 그는 푸페이메이가 쓴 책 두어 권과 천젠민陳建民과 마준취안馬均權이 쓴 책 몇 권을 구해다 주었는데, 그들의 요리법 중 몇 가지를 내가 마음먹고 제대로 해독해냈음이 틀림없다. 그 결과물을 우리가 꽤 좋아한 걸 보

면 말이다. 그다음 내가 시도한 것은, 그가 중고 책 매대에서 구해서 의기양양하게 가져온 보급판 요리책 몇 권이었다. 그 책들은 종이가 갈변해 너무 쉽게 부스러졌고 사진도 그림도 디테일도 없어서 좌우간 혹하게 할 만한 내용이 거의 없었다. 대신 할머니의 요리법 카드처럼 간결하게 씌어 있었다. 이를테면 닭고기를 가져다 양념하고 이것저것 넣어 끓인 다음 적당히 익을 때까지 조리하면 완성된다는 식이었다.

그뿐만 아니라 이 요리책을 열심히 들여다보니 확실히 그가 내 중국어 독해능력을 과대평가하고 있다는 느낌이 들었다. 실제로 중국어와 영어 간에 비슷한 점은 거의 없다. 영어와 중국어는 각기 다른 설계 논리가 있고 형성된 역사가 다르고 지리적으로도 언어권이 멀리 위치해서 사실상 두 개의 정반대되는 언어나 마찬가지다. 중국어는 5천 년 넘게 고립돼 있던 국가에서 세상 다른 곳에서 별다른 유입 없이 진화했기 때문에 그만의 고유한 규칙과 내재한 논리와 어법이 있다.

다른 한편, 영어는 비교적 현대 언어에 속한다. 고대 스칸디나비아어, 그리스어, 라틴어, 프랑스어, 독일어에서 나온 여러 언어의 뿌리가 뒤섞여 있고 우리 조상들이 상호 작용했던 교역자나 침입자로부터 받아들인 외래어도 상당수를 차지한다. 하지만 지구상 다른 모든 언어처럼 영어도 글을 쓸 때 현대식 발음이 반영되기 때문에, 『캔터베리 이야기 The Canterbury Tales』에 나오는 글을 현대 미국인은 거의 이해하지 못한다. 그도 그럴 것이 영어가 언제나 잘 변화하고 신개념에 개방되어 있다는 것은 증명된 사실이고, 그래서 우리는 여기저기서 몇 가지 중국어 단어와 구문—typhoon(태풍), kumquat(금귤), feng shui(풍수), 심지어 Long time no see(오랜만이다)처럼—을 영어의 어휘 목록에 욱여넣기까지 했다. 또한 중국 음식 이름을 그에 상응하는 일본어—shiitake(표고버섯)와 tofu(두부)와 sake(정종)를 생각하라—로 바꿔 부르거나 그 밖에는 soy sauce(간장)처럼 어색한 영어로 번역하기도 한다. 우리를 가장 애먹이는 것은 아마 중국어의 성조일 것이다. 아니면 우리를 낙담시키는 그 많은 발음들—X, Z, Q, J 등의 발음—때문일 수도 있다.

그렇더라도 이제 중국어는 급속히 변화하고 있다. 영어가 미국의 대중문화, 심지어 요식문화 덕분에 다른 방향으로 이동하는 것처럼 말이다. 번역가들이 앞다투어 서구의 개념을 아시아로 유입시키는 바람에 신종 중국어가 늘 생겨나고 있다. 이를테면 유명인을 추종하는 팬이나 집단을 말하는 fěnsī, 치즈를 말하는 qǐsī, 로맨스를 말하는 luómànshǐ, 버스를 뜻하는 bāshì, 초콜릿과 커피를 말하는 qiǎokèlì와 kāfēi, 여피족을 뜻하는 yǎpíshì, 맥도날드를 뜻하는 Màidāngláo 등이다. 지금도 영어 단어가 일상 대화 속에 산재해 있는데, 텔레비전 시청자들에게 좋은 인상을 주고 싶어 하는 사람들이 특히 많이 쓴다. ("남자친구를 홀드(hold)하는[지키는] 법을 모르겠어요.", "그녀는 굉장히 레이디(lady)하지[숙녀답지] 못해요.", "그는 아주 맨(man)해요[남성적이에요].") 이런 용법의 핵심은 아마도 남들을 감탄하게 만들고 싶은 욕구일 것이다. 하와이 대학교에서 나를 가르쳤던 어느 정치학과 교수도 기분 내킬 때마다 제임스 조이스(James Joyce)의 소설 『피네간의 경야*Finnegans Wake*』에 나온 구절을 큰 소리로 낭송

하며 그와 비슷한 잘난 척을 했다("자네, 워터게이트 청문회에 대해 어떻게 생각했나?" "따라서 자네가 가지고 있는 비사실들은 말이지, 우리의 확신을 보증하기에는 너무나 부정확하다고 봐야 하네."). [15] 그분의 우월한 지식에 나는 어리둥절함을 넘어 몹시 혼란스럽기까지 했지만, 그렇다고 감히 그분이 허세를 부린다고 말할 엄두는 나지 않았다.

우리 눈에는 중국어가 엄청나 보일지 몰라도 여러 가지 면에서 중국어는 영어보다 훨씬 단순하다. 중국어는 시제가 없지만 그래도 맥락을 통해서 짐작하거나("나는 더 일찍 먹는다(I earlier eat)"), 아니면 이게 미래에 일어날 일인지 과거에 일어난 일인지 알려주는 글자(tomorrow, last week)를 잘 덧붙여서 말하면 그 뜻을 충분히 짐작할 수 있다. 또 구어에는 성별 구분(he, she, it 등)이 없어서 필요한 정보의 대부분을 보통 맥락을 통해 얻는다. 그리고 북경어의 4성을 모음 발성이라 여기면 조금은 더 할 만해지고 따라하기도 쉬워진다.

하지만 이런 장점은 내가 배우는 표준 북경어가 구어로서 지닌 특징이다. 가장 어려운 측면은 중국어 문어는 표음 문자가 아니라, 정방향 모양의 표의문자로 하나하나 암기해야 한다는 사실이다. 이 글자들은 대개 생각이나 개념을 제시해 주며 화자가 어떻게 발음해야 하는지 어떤 정보도 가르쳐 주지 않는다. 중국어가 이런 방식으

---

15. "Thus the unfacts, did we possess them, are too imprecise to warrant certainty." 개정판 57쪽에 나오는 대목을 인용한 글.

로 고안됨으로써 가지는 눈부신 장점 중의 하나는, 이 문자 덕분에 중국인을 그들 고유의 한자권으로 아우를 수 있게 되어 중국을 역사상 하나의 나라로 묶어 주었다. 만약 2백 종류가 넘는 방언이 있는 중국이 표음 문자에 의존했다면 역사는 전혀 다른 방향으로 흘러갔을 것이다. 중국이 그 모든 방언들이 죄다 표음 문자로 표기되었다면 중국은 유럽만큼이나 방대한 언어를 가진 나라들로 나뉘어졌을지도 모른다.

이것만으로도 충분치 않다는 듯이, 전통 중국어는 우에서 좌로 읽는다(반면 현대 중국어는 영어처럼 좌에서 우로 읽는다). 또한 글을 쓰는 사람의 기분이나 문서의 형식에 따라, 그리고 본토에서 쓰였는지 아니면 그 밖의 다른 지역에서 쓰였는지에 따라, 글자는 수직으로도, 수평으로도 모두 배열될 수 있다. 그래서 식생활에서 우리가 뭔가를 읽으려고 할 때 우선 어느 방향으로 읽어야 할지부터 알아내야 한다. 그뿐만이 아니다. 더 오래된 고전 문헌에는 구두점이 존재하지 않고 위아래, 좌우의 구분도 없어서, 독해가 〈선데이〉지의 뒷면 부록에 나오는 단어찾기 게임처럼 느껴진다. 구두점도 없고, 알파벳도 없고, 당연히 자비심도 없다. 첫해에 타이베이 시내에 있는 어느 사찰

의 현관에 적힌 네 글자를 뚫어지게 응시하고 있었다.

나는 내 옆에 있던 중국인 소녀에게 이 글자를 어느 방향으로 읽어야 하는지 아느냐고 물었다.

"그냥 알아내야 해요. 아시겠지만, 어느 방향으로도 뜻이 통하니까요." 소녀는 어깨를 으쓱하며 말했다.

설상가상으로 J. H.는 북경어를 너무 완벽하고 고상한 억양으로 말한다. 마치 중국인 버전의 데이비드 애튼버러가 말하는 것처럼 들리는데, 라디오 뉴스 아나운서로 일한 적이 있다더니 그 이유를 알 만하다. 그러니 우리가 처음 함께한 몇 년 동안 내가 한 북경어가 그에게는 손톱으로 칠판 긁는 소리처럼 들렸던 것이 분명했다. 우리 관계의 새로움의 빛이 바래지고 나서부터, 그는 내가 말하는 방식을 작정하고 비난하…, 아니, 친절하게 고쳐주기 시작했다. 그를 만나기 전에는 확실히 성조는 아무래도 상관없는 것, 해도 그만 안 해도 그만인 것으로 생각해서 솔직히 아무렇지 않게 여긴 것도 사실이다. 적어도 우리 어학 프로그램의 미국인 수석이 중국어로 연설하는 걸 듣기 전까진 말

---

16. David Attenborough(1926-), 영국의 방송인이며 자연사 다큐멘터리 제작자이자 내레이터로 알려져 있다.

이다. 그의 단조로운 모노 톤의 북경어가 어찌나 최악으로 들렸던지 내 발음도 분명 그랬겠구나 하고 그제야 깨달았다.

여전히 내 남자친구의 세상은 계속 나를 혼란스럽게 한다. 정말, 나는 대화하면서 진의를 대충 파악하는데, 이런 시건방진 성격을 잠시 눌러참는 날에는 완전히 망신당할 일 없이 저녁을 넘길 수 있었지만, 그럴 경우에도 이중 의미나 중국식 유머, 문화적 인용이나 심오한 개념은 모른 체 넘어가기 일쑤다.

이런 상황을 눈치챈 그는 날 걱정한다. 타이베이에는 중국의 전통 생활 방식이 여전히 남아 있고, 대학가와 티엔무구天母區[17] 외에는 외국인을 거의 볼 수가 없다. 겉모습이 어떻든 내가 이곳 사람들의 진짜 일원으로 받아들여지기를 그는 바란다. 내가 중국어 구절을 잘못 말하거나 성조를 틀릴 때마다, 그러니까 뭔가 멍청한 말을 하고 말 때마다, 그는 짜증을 부린다. 이건 진 빠지는 일이라서 나는

극도로 긴장해 있다. 하지만 그의 말에도 일리가 있다. 내 모든 자아를 이 세계 속으로 억지로라도 끌고 들어가지 않는 한, 나는 이질적인 존재, 다른 편, 탐닉이나 열외의 대상으로 남아 있을 테고, 중국어를 빠르고 정확히 배우지 못할 것이다.

그 결과가 좋든 나쁘든, 이 문화

---

17. 일제 시대 일본인들이 모여 살던 거주지로 현재는 타이베이에서 외국인이 가장 많이 살고 있는 부촌이다.

언어적 간극을 잇고자 꾸준히 시도해야 한다. 탁월한 배경에 높은 지위를 가진 부모의 맏아들로 태어난 J. H.는 보통 사람들과 달리 계급 서열에 민감하게 양육되었다. 그래도 나는 그에 대한 희망을 품고 있다. 차츰 그의 모난 성격이나 거만함도 상당히 유해졌다. 그는 자주 경청하고, 아파트 청소를 돕고, 식료품을 살 때면 장바구니를 들어준다. 누가 옆에 있든 간에 당당히 내 손을 잡고 필요할 때는 적절히 개입한다. 그런데 이제 나와 사랑에 빠지고 나자, 그는 뭘 어찌해야 할지 몰라 한다. 이 시대에 대만에서 백인 여자가 중국인 남자와 정착하는 경우는 거의 없다. 우리가 따를 만한 본보기가 없다. 그의 삶이나 이 사회의 어느 쪽에도 나는 들어맞지 않는다. 그래서 우리는 가장 거부감이 적은 길을 찾아 음식과 언어부터 시작하기로 한다.

커피 젤리
KĀFĒI DÒNG · 咖啡凍

J. H.는 내가 아는 그 누구보다도 아이스크림을 좋아하지만, 이것처럼 맛있는 디저트라면 충분히 만족할 만한 대용식이 될 것이다. 커피 젤리는 영감을 주면서도 만들기도 간편한 디저트라서 왜 모든 메뉴에 커피 젤리가 없는지 궁금할 때가 많다.

Ingredients

찬물 2컵(500ml)

젤라틴 가루 5봉지(35그램)

아주 뜨겁고 진한 에스프레소 또는 커피(일반 또는 디카페인) 4컵(1리터)

가당 연유(煉乳), 기호에 따라 선택

Recipe

찬물을 8컵(2리터) 용량의 얕은 베이킹 접시에 붓는다. 젤라틴을 물 위에 뿌리고 덩어리를 부수면서 부드러워질 때까지 저어준다. 젤라틴이 완전히 녹을 때까지 뜨거운 커피를 넣고 부드럽게 저어준다. 실온으로 식힌 다음 뚜껑을 덮고 커피 젤리가 굳을 때까지 몇 시간 동안 냉장 보관한다.

식탁에 내놓기 직전에 젤라틴을 입방체로 자른다. 유리컵이나 그릇에 떠서 담고 그 위에 연유를 뿌린다. 6컵(1.5 리터)으로 약 12인분이 나온다.

Tip

커피 젤리는 찬장 한구석에서 자리를 차지하고 있는 인스턴트 에스프레소 한 병을 활용하기에 이상적인 디저트다. 라벨에서 지시하는 것보다 더 진하게 만들면 된다. 가당 연유를 싫어하는 사람에게는 젤리 위에 진한 가당 크림을 부어 대접하면 아주 좋아한다.

곰발바닥 두부조림
XIŌNGZHĂNG DÒUFŬ · 熊掌豆腐

이 유쾌하고 간단하면서도 맛있는 두부 요리법은 대만에서 가장 유명한 예술가인 장따치엔張大千의 개인 요리사였던 고故 천젠민陳建民의 요리법을 살짝 변형한 것이다. 그는 정통 일본 프로그램에서 사실상 무적의 아이언 셰프 천젠이陳建一의 아버지이기도 하다.

타이베이 국립역사박물관에서 일하면서 장다이치엔 선생을 알게 된 인연 때문인지, 나는 항상 첸 셰프와 어떤 유대감이 있다고 느꼈다. 하지만 또 다른 이유는 내가 그의 요리를 많이 만들어 성공했기 때문일 수도 있다. 장 선생과 첸 셰프 모두 쓰촨 출신이지만, 이 고전적인 가정식 요리법은 훌륭한 식감과 맛의 대비를 자랑하면서도 고추나 쓰촨 후추가 조금도 들어가지 않는다.

그 이름이 어디서 유래했는지는 정확히 알 수 없지만, 한 이야기에 따르면 당나라 황제 현종이 쓰촨성으로 행차했을 때 백성들은 너무 가난해 폐하께 무엇을 대접해야 할지 몰랐다고 한다. 그때 영리한 무명의 어느 요리사가 이 요리법을 발명해 곰의 발바닥이라는 희귀한 진미로 만들었다고 말했다. 황제는 그것을 맛보고 기꺼워하며 웃었고 요리사는 목숨을 구했으며 그의 요리는 천년이 지난 지금도 사람들이 즐기고 있다.

Ingredients

연두부 또는 순두부 2모(540그램)

신선한 (또는 냉동한) 겨울 죽순 1개(약 50그램)

찬물에 하룻밤 불린 표고버섯 6개

파 4쪽

껍질을 벗기고 얇게 썬 신선한 생강 ¼컵(20그램)

튀김용 기름

무염 또는 저염 버섯, 닭고기 또는 돼지고기 육수 4컵(1리터)

샤오싱주 ¼ 컵(60ml)

노두유 3큰술

간 후추 약간

설탕 1작은술

Recipe

두부를 십자 모양으로 9등분한 다음 각각 반으로 잘라 정사각형 18개가 나오게 한다. 나머지 재료를 준비하는 동안 키친타월 위에 한 겹으로 놓고 윗부분을 살짝 두드려 수분 대부분이 흡수되게 한다.

냉동 죽순을 사용할 때는 해동하기만 하면 된다. 신선한 죽순을 사용할 때는 껍질을 벗기고 딱딱한 부분을 다듬어 반으로 자른 다음 작은 냄비에 넣고 물을 붓고 부드러워질 때까지 끓인 후 물기를 잘 뺀다. 육수에서 버섯을 건져내고 (체에 거른 육수 국물은 따로 남겨둔다) 버섯 갓을 얇게 썰어준다. 죽순을 얇게 썰어준다. 대파는 다지고 생강은 얇게 저민다.

냄비에 기름을 2cm 정도 붓고 중간 불에서 뜨거워질 때까지 가열한다. 두부의 반을 넣고 사각형 전체가 노릇노릇해질 때까지 부드럽게 저어가며 볶는다. 젓가락이나 주걱으로 튀긴 두부를 그릇에 옮겨 담고 나머지 두부도 같은 과정을 반복한다.

냄비에서 기름을 대부분 따라내고 센불에 다시 올린다. 대파, 생강, 죽순, 버섯을 넣고 버섯이 갈색이 될 때까지 뜨거운 기름에 버무린다. 미리 준비한 불린 액체와 육수를 붓고 튀긴 두부, 샤오싱주, 간장, 후추를 넣는다. 액체를 끓여서 뚜껑을 덮고 10분 정도 끓인 다음 뚜껑을 열고 육수만 남을 때까지 두부를 계속 끓인다.

설탕을 넣고 필요에 따라 양념을 조절한 다음 테두리가 있는 접시에 재료를 정렬한다. 든든하게 먹으려면 뜨거운 밥과 채소를 곁들여서 낸다. 4인에서 6인분이 나온다.

Tip

연두부나 순두부를 구할 수 없을 때는 일반 두부를 사용해도 맛있다. 두부를 구하기 어려운 지역에 거주할 때는 차이나타운이나 대형 아시아 식료품점을 방문할 때마다 진공 포장된 두부를 찾아보라. 진공 포장된 두부는 냉장 보관할 필요가 없고 유통 기한이 상당히 길며 사실 찬장에 간단히 보관할 수 있다. 닭 육수처럼 작은 무균 종이 상자에 포장된 죽순은 주로 일본에서 모리누 회사 등이 생산한다.

    죽순은 신선하거나 냉동된 것이 가장 좋지만, 중국인 인구가 많은 지역 외에는 구하기 거의 불가능할 수 있다. 통조림도 가능하지만, 통조림은 깡통 맛 밖에 안 나서 나는 좋아하지 않는다. 그래도 마음에 든다면 수단을 가리지 말고 사용하라. 아니면 이 요리법에 죽순을 넣지 않더라도 충분히 맛있게 즐길 수 있다.

4장

반감 *Antipathy*

캘리포니아 롱비치: 1979년

어느 시원한 가을날 남자친구의 어머니 저우웨밍周月明이 롱비치에 있는 작고 지저분한 우리 원룸 아파트에 와 있는데, 나를 탐탁지 않아 하는 모습이 역력하다. 내 옆에 보호해 주려는 듯 앉아 있는 남자친구와 함께 나는 환영하는 미소를 얼굴에 억지로 띄우고 뵙게 되어 기쁘다는 듯한 표정으로 짝이 안 맞는 머그잔에 우롱차를 따르고 있다.

J. H.의 어머니(나는 백모님으로 부른다)는 눈꺼풀이 처진 눈으로 집안을 훑어보며 알아듣기 힘든 나의 북경어 질문에 북부 억양이 강한 짧은 대답으로 응수한다. 내 쪽으로는 한 톨의 눈길조차 주지 않으려고 완강히 피한다. 백모님은 자기가 왜 그렇게 어둡고 지저분한 곳에 있어야 하는지, 왜 아들이 자신을 이토록 실망시키는지, 무엇보다도 아들이 최근에 대만에서 데려왔다는, 중국어도 서투른 외국인 여자를 왜 만나야 하는지 혼란스러운 게 분명하다.

시어머니가 될지도 모를 중국 여성에게 총애받는 방법에 대한 지침 같은 것도 하나 없이 나는 암흑 속에서 침몰하고 있다. 백모님 앞에 사탕과 견과류를 내놓는다고 해서 여기서 큰 마력을 발휘하리라고는 기대할 수 없다. 그러려면 10분 정도 더 기다려야 한다. 스토브에서 끓고 있는 이 빠진 대나무 바구니에 든 내용물이 나를 구원해 줄 것이라는 희망을 부여잡고서. 문제는 무슨 일이 일어날지 나로서는 전혀 감을 잡을 수 없다는 거다. 확실한 것은 백모님이 나를 철저히 안 좋아한다는 것뿐이다. 아니, 안 좋아한다는 말은 여기서 일어나는 상황을 표현하기에는 너무 약하다. 머리로 기억할 수 있는 최대한 많은 동사를 떠올리고, 그러면서 다른 쪽 절반의 뇌는 길고 어색한 침묵 속에 할 수 있는 뭔가 기발한 말을 떠올리려 애쓰고 있다. 내가 좀 더 현명했다면 백모님이 내게 느꼈던 싫은 감정, 불쾌감, 반대, 역겨움, 적대감과 혐오, 염증과 미움과 증오, 절대적인 반감을 나 개인을 향한 감정으로 받아들이지 않았어야 했다는 것을 지금에야 깨닫는다.

백모님의 처지에서 보면 그분의 감정도 이해할 만하다. 제3자의 입장에서라도 내가 일등 며느리감이 되기엔 분명 끔찍한 후보였을 테니까. 좋은 신붓감으로 추천해 줄 사회적 인맥도, 자랑스러운 혈통도, 어떤 명성이나 재산도 내게는 없다. 그리고 그중에도 최악인 건 내가 너무나 명백한 순혈 백인이라는 것이다.

이 모든 결점으로도 부족했는지, J. H.가 아직도 첫 번째 아내와 공식적으로 결혼한 상태였다는 점도 언급돼야 한다. 그가 따로 나와 산 지는 한참 되었지만 이제 그의 아내는 마음이 바뀌어 이혼할 마음이 전혀 없었고, 그래서 그의 어린 딸도 자기가 학교를 졸업할 때까지 정식으로 갈라서지 말고 기다려 달라고 간곡히 부탁하고 있었다.[18] 그래서 나는 일이 해결되는 동안 그와 동거 중인 여자친구에 불과했고, 이 상황은 이십 년 가까이 제자리걸음을 하게 된다. J. H.가 자기 몸뚱이와 옷 가방 하나, 카메라와 책 무더기를 내가 살던 타이베이 아파트로 옮겨 오고 몇 달 뒤, 그가 다니던 미국 회사는 그에게 롱비치로 돌아와서 타이베이의 국립 고궁박물관 근처 둥우대학校東吳大學에서 정식으로 북경어 언어 프로그램을 기획하는 업무를 맡으라고 한 상황이었다. 그는 나에게 자기와 함께 미국으로 돌아가자고 고집했는데, 자기 가족을 만나 표면적으로라도 황씨 가문 안에서 어떻게든 제대로 된 위치에 있어야 한다는 이유에서였다. 그분들도 나를 알아가면 차차 나를 아주 좋아할 거라고 말이다.

아무렴, 그렇겠지.

J.H는 나보다 나이가 아주 많아서 내가 유치원생이었을 때 그는 대학생이었다. 그에게는 세상 무엇보다 사랑하는 딸이 있다. 내 중국어 실력은 비웃음거리로 삼아도 될 만큼 형편없었다. 나는 평균 3.85학점으로 졸업을 몇 학기 앞둔 상태로 대학을 그만뒀는데 계속 공부할 필요가 없다고 생각했기 때문이다. 나는 이렇다 할 기술도

---

18. 당시 대만에서는 부부가 이혼을 신청할 때 자녀에 대한 모든 양육권은 늘 남성에게 주어졌고 여성은 자녀를 다시는 만나지 못하는 조치를 당할 수도 있었다. 이런 제도를 악용해 다소 파렴치한 남성과 시가는 여성이 참을 이유가 없는 일을 참고 살도록 강요했다. J. H.는 딸의 양육권을 포함해 소중한 모든 것을 아내에게 기꺼이 내줬지만, 그런데도 그의 아내가 이혼을 두려워했던 건 끔찍하면서도 이해가 가는 일이었다. 그렇다고 해서 이 일로 내가 J. H.의 어머니나 딸한테서 일말의 동정심이라도 얻었다는 의미는 아니다.

없다. 아이는 내 버킷 리스트에 얼씬도 못 한다.

사실 중국 여성이라 해도 이런 자질로는 최종 후보자 명단에서 탈락하고도 남을 터이다. 그런데 세상에, 이 정도면 나는 그들의 기대치에 한참 못 미치는 후보인 것이다.

이쯤 되면 내가 감당 못 할 일을 하고 있단 생각이 들 수도 있다. 그 생각이 옳을 것이다.

J. H.의 어머니에 관해 제일 먼저 알아야 할 것은 자기 자신을 매우 높이 평가한다는 점이다. 사람들과 교류가 너무 드문 곳에 살다 보니 친구가 하나도 없다. 더구나 백모님은 사람들이 아주 사소한 사항만 위반해도 자기 인생에서 몰아낸다. 적어도 내가 보기엔 그렇다.

백모님의 삶은 직계가족, 그러니까 두 아들과 두 딸과 손주들에게 국한되어 있다. J.H.의 부모는 수년 동안 서로 떨어져 살았지만, 아버님은 아직도 이 근처에 올 때면 힘들어도 늘 가족 모임에 손님으로 참석한다. 그래서 직계 가족은 백모님이 예외 없이 늘 생각하는 유일한 사람들이다. 이제 여러 해 동안 백모님의 주된 걱정은 황씨 가문의 대를 이을 손자가 없다는 것이었다. 그래서 J. H.와 대만인 아내의 관계가 딸이 태어났을 즈음부터 와해되기 시작하자, 백모님은 아들에게 걸맞을 만한 중국 북부 출신 아가씨, 특히 자신이 그토록 간절히 바라는 손자들을 낳아줄 젊고 예쁜 아가씨를 찾는 데 상당한 에너지를 쏟아붓고 있었다. 몇 년 전에 큰딸과 페어뱅크에 살 때는 선택의 폭이 특히나 좁았다. 어찌나 마땅한 배필감을 찾기 힘들었는지, 저 멀리 앵커리지에 조건이 맞는 젊은 처자가 있다는 소식만 듣고도 백모님은 단지 그 여자를 한번 보겠다며 곧장 왕복 항공권을 사서 8백 마일을 날아갔을 정도였다. 이제 백모님이 롱비치 근처에 사는 작은 딸 리틀 쓰리*Little Three*[19]의 집으로 이사했으니 이제 로스앤젤레스 카운티의 막대한 중국인 인구 중에서 미스 퍼펙트의 타이틀을 놓고 경쟁할 아가씨가 한두 명은 나올 거라고 생각했을 수도 있다. 아아, 그런데 아직 아무도 합격하지 못 했다. 그래서 이때는 더욱 절박한 시간이기도 했다.

그 일에 어찌나 집착했는지 유방암조차도 백모님의 추진력을 멈추지 못했다. 그녀가 병원에서 수술을 받고 회복 중일 때 J. H가 문병갔을 때의 일이었다. 평소 원기 왕성하던 그녀는 창백하고 맥없어 보였다. 삐삐 소리 나는 기계들에 연결돼 있고 말도 제대로 잇지 못했다. 죽음의 문턱에 다다른 듯 보였다. J. H는 그녀의 찬 손을 움켜잡고는 이제껏 속 편히만 살아온 것을 후회하며 귀속말을 했다.

"엄마, 언제가 됐든 몸이 좀 나아지시면 좋은 아가씨를 찾아주세요."

백모님은 바로 그다음 날 퇴원했다.

---

[19]. J. H의 부모님은 한때 그를 리틀 드래곤이라고 불렀다. 가족들이 아들에게는 때때로 태어난 음력 해의 띠를 딴 별명을 붙여주기 때문이다. (사실 J. H는 뱀띠지만, 중국 문화에서 뱀은 작은 용으로 여겨지기 때문에 그해에 태어난 아들을 샤오오롱(小·龍)으로 부르는 경향이 있다. 리틀 드래곤이라고 불리는 것이 작은 뱀으로 불리는 것보다는 분명히 듣기에 낫다) 그의 막내동생이 가족들에게 늘 '작은 황소'로 불리는 것도 같은 이유에서이다. 하지만 중간에 있는 두 딸은 리틀 투와 리틀 쓰리라는 좀 더 여성스러운 이름을 받았고, 삼촌과 마찬가지로 소띠 해에 태어난 딸은 샤오뉴(小·牛)이라고 불렸다.

이러한 상황을 아직 제대로 모르는 채, 이 드라마 속에서 내가 어떤 역할을 맡았는지도 모르는 채, 나는 남자친구 어머니를 초대해 음식을 대접하고 서로를 알아가며 나를 보여줄 기회를 만들 참이었다.

백모님의 이름, 웨밍(月明)은 달과 밝음을 뜻하는 한자로 되어 있다. 그런데도 그녀는 자신의 불행이 죄다 이 이름 탓이라고 말한다. "나의 운명은 달의 운명과 같아서 흥하다가도 기울고 밝다가도 어두워지니 완전한 나날이 거의 없다." 그녀는 자신의 인생이 암울해 보일 때마다 늘 한숨을 쉬며 이렇게 말한다. 사위 중 하나가 영어 이름으로 글로리아를 지어줬지만, 그렇게 부른 사람이 거의 없다. 나 역시 다른 사람들에게 배운 대로 백모님伯母(혹은 Bómǔ)으로 부르게 되었다. 이 단어는 혈족이 아니더라도 부모보다 나이 많은 여자들을 통칭해서 부르는 호칭이다. 달리 말해 백모라는 일반적인 통칭으로 부르면, 우리 사이에는 반박할 수 없을 만큼 거리가 있으며 실질적 관계도 존재하지 않는다는 것을 강조할 수 있다.

그때만 해도 백모님이 왜 그렇게 나를 미워하는지 감도 잡지 못한 채, 나는 찻주전자를 채우고 조리대에서 접시를 나르며 부산을 떨고 있었다. 진실에 눈이 흐린 채로 어떻게든 매력을 발휘해 이 고압적인 여자에게 적어도 티끌만큼의 인정을 받을 방법을 찾겠다는 환상이 있었다. 그러고 나서 뒤돌아 보면, 백모님이 식탁에서 언짢은 얼굴로 고개를 돌리는 걸 보고 '그래, 어쩌면 안 될 수도 있겠다'라고 생각했다.

이때 내 비장의 무기가 하나 남아 있었다. 바로 내가 요리를 좋아한다는 것. 사실 지난 한두 달 사이 나는 J. H를 돌보고 먹이는 일에 꽤 능숙해졌다. 이렇게 발전하게 된 것은 부분적으로는 그가 스토브 앞에 있는 내 곁을 알짱거리며 킁킁거리고 맛보고 이것저것 거들어주며 조언했던 탓도 분명 있었다. 타이베이에서 처음 몇 번 우리가 같이 요리했을 때만 해도, 그는 오리고기를 납작하게 누르는 법이나 냄비에 재료를 제대로 넣는 법처럼 무언가 중요한 시범을 보여야 할 경우 외에는 보통 나를 쫓아내고 주방을 독차지하곤 했다. 일말의 수치심도 없는 처녀자리 여자는 그의 지시대로 궂은일을 도맡아 했다. 예를 들면, 공심채를 정확한 길이로 자르고(개당 잎이 하나만 남아야 한다), 대파는 정확한 간격으로 얇게 썰고(이쑤시개보다 두껍지 않아야 한다), 가지는 정확한 크기로 토막내고(갈변되기 전에 노랗게 익혀야 한다), 스노우피의 콩깍지 양끝에 이쑤시개로 섬유질을 제거해야 하는(얼음물에 담가 꼭 짜는 것도 잊지 말아야 한다) 등의 식재료 준비에 내 수고와 시간을 끝없이 쏟아부어야 했다. 게다가 그가 청결을 가장 우선시하고 집착했기 때문에, 나는 조리실에 꽁꽁 묶여 다음 요리를 진행하기 전에 그릇마다 닦고 조리대마다 훔치고 바닥을 쓸어야 했다.

그러던 며칠 만에 우리의 대오에는 반란과 폭동이 일어날 조짐이 보였다. 그런 잡일은 결코 내 몫이 아니었다. 게다가 내 주방이 아닌가. 나는 이제 그가 채소를 마음껏 다듬고 설거지도 할 차례라고 반박했고, 마침내 그를 쫓아내고 내 스토브를 되찾았다. 그가 순순히

---

20. 꼬투리채 조리해 먹는 완두콩의 일종.

항복했을 때 사실 나는 좀 놀랐다. 그도 그럴 것이 J. H.는 손자孫子의 열렬한 신봉자로 종국에는 보급판 손자병법까지 집필하지 않았던가. 어쩌면 이 모든 과정이 내가 요리를 하게 만들기 위한 마키아벨리적인 음모의 일부였을지도 모른다. J. H.라면 능히 그랬을 수 있다.

주방에서 새로 찾은 내 능력의 또 다른 원천은, 우리가 타이베이와 미국에서 수집한 중국어 요리책이다. 롱비치의 구석진 곳에 1930년대풍으로 지어진 확실히 노동자 계층에 어울리는 작은 원룸으로 이사하자마자, 우리는 로스앤젤레스 차이나타운 하이스트리트에 있는 서점을 찾아가 본토에서 최근 출판된 보급판 책들을 상자 가득히 사 왔다. 내가 가장 좋아하게 된 전집에는 중국요리책이라는 간단명료한 제목의 보급판 책들이었다. 주방 입구에 자랑스레 쌓아둔 그 책들은 저렴한 인쇄지를 써서 불과 일이 년 지났을 뿐인데 벌써 변색되고 있었다. 눈에 무리가 올 만큼 작은 활자로 인쇄된 데다 제본은 스테이플러를 책등에 허술하게 박아둔 것인데, 그나마도 책을 샀을 때부터 스테이플러에는 녹이 슬어 있었다. 하지만 그런 허름한 모양새에도 불구하고, 우리가 바라던 철저한 분석을 담고 있는 책이었다. 각 권마다 제각기 다른 고장의 요리를 집중적으로 다루고 있어서, 보기 드물게 중국의 여러 지역 미식에 대한 통찰력을 제공하고 있기 때문이다.

이 전집이 내게 새로운 문을 열어주고 요리에 대한 내 관심에 적지 않은 불꽃을 당겼다는 것은 부인할 수 없지만, 알고 보니 그 책들은 중국어 간체자로 되어 있었다. 나는 대학에서나 대만에 와서도 번체만 배웠기 때문에 절대 만만치 않은 책들이었다. 게다가 그 책들은 완전히 낯선 요리와 조리 용어가 넘쳐났다. 중국 특정 지역에서만 쓰는 요리 기술이라 전문 용어가 자주 등장했고, 어디서도 듣도 보도 못한 식재료가 나왔다가도 단 하나의 요리에만 쓰이고 사라졌다. 또 이 정도로도 부족했는지, 곳곳에 암호나 다를 바 없는 역사 일화가 덧붙여져 있는데, 아마도 특정 요리법에 역사적 중요성을 강조해서 무게를 더하려는 것 같았다. 그렇지만 이 전집에는 진화햄金华火腿[21]의 부위별 명칭, 가금류와 생선의 부위별 명칭, 시그니처 풍미를 내기 위해서 현지 요리사들이 필수적으로 쓰는 기본 소스를 만드는 법, 각 지역별로 차별화되는 조리법 같은 것들이 상세히 적혀 있다. 그래서 그 책들을 나는 새 교과서로 여기게 되었다.

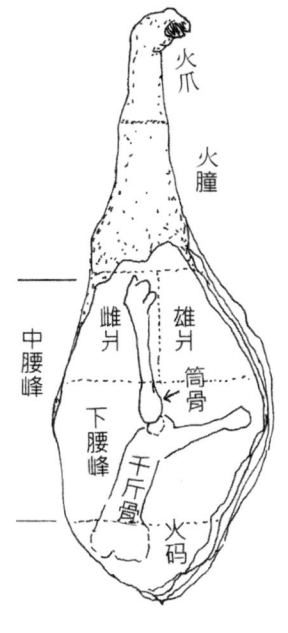

이 요리책들은 나에게 꽤 도움이 되었다. J. H.의 어머니는 대만에서 미국으로 이민 온 뒤로 고향인 중국 북부식 요리를 먹을 기회가 거의 없었다. 캘리포니아 남부에는 토속 음식점이 아직 다양하지 않아서 친지들이 만찬을 즐기려면 화려한 광둥식 요리를 주로 선보이는 레스토랑을 찾아야 한다. 테이블 위쪽의 대형 수조 안에 유유히 떠 다니던 생선들이나 반짝이는 옻칠을 해서 창 앞에 매달아뒀던 오리가 저녁

---

21. 저장성 진화 지역에서 돼지 뒷다리를 통째로 소금에 절여 발효하고 숙성시킨 햄으로 이탈리아의 파르마햄, 스페인의 하몬과 함께 세계 3대 햄으로 꼽힌다. 진화 훠투이라고도 불린다.

메뉴로 조리되어 크고 하얀 접시에 담겨 나오는 그런 곳들이다. 우리 형편에는 값비싼 외식이지만 내가 가족의 일원이 되길 J. H.가 간절히 원하던 터라 주머니 사정에 조금이라도 여유가 생길 때마다 친척 모임에 따라가려고 최선을 다한다. 우리들은 J. H.의 막내 여동생이 모는 승합차에 올라타고—J. H.의 어머니로부터 가능한 한 멀리 떨어져 앉을 수 있도록 나는 리틀 쓰리의 어린 딸과 함께 뒷좌석에 자리잡곤 한다—산 가브리엘 밸리로 향한다. 우리는 평소에 중국인의 정보망들을 활기차게 가동해서, 어느 식당이 문을 열었는지, 셰프는 누구인지, 줄은 얼마나 길 것인지, 어떤 특별 요리가 나올지, 또 돈은 얼마나 들지를 계속 업데이트해 두었다가, 가족 외식 계획을 세우고 실행한다. 물론 여기서 '우리'란 '그들'이지 내가 아니다. 난 말 그대로 따라갈 뿐이다.

남부 캘리포니아의 아시아인 인구가 계속 늘어나면서 조용하던 몬터레이 파크와 알함브라 인근의 산 가브리엘 밸리에는 아시아 식당들이 점차 번창하고 있다. 대만과 홍콩에서 밀려드는 신규 이민자 층에 이제는 중국 본토에서도 이민자가 계속 흘러들어와 음식의 장은 유달리 다채로워지고 있다. 매주 새로운 식당들이 문을 여는 바람에 어떤 때는 경쟁이 광적으로 치열해지기도 한다. 하지만 요즘 우리가 식사하는 광둥궁보다 더 고급스러운 식당은 찾아보기 쉽지 않다. 크리스털 샹들리에, 생선과 새우와 랍스터와 게가 잔뜩 쌓여 있는 해수 탱크, 모란꽃 그림과 질주하는 말의 그림들, 금빛으로 번쩍이는 축복하는 신들, 기름 튄 자국이 있는 플록 벽지 등이 휑뎅그렁할 정도로 큰 식당 내부를 장식하고 있다.

이럴 때 J. H.의 가족은 신나게 음식을 먹어치우느라 식탁에서 나는 소리라곤 먹는 소리밖에 없다. 비로소 나는 내가 와 있어서 벌어지던 신경전이 잠시나마 휴전에 들어간 상황에 안도한다. 생강과 파로 맛을 낸 짭조름한 기름에 데친 닭고기, 고소한 콩 위에 올린, 네모꼴로 자른 구운 새끼 돼지, 작은 다리들 사이로 알이 꽉 찬 커다란 새우찜, 검은콩과 다진 마늘을 넣은 산홋빛 게. 화려한 만찬 접시들에 너도나도 달려든다. 백모님은 누구보다 빠르고 많이 먹어치우느라 숙녀인 척도 뒷전이다. 백모님의 식욕은 맹렬하다는 표현이 어울릴 정도이고, 그분 앞에 쌓여가는 껍질과 뼈 무더기는 다른 식구들도 뒤지지 않도록 분발하게 한다. 이 만찬을 먹는 동안 백모님은 진짜 미소를 짓고 있고, 나오는 농담마다 한마디씩 거든다. 확실히 내 쪽을 그리 자주 쳐다보진 않지만 내게 불평하는 건 아니다.

식사가 끝날 무렵이면 늘 어김없이 큰 생선찜이 나오는데, 보통은 갓 잡은 대구에 채 썬 파와 생강을 얹고 간장과 기름을 적당한 비율로 섞은 소스를 곁들여서 먹는다. 가족들이 모두 볶음밥과 국수를 좋아하기 때문에 끝으로는 이 두 가지를 한꺼번에 먹으면서 소화기관에 혹여 숨어 있을 허기마저 채워줄 수 있는 매머드급 요리 코스를 마무리한다.

식당에서 서비스로 내주는 디저트는, 타피오카나 녹두나 팥으로 만든 달콤한 수프에 코코넛 우유를 넣기도 하고, 연유나 귤껍질로 만든 달콤한 수프가 나오기도 하고, 남부 캘리포니아의 긴긴 여름에는 멜론이 색종이 조각으로 화려하게 장식되어 선보이기도 한다. 나갈 때가 되었다는 신호가 또 하나 있다. 허기가 아직 가시지 않았거나 혹은 갈 시간이 됐다는 걸 눈치 못 챘을 경우를 대비해서, 식당 측은 커다란 접시에 자른 오렌지나 얇게 썬 수박을 담아내 온다. 걷기 힘들어질 때까지 먹고 나면 남은 음식은 포장해서 백모님이나 누이가 가져간다. 그 주의 남은 날은 검소하게 먹으며 버텨야겠구나 불안해하며, 나는 20달러짜리 지폐 두어 장을 식사 회비로 꺼낸다.

전부 다 정말 맛있지만 그래도 모든 일이 신경을 곤두서게 한다.

그래도 좋은 소식은 백모님은 배가 부를 때 상당히 활달해진다는 거다. J. H.를 기분 좋게 하는 가장 쉬운 방법이 그가 어릴 때 좋아하던 음식을 먹이는 것인 걸 보면 틀림없이 타고난 성격이다. 그를 만나기 전에는 음식과 기분 사이에 그렇게 강한 연결 고리가 있는 줄은 미처 몰랐다. 나는 그 사실들을 종합해서 이런 결론을 내린다. 그 어머니에 그 아들이라고.

J. H.의 어머니에 대해 두 번째로 알아야 할 것은 설사 닫힌 마음을 열어줄 "프루스트의 열쇠"의 음식 버전을 내가 찾더라도 이 작고 강인한 분이 그리 호락호락하진 않다는 거다. 백모님은 자신에 관한 한 냉전 시대 스파이만큼이나 입을 꽉 다무는 것으로 악명 높다. 백모님은 이제까지 그 어떤 사람에게도 자신의 출생연도를 말하지 않았는데, 신들이 백모님의 나이를 알아채지 못하면 죽는 날을 잡는 걸 잊을 거라고 믿기 때문이다. 내가 확실히 아는 건 백모님이 옛날 옛적, 수십 년 전 음력 12월 엿새 날에 태어났으며 텐진天津 북쪽 항구에서 어느 반군 지도자의 응석받이 작은딸로 자랐다는 것뿐이다. 그런데도 나는 남자친구에게 단서를 더 달라고 졸랐다. 어느 날 남자친구는 어머니가 어려서 밤 모양으로 골무처럼 가운데가 파인 찐빵인 리즈 워워토우栗子窩窩頭를 아주 좋아했다고 말했다. 낡을

---

22. 프랑스 작가 마르셀 프루스트는 어느 날 마들렌과자를 먹고 어렸을 때 고향에서 먹었던 마들렌의 향기를 떠올렸고, 그 기억을 더듬어 『잃어버린 시간을 찾아서』를 썼다. 그때부터 향기를 맡고 기억을 떠올리는 것을 '프루스트 현상'이라고 한다.

대로 낡은 어느 중국인 회고록을 보면 워워토우는 서태후가 가장 좋아한 간식이라고 한다. 한때 자금성을 공포에 떨게 한 그 유명한 여인과 지금 아주 태연히 내 기를 누르는 백모님 사이에 비슷한 기운이 느껴지는 것은 어쩔 도리가 없다. 우리는 그 낡은 요리책들을 뒤져 백모님이 좋아할 만한 간식을 더 찾아봤고, 그리 오래지 않아 나는 그 워워토우를 포함해 프리패스가 되어줄 것 같은 몇 가지 중국 북방 요리를 힘들게 정복했다. 진한 갈색에 살짝 달면서 자연스러운 훈제 향이 나는 이 과자는 말린 중국산 밤으로 만드는데, 단단한 작은 덩어리들을 약 250그램 정도 불려 힘들게 껍질을 벗기고 쪄서 손으로 곱게 갈아 반죽을 만든 다음에 밀가루와 누룩을 섞어 반죽한다. 사랑이 담긴 노동이다. 아니, 사랑이 아니라면 최소한 받아들여지고 싶다는 절실한 갈망이다.

그래서 오늘 아침 워워토우 두 바구니를 스토브에 올려놓고 김이 모락모락 나는 걸 보면서 나는 백모님을 만날 준비를 마쳤다고 생각한다. 중국 북부에서 공수해다가 더 정성들여 연마한 무기들을 전투 대열에 함께 정렬한다. 버터 향 나는 참깨 쿠키 스무 개, 크림처럼 달콤한 호두 수프 한 솥, 백모님이 저녁 식사 때까지 머무르실 경우를 대비해 준비한 표고버섯과 파슬파슬한 감자를 듬뿍 넣고 빨갛게 익힌 닭고기찜, 대파와 볶은 참깨, 쓰촨 후추를 넣고 돌돌 말아 산더미처럼 쌓아 놓은 수제 찐빵. 그야말로 노르망디 상륙작전을 방불케 하는 마지막 디테일까지 세심하게 신경 쓴 종합계획인 것이다. 이제 그분 마음속의 올바른 스위치를 켜 줄 탄수화물 덩어리인 그 작은 워워토우의 지원이 가세하면 된다.

오후가 되어 백모님이 식탁에 앉자, 대나무 찜통에서 향기 그윽한 덩굴손이 흘러나와 백모님의 시선을 끌기 시작한다. 냄새를 맡은 백모님은 스토브 쪽을 계속 바라본다. 비록 나에게 뭘 만드냐고 물어보진 않지만, 처음으로 작은 희망의 불빛이 느껴진다.

나는 회화 실력으로 점수를 딸 상황이 아니라서 주방에서 분주히 움직인다. 테이블 맞은편에 마주 앉은 두 사람의 옆얼굴을 슬쩍 보고 나는 J. H.가 무서울 정도로 자신의 어머니와 닮았다는 걸 깨닫는다. 똑같은 눈썹, 똑같은 두상, 눈밑의 똑같은 반달, 똑같은 특징이 있는 평평한 콧잔등. 둥강 식당의 요리사가 J. H가 백모님의 아들이란 걸 금세 알아볼 만도 했다. 두 사람은 체형까지 비슷해서 북방인 특유의 운동선수 같은 몸매는 아버지 쪽의 광둥 사람다운 호리호리한 골격과는 다르다. 본토에서 찍은 낡은 흑백 사진에서 J. H.의 어머니는 미국 여배우 에바 가드너의 중국판처럼 보였다. 하지만 아들의 눈과는 달리 그의 어머니의 긴 눈매가 인상적이고, 또 그분의 입은 적어도 오늘날만큼은 유머 감각이라곤 전혀 없어 보이는 굳은 일직선 모양이다.

    백모님이 대화하느라 아들에게 집중하는 때를 틈타서 나는 그분을 몰래 흘끗거린다. 백모님의 어깨까지 내려오는, 아름답게 희끗해진 머리를 장식 없는 헤어네트로 감싸고 있다. 화장과 장신구는 포기했고, 즐겨 입던 높은 옷깃이 달린 중국 드레스 대신 값싼 면 블라우스와 회색 조끼를 차려입고 있다. 그런데도 그녀의 미모는 여전하며 피부는 매끄럽고 주름도 거의 없다. 언젠가 내가 왜 백모님은 결혼반지가 없냐고 J. H.에게 물으니 값비싼 사전을 사려고 전당포에 팔았다고 했다. 그렇지만 백모님이 신문 읽는 모습은 단 한 번도 본 적이 없다. 그걸 곰곰이 생각하다 보니 이 또한 전체 그림과 안 맞는 기묘한 퍼즐 조각이라는 걸 깨닫는다.

    타이머가 울리자 나는 찜통 중 하나를 백모님 앞으로 가져가 연다. 그녀의 눈빛이 어렸을 때 먹던 과자를 떠올리며 반짝반짝 빛난다. 백모님은 젓가락으로 하나를 집어 베어 물고 감탄의 한숨을 작게 내쉰다. 마음의 온도를 단 몇 도라도 더 올리는 건 방을 훈훈하게 하는 수증기일 수도 있지만, 그 과자의 맛과 추억일 수도 있다. 처음 내온 워워토우를 백모님이 순식간에 해치우자, 나는 더 드시라고 권하며 갑자기 찾아온 이 해빙기를 마음껏 즐긴다. 백모님은 음식을 먹으며 몸이 이완되고, 나는 그녀의 찻잔을 다시 채운다.

처음에 내온 음식을 조금씩 먹어치우는 동안 나는 망설이면서도 용기를 내 대화에 참여하기로 한다. 그 작은 덩어리들이 금세 사라지는 것을 보니 오랫동안 먹어보지 못한 음식인 듯해 언제 마지막으로 드신 거냐고 묻는다. 40년 전에 살던 집에서라고 백모님은 대답한다. 그녀는 베이징의 항구 역할을 하는 톈진에서 자란 이야기를 해 준다. 쉽게 빗댈 만한 지역을 찾아보자면 로스앤젤레스의 롱비치 같은 곳이라 할 수 있다. 이 일이 전부 언제 일어났는지 알기 위해 출생 연도를 물었더니, 백모님은 눈을 다른 데로 돌리고 재빨리 1922년이라고 답한다. 그 후 몇 시간 동안 인생 이야기가 조금씩 흘러나오기 시작하는데, 그녀의 근사한 시작과 일가의 위신이 추락했던 일에 대한 긴 이야기는 아들도 처음으로 듣는 내용이다.

백모님은 외동딸로 태어나 주로 어머니, 외할머니, 삼촌 세 분과 집사 등 어른들에게 둘러싸여 자랐다고 한다. 어머니의 아버지 저우중샹周忠祥은 중국 남부 쓰촨성과 티베트 사이 톈진에서 거의 1,300마일이나 떨어져 있는, 베트남, 라오스, 미얀마와 국경이 맞닿아 있는 험준한 윈난雲南성의 시골 출신이었다. 아버지는 집에 자주 오지 않았지만, 이 사람을 아버지로 두었기 때문에 어머니는 그래도 자신을 돌봐주는 전속 운전기사와 유모를 거느린 왕족과 같은 삶을 살았다.

"그러니까 외할아버지는 윈난성 출신 장군이셨죠? 그리고 톈진에 사는 동안 다른 장군 밑에서 일하셨고요?" J. H.가 자신의 어머니에게 물었다. 이건 대대손손 지위와 낭만과 역사를 부여하는 가문의 위대한 전설이다.

백모님은 잠시 말을 멈추더니 식탁을 보며 "그렇다고 볼 수 있지."라고 대답한다. 아들은 살짝 혼란스러운 듯 눈썹을 찌푸리지만, 이야기를 중단시키고 설명을 요구하는 식의 개입을 일절 무시하고 백모님은 어린 시절 이야기를 이어 나간다.

"도대체 '그렇다고 할 수 있다'라는 게 무슨 뜻일까?"라고 생각할 수 있다. 그리고 "윈난성 출신이라면서 그 먼 북방까지 가서 뭘 한 거야?"라고도 생각할 수 있다. 그리고 "외할아버지의 상사가 군벌이라면 외할아버지는 뭐가 되지?"라고 의문을 품을 수도 있다. 이런 의문은 나 역시 수년간 골머리를 앓던 것들이다. 언젠가는 이 질문에 대한 답을 얻겠지. 하지만 지금은 백모님의 이야기로 돌아가자.

그녀는 외할머니 고향인 톈진의 한 마을에서 자랐다. 하지만 아버지가 고된 일과를 마치고 귀가하는 행복한 핵가족과는 거리가 멀었다. 그녀의 아버지는 윈난성의 강력한 장군의 지휘 아래 근무했고 그래서 집을 비우는 때가 많았다. 그녀의 아버지는 장군의 공식 양자였는데, 중국에서는 전통적으로 대부와 대자의 관계가 거의 혈연관계에 가까웠기 때문에 아들과 같은 지위를 부여받았다. 두 사람은 같은 지역 출신이었고 그 끈끈한 유대감 덕에 그녀의 아버지는 군벌의 수석 중위가 될 수 있었다. 이 직업에는 아주 근사한 특전이 따랐는데, 월급을 받을 때면 옻칠한 쟁반에 금박을 쌓아 붉은 비단으로 감싼 것으로 받았고, 그것도 장군의 시녀가 아름답게 차려입고 가져다주는 식이었다.

백모님은 밤 과자 바구니를 두 개째 먹으며 이야기를 이어간다. 요약하면 요구한 아들을 얻지 못해 결국 몇 안 되는 가족을 버린 자의 외동딸로 살았다는 이야기다. 물론 그녀의 부모님은 연애라는 사치를 누리지는 못했다. 연애라기보다는 J. H.의 증조부가 외동딸을 위해 마련한 중매결혼이었다. 그리고 전 세계 여러 나라에서와 마찬가지로 이 혼사의 목적 또한 아들을 낳는 것이었고 그 기대에 귀여운 어린 딸은 부응하지 못했다. 백모님은 겨우 딸로 태어났다는 죄책감과 분노로 눈을 번쩍인다. 나는 뭔가 위로가 될 말을 아마도 믿기 힘들 정도로 조그맣게 중얼거리며 어머니에게 따뜻한 쿠키를 한 접시 대접하고 부드럽고 달콤한 수프를 덜어 준다.

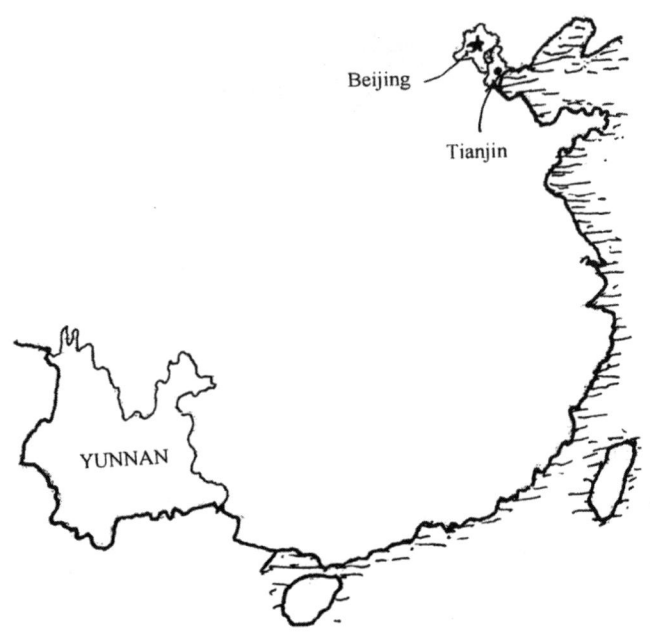

이 음식을 먹는 동안 백모님은 자신의 아버지가 가족을 떠난 뒤 결국 다른 젊은 아내(첩이었을지도 모른다)를 데려와 마침내 남자 후계자를 낳았다는 말을 누군가에게 들었다고 상기한다. 아버지는 자신이 그토록 기다리던 아들을 품에 안은 아이 어머니 앞에서 군대를 도열하고 행진시켰을 만큼 자랑스러워했다. 그로부터 얼마 지나지 않아 그녀의 아버지는 반란을 일으킨 부하가 쏜 총에 맞아 사망했다. 시신이 어떻게 됐는지, 아기의 젊은 엄마나 갓난아기에게 무슨 일이 일어났는지는 제대로 아는 사람이 없다.

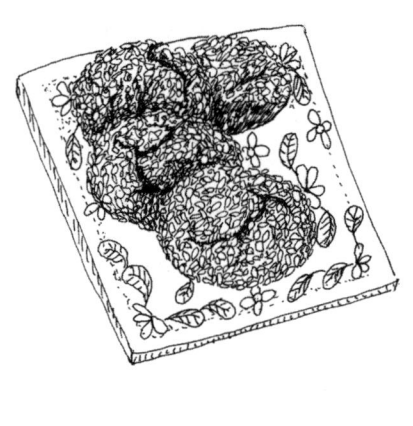

닭요리와 빵을 데우는 동안 우리 아파트 안 조명이 흐려지기 시작한다. 어딘가 삼촌이 있을지 모른다는 갑작스런 소식을 듣는 남자친구 얼굴을 보며 나와 같은 생각을 하고 있다고 느꼈다. 백모님이 자신의 기억을 우리에게 먹이는 동안, 나는 계속해서 그녀에게 과거의 음식을 대접한다.

J. H.는 갑자기 고개를 들고 조부모님 중 유일하게 만나 봤던 외할머니는 어떻게 되셨냐고 묻는다. J. H.는 다섯 살 무렵 그의 아버지가 종전 후 베이징에 주둔하고 있을 때 딱 한 번 외할머니와 함께 시간을 보냈다. 톈진은 동쪽으로 100마일 정도밖에 떨어져 있지 않아 외할머니는 기차를 타고 잠시 들렀다. J. H.는 외할머니를 보자마자 무척 좋아했고, 그의 설명을 조합해보자면 외할머니도 어린 시절의 그를 아낌없이 사랑했던 것 같다. J. H.는 외할머니를 넓은 이마에 부드럽게 빗어 넘긴 검은 머리칼이 상냥하고 지적인 눈동자를 감싸고 있었다고 기억한다. 짙은 실크 스커트 아래로 삐져나온 "3인치 길이의 황금 연꽃"(어린아이 주먹보다 크지 않은 전족을 한 발)을 감싼 아름다운 자수 슬리퍼를 비롯해 외할머니에 관한 모든 상상은 정교하고 완벽하다.

아버지의 암살 사건을 떠올리는 그녀의 얼굴에 그늘이 드리워진다. "그땐 위험했지."라고 백모님은 말하다가 "우리는 위험한 상황이었어."라고 다시 고쳐 말한다. "도망쳐야 했어. 숨어야 했어. 군인들에게 발각되었다면 우리도 죽임을 당했거나, 아니면 더 끔찍한 일을 당했을지도 몰라." 백모님은 목소리를 낮춰 거의 속삭이듯 말한다. "집을 버리고 눈에 띄지 않을 만한 곳에서 지냈지. 가진 걸 전부 잃었어. 처음부터 다시 시작해야 했단다."

---

23. 중국 북부의 북양北洋 군벌들은 수십 년 동안 톈진 인근의 샤오잔에서 고도로 훈련된 군대를 양성해 왔는데, 1920년대 중반 무렵에는 보병들이 안 그래도 빈곤한 지역 주민들의 식량을 강탈할 정도로 쇠락했다. J. H.의 외할머니가 자신의 딸에게 말하기를 샤오잔 군부대의 지휘관들은 이런 일을 막기 위해 도둑들을 공개적으로 참수하여 처벌했다고 한다. 이는 민간인들을 어느 정도 달래는 데는 도움이 되었을지 모르지만, 훗날 군인들이 장교들과 그 가족들에게 닥치는 대로 복수할 정도로 분개하는 계기가 되었다.

　생전 처음 혼자 힘으로 살아야 했던 외할머니는 내면에 존재하던 강한 무언가를 발견했다고 백모님은 말한다. 의지할 사람도 없고 아이를 데리고 지낼 곳도 없었던 그분은 여차여차해서 톈진에서 배송 창고를 하나 운영하기 시작했다. 이상한 일이지만 외할머니는 새로 얻은 이 자유를 통해 번창하고 성공한 사업가가 되었고, 남자만 득실거리는 창고 일을 책임지고 해냈다. 가족들이 아주 간단한 것조차 배우지 못하게 하고 고의로 평생 문맹자로 살게 만들고, 발뒤꿈치를 짓밟고 작은 발가락을 부러뜨리고 발바닥 한가운데를 두 동강 내기까지 했는데도 말이다. 외할머니는 이 새 직업으로 자신의 남동생과 딸을 포함한 작은 가족을 먹여 살렸다. 외할머니는 그렇게 가족의 생계를 책임지는 가장, 그것도 놀라울 만큼 유능한 가장으로 거듭났다. 하지만 행운 뒤에는 항상 불행이 뒤따랐다. 학교에 다니지 않았기에 회계 담당자를 고용하여 일 처리를 맡겼는데, 그자가 돈을 전부 횡령하는 바람에 다시 가난해졌던 것이다. 얼마 후 장선생張先生이라는 은행원과 결혼하면서 형편이 나아지는 듯했다가, 그가 사망하면서 외할머니는 다시 한번 과부가 되었다. 이게 백모님이 1979년에 머나먼 톈진에서 돌아가신 자신의 어머니에 대해 들려준 이야기의 요약이다.

백모님이 손을 뻗어 내 잔을 채워주자 나는 그녀의 이야기에 나오는 무분별한 잔인함에 충격을 받았는지, 아니면 J. H.의 어머니가 방금 진짜로 나에게 차를 따라 주었다는 사실에 더 충격을 받았는지 알 수가 없다. 백모님은 차를 한 모금 마시고 이야기를 이어간다.

중국에서는 마침내 봉건제도가 사라지고 있었고, 외할머니는 딸이 걷고 뛰는 모습을 보고 싶어 했다. 물론 전족을 했던 자신은 결코 누려보지 못한 소박한 즐거움이었다. 그러나 외증조할머니는 좋은 남편을 얻을 유일한 길이라면서 손녀에게도 그 짐승 같은 전족 관습을 실행해야 한다고 우겼다. 하지만 시대가 변했다. 아이 아버지는 죽고 없었다. 아이 어머니는 자유를 맛보기 시작하고 있었다. 여자들은 자기 삶을 살고 대학에 가고 배필을 선택하고 심지어 투표권을 얻는 자유 말이다. 독립의 바람이 불고 있었다. 그래서 백모님은 가문 대대로 내려오던 전족을 최초로 피한 딸이 되었다. 이 말을 하면서 J. H.의 어머니는 비즈 슬리퍼를 신은 작고 완벽한 발을 자랑스레 내려다본다. 나는 사이즈 10인[24] 내 발이 심각한 단점들 목록에 이미 추가되었을 가능성을 의식하고 조심스레 의자 아래로 밀어넣는다.

그녀의 이야기 흐름이 느려지는 걸 보면, 아직도 중국, 특히 고향을 결코 떠나지 못했다는 사실이 분명해진다. 톈진에는 해결하고 처리하고 심지어 용서해야 할 미제가 아직 너무 많이 남아 있었다. 그

---

24. 한국 신발사이즈 280밀리미터에 해당한다.

리고 운전이나 영어 회화나 심지어 친구 한두 명 사귀는 일조차 하려 들지 않으면서 적어도 내가 오기 전까지는 미국을 가족 울타리 너머의 먼 나라로만 생각했다.

 백모님은 기억에서 서서히 벗어나며 저녁 식사를 마친다. 우리는 찻잔을 비운다. 그녀가 생각을 옮길 말도 다 떨어진다. 그녀는 내가 이제껏 봐온 모습보다 훨씬 연약해 보이고, 아까까지 불만 가득하던 미간의 주름은 한결 부드러워져 있다. 작별인사를 나누며 소심하게 안아드리니 처음에는 얼어붙은 것마냥 백모님은 꼼짝하지 않는다. 그런 다음 백모님은 나를 살짝 껴안아 주었고 아들은 그녀의 집까지 모셔드린다.

갈릭 로스트 치킨
SUÀNZI KǍOJĪ · 蒜子烤雞

이 요리는 백모님이 좋아하던 빨갛게 익힌 닭고기를 내가 아주 쉽게 변형한 것이다. 대만식 간장과 광둥식 굴 소스는 둘 다 중국 남부 조미료이기 때문에 여기서는 내가 대대적으로 요리법을 바꿨다.

아래 팁에 설명된 대로 전자레인지로 마늘 껍질을 아주 쉽게 벗기는 법을 시도해 보길 바란다. 내가 발명했다고는 할 수 없지만 아주 훌륭하다. 닭 껍질 아래에 마늘을 꽂아 넣는 일이 언뜻 보기에는 까다로워 보일 수 있지만, 껍질을 지지해 주어 고기에 향을 더하고 껍질이 바삭해진다. 게다가 마늘은 사탕처럼 달콤해지는데 특히 가슴살 껍질 아래 있는 정향은 더욱 달콤해진다. 이 즙은 식히면 놀랍도록 맛있는 젤리로 변해 멈추지 않고 계속 먹게 된다. 이 요리법에 관한 한 모든 것이 그저 마음에 든다.

Ingredients

통마늘 1개
방목, 유기농 또는 생닭 한마리(약 2.3킬로그램)
다듬은 파 1단
된장 또는 굴 소스 ½컵(125ml)

Recipe

오븐의 하단 1/3에 오븐 선반을 놓고 그 바로 아래에 다른 오븐 선반을 놓는다. 베이킹 시트에 호일을 대고 아래쪽 선반에 놓아서 닭기름이 튀는 것을 방지한다. 닭을 준비하는 동안 오븐을 섭씨 220도로 예열한다. 닭을 넉넉히 담을 수 있도록 측면이 최소 5cm 이상인 로스팅 팬을 선택한다.

마늘 껍질을 쉽게 벗기는 법은 아래 팁을 참조하라. 종이 타월로 닭의 안팎을 닦아 물기를 제거한다. 날개를 접어 닭 몸통 아래에 넣는다. 대파를 닭의 빈속에 채운다. 손가락을 사용해 조심해서 가슴살과 허벅지 위의 껍질을 고기와 분리한다. 껍질을 벗긴 마늘을 껍질 아래에 골고루 밀어 넣는다. 다리를 묶지 말고 그냥 활짝 벌린 상태로 둔다.

닭을 로스팅 팬에 넣은 다음 오븐 선반에 올려놓는다. 약 15분간 로스팅한 후 오븐 문을 열지 않고 불을 섭씨 190도로 낮춘다. 총 30분이 지나면 반죽 또는 소스를 닭가슴살 부위에 꼼꼼히 발라준다. 그런 다음 15분 정도마다 반죽이나 소스, 육즙을 닭고기에 발라주면서 계속 굽는다. 닭고기는 약 60~75분간 익혀 다리 살에 꽂은 탐침 온도계로 섭씨 75도에 도달하면 다 익은 것이다. 이때 반죽이나 소스의 설탕이 껍질에 묻어 검게 변할 수 있지만 그래도 맛있으니 걱정하지 말라. 오븐에서 닭을 꺼내고 그 위에 호일을 덮은 후 뚜껑을 덮지 않은 상태로 최소 30분간 그대로 두어라.

상을 차리기 전에 파는 버리고 육즙에서 지방을 걷어내고 싶으면 걷어낸다. 닭고기를 부드럽게 찢어 조리 육즙과 함께 찐 밥, 볶은 채소, 바게트, 샐러드 등과 함께 낸다. 4인분에서 6인분이 나온다.

Tip

마늘 껍질을 통째로 벗기는 굉장한 방법이 있는데, 머리 부분을 정향 모양으로 잘게 쪼개는 것이다. 전자레인지용 그릇에 넣고 약 15초에서 30초간 아니면 마늘에서 톡톡 소리가 나기 시작할 때까지 전자레인지에 돌린다. 그릇을 꺼내 마늘이 식을 때까지 1~2분간 기다린 다음 마늘을 껍질에서 빼낸다.

백모님의 훙사오러우
BÓMǓ DE HÓNGSHĀORÒU • 伯母的紅燒肉

이 요리는 백모님이 숙달한 몇 안 되는 요리 중 하나인데 그 맛은 인정할 수밖에 없다. 그뿐 아니라 온갖 채소가 고기를 감싸고 있어서 늑대가 문밖으로 나오지 못하게 하려는 걸 표현한 듯한 음식이다.

남편에게 어머니의 요리법은 순수한 집밥 그 자체이기 때문에 나는 그 요리법에서 한 치도 벗어나면 안 된다.

Ingredients

말린 표고버섯 12개

삼겹살 1파운드(500그램)

얇게 썬 생강 ¼ 컵(35그램)

굵게 다진 파 1대

팔각 3개

청주 ½ 컵(125ml)

끓는 물 2컵(필요에 따라 양 추가)

얼음설탕 1큰술

노두유 2½큰술

유콘 골드 감자 700그램

Recipe

이 요리를 만들기 전날 밤에 말린 버섯을 중간 크기의 그릇에 넣고 찬물에 담가 두어라. 다음날 줄기는 가위로 싹둑 잘라서 다른 용도로 써라. 버섯 갓은 반으로 자른다. 불린 버섯 불린 물을 다른 볼에 따라 붓고 침전물은 버린다.

돼지고기를 (대략) 2㎝ 입방체로 썰어서 키친타월로 두드려 물기를 제거한다. 중간 불에 냄비를 올리고 바닥이 달궈지면 기름은 따로 넣지 않고 자른 돼지고기를 달궈진 판에 올린다. 지글거리면서 타지는 않아야 하므로 필요에 따라 불을 조절한다. 돼지고기의 모든 면이 갈색이 되게 굽는다. 중간에 준비해 둔 생강을 넣고 돼지고기 전체가 캐러멜화되면 대파와 청주를 넣는다.

끓어오르면 버섯 불린 물, 끓는 물, 얼음설탕을 넣는다. 냄비를 가볍게 덮고 불을 최대한 약하게 줄인 다음 돼지고기를 몇 시간가량 천천히 끓이면서 필요에 따라 끓는 물을 더 추가해 액체가 원래 높이까지 올라오도록 한다.

3시간이 지나면 돼지고기가 매우 부드러워지므로 이제부터는 저어주지 말고 냄비를 흔들어 주어라. 간장을 뿌린다. 감자를 2㎝ 크기의 덩어리로 잘라 냄비에 넣는다. 냄비를 부드럽게 흔들어 감자가 잘 섞이게 하고 필요한 경우 끓는 물을 더 추가한다. 냄비를 가볍게 덮고 액체를 완전히 끓인 다음 다시 불을 약하게 줄인다. 감자와 돼지고기를 감자가 완전히 익을 때까지 약 30~40분간 천천히 끓인다. 맛을 보고 양념을 조절한다. 원한다면 이 시점에서 대부분의 지방을 제거할 수 있다(나는 지방을 제거하지 않지만, 그 방법은 팁을 참조하라). 그런 다음 불을 센불로 올려 소스가 약간 시럽처럼 될 때까지 빠르게 끓인다.

찐 밥이나 찐빵, 채소 한두 가지와 함께 뜨겁게 해서 낸다. 코스 요리의 일부로 제공할 경우 4인분이 나온다.

Tip

돼지고기의 다른 부위도 지방이 잘 묻어 있는 부위만 있으면 사용할 수 있는데, 이렇게 하면 오랜 시간 끓여도 부드러워지기 때문이다. 껍질이 붙어 있는 삼겹살은 껍질의 콜라겐이 소스에 끈적끈적한 맛을 가미하기 때문에 확실히 좋지만, 껍질을 튀길 때는 튀길 때 거품이 생기고 기름에 잘 튈 수 있으므로 반드시 튀김 망을 사용해야 한다.

닭고기와 소고기도 이런 식으로 조리하면 맛있다. 항상 그렇듯 지방이 많은 부위를 선택해야 부드러워지므로 여기서는 닭 다리살과 가슴살이 완벽하다. 다른 고기는 부드러워질 때까지만 끓여라.

감자를 빼면 더 우아한 요리가 되고, 버섯이 없다면 버섯을 빼도 된다.

녹은 지방을 제거하고 싶다면 소스를 넓은 그릇에 옮겨 빨리 식혀라. 얼음을 한 줌 넣고 소스를 부드럽게 휘저어 지방이 굳도록 한다. 슬롯형 숟가락으로 고체 지방과 남은 얼음을 제거한 후 버린다. 지방을 제거한 소스를 냄비에 다시 넣고 다시 한번 끓인 다음에 상에 차려 낸다.

5장

순응성 *Adaptability*

타이베이: 1981년

이 시점에서 나는 예상했던 것보다 훨씬 가정적으로 되어서 근무 시간 외에는 제대로 된 안주인 노릇을 한다. 보통 농부의 아내가 아기 업을 때 포대기로 쓰는 면을 소재로 삼아 빌려 온 발재봉틀로 커튼과 베갯잇을 많이 만들어 둔 덕분에 타이베이 북부 교외의 연립주택에 있는 우리집은 온통 빨강과 파랑과 분홍과 초록 빛깔로 환하다.

중국 신들이 그려진 낡은 목판화들이 벽에 걸려 있고 실내 화분용 화초가 대롱대롱 창문을 타고 가지를 뻗는다. 현지 친구들은 이 모든 걸 기이하고 재미있다고 말하는데, 사실 그 친구들이 소파에 레이스를 깔고 베개를 코듀로이 천으로 덮는 걸 볼 때 내가 느끼는 감정과 비슷할 것이다. 위층에는 침실과 욕실, 그리고 소형 온수기와 세탁기를 놓아둔 발코니가 있다. 우리집 중고 세탁기는 밑바닥이 죄다 녹슬었지만, 주워온 벽돌로 잘 받쳐 수평을 잡고 있다. 찬물에 옷가지를 넣고 가루비누를 풀면, 세탁기는 벽을 뒤흔드는 굉음과 함께 회전과 탈수를 반복한다. 그리고 발코니 천장에 고정해 둔 대나무 장대에 셔츠와 바지 등 빨래감을 널어둔다. 세탁기가 아무리 노후화 되었다지만 일반 가정에서는 여전히 사치품이라서 앞으로 4년은 더 쓰겠다는 사람을 쉽게 찾을 수 있다.

집 뒤편 현관의 전등은 날벌레뿐만 아니라 태엽 장난감만큼 크고 반질반질한 바퀴벌레까지 끌어들이는 바람에, 꼭 필요할 때만 전등 스위치를 켜야 한다. 또 아직 가스 배관이 없어서 프로판 가스통의 다이얼을 돌려서 온수기 히터를 켜야 하는데, 에너지 절약을 위해서 꼭 샤워 직전에 히터를 틀어야 한다. 이것은 실제로 내가 타이베이에서 살게 된 첫 주부터 호스트집 가족들이 내 머릿속에 각인시켜 둔 주의사항이었다. 샤워를 마치고 온수기를 그대로 켜 놓으면, 곧 식탁에 불려가서 한 차례 진지한 대화를 해야만 했다. 나는 부끄러워 얼굴도 못 들고 사과해도 보통 그다음 주중이면 또 잊어버리기 일쑤라서 또다시 진지한 대화를 위해 식탁에 앉게 되곤 했다. 그게 5년 전 일이니까 내 인생의 5분의 1이나 흘러간 일인데도 고대 역사 속의 한 장면처럼 느껴진다.

집 뒤뜰에서 벌어지는 온갖 작은 드라마는 내게 끝없는 재미를 준다. 우리집 뒤뜰은 매우 비좁지만, 석송과 공작고사리 등 구할 수 있는 양치식물을 나무껍질 판대기 위에다 키워서 시원하고 그늘진 콘크리트 벽을 장식해 줄 수직 정원을 만들었다. 동네에는 집 주변 공간에 신경 쓰는 이웃들이 거의 없어서 대부분 뒷뜰을 창고나 가정식 작업 공간으로 쓰는 걸 선호한다. 그런 탓에 근처의 야생 생물들은 우리집으로 떼를 지어 몰려와 이 수직 정원에 살림을 차려 놓고 제 영역을 주장한다.

도마뱀 한 마리가 벌레가 지나가길 기다리며 엽상체 속에 숨어 있다. 거미가 쳐놓은 거미줄에는 이슬이 맺혀 햇살을 반사시킨다. 뭔가 크게 착각했는지 게코 도마뱀은 문 위에서 거꾸로 매달려 두 배나 큰 잠자리를 긴 꼬리로 채찍처럼 탁탁 휘두른다. 엄청나게 커서 양서류라기보다 바위처럼 보이는 두꺼비는 이 작은 야생의 땅뙈기를 무혈점령한다. 우리가 나누는 상호교감이라면, 주로 내가 안녕하고 인사한 다음 빗자루로 단호하게 몰아내 두꺼비를 마지못해 펄쩍 뛰게 만들고 그 뒤에 남은 바퀴벌레 미라들을 모조리 쓸어내는 일이 전부이다. 뒷벽에 받쳐 놓은 판자 아래에는 어느 고독한 박쥐가 매달려 낮잠을 즐기고 있고, 게코 도마뱀들은 재빠른 먹이를 쫓느라 온종일 집 안팎을 부산히 돌아다닌다.

여기 온 첫 달에 누가 버린 작은 두란타 관목을 주워다 손바닥만한 우리집 앞마당에 심었는데, 그 일을 까맣게 잊고 있는 동안 관목 뿌리가 정화조로 뻗어나갔고, 그렇게 필요한 비료를 흡수한 관목은 2층 높이의 나무로 급성장해서 현재 우리 안방에 그늘을 드리우고 있다. 여름 내내 두란타 나무의 연보라색 꽃들이 라일락처럼 두 툼하게 뭉쳐 일렁이고, 나무 아래쪽 시멘트 바닥은 그늘이 진 탓에 온통 이끼로 뒤덮여 있다. 가을이 되어 작은 열매들이 호박색 별자리처럼 주렁주렁 달리면 무거워진 가지가 땅으로 굽어진다. 그래서 두란타 꽃은 중국어로 황금 이슬이라는 뜻의 금로화金露花라고 불린다.

또한 앞 유리창에 붙어 있는 용토주龍吐珠 덩굴은 에메랄드빛 잎사귀와 함께 폭신하고 하얀 꽃받침 사이로 불타는 주홍색 꽃이 피어 있어 고대 중국의 어느 공상가가 "용이 토한 여의주"라고 명명했다고 한다. 봄이 한창일 때 나타나는 검꼬리귀뚜라미가 작은 편종처럼 우는 소리가 골목길을 메우면 이제 경칩이라고 정확히 알려준다. 대만에서는 검꼬리귀뚜라미를 '작은 황금 종'이라는 뜻의 금령자金鈴子, 게코 도마뱀을 '벽의 호랑이'라는 뜻의 벽호壁虎라고 부른다. 이처

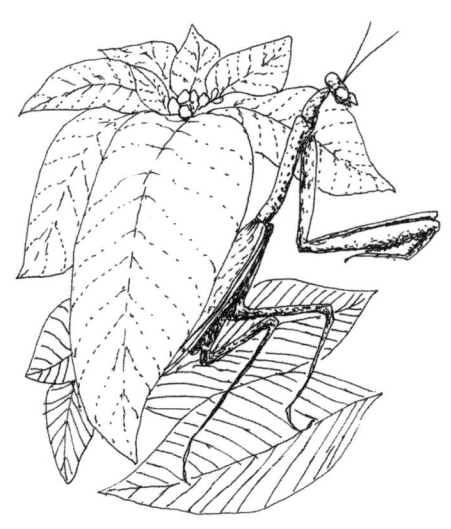

럼 이름짓기 게임에서는 중국인들이 우리보다 제대로 한 수 위다.

아침 안개가 아직 식물에 달려 있는 동안 나는 대나무 빗자루로 앞마당에 깔린 낙엽을 쓸어 담는다. 그런 다음 집안으로 다시 들어가기 직전에 나무 몸통을 빗자루로 쳐서 새로 핀 라벤더 꽃들을 우수수 이끼 위로 떨군다. 고대 태극권 고수처럼 상체를 꼬고 고요히 앉아 있는 사마귀한테는 30센티미터 높이의 포인세티아가 은신처로 충분하다. 추운 겨울밤 동안 검은 귀뚜라미들이 소파 밑에 웅크리고 앉아 귀뚤귀뚤 잘 자라고 노래한다. 귀뚜라미는 건드리지 않고 그냥 내버려 두는데, 고대 시경에 시적으로 묘사된 작은 사절들처럼 복을 가져다 줄 거라고 J. H.가 말했기 때문이다. 우리집에 지신地神을 모시는 작은 제단이 있긴 하지만 이 생물들이야말로 진정 우리를 지켜주는 존재라는 걸 나는 잘 알고 있다.

우리집은 신베이터우新北投라는 다소 고지식한 지역에 있다. 우리 동네 동쪽으로는 베이터우舊北投가 맞닿아 있는데, 지금까지도 현지인과 일본 사업가들에게 유흥을 제공하는 밤의 여인들이 있는 지역이다. 이 고착화된 죄악은 대만이 제국의 식민지였던 반세기가 남긴 유산인데, 이 식민지 시대가 끝난 것도 불과 30년 남짓 전이다. 다툰산 기슭에 자리한 베이터우에는 온천이 곳곳에 있는데, 그 좁은 계곡의 틈새는 이곳과 어울리게 후텁지근하면서 안개에 잠겨 있을 때가 많다. 공원 양쪽에 계곡을 따라 산기슭으로 구불구불 이어지는 호화로운 호텔과 리조트가 늘어서 있다. 거기서부터 뻗어 있는 산행길은 덤불과 사원을 휘감아 돈 후, 수다쟁이 곤충들 때문에 바르르 떨리는 초록 잎이 끝없이 펼쳐진 숲으로 이어진다.

매혹적인 풍경일지 몰라도 간혹 독사가 출몰하기도 해서 그 마법에 방문객들이 너무 깊이 빠져들지는 못한다. 이 뱀들은 일제가 대만에서 쫓겨나는 데 앙심을 품고 인근 양밍산陽明山 연구 시설에 비축해 두었다 풀어준 뱀의 후손이라고 한다. 한 번은 초록색 대나무 살무사를 실수로 잡을 뻔했다가 남자친구가 크게 소리친 덕에 겨우 살아남았다. 한 시간 동안 귀가 윙윙거리긴 했어도 그 경험으로 인해 진흙 길에서 미끄러진다고 해서 나뭇가지에 손을 뻗어 속도를 늦추려고 하면 안 된다는 것을 배웠다. 하지만 비 오는 계곡에서 하얀 생강 꽃이 피고 나무 꼭대기에 화려한 새들이 노래할 때면, 이 열대

지방에 특화된 새의 깃털은 깃털이라기보다 꽃에 가까워서 가능한 한 자주 모험을 떠나지 않는다면 오히려 부끄럽게 여길 일이다.

나는 베이터우라는 지명을 처음 들었을 때부터 혼란스러웠다. 한자 그대로 풀이하면 '북쪽으로 던진다'는 뜻이지만 딱히 의미가 없어 보이는 단어이기 때문이다. 그런데 어느 문헌에서 이 단어가 '마녀'를 뜻하는 토착어라

는 주장을 봤는데, 어떤 면에서는 이곳이 마법에 걸린 곳이라는 점에서 완전히 이해가 가는 말이기도 하다. 우리 집에서 불과 몇 블록 떨어진 곳에 창포 농장이 있고, 해마다 코발트색 꽃이 가득 피어나서 바람에 휘날리는 논이 펼쳐져 있다. 이른 봄 알뿌리가 깨어나기도 전에, 회색빛 겨울이 가고 뒤를 이어 찾아온 푸른 하늘의 첫 조각들이 이 물웅덩이에 비친다. 꽃들이 만개하는 늦봄이면 우리는 소풍 도시락을 싸서 백로 떼를 찾아 나서는데, 놀란 백로 떼가 구름처럼 한꺼번에 날아오르면 그 그림자로 인해 붓꽃들은 보랏빛의 다양한 음영을 띤다.

시간이 나고 날씨가 좋을 때는 주말마다 집 뒤편 산기슭을 올라

다툰산大屯山을 넘어 타이베이 강어귀에 있는 단수이淡水 마을까지 몇 시간씩 걷기도 한다. 우리의 목표는 순수하고 단순하게 점심밥을 먹기 위한 것이다. 점심으로는 늘 '바이예 원저우 훈툰百葉溫州餛飩'을 선호한다. 주인장 예葉선생은 대만 해협 건너 저장성 연안의 닝보寧波 출신이다. 얇고 하얀 비단 같은 만두피로 감싼 돼지고기 만두가 노란색 지단과 김 가루를 얹은 담백한 육수에 둥둥 떠 있다. 한 입 먹어보면 그 스펀지 같은 지단이 국숫발과 미묘한 대조를 이루고 김은 녹아서 걸쭉하게 입안을 감싼다.

하지만 식사는 여기서 끝나지 않는다. 예葉선생이 내놓는 얼음장처럼 차가운 두유와 바삭하게 구운 닭 다리는 긴 산행 끝에 얻는 완벽한 보상이 된다. 닭은 언제나 뜨거운 오븐에 훈제한 뒤 먹기 편하게 즉석에서 조각내 다진 파를 뿌려 나온다. 먹기 전에 우리는 엽선생이 테이블 위에 올려둔 대만 맥주병에 손을 뻗는데, 그 맥주에는 대만 북부 지룽基隆 항구에서 엽선생의 친구가 만든 수제 흑초가 가득 들어 있다. 진하고 달콤한 맛을 내는 이 전통 요리법은 그 유명한 모데나의 발사믹 식초를 상대할 장쑤성의 대항마라 할 수 있다. 오늘날 약하고 신맛 나는 쩐강鎭江 식초와는 전혀 다른 이 끈적끈적한 특효 영약은 수 세기 전에 꿈꾸던 불로장생의 이념을 실현하고 있다. 식초가 흘러나오기 쉽도록 엽선생이 병뚜껑을 꼼꼼하게 따준다. 우리는 이 신성하고 간단한 소스로 닭고기를 흠뻑 적셔 먹는다.

식욕을 충족하고 기진맥진해진 J. H.와 나는 비틀비틀 버스에 올라 돌아오는 내내 낮잠을 잔다.

내가 기억하는 한 처음으로 나는 완전히 행복하다. 남자친구와 나는 서로에 대해 그리고 스스로에 대해 마음이 편안하다. 마음이 편안한 이유 중 하나는 우리 둘 다 안정적인 직업이 있기 때문이다.

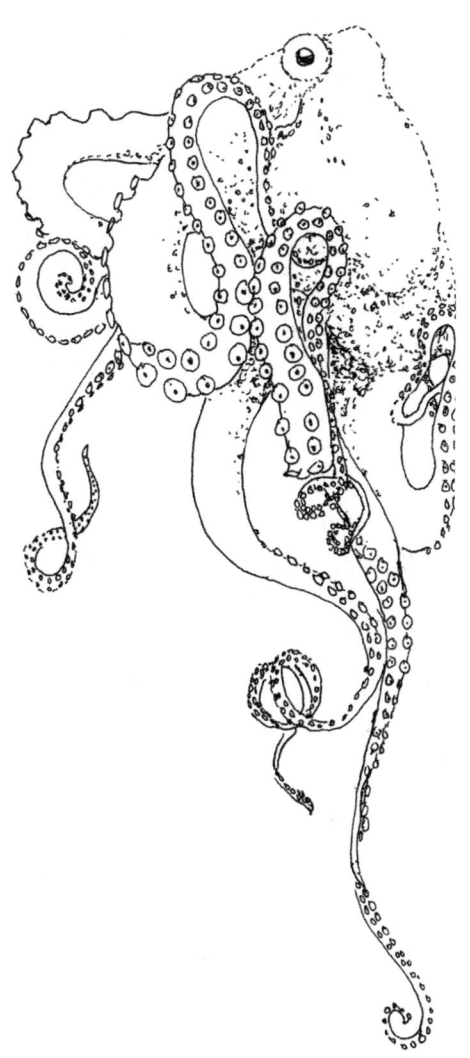

남편은 여전히 교육자고 나는 열 개도 넘는 일을 병행하고 있어서 돈은 전혀 문제가 되지 않는다.

우리의 행복에 더 중요한 요소는 일상적인 의견 차이를 제외하면 싸울 일이 거의 없다는 사실 때문이다. 함께한 초창기에는 시끄러워질 때가 있었지만, 지금은 서로에게 느끼는 평온함이 놀라울 만큼 위안을 주고 귀가 먹먹한 고요함이 있을 뿐이다. 우리는 진화하고 성장하고 성숙하고 유연해지고 있다. 태평양 건너 벌어지는 가족들의 다툼으로부터 멀리 떨어져 있다 보면 어린 시절에 받은 상처는 어느새 사라져 간다. 우리가 교류하는 미국인이 이제 거의 없어서 집에서는 주로 북경어를 사용한다. 국립역사박물관, 국립중앙도서관, 국립자연과학박물관, 중앙연구원, 국립편역관, 몇 개의 잡지 매체와 다양한 책 번역 프로젝트에서 일하다 보니, 나는 영어를 쓸 일이 거의 없거나 그마저도 아주 짧은 기간에만 쓸 뿐이다. 이런 이유로 나는 이 단일 민족 사회에 적응하고자 미국인다운 면모와 서양식 몸짓과 외국인 억양을 꽤 버리고 있다. 나는 나무껍질에 붙은 나방이나 산호초 속으로 사라지는 문어처럼 주변 환경과 동일한 보호색을 띠고 있기 때문에, 낯선 사람이 아닌 이상 이곳 사람들은 나를 다른 사람과 똑같이 대해준다.

우리 동네의 공식 일원인 내가 며칠 동안 내리 모습을 비추지 않으면, 지역 상점 주인과 단골 노점상에게 혼날 각오를 해야 한다. 이 동네에서 가장 좋아하는 상인은 매일 아침 식사 시간에 녹슨 자전거를 타고 우리 집 앞을 지나면서 "빠오즈! 만토우!(包子! 饅頭!)"라고 외치며 존재감을 드러내는 류씨 할아버지다. 할아버지는 물건을 사라고 외치며 사실상 노래를 부르는데, 깊은 음으로 느리게 시작해 고조되다가 마지막 음절이 늘어지며 점점 높아지다가 "우워!" 비슷한 후려치는 소리로 끝낸다. 할아버지는 우리 집 대문 가까이 오면서 언제나 삐걱거리는 브레이크를 두드려 자신이 오는 소리를 꼭 내가 듣게 만든다. 뒷바퀴 위에 커다란 나무 상자가 달려 있는데 그 안에 흰색 모슬린으로 만든 패딩 담요가 깔려 있어서 북방식 찐빵—야채와 고기로 속을 채운 빠오즈包子와 그렇지 않은 만토우慢头—을 따뜻하고 촉촉하게 보관할 수 있다. 이 빵은 할아버지가 직접 만드는 반죽을 쓰기 때문에 쫄깃하고 향긋하다. 이곳에 사는 많은 본토 노인들처럼 할아버지는 1949년에 대만으로 후퇴한 국민당 부대의 일원이었다. 유머 감각과 가슴 아픈 외로움이 할아버지의 아름다운 얼굴에 새겨져 있다.

어느 날 아침 아침을 사 먹으려고 나는 잔돈을 준비해서 할아버지에게 손을 흔들었다. 할아버지는 "타이타이!"라고 산둥성 억양으로 크게 외치는데, 내가 자주 가는 노점상이나 상점 주인들처럼 손녀뻘인 나에게 정중하게 마님이라 불러주는 것이다. 할아버지는 우리 집 문 앞에서 브레이크를 급히 밟더니 자전거에서 내린다.

"지난주 내내 어디 갔었어요? 진짜 오랜만이네! 나한테 화난 줄 알았잖아요."

"제가 왜 할아버지에게 화가 나요?" 나는 되묻는다. "박물관에서 큰 전시회

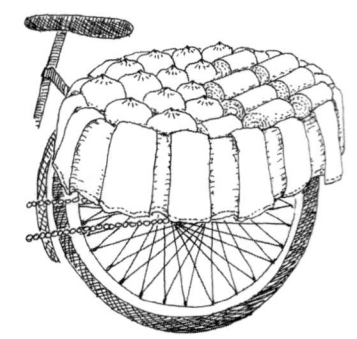

가 열려서 일찍 출근해야 했어요. 뵙지 못해서 죄송해요."

할아버지는 우리가 여전히 좋은 관계를 유지하고 있다는 것에 만족스레 고개를 끄덕이고 상자 쪽으로 간다.

"오늘은 뭐로 드릴까? 그냥 찐 만토우? 아니면 흑설탕으로 만든 만토우? 빠오즈는 돼지고기 들어간 걸로? 아니면 팥 들어간 걸로?"

"흑설탕 만토우 네 개랑 팥빠오즈 두 개 주세요."

할아버지는 비닐봉지에 넣고 돌돌 말아 밀봉한다.

"내가 가장 좋아하는 손님이시니 만토우 두 개 덤으로 더 넣었어요."

나는 웃으면서 놀리지 마시라고 한다.

"진짜야." 할아버지는 말한다. "또 안 보이고 그러지 말아요. 걱정되거든."

죄책감을 심어주는 데는 우리 중국 만두 상인께서 갈고닦은 이 정교한 기술을 세상 그 어떤 엄마도 따라올 수가 없다.

지난 몇 년간 내가 즐겨 찾는 노점상들은 종종 내게 친구나 선생님이 되어 준다. 이 모든 일은 1980년에 스파이구石牌區의 아파트를 빌렸을 때부터 시작된다. 내가 가장 좋아하던 가게 주인은 청과물 가게 주인인 충씨인데, 충씨 아저씨는 뭐가 좋은지, 왜 그렇게 부르고 어떻게 요리하는지에 대해 내가 묻는 질문들에 무한한 인내심을 발휘해 대답해 준다. 내가 작별인사를 하면 늘 교황처럼 손을 들어 축복해 주기 때문에 우리는 총씨 아저씨를 "교황님"이라고 부른다. 반면 총씨 아저씨는 나를 생각보다 채소를 잘 모르는 학생이라고 놀린다. 예를 들면 내가 중국 무를 집어 들어 바구니에 넣기 시작하며 그를 흘낏 쳐다본다. 그의 미간에 작은 주름이 잡히면 내 손이 공중에 멈춘다.

"이게 왜 안 좋은데요?" 나는 눈치를 보며 묻는다. "여기저기 다 만져봤어요. 작은 뿌리가 쪼그라들지 않았고, 멍든 데나 벌레 난 구멍도 없어요. 크기에 비해 무겁고 단단하죠. 제가 뭘 놓친 거예요?"

총씨 아저씨는 빙그레 웃고 나를 향해 집게손가락을 까닥거리며 이리 가져오라는 신호를 보낸다. "밑동을 봐요. 너무 오래됐잖아. 물기가 많기는커녕 맵고, 단단하기는커녕 속이 비어 있을 거라고요."

"오래된 건지는 어떻게 아는 거예요?"

"잎사귀 밑동을 보랬잖아. 봐요, 얼마나 넓은지. 이 잎들 다 보라고. 잎사귀가 이렇게 자라려면 오래 걸려요, 타이타이. 흙 속에 너무 오래 있었던 거야." 총씨는 잎사귀만 빼고 거의 똑같아 보이는 다른 놈을 집어 든다. "그런데 이걸 봐봐. 잎사귀가 아주 작고 몇 개밖에 없잖아. 이건 어려. 빨리 자랐고. 이걸로 해요." 그는 만족스러운 표정으로 고개를 끄덕이며 내게 줄 요량으로 따로 빼놓는다. 그러고 나서 또 다른 연구 대상인 죽순 한 무더기를 내민다.

"자, 어떤 게 좋은지, 어떤 게 쓴지, 또 어떤 게 신선하고 신선하지 않은지 말해봐요." 이 게임을 할 때 총씨는 늘 웃는 표정을 지었는데, 그도 나만큼이나 이 게임을 즐겼던 것 같다. 나는 전에 배운 걸 떠올리며 그 갈색 원뿔을 만져서 끝이 마르지 않고 단단한가를 보고, 코에 대고 축축한 흙냄새와 아침 이슬의 향내가 적절한지 맡아보고, 엄지손가락으로 밑동을 만져봐서 끝이 갓 자른 것인지, 딱지가 생기지는 않았는지 살펴본다. 그러고는 몇 개를 자랑스레 그의 앞에 놓는다.

총씨는 껄껄 웃는다. "단 것 두 개와 쓴 것 일곱 개를 가져오셨네. 이 중에 다른 것들하고 달라 보이는 두 개는 어떤 걸까요?"

장 보러 나온 다른 여자들 앞에서 공개적으로 질문을 받고 바보가 된 기분이 들지만, 나는 싫은 티를 내지 않으려 노력한다. 게다가 장 보러 온 여자들이 총씨가 하는 말에 귀를 기울이며 나의 채소 수업을 주시하고 있다. 싹을 만지작거리며 다른 점을 찾아보고 나는 이렇게 묻는다.

"어, 이 두 개는 끝이 노랗네요? 나머지는 초록색이고요?"

"맞아요!" 그런 다음 총선생은 매우 진지한 표정으로 나를 바라본다. "자, 이제 말해봐요. 왜 노란 끝은 달고 초록색 끝은 쓸까요?" 나를 둘러싼 여자들은 고개를 갸우뚱하더니 내 대답을 기다렸다. 갑자기 광합성, 엽록소, 그리고 중학 1학년 과학 시간에 배워서 머릿속을 떠돌던 온갖 것들이 떠오른다. 광합성이나 엽록소를 중국어로 어떻게 말해야 할지는 하나도 몰라서 수많은 어휘와 표현이 즉석에서 동원된다.

"음, 죽순은 땅속에 있어서 햇빛을 보지 못해요. 그래도 식물이니까 당분을 저장하고 있고요, 그렇죠?"

총씨는 선생님처럼 격려하듯 고개를 끄덕인다. "그래요, 땅에서 새싹이 터서 햇빛을 보고 자라기 시작하면 초록색으로 변하고 설탕이, 어? 어? 휘리릭? 사라지네. 바로 그거에요."

총씨는 내 머리를 토닥이기라도 할 태세다. 아주머니들이 고개를 끄덕이며 광합성과 엽록소에 대해 중국어로 중얼거린다. 이제 비밀이 죄다 탄로났으니 총씨는 남은 쓴 죽순을 어떻게 팔 것인가 나는 의아할 뿐이다.

신선한 생강을 곁들인 용안 차
LÓNGYǍN JIĀNG CHÁ · 龍眼薑茶

국립역사박물관에서 일하면서 가졌던 가장 큰 특전 중 하나는 그곳의 친구들과 함께한 티타임이었다. 단골 찻집에서 우리는 오후 다과를 즐기며 수다를 떨곤 했다. 우리는 메뉴에 있는 가장 신선한 우롱차를 주문하고 그 꽃향기에 취하곤 했다. 어느 추운 겨울날 비를 맞으며 골목길을 헤매고 난 뒤에는 이 섬세하고 달콤한 국물만큼 영혼을 만족시키는 것이 없다는 걸 알게 되었다. 맑은 즙이라서 중국어로 '차(茶)'라고 불리는 이 간단하면서도 화려한 혼합물은 연기와 과일, 향신료 맛이 난다.

Ingredients

껍질을 벗기고 씨를 제거한 말린 용안 1컵(100그램)
물 8컵(2리터)
껍질을 벗기고 잘게 썬 생강 1큰술
흑설탕, 아가베 시럽 또는 꿀(기호에 따라 선택)

Recipe

용안을 체에 담아 찬물에 헹구고 중간 크기의 냄비에 넣는다. 물을 붓고 펄펄 끓을 때까지 끓인다. 불을 약하게 줄이고 생강을 넣은 후 용안을 약 30분간 끓이거나 과육이 창백하고 탱탱해질 때까지 천천히 끓인다. 맛을 보고 원하는 경우에는 감미료를 추가한다. 과일을 체에 걸러내거나 그대로 두어도 된다. 뜨겁게 해서 낸다. 거의 모든 국물과 마찬가지로 미리 만들어 냉장고에 며칠 동안 보관했다가 데워서 내면 맛이 더욱 좋다. 약 8인분이 나온다.

Tip

신선한 용안은 약간 작은 리치처럼 보인다. 얇은 황갈색 껍질이 향기로운 흰색 과육 층을 덮고 있고 그 과육 층이 큰 갈색 구덩이를 감싸고 있기 때문이다. 하지만 이 조리법에는 이미 껍질을 벗기고 구멍을 뚫은 상태로 판매되는 말린 용안이 필요하다. 이 열대 과일은 커다란 호박색 건포도와 비슷하며 깊고 달콤한 향기가 난다. 자세한 내용은 용어집 및 기본 요리법 297페이지를 참조하라.

간단한 무국
LUÓBO QĪNGTĀNG · 蘿蔔淸湯

총씨라면 이 요리법은 아시아산 무가 맵기보다는 달아지고, 단단하기보다 수분이 많은 서늘한 날씨에 하는 게 좋겠다고 조언했을 것이다. 그런 날씨에는 무, 특히 한국산 무는 천상의 사과와 같은 맛이 나기 때문에 그냥 껍질을 벗기고 썰어서 먹으면 된다. 여기는 중국 루오보蘿蔔와 일본 다이콘 등 다른 지역의 아시아 무도 대부분 잘 어울린다.

수프는 강하지 않고 부드러운 단맛을 내기 때문에 단골 가게의 오리구이나 소시지볶음 등 기름진 메뉴에 곁들일 때 주로 사용한다. 우리 집에 손님이 오면 나는 무를 가늘게 채 썰어 내는데, 입안을 정화하는 이 금욕적인 무국은 아주 색다른 부드러운 식감을 선사한다. 계량에 대해서는 너무 걱정하지 말아라. 임기응변으로도 얼마든지 만들 수 있는 요리법이다.

Ingredients

아시아산 무 1개(약 500그램)
필요에 따라 물

Recipe

감자 필러로 무의 껍질을 제거한다. 껍질 아래에 단단한 부위가 있으면 도려낸다. 끝부분을 잘라낸 다음 무를 채썰거나 또는 가늘게 채썬다. 냄비에 넣고 물을 약 2㎝ 잠기게 한다. 무가 부드러워질 때까지 뚜껑을 덮지 않고 끓인다. 그러면 끝이다. 소금, 기름, 생강은 안 들어간다. 정말 완벽하다. 4인분이 나온다.

6장

일관성 *Consistency*

타이베이: 1982년

"눈 감고 이거 맛 좀 봐."

그가 접시 덮개 여는 소리와 젓가락 달그락거리는 소리가 들리는 걸 보니 나에게 먹여줄 완벽한 한 점을 찾느라 뒤적거리고 있다는 걸 알 수 있다. 신선한 생강에서 나오는 톡 쏘는 열기와 파 향이 올라와 코로 들어온다. 기대하며 입을 벌린다. 그가 입에 넣어준 얇은 고깃장을 살짝 씹자 캐러멜, 팔각, 풍부한 간장에 에워싸인 뭔지 모를 속맛에 감탄이 절로 나온다. 이 이상한 살은 약간 생선 맛이 나는 것을 보니 육지 동물이 아닌 건 확실하다.

씹어 삼키지만 무엇을 먹은 건지 감도 못 잡겠다. 함께 식사 중인 벗에게 한 조각 더 달라고 말하자, 그 대답으로 잘게 썬 고기 살점 가운데 길을 인도해 주는 파 한 가닥이 그 고기의 이름을 맞혀 보라는 도전장을 내밀며 혀 위로 미끄러져 온다. 손가락으로 탁자를 더듬어서 찻잔을 찾는다. 한 모금 마시고 미각을 씻어낸 다음 힌트를 구한다.

"그건 치마살에 해당하는 부위야." 그는 별 도움이 안 되는 설명을 중국어로 한다. "이제 입을 크게 벌려 봐. 이건 딱딱한 부분이 좀 있고 조각이 더 크니까 조심해서 씹어."

조심해서 씹어 보니 뭔가 딱딱한 게껍질 같으면서도 게껍질이라기엔 너무 두꺼운 데다가 결정적으로 갑각류의 맛이 아니다. 갑각류보다 미끈거리는 가죽이 겉을 감싸고 있는 반면에 안쪽은 옹송그리고 있어서 생선인지 아닌지를 짐작하기 어렵다. 덩어리 구석구석에 스며 있는 사오싱주紹興酒의 감미로운 셰리주 맛과 버섯 향이 은연중에 느껴지고, 이 풍미를 더 많이 느끼려고 나는 입술과 혀를 이용해 깨끗이 빨아먹는다. 껍질을 젓가락으로 제거해 접시에 올려놓고 약속대로 눈을 감고 그걸 맞혀 보려고 한다. 전혀 모르겠다.

그가 나를 살짝 동정하며 'Ok.'라는 뜻의 중국말로 "하오바"라고 말한다. 전략을 바꾸어 그는 말랑말랑한 구체 하나를 내 입술에 갖다 댄다. "이건 뭐야?" 파슬파슬하고 주름이 살짝 져 있는 그 구체는 어금니에 쉽게 항복하여 입안을 소박한 단맛으로 채운다. 위장으로 내려가자 스모키한 향이 코끝까지 올라온다.

"말린 밤?" 나는 북경어로 중얼거린다. 맞았는지 틀렸는지를 알려주는 그의 유일한 신호는 내 입술에 맞댄 미끌미끌한 작은 알의 냄새를 맡아보게 하는 거다. 마늘쪽 전체가—껍질을 벗겨 살짝 익혀 숨을 죽인 것이—혀 위에 뒤범벅이 된다. 담백한 밤을 먹고 난 뒤라 또 다른 종류의 단맛이 상당히 강하게 느껴진다.

---

25. 곡류나 잡곡류를 원조로 하는 양조주인 황주(黃酒)의 대표격이다. 알코올 도수는 20도 정도이며, 사오싱주를 오랫동안 보관하면 향이 진해져서 맛이 좋아지는데, 이것을 노주(老酒)라고 한다.

나는 J. H.와 평소에 늘 하는 대로 가장 좋아하는 단골집에서 저녁 식사 데이트 중이다. 이곳은 타이베이 시내의 조용한 레스토랑으로 상하이를 둘러싸고 있는 저장성과 장쑤성의 전통 요리 전문점으로 미식 업계에 큰 영향력을 발휘하는 식당이다. 이제 셰프와 종업원들도 우리를 아주 잘 안다. 안으로 걸어 들어가기만 해도 가장 좋아하는 애피타이저가 놓여 있고, 그다음 그날의 특별 메뉴와 셰프 추천 메뉴를 안내받는다.

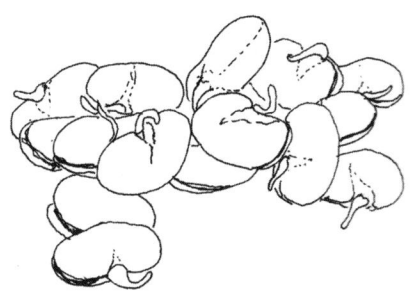

푹 삶아 파슬파슬한 잠두가 거의 항상 뜨거운 녹차가 든 컵에 곁들여져 나온다. 거의 싹이 나지 않은 걸 봤을 때 말린 콩이 녹말맛이 강해서 아주 약간 식물성 상태임을 알 수 있다. 이 올리브색 복주머니처럼 생긴 콩은 구강체조에 버금갈 정도로 혀와 이를 능숙하게 놀려 양념된 속살을 하나씩 발라낸 다음에 젓가락으로 가죽처럼 질긴 껍질을 품위 있게 버려야 하다 보니 먹는 사람을 안달 나게 하는 요리다. 셰프가 특히 기분이 좋은 때면 껍질 벗긴 잠두를 잔뜩 넣어

시골 햄과 피클을 잘게 갈은 일종의
파테로 바뀌기도 한다.[26] 혹은 날씨가
더우면 아작아작 씹히는 맛이 일품인
시원한 해파리냉채 한 접시가 나오
는데—중국인들은 해파리의 우산 바
로 아래에 있는 컬리플라워처럼 생긴
부위를 식용으로 쓴다—건조시킨 해
파리에 소금을 치고 데친 다음 쩐강鎭
江 흑식초와 향긋한 야채 한 줌에 버
무려져 나와 허기를 깨운다.

    점원이 또 다른 애피타이저를 차
려주며 나를 향해 방긋 웃는다. 그
요리가 특별히 나를 위한 것이니 내
가 따로 주문할 필요가 없다는 뜻이
다. 부드럽게 데친 두부에 검게 염장
된 달걀을 두 개 얹은 것인데, 그 젤
리처럼 크리미한 달걀을 다른 손님에겐 하나만 주지만 내게는 특별
선물로 슬쩍 하나 더 얹어준다. 얇은 쐐기 모양으로 정확히 저민 달
걀의 매끄러운 속살이 흘러나와 큐브 모양의 흔들거리는 작은 두부
를 뒤덮고 있으며, 불안정하게 떨리는 겉면은 모서리로 갈수록 흐릿
한 회색이 된다. 이 작품은 가장 단순한 재료에서 얼마나 다양한 부

---

26. pâté, 고기를 다져 양념한 후 질그릇에 넣고 끓여서 그대로 식혀 먹는 요리.

드러움을 찾아낼 수 있는지 보여주는 일종의 오마주다. 이 요리를 제공하기 직전에 셰프는 재빨리 뜨거운 기름에 향료와 간장을 살짝 쳐서—단조롭기 짝이 없으나 크리미한 재료에 필요한 풍미를 더하기 위해—두부 위에 뿌린다. 씹을 때마다 작은 피클 알갱이들이 맛봉오리처럼 터진다. 아무 생각 없이 흠뻑 빠져들게 하는 세상에 단 하나뿐인 이 애피타이저를 영광스럽게도 한 숟가락 가득 떠서 먹는 동안, 배고픈 위장은 더욱 기대감에 차서 으르릉댄다.

이 모든 애피타이저는 오늘의 만찬에 온전한 관심을 기울여 달라는 요청을 조용히 전달한다. 우선 우리의 감각을 자극하고 서서히 식욕을 돋우며 여유로운 식사 분위기를 조성한다. 즉각적인 포만감은 절대 주지 않는다. 대신 우리는 세상을 등지고 의자에 기대앉아 요리가 나오는 대로 묵묵히 따라야 한다. 이 갸릉갸릉 하는 미식가는 맞은편에 앉아 연인이든 요리사든 자기보다 더 많이 아는 사람에게 고삐를 넘겼을 때 느끼는 기쁨을 몸소 체험하고 있다. 오늘 그는 우리 두 사람이 훌륭한 식사의 진가를 제대로 감상하는 데 필요한 겸허한 마음가짐을 갖게 할 자리를 마련했고, 이제 우리는 특별한 거장의 재능에 마음을 열고 그의 평생 경험은 물론 그보다 먼저 간 셰프들의 가르침을 배울 것이다.

여기서 내가 가장 좋아하는 애피타이저는 쑤저우蘇州식 훈제 생선이다. 하지만 중국 고전 요리는 늘 눈에 보이는 대로 또는 선전하는 대로가 아니라서 재미가 있다. 마법은 내가 먹어본 최고급 중국 요리의 공통분모였는데, 주재료의 본질을 위장해 눈으로 보는 것과 실제로 혀가 느끼는 것 사이에 깜짝 놀랄 만한 틈을 만들거나, 한 가지를 암시하면서 또 다른 한 가지를 전달하는 식으로 흘러간다.

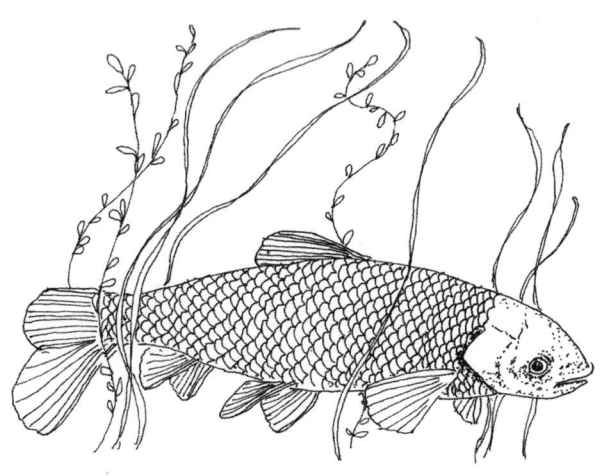

 예를 들면 이 요리에 든 생선은 정말 훈제된 게 아니라 그렇게 보일 뿐이다. 이런 걸 준비하는 일은 속임수처럼 간단하다. 양념이 된 두툼한 잉어 덩어리를 반죽 없이 바삭하고 노릇해지게 튀긴 다음 진한 육수로 수분을 가미하는데, 이 단계에서 육질에 쫄깃함이 더해진다. 단단한 뼈는 생선이 흩어지지 않도록 발라내지 않고 그대로 둔다. 생선 뼈는 또한 입에서 음식을 넘길 때 속도를 조절하고 우리에게 이 특정 동물의 삶을 사유할 수 있도록 살점을 하나하나 느껴보라고 부드럽게 제안하는 역할도 한다. 샤오싱주와 대파 조림이 민물 잉어의 미묘하게 탁한 풍미를 어느 정도 길들여준다. 그래서 이 잉어가 한때 민물 호수에 살며 여과된 햇빛 아래서 진흙에 숨은 생물들을 먹고 살았다는 것을 떠올리게 한다. 그렇게 감각적인 울림을 통해 그 잉어는 생각 없이 먹어치울 이름 없는 생선 덩어리를 넘어서, 이 행성에 잠시 머무른 존재임을 일깨워준다. 잉어는 우리 몸에 들어와 우리의 일부가 되고, 우리는 잉어의 존재와 잉어의 죽음이 주는 선물을 기려야 한다고 느낀다.

　푸싱위안復興園이라는 이 식당의 음식들은 하나같이 훌륭하고 중국 동부의 전통 요리법에 전적으로 충실하다. 크고 작은 여러 수로가 합류하는 지점에 자리한 이 지역은 몇몇 세계 최고 음식들의 본고장이기도 하다. 여기부터 강의 상류까지 중국의 전통주 산지라서 현지산 포도주를 보완하고 더욱 돋보이게 해줄 풍성하고 맛좋은 요리들이 많이 고안되었다. 이를테면 디종이나 북부 캘리포니아와 비견될 만한 곳이다. 하지만 서양과는 달리 중국 술은 포도주로 빚는 게 아니라 찹쌀을 넣은 통에서 양조한다. 옛날 옛적에 그리고 거의 20세기 중반까지만 해도 호박색 샤오싱주는 적어도 중국 감정가들에겐 루아르 지방의 포도주만큼이나 오랜 역사와 정교한 제조법을 자랑한다. 그리고 여느 좋은 프랑스 포도주나 캘리포니아 포도주와 마찬가지로 이 양조주도 전통적으로 가볍고 부드러운 맛부터 묵직하고 달콤한 맛까지 다양한 스펙트럼으로 만들어졌는데, 여름의 따

27.　Dijon. 프랑스 동부의 도시로 매년 음식과 와인 박람회가 열린다.

스함을 연상케 하는 맛이 나거나 신선한 버섯 향이나 꿀 향을 풍기기도 한다.

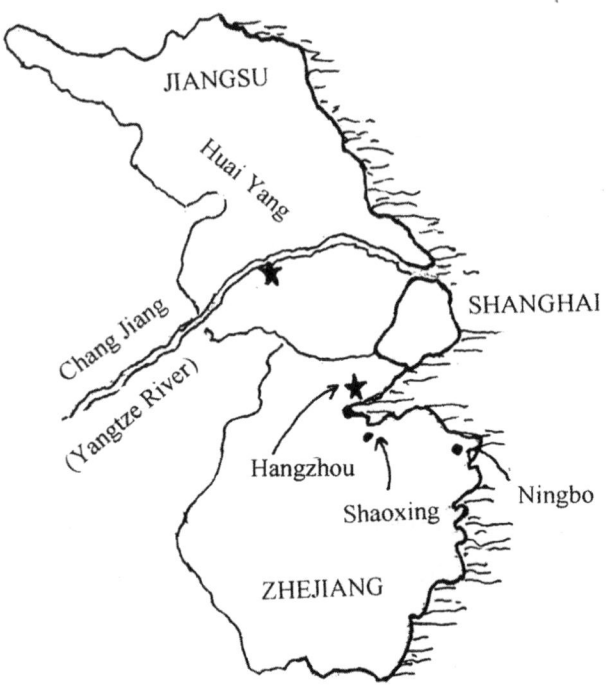

20세기 들어 몇십 년 동안 현대 도시 상하이는 옛 비엔나가 부러워 한숨을 내쉴 정도로 음식의 제국적 절충주의를 과시하게 되었다. 위대한 미식의 요지들이 서쪽으로는 청두, 북쪽으로는 베이징, 남쪽으로는 광저우에 포진하고 있어 이런저런 요리들에 영향을 주었지만, 주된 영향력은 늘 그렇듯이 장강長江(긴 강을 의미하지만, 영미

권에는 양쯔강으로 잘못 알려져 있다)과 그 무수한 지류 상류에 있는 위대한 미식의 중심지에 여전히 남겨져 있다. 그 결과 많은 전통 상하이 요리들로 인해 돈으로 살 수 있는 최고급 재료들이 세상에 알려지게 된 것이다.

특히 가장 추운 달에 이 레스토랑에서 가장 인기 있는 메뉴 중 하나는 영어로는 'Shanghai sandpot'이라고도 불리는 옌두셴腌篤鮮이다. 표면이 거친 도자기 캐서롤에 담겨 나오는 이 요리는 생강, 샤오싱주, 햄 또는 소금에 절인 돼지고기, 신선한 삼겹살, 통통한 죽순, 표고버섯, 유부 꾸러미가 가득 들어간 진한 포토푀라 할 수 있다. 두 종류의 돼지고기는 서로 공모하여 미묘한 연금술을 만들어 내지만, 우러나온 지방층은 미각을 해칠 수 있으므로 걷어내는 게 좋다. 유부 꾸러미는 압축 두부의 얇은 층을 묶어 간단한 매듭을 묶은 것으로, 씹을 때마다 다른 재료들의 풍미를 치아와 혀에 퍼뜨리며 찌걱거리는 기이한 스펀지 같은 느낌을 준다.

28. 세계에서 세 번째로 긴 강인 창장강은 티베트 고원에서 발원하여 약 4천 마일을 지나 동중국해로 흘러든다. 우리가 창장강 전체를 양쯔강이라고 부르는 걸 들으면 중국인들은 종종 재미있어 하는데, 양쯔강이라는 이름은 난징과 상하이 사이의 구간을 지칭하기 때문이다.

29. pot-au-feu, 소고기와 각종 야채를 약한 불에 푹 고아 만든 프랑스식 스튜.

우리가 추운 계절에 자주 주문하는 또 하나의 요리로 빨갛게 익힌 사자 머리獅子头(중국어 발음은 스즈터우)가 있는데, 여기서 빨갛게 익힌다는 것은 간장과 얼음설탕을 섞어 진한 마호가니 색을 내는 것을 말한다. 사자 머리는 보통 미트볼 같다고 묘사되는데, 이 식당의 사자 머리는 고기 맛보다 속에 잘게 썬 신선한 마름이 촘촘히 박혀 있어서 아삭함과 단맛이 섬세하게 가미돼 입맛을 돋운다. 소프트볼만 한 크기의 미트볼이 배추 한가운데 들어 있어 사자의 갈기를 연상시킨다고 해서 이런 이름이 붙었다고 주장하는 사람도 있다. 하지만 내가 본 바로는 그 어떤 사자와도 닮지 않아서 이 이상한 이름의 유래는 또 하나의 인생 미스터리로 생각된다. 하지만 녹두 전분으로 만들어 반투명하고 실크 같은 시트를 요리사가 미끄러트리듯 냄비 바닥에 넣을 때마다 사자는 고양이가 되어간다. 펀피粉皮[30]는 말랐을 때는 플라스틱처럼 보이지만 진한 국물을 흡수하면 살이 오르고 미끌미끌해진다. 제대로 만든 펀피는 입술과 혀를 가로지르며 음탕하게 미끄러진다. 찌개 냄비 속의 섹스랄까.

이 모든 호사스러움에 점차 감각이 압도되고 식욕이 물릴 만도 한데, 중국 동부의 위대한 셰프들은 식객이 느낄 지루함을 상쇄시키는 하나의 방법으로 재치에 기댄다. 그래서 생선 국수 한 그릇이 문자 그대로 민물고기를 잘게 갈아 만든 폭신한 면발이 옅은 쌀식초 향이 나는 맑은 육수에 담겨 나오자, 내 입에서는 절로 감탄사가 흘러나온다. 가볍고 담백한 이 국숫발이 혀끝에서 사라지면 그 생선의

---

30. fěnpí. 녹두나 고구마 전분을 이용해 만든 중국식 납작 당면.

자취는 코를 지나 귀 뒤로 사라진다.

정말 영리한 요리사의 손에서 종종 현실은 교묘히 조정되기 마련이라서 아무리 추측을 해봐도 마술사의 마력과 교묘한 기술에 무릎을 꿇고 만다. 이걸 내가 처음으로 알아본 건 후난식 고급 레스토랑에서였는데, 그곳은 외관과 실내 장식 모두 레스토랑이라기보다 궁전에 어울릴 법한 파미유 로제 스타일로 장식되어 있고, 식탁에는 아름다운 도자기 대접들이 우아하게 놓여 있었다. 그리고 수북한 고수잎 더미와 꽈배기 도넛 튀김이 웅크린 모양으로 담겨 있었고 그게 다였다. 생선 수프로 식사를 마무리할 거라고 들어서 나는 당황했다. 점원이 열기로 진동하는 커다란 주전자를 들고 우리 테이블로 걸어왔다. 우리에게 뒤로 기대라고 정중하게 손짓한 다음, 점원은 뜨거운 육수를 연습한 듯한 태도로 둥글게 원을 그리며 냄비에 부었다. 김이 모락모락 나는 수증기에 의해 냄비 안에서부터 잉어의 반투명한 조각들이 쓸려 내려와 순식간에 데쳐지면 서 표면에 마술처럼 하얀 꽃잎이 드러났다. 점원은 국물을 작은 그릇에 퍼담아 나에게 내밀었다. 거의 익지 않은 생선은 혀끝에서 사르르 녹았고 바삭한 꽈배기 도넛과 상큼한 고수잎은

---

31. 파미유 로제 혹은 양차이는 17-18세기에 풍미한 청나라의 도자기 양식으로 채색 자기에 다양한 채도의 핑크색을 입히는 기법이다.

식감과 풍미와 색에서 은은히 대조를 이루었다. 도자기에 화려한 장식이 왜 필요한지 그제서야 알 수 있었다. 생선 회를 그릇 안에 은밀히 붙여 놓으려고 필요한 것이었다. 수프도 완벽했지만, 눈속임의 기교가 진정 나를 매료시켰다.

여기서 끝이 아니다. 다른 식당들에서는 콩 껍질에 양념한 다진 돼지고기를 채워 넣고 튀겨서 치킨 롤이라는 음식으로 변신시키기도 한다. 가짜 꽃게 요리는 매일 먹는 달걀을 영리하게 변형해서 게살의 모양과 맛과 냄새를 흉내낸 것이다. 그리고 내가 늘 가장 좋아한 디저트로는 빨갛게 익힌 돼지고기 큐브처럼 보이는 동과冬瓜를 들 수 있다. 어찌나 완벽히 흉내냈는지, 채식주의자를 제대로 속여 저녁 식사로 고기를 주는 줄로 알게끔 했다. 껍질에 십자로 칼집을 내고 노릇노릇하게 튀긴 다음 캐러멜 소스로 깊게 물들인다. 그 배후에 숨은 과학은 모르겠지만 이 색들이 동과 과육에 완벽히 스며들어, 마치 찐 삼겹살처럼 적갈색과 베이지색의 줄무늬가 생긴다.

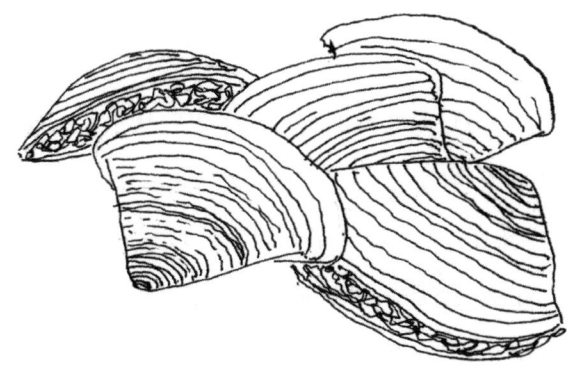

이런 식의 마법이 소용돌이치는 곳이 바로 비옥한 양쯔리버 델타라는 식당이다. 여기서는 껍질에 윤이 나고 촉촉하고 싱싱한 조개가 반투명한 소스 속을 헤엄치는데, 조개 껍질이 맞물리는 부분에서 회색빛이 더욱 짙어지고, 산홋빛의 조각이 가장자리에 살짝 삐져나와 있다. 처음엔 이걸 보고, "아, 흔하디 흔한 꽉 다문 조개 장난이구나."라고 생각했다. 하지만 젓가락으로 하나 집어 들면 조개껍데기가 약간 휘어져 있어 슬슬 불안해진다. 호기심과 함께 잘못하면 미끄러운 조개가 식탁 위로 튀어나올지 모른다는 불안감도 들어서, 젓가락으로 더 꽉 움켜쥐고 수프 숟가락으로 조개를 받친다. 입으로 가져가면서도 뭘 먹게 될지는 확신할 수 없다. 습지대와 포도주와 생강 냄새가 은은히 풍기지만 다른 단서는 나오지 않는다. 조개를 입술 사이에 넣고 머뭇거리며 한 입 베어 물자 그 조개껍데기가 실은 한 점의 부드러운 초어草魚라는 걸 깨닫는다. 깜짝 놀라고 혼란스러워 더 가까이서 살펴본다. 눈앞에 있는 것은 새우 완자를 나비 모양으로 채운 피시 필레를 소스를 듬뿍 발라서 찐 것이다.

모방은 완벽하다. 결과는 충격적이다. 식객은 속았다. 그리고 기분이 좋아진다.

이래서 중국 동부는 지구상에서 가장 감각적인 미식의 본고장이다. 능숙한 손에서 구성요소 하나하나가 어떤 식으로든 식객을 유혹하게끔 설계된 듯 보인다. 그래서 간단한 생선찜조차 옆면에 절인 햄 조각을 끼워 살 안에 양념이 배어 나오게 하고 겉면에 있는 콜팻大網膜의 얇은 층이 수증기에 녹아 크리미한 맛이 은은하게 느껴져 한 입씩 아껴먹게 되는 작은 놀라움을 선사한다. 가다랑어, 갑오징어, 새우와 같은 말린 식자재는 뭉근히 익히는 찌개에 토속적인 깊이와 고기 질감과 은은한 짠맛을 더해 주는데, 단지 신선한 닭고기나 돼지고기나 두부처럼 뭔가 밝고 즙 많은 재료와 완벽하게 조화를 이루어서 그런 것만은 아니다. 관건은 정반대끼리는 서로 끌린다는 것이다. 미묘한 차이가 나는 게 당연하고 놀라움을 주는 것이 바로 그 목적이며, 식객의 만족스러운 한숨이 그 보상이 된다.

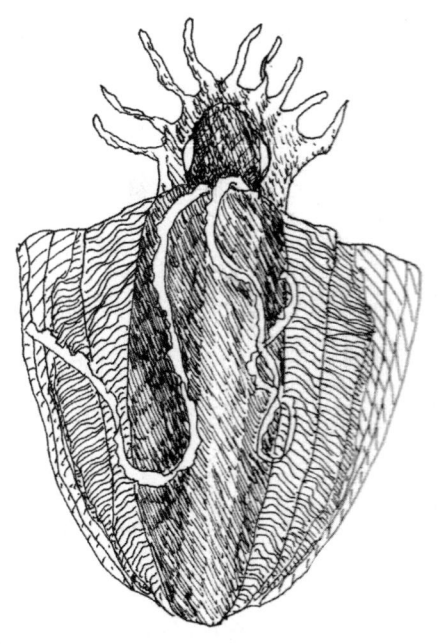

J. H.는 내게 질문은 그만하고 감각이 하는 말을 들으라며 자기가 좋아하는 음식을 내 입에 밀어넣어 이제 막 내 안에 생겨난 열망을 부드럽게 자극한다. 그렇게 해서 난 영어 명칭도 없는 식재료들

과 과한 사전 분석을 거치면 당황할 것이 분명한 조합들을 차츰 원하게 되었다. 그렇게 J. H의 제자이자 취미이자 오락처럼 밥을 계속 같이 먹는 식객으로 변해갔다. 딴 세상 것처럼 보이는 이 관능미를 받아들이라고 도전하는 듯, 그는 말없이 내 앞에 접시를 하나 놓았다. 그리고 오늘 밤 우리는 매주 여러 번 하는 게임을 한다.

J. H는 무엇보다 나에게 가르침을 줄 요리, 식욕이 아닌 마음을 채워줄 요리를 찾는다. 저녁 식사 시간은 모든 감각을 총동원해 집중해서 살펴야만 그 진가를 알 수 있는 소소한 경이로움의 연속이 된다. 건조한 생선 부레가 동그랗게 말려 닌자처럼 신선한 새우 덩어리 속에 숨어 있고 부레의 창백한 방울들은 분홍색 쉼표 모양의 바삭한 갑각류를 상대로 팽팽한 식감을 선사한다. 그 때문에 부레들은 한 입씩 천천히 섭취해야 한다. 결국 새우의 단맛을 최대한 살려주긴 해도, 혀돌기에서 하얀 스펀지 같은 부레의 맛좋은 거품을 제대로 느끼려면 천천히 꼭꼭 씹어야 하기 때문이다. 요즘 내 어금니들이 이상한 물체를 조심조심 씹고 있는 동안에도, 내 혀는 단순한 저녁 식사로 위장한 음식의 숨은 정체를 분석하느라 바쁘고 머릿속으로는 중국 요리 이름과 중국 식재료들을 매칭하느라 분주하다.

하고많은 식재료 중에서 나는 해삼을 좋아하게 되었다. 상하이 레스토랑은 부드러운 가시로 뒤덮인 거대 굼벵이 같은 이 기묘한 생물을 놀라운 요리로 탄생시킨다. 우선 해삼을 삼겹살과 함께 닭 육수, 간장, 청주, 얼음 사탕을 넣고 맛을 낸 소스에 오랫동안 푹 담가 버터 맛의 진한 풍미를 서서히 빨아들이게 만든다. 몇 시간 지나고 나면, 젤라틴 같은 해삼의 식감이 탱탱해지고 지방, 껍질, 살코기가 잘 조화된 푹신한 돼지 삼겹살과 부드럽게 조화를 이룬다. 그런 기이하고 묘한 매력이 있는 음식에 일단 방어벽이 무너지고 나면, 이젠 되돌릴 수 없었다.

이 나라의 미식 속으로 깊이 파고들수록, 나는 뜨거운 것과 차가운 것, 부드러운 것과 딱딱한 것, 동물성과 식물성, 마른 것과 신선한 것, 날것과 익힌 것, 짠 것과 단 것, 싱거운 것과 매운 것, 평범한 것과 화려한 것, 발효된 것과 짠 것 등등 음양의 조화를 점점 더 인식하고 있다. 냄새와 맛에도 무지개만큼 넓고 다채로운 스펙트럼이 있다는 게 증명되었다. 음식을 먹으면서 그 일관성이 드러나고 즐거운 진동이 치아를 통해 뇌까지 울려 퍼진다. 찹쌀떡이나 푹 삶은 돼지고기 힘줄의 끈적임이 어금니들을 기분 좋게 들러붙게 만들면, 나는 그 끈적임에 빠져든다. 부드럽게 힘을 주어 어금니를 벌리면 살짝 찰칵하는 소리가 두 눈 뒤를 지나 잔잔히 퍼진다. 튀긴 생선 뼈의 깊은 바삭함이 고막을 울리고 차가운 한천, 콩 젤리, 민물 장어의 부드러운  식감이 속삭임처럼 목으로 미끄러져 내려간다. 매운 고추들이 끝없는 대열을 이루며 입술 사이로 행진한다. 말린 한약재와 뿌리와 꽃이 인식의 경계를 넘나들며 내 시냅스를 열고 들어와 조미료가 될 수 있는 것과 아닌 것 사이의 이해를 다시 고쳐쓴다.

특히나 지방은 전혀 예상하지 못한 방식으로 나를 유혹한다. 나는 지방, 특히 동물성 지방은 나쁜 것이라 배우며 자랐다. 하지만 지난 몇 개월 동안 나는 지방이 허기를 채우고 혀를 진정시켜 주고 풍미를 재해석해 준다는 걸 깨닫기 시작했다. 지방은 거의 모든 요리의 가장 필수적인 요소이고 미끈미끈한 통로이자 매개체 역할을 한다. 새의 껍질 아래에서 다리살을 타고 내려오는 호화롭고 매끄러운 노란 기름층을, 바삭하게 튀긴 새우 머리 안에 숨겨진 강렬한 산호색 버터를, 입안으로 한숨처럼 새어 들어오는 뜨거운 용암을 나는 반가운 마음으로 찾고 있다.

자, 여전히 나는 정체 모를 고기 조각을 몇 분째 입안에서 이리저리 굴려 보고 있다.

"힌트 더 없어?"

"없어. 자, 뭔지 맞혀 봐."

어떤 이름이 머릿속을 맴도는 것도 같고 언젠가 한 번 맛본 적 있는 것도 같지만, 그게 뭔지 지금은 도무지 모르겠다. "솔직히 말할게. 난 그만 포기할래." 나는 앞에 놓인 접시를 슬쩍 본다. 뭔가 짙은 갈색 덩어리에 하얀 마늘쪽과 호박색 밤들이 박혀 있다. 기름지고 양념을 얹은 윗부분을 접시 바닥에 닿게 뒤집어 놓고 양념이 밴 덩어리를 젓가락으로 찔러본다. 마침내 껍질에 날카로운 각이 져 있는 것을 하나 찾는다. 살짝 주름진 부드러운 껍질이 모서리에서 2센티 정도 튀어나와 있다.

"그게 내가 말했던 치마살 부위야." J. H.가 웃으며 말한다. 파 아래로 삐져나와 있는 머리가 보인다. 아, 민물에 사는 테라핀 거북이. 그래. 육지와 물이 하나의 동물로 합쳐진 것. 오늘 저녁 전에는 가끔 개구리 다리를 먹어본 것 말고는 양서류를 먹어본 일이 거의 없었는데, 이제 뭔지 알고 나니 이 생물의 본질이 나를 향해 소리치는 것 같다. 특히 고기가 많은 쪽으로 한 점을 집어 밥 위에 얹은 다음 밤과 마늘 한 쪽씩 얹어서 세 가지 재료를 한꺼번에 입에 넣는다. 그것들은 입안에서 교향곡처럼 어우러지고, 콩과 거북이는 달콤하고 고소하고 향긋한 온갖 재료들과 함께 즐거이 뛰논다.

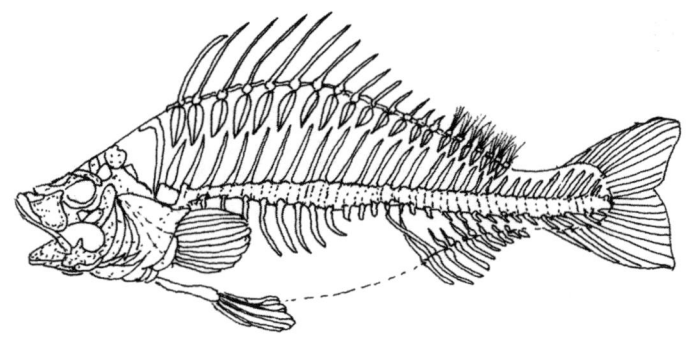

한 시간 뒤 우리는 식사를 마치고 밖으로 나선다. 버스 정류장으로 걸어가면서 그는 내 손을 잡고, 습한 밤공기가 근처 야시장의 달콤한 향내를 싣고 와 우리 주위로 흩뿌린다.

"이제 디저트 먹으러 갈까?" 내가 제안한다. 환히 웃으며 그가 길을 안내한다.

다진 돼지고기를 넣은 크림 양배추
LÀNHÚ BÁICÀI · 爛糊白菜

중국 동부의 전통 음식이 전부 최고급 미식의 영역에 속하는 건 아니다. 배고픔을 달래는 것만큼이나 영혼을 위로하는 능력으로 인해 사랑받는 음식도 많으며, 이 요리도 그런 종류의 요리다. 이 요리는 약간의 돼지고기로 양념한 매우 부드러운 양배추잎의 환상적인 조합이다. 별것 아닌 것처럼 들릴지 모르지만, 그 결과물은 다른 무엇과도 견줄 수 없을 정도로 훌륭하다.

나는 요리법을 약간 변경해서 햄과 살라미에 쓰이는 분홍색 염지염으로 생돼지고기를 버무려 개성을 더하고 예쁜 장밋빛으로 만들자고 제안하지만, 이 같은 추가 재료 없이도 완벽한 맛을 느낄 수 있다.

어떤 상황에서도 양배추의 연한 잎 대신에 단단한 꼭지심지만을 쓰면 안 된다. 양배추의 연한 잎만 실오라기처럼 잘 뭉개지기 때문이다. 솔직히 말해서 양배추를 썰 때 양이 너무 많아 보여 겁이 날 수도 있는데, 금방 숨이 죽어 치킨 육수와 돼지고기의 고소한 향이 나는 달콤한 죽처럼 될 거라고 약속한다. 천국과도 같은 맛이다.

Ingredients

돼지고기
뼈 없는 순살 돼지고기 60그램
고운 천일염 ½작은술
염지염醃漬鹽 한 꼬집(선택 사항)

양배추
적양배추 1통(500~750그램)
땅콩 또는 식물성 기름 3큰술
껍질을 벗겨 잘게 썬 생강 1큰술
무염 또는 저염 닭 육수 2컵(500ml)

설탕 ⅛작은술

고운 천일염 혹은 맛소금 ¼작은술

(필요에 따라) 옥수수 전분 2작은술과 찬물 2큰술을 섞은 끓인 물

Recipe

돼지고기를 냉동실에 약 30분 동안 넣어둔다. 부분적으로 얼었을 때 썰기가 훨씬 쉽기 때문이다. 돼지고기를 결을 따라 얇게 자른 다음 얇게 채 썰어준다. 돼지고기를 작은 볼에 넣고 고운 천일염과 (선택 사항인) 분홍색 염지염을 넣어 버무린다. 분홍색 염지염을 사용하는 경우 그릇을 뚜껑을 덮어서 두 시간 정도 냉장 보관하고, 그렇지 않고 천일염만 사용한다면 15분이면 충분하다. 돼지고기를 체에 넣고 깨끗이 헹군 다음 키친타월 위에 올려 물기를 제거한다.

양배추를 깨끗이 씻어 심을 제거한 다음, 결 반대로 얇게 채썰기한다.

냄비를 센 불에 올리고 뜨거워지면 기름을 두른다. 기름에 생강을 넣고 재빨리 볶아 향이 나게 한다. 다진 돼지고기를 뿌려 넣고 돼지고기가 하얗게 될 때까지 불 위에서 뒤적거린다. 돼지고기와 생강을 긁어내 깨끗한 볼에 담고 냄비에는 기름을 최대한 많이 남겨둔다.

냄비를 다시 센불에 올리고 양배추를 넣은 후 양배추가 시들 때까지 버무린다. 돼지고기, 육수, 설탕, 고운 천일염을 넣고 저으면서 끓인다. 불을 중간으로 줄여 부드럽게 끓인 후 뚜껑을 덮지 않고 양배추가 아주 부드러워질 때까지 약 20분간 조리하고, 육수가 너무 빨리 끓으면 냄비에 끓는 물을 약간 추가한다. 옥수수 전분 혼합물을 다시 저어 양배추 주위에 뿌린 다음 냄비를 휘저어 완전히 섞어준다. 소스가 걸쭉해지고 윤기가 나면 맛을 보며 양념을 조절한다.

양배추를 덜어서 테두리가 있는 접시나 그릇에 담는다. 이제 위로가 되는 저녁 식사를 위해 필요한 것은 찐밥뿐이다. 4인분이 나온다.

Tip

이 요리는 양배추 특유의 부드러움을 강조하기 위해 고안된 요리이므로 돼지

고기는 조연으로만 등장한다. 고기를 좀 더 많이 원한다면 돼지고기의 양을 두 배로 늘리고 천일염과 선택 사항인 염지염을 더 넣으면 된다.

포도주와 생강을 곁들인 차가운 동과
JIŬXIĀNG LIÁNG DŌNGGUĀ 酒香凉冬瓜

이 장에서는 고급 레스토랑에서 하는 저녁 식사에 대해 말했지만, J. H.와 나는 중국 동부 요리 대부분을 저렴한 식당에서 먹었다. 이런 식당은 조명이 어둡고 분위기가 좋지 않아도 가격이 저렴하다는 점으로 충분히 보완할 수 있었다. 오늘 소개하는 애피타이저는 타이베이 시내에 있는 별 볼 일 없지만, 천재 요리사가 한두 명 숨어 있는 그런 식당에서 나오는 메뉴다.

내가 좋아하는 많은 음식이 그렇듯 이 요리도 겉으로 보기에는 별다를 것 없어 보였다. 동과를 부드러워질 때까지 찐 다음에 생강과 샤오싱주로 맛을 낸 매콤한 양념장에 담근 것뿐이다. 하지만 그 모양과 맛은 환상적이다. 나는 레몬 껍질과 즙을 첨가해 풍미를 더했는데 그 결과는 매우 만족스럽다. 이 요리는 상에 차려 내기 전날 만들어 두길 바란다.

Ingredients

동과 정사각형 조각(약 500그램, 가능한 한 납작하게)
버섯 시즈닝 2작은술, 기호에 따라 추가,
샤오싱주 2큰술, 기호에 따라 추가,
신선한 생강즙 1큰술,
레몬 1개, 될 수 있는 대로 메이어 레몬을 사용
다진 어린 생강 2큰술

Recipe

동과를 물로 씻어 두드려 말린다. 씨와 껍질을 제거한 다음 너무 많이 튀어나온 모서리를 잘라낸다. 동과의 과육을 약 2센티미터 너비로 (껍질까지 뚫고 나오지 않게 조심해서) 얇게 썬다. 동과를 90도로 돌려서 과육을 다시 약 2센티미터 폭으로 자른다.

찜기를 준비한다. 테두리가 있는 내열 접시에 동과를 올리고 버섯 시즈닝과 샤오싱주를 뿌려준다. 찜통에 넣고 과육이 부드러워질 때까지 약 20~30분간 쪄준다. 불에서 내린다.

동과가 다루기 쉬울 정도로 식으면 과육이 아래로 향하도록 용기에 넣고 접시에 있던 액체를 붓는다. 액체의 맛을 보고 필요에 따라 버섯 시즈닝과 샤오싱주를 더 추가한다. 생강즙을 붓는다. 레몬을 뿌린 다음 레몬즙을 1작은술 정도 넣는다. 용기의 뚜껑을 덮고 동과를 밤새 냉장고에 보관한다.

얇은 칼날을 사용해 동과의 자연스러운 모양을 해치지 않고 껍질로부터 과육을 잘라낸 다음 껍질은 버린다. 테두리가 있는 접시에 동과를 올린다. 소스를 다시 맛보고 필요에 따라 양념을 조절한다. 다진 생강을 동과 위에 뿌리고 차갑게 해서 낸다. 전채요리로 4인분에서 6인분이 나온다.

Tip

거주하는 곳에서 동과를 구매할 수 없다면 배구공 크기의 작은 동과를 재배해 보라. 씨앗은 온라인 쇼핑몰에서 쉽게 구할 수 있으며, 베이 지역의 ㈜기타자와는 부추와 중국 가지를 포함해 다양한 동아시아 채소 씨앗을 판매하는 곳으로 내가 가장 좋아하는 곳이다. 르네스 가든과 ㈜베이커 크릭 이얼룸 씨드 컴퍼니에서도 나는 운 좋게 좋은 씨앗을 구할 수 있었다. 동과는 판매자에 따라 워터멜론, 애쉬고드, 겨울참외 등으로 분류되기도 한다는 점에 유의할 것.

7장

대식가 *Gluttony*

타이베이: 1983년

최고의 식사를 하는 자리에서는 식객이 음식에 너무 빠져드는 바람에 자기 생각을 말로 표현할 엄두도 못 내는 경향이 있다. 오늘 저녁 나는 국립역사박물관 관장과 그의 귀빈과 함께 바로 그런 자리에 앉아 있다. 나는 통역사로서 일해야 하지만 입이 너무 꽉 차서 차마 말을 할 수가 없다.

우리 일행 12명은 호하오티엔 관장이 가장 좋아하는 식당 중 하나인 펑위안彭園에서 식사하고 있었는데 이곳은 후난의 고전 요리를 맛볼 수 있는 곳이었다. 서양인은 펑장귀 셰프의 가장 유명한 요리인 쥐중탕지左宗棠雞(영어로는 제너럴 쏘 치킨) 덕분에 그를 잘 안다. 하지만 아직은 이 식당에서 제너럴 쏘 치킨이 나온 적은 단 한 번도 없었다. 대신 우리는 후난성의 전설적인 요리의 수도인 창사長沙의 완

---

32. 전설에 의하면 팽 셰프는 1952년에 미국 태평양 함대 사령관인 아서 W. 래드포드 제독을 위해 이 요리를 만들었고, 그래서 후난성에서 가장 유명한 군 지휘관의 이름을 따서 자랑스레 이 요리의 이름을 명명했다. 하지만 중국의 모든 요리가 중국계 미국인이 만드는 요리와 비슷하다고 여겨지던 시절 미국인 입맛을 사로잡기 위한 요리였기 때문에 제너럴 쏘 치킨은 결국 말린 고추를 뿌린 새콤달콤한 치킨에 불과했다.

벽한 스타일대로 식사하고 있다. 후난성의 내륙 지방은 불타는 듯한 매운 요리로 유명하지만, 이런 제대로 된 후난식 만찬에는 고추가 거의 나오지 않는다. 고추는 대개 길거리 음식과 가정식 요리에만 쓰일 뿐이며, 창사의 연회 음식은 청두에서처럼 코스가 진행됨에 따라 맛과 질감과 차림에서 미묘한 변화를 강조하는 특징이 있다. 따라서 이와 같은 식도락의 축제에 일반적으로 쓰이는 가장 진한 양념은 발효된 검은콩과 생강과 마늘로 양념한 절인 고기다.

이 집의 특선 요리로 저녁 식사를 시작하는데, 바로 후난식 훈제 염지 돼지고기를 만리향 꽃향기가 나는 꿀 소스에 담가서 부드러워질 때까지 찐 다음에 반달 모양 찐빵에 넣어 내놓는 요리다. 내 왼쪽에 앉은 어느 연로한 미국인 여성은 세계 최고의 햄 샌드위치인 이

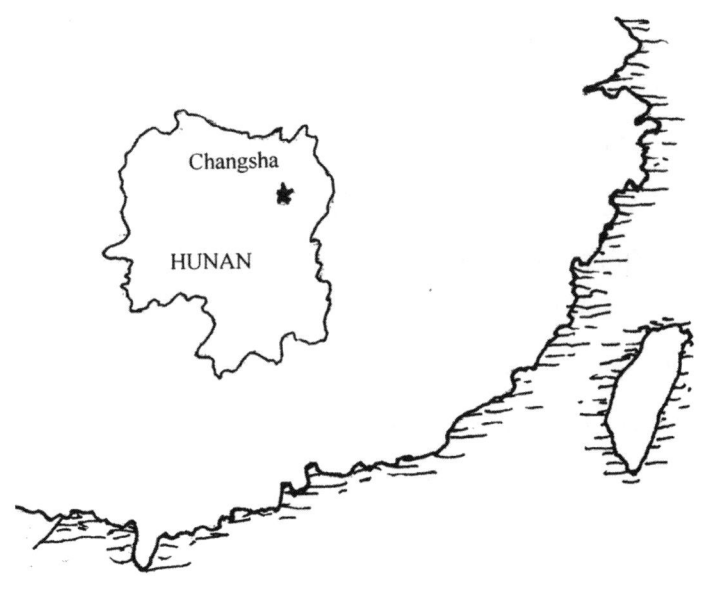

것을 베어 물며 신음을 내는데, 오늘 밤은 특히나 훈제, 소금, 향, 설탕이 완벽한 조화와 균형을 이루고 있어서 뭐라 할 수 없을 것 같다. 그 여성의 어금니가 맞물릴 때 깜짝 선물처럼 바삭하게 튀긴 두부껍질에 아삭거리는 소리까지도 들리는 것 같다. 우리가 모신 손님들은 겹겹마다 다양한 질감을 주는 이런 예상치 못한 사치의 조합에 꼼짝없이 항복하고 만다.

1980년대 초반에 이곳 셰프들은 전성기를 누리고 있었고, 아마 중국식 레스토랑 식사가 이보다 더 훌륭했던 때는 전무후무했을 것이다. 회전판을 돌리고 찻잔을 부딪쳐 건배하고 서로서로 옆 사람의 접시에 상냥하게 음식을 담아주는 친절을 발휘하는—코스가 나오는 사이에 음식에 관한 한바탕 짧은 대화로 서먹한 분위기를 깰 수 있는—이 순간을 우리는 만끽한다. 햄이 점차 바닥날 즈음, 우리는 그 복잡한 소스 안에 둥지를 틀고 있는 신선한 연꽃 씨앗 찜을 먹기 시작한다. 캐러멜화된 시럽과 대조를 이루며 거의 파슬파슬한 식감에 은은한 맛에 감탄하는 동안, 잠시 정적이 흐른다. 갓 수확한 연꽃 씨앗은 운이 좋아야 가을에 단 몇 주 동안 맛볼 수 있는 사치라서, 우리를 놀라게 할 또 다른 음식이 나오기 전에 큰 접시는 어느새 말끔히 비워진다.

나는 팽 셰프의 또 다른 작품을 애타는 마음으로 고대하는데, 가장 좋아하는 코스 요리의 마지막은 대나무 통에 담긴 다진 비둘기 요리가 나오기 때문이다. 점원은 쟁반 한가득 찜통에서 바로 꺼낸 대나무 통들을 날라와 우리 앞에 놓인 도자기 수프 그릇에 조심스레 따라 붓는다. 새끼 비둘기는 젓가락으로 간신히 잡을 정도의 육질을 겨우 유지한 채 맑은 국물 안에 떠다니고 있다. 이 마술의 속임수는 네모난 중국식 칼 두 개로 새끼 비둘기 생살과 질 좋은 돼지고기를 두드려 깃털처럼 부드러운 반죽으로 만들 때부터 탄생한다. 그다음 셰프는 잘게 썬 마름과 향신료 몇 줌을 넣고 양념 육수를 듬뿍 부어서 휘젓는다. 이걸 대나무 통에 붓고 쪄서 구름 같이 포실한 완자를 만든다. 우리는 배가 무척 부른데도, 얼마나 가벼운지 혀끝에서 증발하듯 사라지는 완자를 진한 국물이 식기 전에 삼키느라 열심이다. 우리는 마침내 행복감과 포만감을 느끼며 편히 앉아서 뜨거운 국물의 열기가 온몸을 따라 퍼져나가는 걸 느끼면서 이 굉

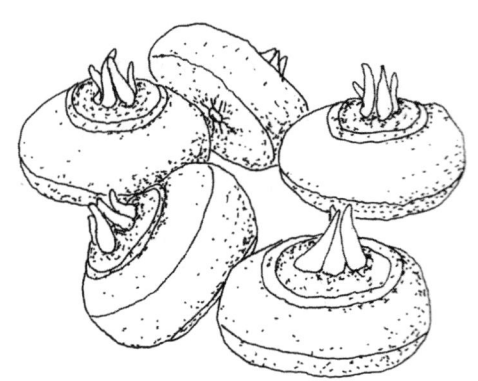

장했던 만찬의 잔해를 훑어본다.

일이 제대로 착착 진행될 때, 중국식 식사는 마법과 어리석음의 교묘한 배합처럼 느껴지기도 한다. 이런 일이 내게 처음 일어났던 건 펑위안의 웨이터가 맛좋은 마지막 코스 요리로 작은 수프 그릇을 내밀었을 때였다. 왜 이렇게 훌륭한 식사에서 이런 따분한 걸 내놓는지 의아해하면서, 나는 껍질을 깐 삶은 달걀이 전부인 그릇을 보고 있었다. 그렇다. 이 따분한 달걀에 사골육수를 담았고 표고버섯과 데친 청경채 몇 잎이 이리저리 헤엄치고 있어서 얼핏 화사해 보이긴 했지만, 상차림의 의도와 목적을 고려하더라도 도시락을 받은 거나 다를 바 없었다. 하지만 건드려봤더니 바르르 떨리는 게 왠지 겉보기와 다른 뭔가가 있다는 미묘한 암시가 있었다. 젓가락으로 한 조각 떼어내 후루룩 먹었다. 달걀흰자가 간이 잘 맞는 치킨 육수, 생강, 포도주와 한데 섞여 혀 위에서 녹아내렸다. 호기심이 발동한 나는 노른자를 찾아 달걀의 한쪽을 뜯어냈다. 그런데 노른자가 없었다. 알부민과 감칠맛이 어우러지는 이 음식이 맛좋으면서도 우스꽝스러운 눈엣가시처럼 느껴졌다. 저녁 식사 자리에서 껄껄 웃으면 안 된다는 건 알지만 가끔 어쩔 수 없을 때도 있다. 나머지 달걀을 꿀꺽꿀꺽 먹어치우면서 나는 환희에 가까운 기분을 느꼈다.

커우간口感. 고상한 황실 요리부터 버블티에 들어간 통통한 타피오카에 이르기까지 음식에서 느껴지는 다양한 질감을 뜻하는

중국어다. 이 말을 '입맛'으로 직역하면 오히려 무슨 뜻인지가 더 제대로 설명된다.

장쑤성 화이양淮陽 지역 출신의 어느 귀족 노신사는 여유로운 저녁 식사를 하며 쿠간에 대해 다음과 같이 설명했다. "커우간은 음식이 혀의 전 부분에 주는 감각과 입술을 애무하는 방식을 말한다. 또한, 턱이 맞물릴 때의 저항의 정도에도 깃들어 있다." 우리를 초대한 고상한 집주인은 이 말을 하며 꿈꾸는 듯한 표정으로 턱을 살짝살짝 움직였다. 그는 황갈색 청주를 한 모금 마시고 완벽한 요리를 입 안 가득 머금고 그 감미로운 관능성에 대해 입술에 살짝 미소를 머금은 채 잠시 명상했다.

"제대로 씹는지 아닌지는 씹을 때마다 어금니가 붙었다 떨어지는 방식만 봐도 알 수 있습니다. 혀를 입천장에 대고 음식을 위로 밀어 올릴 때 음식의 다양한 압력과 질감을 느낄 수 있고 음식이 목구멍으로 미끄러져 내려가는 흐름도 느낄 수 있지요."

그에게 나는 고유의 맛은 없고 식감만 흥미로운 상어 지느러미, 해삼, 제비집 등 값비싼 건재료에 관해 어떻게 생각하는지 물어봤다. 그는 별거 아니라는 듯 손사래를 쳤다.

"그런 건 필요 없어요. 식감의 성공 여부는 셰프가 흠잡을 데 없는 품질의 식자재를 선택한 다음, 수분을 충분히 더하며 천천히 가열하고, 정확한 양념으로 조리해서 완벽함을 달성하는 요령에 달린 겁니다. 그게 다예요."

타이베이의 음식 애호가들, 특히 침략과 부패와 내전으로 조국의 근간이 흔들리기 전인 수십 년 전 식생활이 어땠는지를 기억하는 연로한 벗들이 '입맛'이라는 개념에 대해 비슷한 원칙을 몇 번이고 강조한 적이 있었다. 유난히 학식이 높으며 대부분 고등 교육을 받은 이 벗들은 옛 중국의 문인들이었으며 입과 위장뿐 아니라 정신까지 채울 수 있는 훌륭한 식사가 어떻게 설계되어야 하는지 자세히 설명할 수 있는 분들이었다. 이들처럼 몸집이 가벼운 신사들과 허약한 숙녀들은 이제 식욕이 줄어든 대신 입맛에서 특별한 즐거움을 얻는다. 입맛은 그들에게 말을 걸어왔고 또 이 음식들이 예전에 준비되고 평가되던 방식과도 연관이 있기 때문이다.

그처럼 독특하고 정교한 미식 이론이 수 세기에 걸쳐 발전할 수 있었던 것은 중국이 워낙 거대한 고대 국가인 데다 역사적으로 세계의 다른 지역들과 단절되어 있었기 때문이다. 오랜 세월 다른 나라로부터 약간 스치는 정도 이상의 영향은 받지 않은 채, 이 나라는 고유한 요리 세계를 발전시켜 왔다. 하지만 때때로 수 세기에 걸쳐 태평양이나 중앙아시아를 힘들게 건너온 사람들이 제안한 요리가 환영을 받고 중원의 다양한 요리에 여러 갈래로 동화되기도 했다. 이를테면 광둥성에서는 탄두르 가마를[33] 써서 드라이 럽으로[34] 양념한 돼지 뱃살과 옻칠한 오리를 남방의 기량으로 바삭하게 구워낸다. 한편 북부의 요리사들은 탄두르 가마의 내부를 섬세하고 푹신한 페이스트리 반죽으로 도배하는 기술을 익혔다. 이는 소용돌이치는 뜨거운 공기 속에서 윗부분은 가볍고 비어 있는 상태가 되게 하고 거친 토기 위에서 바닥 부분을 굽는 기술이다.

중국인의 미식 사랑은 격변의 세월과 인류가 아는 온갖 불행 속에서도 살아남을 수 있었다. 검이 칼집에 회수되고 땅이 마지막 피를 흡수하고 농작물이 다시 자라날 때마다, 중국인은 태초부터 그

---

33. 숯불을 밑바닥에 놓고 때우는 원통형의 인도식 토제(土製) 화덕.
34. 럽(rub)은 여러 가지 향신료를 사용해 고기에 문지른 뒤 냉장 보관 후 요리하는 방법을 말한다. 럽은 말린 향신료와 소금 등을 쓰는 드라이 럽(Dry Rub)과 허브 오일 등 액체류를 쓰는 웨트 럽(Wet Rub)의 두 가지로 나뉜다.

랬듯 식탁으로 돌아와 삶을 찬양했다. 중국은 지구에서 가장 오래된 문명을 가진 나라 중 하나이고, 그 오랜 역사 덕에 이 땅에서 고갈될 줄 모르는, 그리고 지칠 줄 모르는 미식가들은 '쿠간'처럼 다른 곳에선 거의 찾아볼 수 없는 개념을 발전시켜 왔다.

중국 미식가들은 식물과 동물 할 것 없이 거의 모든 생물을 똑같이—자신의 동족인 인간은 예외로 하고—먹을 수 있는 것, 셰프가 관심을 가질 만한 것으로 간주했다. 그 결과 동·식물의 어떤 부위이든 버리는 게 하나도 없을 정도로 진정 가치 있게 여겼다.

중국 미식의 대가들이 자랑스럽게 내세우는 최고의 재능 중 하나가 가장 하찮은 재료에서 매혹적인 특성을 끌어내는 능력이다. 그 세련된 노신사가 지적한 것처럼 가장 우아한 식감의 요리라고 해서 화려하거나 희귀한 재료가 필요한 것이 아니다. 그런 재료는 부유하지만 구제 불능일 만큼 속물적인 손님들, 즉 계산서 금액과 식당의 화려함으로 저녁 식사의 질을 평가하는 손님들, 이를테면 비싼 부르고뉴 와인을 광둥식 요리와 함께 마시겠다고 하거나, 캐비어와 푸아그라를 얹은 상하이식 요리를 달라고 고집부리는 손님들을 달랠 때 요리사들이 종종 사용하는 방식일 뿐이다.

반면 미식에 진심인 사람들은 가장 단순한 음식에서 관능적 만족감을 간절히 추구한다. 그런 사람들이 하는 요청은 식사 준비를 정확하게 지능적으로, 때로는 체제 전복적으로 해 달라는 것뿐이다. 『수원식단』의 저자가 지적한 것처럼 "두부를 제비집을 훨씬 능가할 정도로 맛있게 만드는 것"도 가능하다. 정말로 그렇다. 그의 200년 된 두부 요리법의 상당수를 나도 시도해 봤는데 정말 대단했다. 나도 제비집을 한두 번 먹어봤는데 식감이 흥미롭긴 했지만, 돈이 중요한 게 아니라는 위안 사부님 말씀이 맞았다.

후난식 만찬을 먹기 한두 해 전이었던 1980년대 초에, 롱비치에서 타이베이로 돌아와 여러 문화 관련기관에서 일을 시작했던 나는 맛과 향에 훨씬 더 흥미를 느꼈다. 아무래도 맛과 향이 더 쉽게 이해되고 감상할 수 있는 개념이었기 때문이다. 중국식 식탁에 대한 초심자였지만, 나는 요리의 진정한 맛을 이미 알고 있다고 자부했던 터라 대화가 소강상태에 빠질 때마다 역사박물관의 외국인 손님들에게 거들먹거리며 내 의견을 피력했다. 하지만 솔직히 말하자면 나는 여전히 피상적으로만 알고 있었다. 그래도 이 특별한 잔치가 시작될 무렵에 나는 이미 고전적인 중국의 식감 개념에 푹 빠져 있다. 그 이유로 나는 요리 실력을 완전히 새로운 차원으로 끌어올리려고 노력하고 있다. 그래서 나는 식객의 역할과 절반만 진심인 수동적인 딜레탕트의 역할을 뛰어넘어 중국 요리를 좀 할 줄 아는 것 이상의 더 많은 일을 이루려고 한다.

하나뿐인 청중 J. H는 내 책장을 음식 이론과 중국의 장엄한 요리의 역사를 탐구하는 복잡한 책들로 가득 채운다. 그런 그를 보고 나는 할 일도 많은데 오래된 고전 중국어 복각본 더미를 훑어보다가 탈진한 상태라고 이의를 제기한다. 그러자 그는 한 권을 꺼내서 아주 오래전에 위안 스승이 언급한 내용을 펼쳐 보여주고, 집게손가락으로 구식 활자의 오른쪽에서 왼쪽으로, 위에서 아래로 짚어가면서 그 말들을 생생히 불러낸다. 그다음에 그는 그 책에 작은 책갈피를 꽂아 나에게 건네준다. 그리하여 나는 전혀 색다른 요리와 식사법에 또다시 빠져들게 된다.

그러다 보면 어느새 다시 허기가 느껴진다.

갈릭 칠리 소스
SUÀNRÓNG LÀJIĀOJIÀNG · 蒜茸辣椒酱

J. H.는 고추를 그렇게 많이 좋아하지 않았지만, 나로서는 운 좋게도 도서관 국제교류부 직속 상사가 중국에서 가장 매운 음식을 즐기는 법을 가르쳐 주었다. 테레사 왕 창은 안후이安徽성과 양쯔강 삼각주의 순한 요리를 먹고 자랐지만, 어느 순간부터 고추 애호가로 변신했다. 그녀의 남편이 쓰촨성과 후난성 사이에 있는 매운맛을 좋아하는 구이저우성 출신이기 때문인 것 같다. 테레사는 셰프들이 자신의 즐거움을 위해, 그리고 좋아하는 고객을 위해 수제 고추 소스를 주방 뒤쪽에 숨겨 두는 경우가 많다고 귀띔해 주었다. 그래서 테레사가 단골이었던 식당에서 점심을 먹을 때마다 웨이터에게 귓속말로 따로 요청을 하면 웨이터는 항상 음모를 꾸미는 듯한 미소를 지으며 소스를 가져오곤 했다. 고추 소스는 직접 만들기가 그리 어렵지 않아서 만일을 대비해 작은 병을 가방에 넣고 다니는 것도 걸스카우트다운 대비책이라고 나는 생각한다. 소스가 벨벳과 같은 질감을 갖게 하려면 반드시 씨를 제거해야 한다. 원할 때에는 이 요리법에 적힌 분량을 절반 또는 4분의 1로 줄여서 필요할 때마다 새로 만드는 것도 꽤 좋은 방법이다.

Ingredients

통통한 마늘 8쪽, 잘게 다지기
모든 종류의 신선한 빨간 고추 500그램 (씨를 빼고 잘게 다진 것)
고운 천일염 1큰술, 또는 간을 보면서 더 넣기
땅콩이나 카놀라 같은 식물성 기름 6큰술
설탕 2작은술 또는 기호에 따라 추가

Recipe

마늘과 고추를 중간 크기의 볼에 넣고 고운 천일염을 뿌린 후 버무린 다음 물기가 빠져나오도록 약 5분간 그대로 둔다.

냄비나 큰 프라이팬에 기름을 붓고 약한 불에 올린다. 마늘과 고추를 넣고 약 10분간 천천히 조리하면서 1분마다 저어주면서 부드럽게 거품을 내고 약간 부드럽고 향긋한 소스로 녹아들게 한다. (가끔은 가장 약한 버너로도 이 요리법에 나오는 정도로 불 세기를 낮출 수 없을 때가 있다. 당신의 집 버너가 그에 해당할 경우 버너에 팬의 가장자리만 올려놓고 자주 저어주되, 필요에 따라 기름을 더 추가하라.) 설탕을 넣고 1분간 더 조리한 후 맛을 본다. 원하는 대로 소금이나 설탕을 더 추가한다.

　뜨거운 칠리 소스를 긁어내어 멸균한 1컵 분량(250ml)의 병에 담는다. 칠리소스를 식힌 후에 뚜껑을 잘 닫아 냉장 보관한다. 분량은 1컵(250ml) 정도 나온다.

Tip

　사용하는 고추의 종류에 따라 원하는 만큼 순한 맛 또는 매운맛으로 만들 수 있다. 프레노스 고추가 가장 순한 편에 속하지만, 취향에 따라 신선한 레드 할라피뇨, 타이 고추 또는 불처럼 매운 하바네로 고추를 추가하여 원하는 매운맛에 도달할 때까지 실험해 보아라.

　신선한 고추를 다룰 때는 라텍스 장갑을 착용하라. 아니면 푸드 프로세서로 고추와 마늘을 다져도 된다.

닭고기 완자를 넣은 맑은장국
ZHÚJIÉ JĪZHŌNG • 竹節雞盅

전통적으로 오징어로 만드는 이 요리는 1970년대 후반 대만의 첨단기술 혁명이 한창이던 시절에는 개인 요리사가 최고급 레스토랑에서 만드는 고가의 후난 요리 중 하나였다. 하지만 전통적인 돼지고기와 함께 닭고기를 사용하면 장보기가 더 쉬워질 뿐만 아니라 많은 사람들이 천국의 수프를 저렴하게 즐길 수 있다. 내 친구 마르크는 이 요리법을 맛본 후 "만두피가 없는 만두 맛이잖아!"라고 외쳤다.

대만에서 가장 유명한 요리 연구가인—여러 해 전에 이 요리에 내가 처음으로 손을 대도록 영감을 준 분이기도 한—푸메이메이 선생은 꼭 대나무 컵에 미트볼을 넣고 쪄야 한다고 강조했다. 대나무 컵 세트를 구했다면 유약을 바르지 않았는지, 갈라진 곳은 없는지 반드시 확인하라. 그런데 대만에서 몇 개를 가져왔더니 포장을 풀자마자 캘리포니아의 건조한 공기 탓에 큰소리를 내며 갈라져 버리고 말았다. 그래서 지금은 8온스짜리 젤리 병을 사용하는데, 수프를 그릇에 따르기 전에 디캔팅하므로 아무도 이상하게 생각하지 않는다. 또한 전통적인 요리법에서는 고기를 식칼로 두들겨야 했지만 푸드 프로세서를 사용하면 이 작업이 한결 쉬워진다. 단, 마름의 경우 달콤한 작은 덩어리를 제대로 느끼고 싶다면 푸드 프로세서에 넣지 않기를 권한다.

Ingredients

뼈 없는 닭 다리살 (될 수 있는 대로 껍질 벗긴 것) 3온스(45그램)

돼지고기 살코기 3온스(45그램)

잘게 다진 생강 4작은술

파 2대(흰 부분만 잘게 다진 것)

치킨 스톡 3컵(될 수 있는 대로 무염이지만 살짝 소금에 절여도 괜찮음), 실온 보관

샤오싱주 ¼컵(60ml)

피시 소스 1½작은술

노두유 1작은술~1큰술, 또는 입맛에 따라 조절
껍질을 벗긴 신선한 (또는 냉동된) 마름 4개
갓 갈은 후추 또는 흰 후추,
설탕 1작은술

Recipe

닭고기와 돼지고기를 냉동실에 30분 정도 넣어 두어 부분적으로 얼리면 다지기 쉬워진다. 찜기를 준비하고 8온스(250ml) 통조림 병 6개를 준비한다.

두 고깃덩이를 잘게 다진다. 푸드 프로세서로 옮겨 생강과 파를 넣고 함께 섞는다. 육수(간장도 마찬가지)는 염도가 매우 다양할 수 있으므로 육수, 샤오싱주, 어간장을 1리터 계량컵에 넣고 섞은 다음, 맛을 보고 필요에 따라 간장으로 양념을 조절한다. 양념한 육수 약 ½컵(125ml)를 고기 혼합물에 넣고 푸드프로세서로 섞어 아주 고운 반죽이 될 수 있도록 한 다음 긁어내어 계량컵에 담는다.

마름은 손으로 녹두 크기 정도 크기로 잘게 썬다. 마름의 식감을 유지하려면 으깨지 말고 그대로 두어야 한다. 계량컵에 후추와 입맛에 따라 설탕을 넣고 간을 맞춘다. 젓가락이나 거품기를 사용하여 마름과 미트 반죽을 육수에 섞으면 슬러리처럼 보일 것이다. 실망하지 말라. 마법이 일어나는 건 이제부터다. 슬러리를 병에 나눠 담되 병에 담기 전마다 저어주어 각 병에 고기, 마름, 육수가 고르게 섞여 들어가게 한다. 병을 찜통에 넣고 약한 불에서 2시간 동안 찐 후 필요에 따라 찜통을 다시 채워라. (미리 준비하려면 1시간만 쪄서 병을 실온에 두었다가 뚜껑을 덮어 냉장 보관한 다음, 상에 내기 직전에 1시간 더 쪄준다.)

섬세한 미트볼이 흐트러지지 않도록 아주 조심스럽게 각 병의 내용물을 수프 그릇에 옮긴다. 훌륭한 식사가 끝날 때 아주 뜨겁게 해서 낸다. 6인분이 나온다.

8장

전체성 *Entirety*

타이베이: 1984년

대만인 이웃들은 나를 이상한 사람으로 여긴다. 그래서 난 수 마일 반경 내의 유일한 백인으로서 그런 생각을 불식시키기 위해 가능한 한 작은 일이라도 해야 할 의무가 있다고 느낀다. 예를 들어 오늘 나는 거실에서 춤을 추면서 돼지머리와 일대일로 맞서기 전에 마음을 다잡고 있다. 코코 테일러*Koko Taylor*와 찰스 브라운*Charles Brown*의 오래된 믹스테이프에 몸을 맡긴 채, 나는 골목 건너편 발코니를 올려다본다. 두꺼운 코트로 몸을 꽁꽁 싸맨 우씨 할머니는 늘 같은 자리에서 통통한 양쪽 손목을 난간에 포개고 미소 띤 얼굴로 내 행동을 구경하고 있다. 동네 모임에서 풀어놓을 만한 가십 거리를 수집하려는 듯하다.

나는 차가운 테라조 바닥을 가로질러 주방으로 들어가서 남자친구가 해 달라고 오랫동안 졸랐던 일을 시작할 채비를 한다. 초봄이라 믿기 어려울 만큼 쌀쌀한 아침이지만, 얼굴이 붉어지고 땀이 제법 난다. 동트기 전에 일어나 정육점에서 뼈를 발라낸 머리를 가져오고, 칼을 갈고, 우리 집에서 제일 큰 가마솥을 걸어두고, 갖은양념을 준비해서 정리하는 등 그 크고 뚱뚱한 돼지머리에 기습 공격을 하기 위해 주방을 완벽히 준비한다. 내가 하려고 마음먹은 일은 음식으로 하는 주술이나 다름없다. 싱크대 앞에서 나는 고무장갑을 벗고 돼지머리에 손을 대보고는 우리 둘의 피부색이 얼마나 비슷한지, 또 겉모습도 얼마나 비슷한지 감탄한다. 장갑을 다시 끼고 축 늘어진 덩어리를 제법 고기 비슷한 것으로 변신시킬 준비를 하며 어쩐지 야만스럽다는 느낌을 지우려 애쓴다.

지금 독자가 무슨 생각을 할지 안다. 심지어 그 생각에 나도 동의하는 바이다. 이날 새벽부터 나 역시 내 정신 상태에 작은 의문을 품었으니 말이다. 해 뜨기 전에 나는 한 시간 동안 어두운 천정을 응시하며 조용히 할 일의 목록을 훑어 내려갔다. 그러고는 베개를 머리 위로 끌어당겼다. 갑자기 돼지머리와 씨름해야 한다는 생각이 들자, 옆에서 코를 고는 남자친구 옆에 푹신한 이불을 덮고 뒹굴고 있는 것의 절반만큼도 매력적이지 않은 일로 생각되었으니 말이다. 억지로 침대에서 일어나 바른 자세를 취하면서 나는 내일 밤이면 이 모든 고생에 대해 보람을 느끼게 될 거라고 스스로를 타일렀다. 무엇보다 제대로 성공할 수 있을지가 불안했다. 이제 나도 너무 오랫동안 중국식으로 먹어왔던 터라, 주방의 마법을 적절히 부리면 기본적으로 식감만 독특하다면 아무리 밋밋한 재료라도 감칠맛을 낼 수 있고, 고정관념을 바꿔 요리사의 패기, 아니 정성을 보여줄 수 있음을 모르지는 않는다.

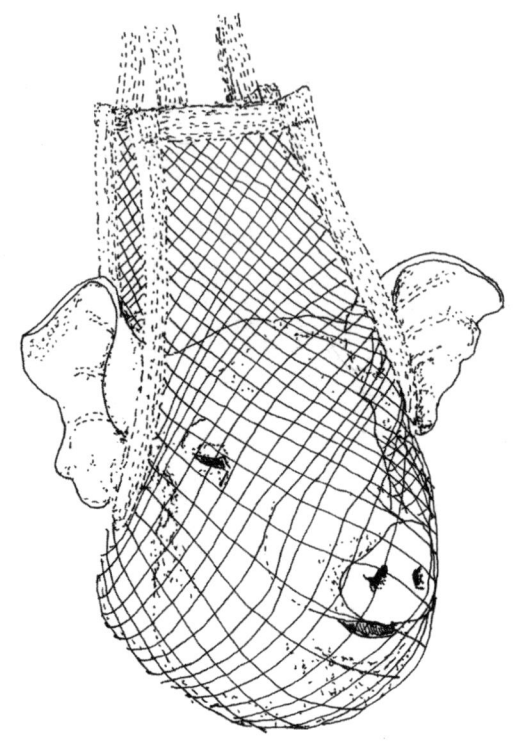

　그렇다, 나는 스스로에게 다짐한다. 오늘 나는 단순한 식사 이상의 것, 중국 전통요리의 미학에 대한 대학원 논문 수준급의 새로운 시도를 벌이고 있는 것이다. 적어도 먹을 수 있는 형태로 말이다. 나는 아래층으로 내려가서 무거운 코트를 입고 운동화를 신는다. 현관문을 살금살금 나서며 튼튼한 쇼핑백 두 개를 집어 든다. 평소에는 양파 여섯 개, 닭 한 마리, 갈비 한 조각 같은 재료를 사러 장 볼 때 쓰는 것이다. 그런데 오늘은 돼지머리다.
　나는 우리 동네를 가장 먼저 들르는 정육점 용달차를 만나러 가고 있다. 모퉁이를 돌아 넓은 차선으로 접어들자 날숨이 작은 구름처럼 나오는 즐겁고 숨가쁜 조깅이 시작된다. J. H.와 나는 정육점 아저씨를 주샤오디豬小弟(어린 돼지 남동생이라는 의미)라는 애정 깃든 별명으로 부른다. 그 이유는 이 아저씨가 오토바이로 끄는 용달차에 중국 동요를 크게 틀어놓고 골목골목을 누비며 자신의 존재를 알리기 때문이다. 그는 중년 남성으로 아랫입술에 담배를 항상 물고 있고 너무 오랜 세월 물건을 사라고 외치는 바람에 목소리는 늘 거칠게 쉬었다. 주샤오디는 오늘도 용달차에서 휙 내려서 덮개 달린 뒤편 짐칸으로 절뚝거리며 걸어간다. 그는 어린 시절 이후로 한쪽 다리가 뻣뻣하고 구부정한데 십수년 전 대만 전역을 휩쓴 소아마비의 산증인이다. 그는 나를 보자마자 신선한 채소 쟁반 옆에 있는 냉장박스에서 뼈 없는 돼지머리를 꺼내 비닐봉지에 넣고 무게를 잰 뒤 비장한 포즈로 내가 내민 자루에 넣는다.

"안녕하세요! 신선한 소시지도 있고요. 채소도 얼마나 신선한지 좀 보세요." 천상 세일즈맨인 그는 손을 흔들며 농산물이 풍성히 놓인 진열대를 자랑스레 가리킨다. "다른 건 뭐 먹고 싶은 거 없어요?" 멋진 돼지머리로 나의 하루를 해결해 준 그에게 고맙다고 인사하고, 약간의 마늘과 신선한 생강 한 덩이, 파 두 단, 마늘쫑 한 다발을 고른다.

"혹시 여기 돼지 대망막 따로 챙겨둔 거 있어요?" 난 수시로 대망막을 냉동실에 비축해 두었다가 J. H. 아버지의 맛있는 생선찜이 생각날 때면 언제든 꺼내 쓰곤 했다. 주샤오디는 자랑스럽게 고개를 끄덕이더니 나를 위해 거미줄 같은 지방 덩어리를 큼지막하게 덜어낸다. 나는 보라색 간엽, 적갈색 신장, 산호 모양 뇌 등 돼지 부산물이 가득 담긴 쟁반 너머로 손을 뻗어 그가 말한 달콤한 대만식 소시지 묶음을 꼼꼼히 살펴본다. 소시지들이 통마늘 한 줌과 함께 구워달라고 애원하는 것만 같다. 벌써 지글지글 탄 소시지가 머릿속에 그려지자, 나는 뚱뚱한 소시지 네 개와 간단한 국을 끓일 수분 가득한 무 한 개를 장바구니에 담아 놓는다. 긴 하루를 마무리할 오늘 저녁 식사는 특별히 쉬운 메뉴라 할 것이다. 이 소시지와 무 덕분에 맛도 특별히 좋을 것이다.

이제껏 나는 이 프로젝트를 한참을 미뤄두었다. 이보다는 차라리 훨씬 더 간단한 요리를 만들겠다고, 이를테면 비프 웰링턴과 요크셔 푸딩에 프티푸르 디저트를 곁들인 연회 음식이나 북경 오리 요리 같은 만찬이 더 낫겠다고 농담하면서 말이다. 하지만 J. H.가 차오저우潮州의 사테 소스를 곁들인 샤차차오주터우러우沙茶潮猪頭肉, 즉 돼지머리 볶음 요리를 얼마나 좋아하는지 자꾸 환기시키려 들자, 나 역시 요리에 대한 일종의 갈망 같은 게 생겨났다.

그는 열광적으로 이야기한다. "아, 정말 맛있다니까. 당신 정말 좋은 걸 놓치는 거야." 그리고는 잠시 후 한숨을 쉰다. "부드러운 껍

---

35. 소고기 필레에 푸아그라와 버섯 페이스트를 바르고 페이스트리 반죽을 입혀 구운 영국 요리.
36. petit four, 프랑스어로 한 입에 넣을 수 있는 작은 케이크를 말한다.

질이 바삭한 연골을 완벽히 보완해 주거든. 아아, 게다가 그 고기 육질이 얼마나 부드러운지…"

또 이런 조언을 덧붙인다. "돼지머리는 향신료와 소금을 듬뿍 친 육수에 넣어 잘 졸인 다음, 차갑게 식혀서 얇게 저며야 돼. 여기에 차오저우 특유의 매운 샤차장沙茶醬[37]이나 사테 소스와 함께 볶아야 해." 중국 남동부 해안 근처의 항구 도시 차오저우는 독특한 요리로 유명한데, 건조 해산물과 튀긴 샬롯, 고춧가루, 강판에 간 코코넛의 독특한 양념으로 옷을 입혀 튀긴 사테가 유명하다. "일단 웍의 열기로 차가운 돼지고기가 비단처럼 부드러워지면, 준비된 소스와 다른 조미료를 넣어서 풍미 있는 육즙을 잘 가둬야 해."

그는 또 이렇게 중얼거린다. "어떻게든 신선한 마늘종을 구할 수 있다면, 그 은은한 마늘 향이 소스의 매운맛을 완벽히 잡아줘서 돼지고기 본연의 단맛이 느껴질 거야. 초록색이 보기에도 잘 어울릴 테고."

또다시 그는 듣기 좋은 말로 나를 구슬린다. "아주 오랫만에 이 요리를 드디어 다시 맛보게 된다면 얼마나 좋을까." 그러더니 문득 생각났다는 듯이 돼지머리 타령을 완벽한 코다로 마무리한다. "햇마늘종이 시장에 막 나올 때이니 시기도 딱 좋겠네."

J. H.는 전혀 돌려 말할 줄 모르는 데다가, 내가 듣기에도 정말이

---

37. 말린 새우, 생강, 땅콩에 고추를 넣어 풀처럼 개어 만든 매운 해산물 소스.
38. 동남아시아에서 주로 쓰는 땅콩 소스.

지 매우 그럴 듯한 제안처럼 느껴졌다. 지난주에 나는 일정을 확인한 뒤 계획을 세우기 시작했다. 내일은 휴일이고 오늘은 한가하다. 내일 저녁에 미식을 즐기는 친구들을 집으로 초대했으니, 나는 호기심에서, 그리고 부부의 화합을 위해 못 이기는 척, 속이 뻔히 보이는 그의 잔소리에 지고 만다.

그런데 그는 돼지머리 손질 부분에 대해선 제대로 설명하지 않았을뿐더러, 지나가는 말로 언급하지도 않았다. 그럴 만한 이유가 있었다. 돼지 얼굴 전체를 닦는 데 시간이 엄청나게 걸려서 그런 거였다. 요즘에 이 요리를 파는 식당이 하나도 없는 것도 그래서인가 보다. 돼지머리와 씨름을 하다 보니 나는 몇 분마다 폭동 직전까지 분노가 솟구치곤 한다. 차갑고 축축한 데다가, 끼고 있는 장갑에 기름기까지 묻어서 머리는 더욱 미끄러워지고 안 그래도 위험한 연장들이 더욱 위험해진다. 나는 꼼꼼하게 닦으려고 그걸 싱크대 수조의 한쪽 모서리에 받쳐 놓는다. 이쯤 되니 정육 손질이라기보다는 뭔가 고급스러운 스파 서비스 같기도 하다. 강철 핀셋, 바늘코 펜치, 과도, 종이 타올, 헌 칫솔, 굵은 소금 한 그릇, 여성용 면도기와 면봉 등이 총동원된다. 우리집 주방에는 찬물만 나와서 30분 정도 일하고 나면 발끝까지 차가워진다.

주샤오디에게 물건을 대는 중간상이 돼지머리 전체를 가볍게 씻고 팔긴 했지만, 주름 곳곳에 남은 때를 제거하려면 털이 없는 겉면에 일일이 소금을 넣고 칫솔질로 힘주어 문질러 닦아야 한다. 일차적으로 때를 헹구고 나면, 이 거추장스러운 돼지머리가 손에서 미끄러지지 않도록 종이 타월로 잘 잡고서 얼굴 한쪽부터 시작해서 구멍과 주름마다 면봉으로 (너무 자세히 생각하고 싶지는 않은) 잔여물들을 살살 빼내야 한다.

내가 돼지를 빤히 보면 돼지도 나를 빤히 본다. 이제 오른쪽 외이도를 파낼 차례다. 나는 면봉을 단호하게 집어 들고 나지막이 욕을 하며 다시 일을 시작한다.

이 주방은 나름의 문제가 많기는 해도 여태까지의 주방 중 최상이다. 지난번 시파이 지구의 엘리베이터 없는 아파트 3층에 살았을 때는, 작은 나룻배 모양의 주방은 외벽에 맞닿아 있는 조리대에 프로판 가스스토브, 개수대, 접시 등을 모두 올려놓고 써야 했다. 두 사람이 들어가면 주먹다짐을 벌이지 않고는 지나다닐 수 없을 정도였다. 이제는 까다로운 남자친구가 내 발치와 등 뒤, 주변 어디를 청소하더라도 나는 아랑곳없이 요리할 수 있을 정도로 공간이 넉넉하다. 약 2미터 x 3미터 크기의 주방은 중국 기준으로 볼 때 매우 넓은 것으로, 조리대와 싱크대 맞은편 벽을 따라 식탁과 냉장고가 놓여져 있고 주방과 식사 공간 내벽에는 곳곳에 흠이 간 흰색 타일이 덮여 있다.

싱크대 위에 창문이 하나 있어 뒤뜰에 심어 놓은 식물들이 내다보인다. 평소에 일할 때 바라보며 마음을 가라앉히곤 했는데, 오늘은 추위를 막느라 꽁꽁 닫혀 있고 입김 때문에 완전히 뿌옇게 흐려져 있다. 오늘보다 기온이 올라갈 때면, 대개 나는 가스스토브 위에 매달은 작은 벽걸이 선풍기 바람에 산들바람을 더하려고 끙끙대며 창문을 연다. 우리가 이사 오기 여러 해 전부터 기름때가 쌓인 통풍구 주변에는 페인트가 덧칠되어 있고, 무거운 하중 때문에 팬이 진동하는 소리가 시끄럽지만, 그래도 이 주방의 크기와 그 무한한 잠재력에 나는 여전히 감탄하고 있다.

 오래전부터 나는 농가 도자기와 나무 식기라면 사족을 못 썼던 터라, 선반에 총천연색 방수천을 압정으로 붙여 놓고 거기에 쓸모도 있고 장식으로도 보기 좋은 컬렉션을 보관하고 있다. 틈틈이 동네 철물점과 중고품 가게를 뒤져서 더는 찾는 사람이 없는 오래된 물건

과 주방용품들을 수집했다. 푸른 모란이 가장자리에 그려진 유행이 지난 접시, 쪽빛 망이 안쪽에 달린 밥그릇, 겉면이 초록색 대나무 잎으로 장식된 두꺼운 도자기 국수 그릇 등등. 내가 가장 아끼는 물건은 우리집 인근의 작고 사랑스러운 항구 마을인 단수이의 한 골동품 가게에서 찾은 우묵한 그릇이다. 빈티지한 회색 바탕에 기포가 생긴 유약이 덧칠된 이 그릇에는 짙은 청록색 불사조가 과감하게 소용돌이치고 있다. 단돈 10달러짜리인 이 그릇은 피카소의 제자가 타이베이에서 휴가를 보내며 만든 작품처럼 보인다. 그 옆에는 여섯 개의 하늘색 주스 잔이 놓여 있다. 골진 표면이 빛이 반사되어 나란히 놓인 강화 유리그릇들과 함께 선반에 광채를 더한다. 대나무 젓가락은 파란색 줄무늬 꽃병에 꽂혀 있다. 나는 파란색을 가장 좋아하는 것 같다.

이 주방에는 우리가 식사하는 2인용 작은 테이블을 두고, 주방 문밖에는 8인용 긴 벤치를 내놓고 쓴다. 제대로 끼어 앉으면 열 명도 앉을 수 있다. 2구짜리 가스 스토브 옆 조리대에는 주걱과 숟가락이 삐죽삐죽 튀어나온 점토 항아리를 놓았다. 조리대 아래에는 프로판 탱크로 쌀 포대를 받쳐 놓았고, 그 옆의 서늘하고 빛이 안 드는 작은 공간에는 식재료를 보관해 두었다. 큰 대야에는 두부 치즈와 청주, 피클 같은 발효 식품을, 작은 보관용기에는 장조림 달걀과 각종 조미유를 담아 놓았다.

지난주에 이 망할 돼지머리에 대한 원대한 계획을 세우면서, 나는 내가 가장 좋아하는 고추기름을 한 단지 끓여서 아주 부드럽고 끈적이는 건더기로 만들었다. 남자친구는 당연히 자신이 좋아하는 사테를 발라 먹겠지만, 손님들이 다 가고 일상으로 되돌아가는 내일 모레에는 푹 삶아 차갑게 식힌 돼지 귀를 잘게 채 썬 다음, 다진 파와 고수, 오이, 간장과 흑식초 약간을 넣고 고추기름의 맨 아래 바삭한 층을 한 숟가락 떠 넣어서 버무릴 것이다. 여기에 구운 참깨를 뿌리고 시원한 맥주까지 곁들인다면, 나의 노고에 걸맞는 보상이 될 것이다. 이 생각을 하니 허기가 몰려와서 돼지 귀의 밑바닥까지 더 싹싹 사정없이 문지르고 싶어진다.

이 손질 작업은 꽤 끔찍하지만, 왼쪽 지붕 위에서 부엌 창문으로 햇빛이 쏟아져 들어와 방안 여기저기를 비추자 기분이 한결 좋아진다. 창문을 살짝 열고 내가 서 있는 데서 불과 몇 걸음 떨어진 콘크리트 바닥을 따라 새들이 재잘거리며 껑충이는 모습을 바라본다. 우리가 이곳을 집이라고 부른 지도 이미 천 일이 넘었다. 이 집은 우리의 일부다. 이 집은 사람 사는 냄새가 나고 사랑받는 태가 난다. 우리의 책들이 사방에 쌓여 있는 방들에선 전부 햇빛에 마른 종이 냄새가 난다. 그 반면 주방은 뭔가 맛좋은 것이 숨어 있는 듯한 좋은 냄새가 난다.

고등학교를 졸업하고 엄마 집을 나온 뒤로 이번에 나는 처음으로 이웃의 일원이 되고 마당이 딸린 집을 갖게 된 것이다. 더운 밤이면 대문을 열고 함께 어울리는 앞마당까지 있는 이곳에선, 모두가 대가족처럼 서로가 하는 일을 훤히 알고 있다. 보아하니 내가 뭘 하는지가 이웃 사람들이 흥미진진해 하는 일인데, 적어도 우씨 노마님은 그렇다.

동네 주민 대다수는 우씨 가문인데, 수십 년 전 어느 대만 씨족이 광활한 농장 땅을 사들여 연립주택들을 싸게 지으면서 시작되었다. 우리가 빌린 집의 주인 역시 우씨 후손 중 한 명이다. 집주인은 우리 뒷골목에 사는 부티나고 피둥피둥 살찐 남자다. 우씨는 갑자기 부자가 된 걸 만끽하며 금목걸이를 차고 커다란 캐딜락을 몰고 담벼락이 늘어선 골목길을 질주해 다닌다. 하지만 나이가 더 많은 그의 부모는 대공황 세대였던 나의 조부모님과 마찬가지로 입에 간신히 풀칠하며 사는 듯 생활한다. 집주인의 부친은 양돈업자인데, 해 뜨기 전부터 누더기 차림으로 녹슨 자전거를 타고 동네 공용 분뇨통을 수거해 자신의 자전거 뒤에 묶어 놓은 커다란 플라스틱 통에 들이붓는다. 아버지 우씨는 아들의 사치를 조롱한다. 적어도 내게 대만어로 투덜거릴 땐 그렇게 말하곤 한다.

우씨 가문의 동네인 이곳에서 저명한 어르신 중 한 분이 바로 우

리 옆집에 산다. 나는 그분을 우씨 노마님이라 부르지만 다른 사람들은 그냥 할머니라고 부른다. 그분이 우리 골목의 대모님이다. 아마도 나는 우씨 노마님이 처음 만난 외국인일텐데, 자칭 공공 안전의 지킴이를 자처하며 동네 사람들의 사생활에 참견하는 노마님은 날씨가 좋을 때마다 발코니 의자에 자리 잡고 앉아서 우리집 거실 안을 내려다보며 내가 뭔가 이상한 짓을 하기를 애타게 기다린다.

그분을 처음 뵌 건 우리집 거실에서였다. 막 소파 밑을 다 쓸고 돌아서는데, 앞에 웬 할머니가 서 있었다. 나는 그분을 향해 빗자루를 휘두르며 비명을 질렀다. 그다음 북경어로 소리쳤다. "어떻게 여길 들어왔어요?"

노마님은 껄껄 웃으며 대만어로 "난 북경어는 못 해요."라고 말했다. 여전히 몸을 떨며 나는 북경어와 수화를 섞어 다시 질문했다. 그분은 달리 들어올 길이 있냐고 묻는 것처럼, 활짝 열린 대문을 가리키며 또다시 껄껄 웃었다. 노마님은 아래층을 돌아다니며 이것저것 집어 들어 자세히 살펴보며 나와 대만어로 수다를 떨었다. 나는 빗자루를 내려놓고 환히 웃으려 애쓰며 그녀를 현관 쪽으로 모셔가려고 했지만, 그녀는 아랑곳하지 않았다. 그녀의 손은 책들을 샅샅이 뒤지고 베개들도 푹푹 찔러봤다. 또 냉장고를 열어 몇몇 남은 음식을 살펴본 후, 내가 식재료를 담아둔 병들을 평가하기 시작했다.

"이게 뭐예요?" 노마님은 인스턴트커피 병을 흔들며 물었다. 내가 그게 뭔지 설명하자 노마님은 병을 열어 내용물을 확인했다. 몇 번 더 낄낄거리더니, 주방에서 나오며 내 팔을 주먹으로 때렸다. 그게 무슨 의미인지 난 이해할 수가 없었다. "그럼, 이제 위층을 보러

갑시다."라고 노마님이 말했다. 아니 그렇게 말하는 것 같았다. 나는 계단으로 달려가 그 앞을 가로막으며 북경어와 대만어가 뒤섞여 듣기 고역인 말로 말했다. "노마님, 위층은 지저분해요. 보시면 안 돼요. 창피해요. 음, 많이요. 제발." 노마님은 밀치고 올라가려 했지만 결국 나는 그녀를 반은 떠밀고 반은 밀치듯 문밖으로 내보냈다.

"다음에 다시 오셔야 해요. 귀한 손님을 모시려면 정리정돈은 해야죠. 다음에 오세요." 나는 여러 번 미소를 짓고 절을 해가며 그녀를 문밖으로 내보내는 데 성공했을뿐더러 옆집 마당으로 되돌아간 것까지 확인했다. 나중에 대문을 찬찬히 살펴보니, 아마 노마님은 대문 밑으로 손을 집어넣어 걸쇠를 열었던 것 같다. 우씨 노마님은 분명히 함부로 대할 사람이 아니었다. 예고 없이 찾아오는 방문객이 더는 없도록 나는 대문짝 걸쇠에 큰못을 질러두었다. 그렇게 해서 우씨 노마님은 이제 멀리서 나를 지켜보는 것으로 만족하고, 나는 노마님에게 이따금 볼거리를 제공하는 것으로 보답한다.

처음 타이베이에 도착했을 때라면, 나는 혐오감을 느껴서 돼지머리를 음식으로 보기는커녕 쳐다보지도 못했을 것이다. 동이 틀 무렵부터 찬물을 가득 담은 대야에 돼지머리를 넣고 씨름하려고 거금을 들이는 것은 마조히즘의 첫 번째 단계라고 내 주변의 사람들에게 확신에 차서 떠들고 다녔을 거다. 하지만 지난 6년간 내 삶에선 많은 것이 달라졌는데, 여기서 '것'이란 나를 의미한다.

정오 무렵이 되자 마침내 돼지머리가 뽀드득 소리가 날 만큼 깨끗해진다. 돼지머리는 부엌 형광등 아래에서 반짝반짝 빛나고, 나는 두꺼운 얼굴보다 짧은 시간 안에 익을 귀 밑동을 먼저 잘라낸다. 머리와 귀 전체를 10분 정도 데쳐 불순물을 제거한 다음에, 찌꺼기 물을 따라내고 깨끗이 헹군다. 이 단계에서 한때 무자비할 정도로 털이 많던 돼지의 모공이 활짝 열리면, 나는 마지막으로 제모 서비스를 제공한다. 굵은 털은 펜치로, 좀 더 가는 털은 핀셋으로 뽑아낸 다음, 아기 엉덩이처럼 매끈해질 때까지 껍질을 면도한다. 미친 듯 서두르는 고된 노동은 이제 공식적으로 끝난다.

가마솥에서 깨끗한 물이 서서히 끓는 동안, 나는 포인세티아가 드리워진 앞마당에서 따뜻한 우롱차 한 잔을 음미하며 휴식을 취하기로 한다. 대만어로 "또후화!"라고 외치는 소리가 들리자, 나는 아침식사를 파는 단골 노점상에게 신호를 보낸다. 두유를 부드럽게 응고시킨 또우화豆花라고 알려진 푸딩을 김이 모락모락 나는 나무통에 가득 실은 수레가 잠시 멈춘다. 노점상 여자가 납작한 국자를 들고 나무 뚜껑을 여는 동안, 나는 집안으로 달려가 돈과 함께 푸딩을 담을 냄비를 가져온다. 그녀는 내가 내민 냄비에 섬세한 푸딩들을 옮겨 담고 그 위에 생강 시럽과 삶은 땅콩을 뿌려준다. 벌써 날이 밝기 시작한다.

주방으로 돌아와 끓는 물에 소금 한 줌과 팔각을 통째로 넣는다. 이 시점에는 향료가 아주 중요한데, 돼지고기의 잡냄새를 잡아주고 향을 좋게 하기 때문이다. 냄비에 들어가는 것은 통계피, 회향 씨앗, 마늘 정향, 쓰촨 후추, 신선한 생강 한 덩이, 여기에 대파 한 묶음과 함께 수수로 만든 백주인 고량주高粱酒를 곁들이면 좋다. 이 재료들이 세포 하나하나로 춤추듯 퍼질 것이고, 거의 모든 조미료가 중국 전통의학에서 '따뜻한 성질'에 해당해서 돼지 껍질 특유의 찬 성질을 상쇄해 줄 것이다. 그래서 이 요리법은 요리의 맛, 냄새, 느낌뿐만 아니라 음양의 조화를 통해 사람의 몸과 기분에 어떤 영향을 미칠지 고려해서 구성된 것이다. 이게 요리의 마법이 아니면 무엇일까?

두 시간 뒤, 나는 귀를 건져내 따로 보관한다. 돼지 귀의 연골은 손톱으로도 뚫릴 만큼 연약하다. 한 시간이 더 지나면 돼지 육질이 버터마냥 부드러워진다. 가장 두꺼운 볼태기살 부분에 젓가락을 찔러 넣으면, 미끄러지듯 반대편으로 빠져나온다. 냄비 주걱과 큰 슬로티드 스푼을 사용해서 껍질이 투명해진 돼지머리를 준비해 둔 그릇으로 옮겨 담는다. 향이 오래전에 빠진 향신료 건더기는 제 할 일을 다했으니 골라내 버린다. 귀와 얼굴을 손가락으로 부드럽게 문질러 보고 아직 남은 털이 있으면 마저 뽑아낸다. 조리대의 돼지고기는 모락모락 김이 나지만 주방이 쌀쌀해서 한 시간만 실온에 놔두면 냉장고로 옮겨도 될 만큼 식는다. 이 기회에 나는 소파에서 기절하듯 드러눕는다.

다음 날 저녁, 손님들이 오기 약 2시간 전부터 나는 초록색 꽃이 핀 마늘쫑을 씻고 봉오리 부분을 잘라낸 다음 부드러운 줄기를 대각선 방향으로 대략 2~3센티미터 길이로 자른다. 그 향기로운 냄새가 J. H.를 아래층 주방으로 불러들인다. 곧 밥을 먹게 될 것을 알고 언제나처럼 그는 휘파람을 불어댄다. 내가 놀려댄들 그가 휘파람 부는 습관을 그만둘 것 같진 않다. 그는 오늘 저녁 요리에 대한 기대감에 들떠 주방을 총총이며 오페라 투란도트의 한 구절을 휘파람으로 분다.

"내가 머리를 잘게 자를게, 그래도 되지?" 그가 내게 묻는다. 벌써 도마를 꺼내고 가장 날카로운 칼을 들고 있으니 그의 말은 질문이라기보다 정중한 제스처에 가깝다. 돼지 뺨의 가장자리를 잘라 반으로 자른 다음 사랑스럽게도 나에게 먼저 한 조각을 건네준다. 혀에 냉기가 느껴지고 곧 이어 입안 한가득 따스한 고깃점이 녹아내린다. 푹신한 껍질 아래 지방이 빠져나가서 기름지지 않은 크림 같은 식감만 남는다. 이 모든 향신료와 향기가 층층이 엮여 있어서 씹을 때마다 치아 사이로 향이 방출된다. 그 풍미는 돼지고기의 느끼함을 없애줄 만큼 적당히 짭조름한 데다, 고량주가 잡내를 지워준다. 껍질은 매끄럽고 살점은 혀에서 사르르 녹는다. J. H.가 고마움의 표시로 내 허리를 쓰다듬고 내 턱을 치켜들고 키스해 주는데, 그의 손가락이 지나간 자리엔 향기로운 기름이 살짝 묻어난다.

해가 옆집 지붕 뒤로 뉘엿뉘엿 넘어가는 동안, 나는 식탁을 차리고 밥을 짓기 시작한다. 막 준비를 마치려는데, 손님들이 초인종을 누른다. 나는 손님들을 간식과 음료를 차려 놓은 식당으로 안내한 뒤, 주방으로 돌아온다. J. H.는 기분 좋게 돼지머리의 절반을 베이지색 부스러기 더미로 잘게 부수어 놓는다. 나는 냄비를 꺼내 센불에 올려놓고 기름 약간과 소금을 뿌린 다음, 재빨리 잘라 놓은 마늘쫑을 볶는다. 그다음에 그걸 긁어내 조리용 대접에 담고 J. H.가 나머지 요리를 준비할 수 있게 자리를 양보한다. 드디어 그는 식욕을 참으며 돼지고기를 냄비에 넣고 열기가 전달될 정도로만 살짝 가열한 후, 벽돌색 사테 소스와 갖은양념을 넣어 버무린다. 마지막 몇 초 동안 그는 볶아둔 마늘쫑을 추가해서 녹색과 빨간색 띠가 뒤섞인 색감을 만들어낸다. 충분히 만족할 만한 맛이 나자 그는 불사조 그릇에 퍼담아 자랑스레 식탁으로 가져온다. 우리가 맥주와 고량주로 건배하고 이야기를 나누는 동안, 그동안의 고된 수고는 입안으로 사라져 버린다.

엄마가 '암퇘지 귀로 비단 지갑을 만들 수는 없다(You cannot make a silk purse out of a sow's ear).'라는 속담을 말씀하신 기억이 난다. 엄마가 잘못 아신 거라고 생각한다.

장시랑의 두부
JIĂNG SHÌLÁNG DÒUFŬ · 蔣侍郎豆腐

『수원식단』의 저자인 원매는 음식에 대해서도 많은 이야기를 했지만, 무례한 식당과 단정치 못한 요리사를 비난하는 일도 절대 주저하지 않았다. 그와 비교할 만한 프랑스 음식 작가들이 여럿 있는데, 나는 페르낭 푸앙(Fernand Point)을 가장 먼저 떠올리게 된다. 원매의 책과 『나의 미식 Ma Gactronomie』은 둘 다 간결하고 독단적이며 짧고 재미있게 읽을 수 있기 때문이다. 하지만 푸앙 셰프는 전문 레스토랑 경영인이자 현대 프랑스 요리의 아버지로 추앙되는 반면, 문인인 원매는 주방보다 식탁에서 훨씬 더 많은 시간을 보냈다.

원매는 단순하고 정직한 재료로 요리하는 미덕을 찬양하는 데 힘썼다. 그는 자신의 책에서 두부에 대한 몇 가지 요리법을 남겼는데, 가족들이 가장 좋아하는 것 중 하나가 되었다. 다음은 오리지널 버전이다.

두부를 앞뒤로 껍질을 벗긴 다음 네모나게 16조각으로 자른다. 살짝 말린다. 렌더링한 라드 기름을 연기가 나기 시작할 때까지 가열하고 두부를 넣는다. 꽃소금을 한 꼬집 뿌리고 두부를 뒤집은 다음 스위트 와인 한 찻잔과 큰 건새우 120개(큰 건새우가 없으면 작은 건새우 300개)를 넣는다. 먼저 건새우에 끓는 물을 붓고 2시간 동안 불린 다음 숙성 간장 1작은컵을 넣고 다시 한소끔 끓인 다음 설탕 한 꼬집을 넣고 또다시 한소끔 끓인다. 그리고 1㎝ 길이로 자른 얇은 파를 많이 넣고 접시에 살살 담아낸다.

다음은 나의 가정식 버전이다. 말린 새우를 많이 넣으면 비린내가 날 것 같지만 그러기는커녕 놀랍도록 고소한 맛이 난다. 앞서 소개한 곰발바닥 두부처럼 물기를 제거하고 두부 조각을 튀기면, 마법처럼 채식주의자를 위한 두부가 거의 육류에 가까운 맛과 식감으로 바뀌게 된다.

Ingredients

중간 크기(2㎝) 또는 작은 크기(1.25㎝) 건새우 12개 또는 작은 새우 24개
단단한 두부 1모(약 300그램)

렌더링 라드 또는 차선으로 무염 버터 ¼컵(60ml)

천일염 ½작은술

물 ½컵(125ml)

샤오싱주 ¼컵(60ml)

노두유 2큰술

얼음설탕 약 1작은술

Recipe

손질한 대파 4대를 세로로 반으로 자른 후 2㎝ 길이로 자른다

내열 그릇에 말린 새우를 넣고 끓는 물을 부어 잠기게 한 후 그릇 위에 접시를 올려 덮어준다. 최소 2시간에서 최대 하룻밤 동안 그대로 두었다가 새우의 물기를 빼고 껍질이나 모래주머니 등 내장 부분을 떼어낸 후 잘 헹군다.

두부를 세로로 반으로 자른 다음 십자 모양으로 약 1.5㎝ 두께로 자른다. 키친타월 위에 올려 물기를 제거한 다음 뒤집어 반대쪽 면을 말린다.

20㎝ 프라이팬을 중간 불에 올리고 라드나 버터를 넣어 녹인다. 기름이 뜨거워지면 두부를 프라이팬에 한 겹으로 배열하고 천일염을 뿌린다. 두부가 바닥이 노릇해지고 찌를 때 쉽게 움직이면 뒤집어서 반대쪽도 노릇하게 굽는다.

팬에서 기름을 대부분 따라낸다. 새우를 두부 위에 뿌린다. 물, 샤오싱주, 간장, 설탕, 물을 팬에 넣고 펄펄 끓인 다음 불을 줄여 계속 끓이고 프라이팬 뚜껑을 느슨하게 덮어준다. 소스가 대부분 증발하자마자(약 20~30분) 대파를 넣고 다시 뚜껑을 덮은 후 대파의 숨이 죽을 때까지 조리한다. 두부를 뒤집어 바닥이 노릇노릇하게 익었으면 접시에 모두 옮겨 담는다. 밥과 채소를 곁들이면 완벽한 반찬이 될 것이다. 4인분이 나온다.

훈제 족발
XŪN ZHŪJIĂO · 燻猪脚

양질의 돼지머리를 통째로, 특히 내가 가장 좋아하는 부위인 귀와 턱살까지 판매하는 정육점을 찾기 어려울 수 있다. 족발은 주문하는 게 더 쉽겠지만 때로는 파는 곳을 찾기 힘들지도 모른다. 족발은 지금까지 요리한 음식 중 가장 감각적인 음식이 될 수 있으니 도전해 볼 만한 가치가 있다.

고급 비단이 감싼 듯한 스모키한 향의 껍질이 복잡한 뼈와 힘줄을 감싸고 있고, 여기에 약간의 살점이 단단히 잡아준다. 족발을 제대로 조리하면, 즉 완벽하게 부드러워질 때까지 잘 데치고 삶은 다음 적당히 양념하여 훈제하여 요리의 열반을 맛보라. 인생이 얼마나 멋진지 감상하기에 이보다 더 좋은 음식은 없다.

이러한 요리를 만드는 데는 스토브탑 스모커가 제격이다. 비교적 저렴해서 진심으로 훈제 음식을 좋아한다면 훌륭한 투자가 될 것이다. 항상 그렇듯 돼지를 구입할 때는 동물복지 축산농장의 정육인지를 확인하라. 돼지에게 바라는 것은 우리가 누구에게나 바라는 것과 같다. 행복한 삶을 살다가 어느 날 정말 나쁜 하루를 보내는 것이다.

Ingredients

족발
돼지 족발 6개, 가능한 방목한 최고급 품질로 준비하되, 정육점에서 잘라 둔 것으로 준비할 것(아래 팁을 참조).

양념
얇게 저민 신선한 생강 ½ 컵(50그램)

대파 6대, 다듬기만 한 통대파로 준비할 것.

노두유 ¼ 컵(60ml)

샤오싱주 ½ 컵(125ml)

달걀 크기 정도의 얼음설탕 1개

팔각 2개

계피 반 조각

훈연향료

오일 스프레이

생쌀 ¼컵(50그램), 필요에 따라 추가

설탕 ¼컵(60그램), 필요에 따라 추가

마른 찻잎 ¼컵(8그램), 필요에 따라 추가

말린 히비스커스 꽃 ¼컵(10그램) 또는 필요에 따라 추가하되, 취향에 따라 생략해도 좋다.

Recipe

정육점 주인에게 빌린 전동톱날로 각 족발을 세로로 반을 자르고 가로로 두 세 번 잘라서 개당 4~6조각으로 만든다. 족발을 깨끗이 씻고 키친타월로 두드려 물기를 제거한 다음 피부 틈새의 털이나 그 밖에 제거할 부분이 없는지 살펴본다.

큰 냄비나 더치오븐에 족발을 넣고 물을 붓고 팔팔 끓인 다음 불을 낮춰 잘 끓어오르도록 한다. 10분 정도 족발을 익혀 불순물을 제거한 다음 물기를 빼고 족발과 냄비를 헹군다. 족발을 다시 냄비에 넣고 깨끗한 물을 부은 다음 물을 다시 한번 끓인다. 껍질이 부드러워지고 젓가락으로 찔러봐서 가장 두꺼운 부분이 뚫릴 때까지 약 45분간 끓인 후 필요에 따라 끓는 물을 더 부어준다.

모든 조림 재료를 냄비나 더치오븐에 넣는다. 족발을 담그고 3시간가량 끓여서 냄비 바닥에 육수가 1센티미터 정도 남을 때까지 끓인다. 냄비를 불에서 내리고 족발을 접시에 담아 식힌다. 걸러내고 남은 육수는 데친 채소나 볶음 요리 양념 등 다른 용도로 사용하라. 여기까지 족발을 미리 만들어 냉장 보관하면 된다.

돼지고기를 훈제하기 위해 스토브탑 스모커의 훈제 트레이에 오일 스프레이로 기름을 바른다. 연료 그릇에 호일 조각을 깔고 쌀 절반, 설탕, 찻잎, 선택 사항인 히비스커스 꽃을 채운다. 훈제 트레이 위에 준비된 돼지족발의 절반 정도를 배열한다. 훈제기 안을 가득 채우면 안 된다. 연기가 자유로이 순환되지 못하기 때문이다. 스토브탑 위의 환풍기를 최대로 켜고 스모커를 센불로 설정하라.

연기가 피어오르면 스모커의 뚜껑을 덮고 불을 중약불로 낮추어 족발을 10분간 훈제한다. 불을 끈 후 스모커의 뚜껑을 덮은 채로 버너 위에 올려두어라. 약 15분 후에 돼지고기를 확인해 보아라. 보기 좋은 적갈색을 띠고 근사한 냄새가 나야 한다. 남은 족발을 모두 훈제시키기 위해 나머지 족발 절반과 연료로 똑같은 과정을 반복하라.

족발은 뜨겁게 혹은 약간 따뜻하게 해서 낸다. 호일로 싸서 섭씨 160도 오븐에서 약 15분간 데우면 된다. 곁들임 요리나 애피타이저로 내면 8인분에서 12인분, 코스 요리의 앙트레로 국수나 찐밥과 함께 내면 4~6인분이 나온다.

9장

당혹감 *Perplexity*

로스앤젤레스: 1992년과 1996년 (그리고 중국 본토: 1936년~49년)

J.H.의 아버지는 안경 너머로 내 앞에 비스듬히 쌓여가는 두부 한 무더기를 보고 있다. 아버님은 얼굴을 살짝 찌푸리고 목을 약간 가다듬는다. 속을 완벽히 발라내 피라미드 모양으로 쌓아 올린 아버님의 작은 군대와는 달리, 나의 헝클어진 군대는 아버님의 엄격한 기준에 확실히 못 미친다. 아버님이 보기에 장남의 부적절한 외국인 여자친구한테서 많은 걸 바라진 않지만, 자신의 호화로운 연례행사인 중국식 섣달 그믐날을 함께 준비하는 동안 내가 평소보다 더 짜증을 돋우고 있는 것은 분명하다.

마침내 아버님은 광둥어 억양이 섞인 북경어로 말한다.

"너무 서두르잖니. 자, 날 봐."

왜 아버님의 작은 아파트 부엌에서 식사를 준비할 때마다 늘 시간이 오래 걸리는지 나는 스스로 합리화해 본다. 폭죽이 터져 온 골목이 요란하게 들썩거리고, 화약 연기가 아버님 댁 거실의 마지못해 열어둔 듯한 창문 틈새로 새어 들어온다. 차이나타운의 혼잡한 교통 체증의 소음이 13층 아파트를 진동시키고 로스앤젤레스의 밋밋하고 연한 하늘빛이 오후의 쓸쓸한 그림자를 아버님의 붓과 잉크병들 위로 드리우고 있다. 난 마음을 가라앉히려고 숨을 깊게 들이마셔보지만, 아버님 방에 늘 스며 있는 지독한 백단향 비누 냄새 때문에 재채기가 나는 걸 애써 참아야 한다.

이날은 양의 해의 마지막 날이다. 우리는 1985년에 타이베이 생활을 접고 북부 캘리포니아로 이사해 아버님 댁을 방문 중이다. 내가 여기 온 건 원숭이해를 맞이하는 섣달그믐 가족 잔치 준비를 돕기 위해서인데, 또다시 나는 주방 일에 기꺼이 자원한 것이다. 기본만 갖춘 시댁의 간이 주방에 안전히 몸을 숨기고 있는 한, 나는 음식도 배불리 먹으면서 집안 최고의 요리사가 그해 전할 비밀 레시피를 모조리 흡수하게 될 것이다.

나는 언제나처럼 아버님이 계신 자리에서 조신하게 행동하고 있다. 성격이 불같은 J. H의 어머니(백모님)를 대할 때처럼 경계심을 갖진 않지만, 그래도 세대와 문화의 차이를 염두에 두어야 한다. 아버님은 어떻게 해야 하는 건지 다시 참을성 있게 시범을 보여준다. 물렁물렁한 덩어리 안에 손가락을 찔러 넣고 조심조심 잘게 파내 속을 비우면서 두부의 세 면이 터지지 않도록 무한한 주의를 기울인다. 아버님은 고향인 광둥의 구릉지대 마을에서 새해마다 하카족 전통식으로 만드는 돼지고기 경단의 속재료로 쓸 두부를 준비하는 중이다. 내전이 일어난 후 처자식을 데리고 본토에서 대만으로, 그다음에는 미국으로 가면서, 아버님은 고대로부터 이어져 온 동족을 저버릴 수밖에 없었다. 이 풍미 깊은 하카족 요리는 90대에 접어든 아버님을 과거와 연결해 주고 그다음엔 우리 중 누구라도 아버님의 과거를 알고 싶을 때 또 하나의 연결 고리가 된다.

우리가 특정 공동체, 전통, 음식을 유대식이라고 하듯, '하카 *Hakka*'라는 이름도 특정 지역을 넘어서 사람, 유산, 요리를 지칭하는 데 쓰인다. 하카족은 북방에서 몰려든 난민의 후손으로 추정되며, 약 천년 전에 장강 남쪽, 전쟁과 기근과 소요가 거의 미치지 않는 지역에 정착했다. 하지만 그렇게 살기 좋은 땅들은 모두 오래전부터 살아온 사람들이 있었기에, 새로 이주해 온 하카족은 주로 돌 많은 남쪽 구릉 지대에 정착할 수밖에 없었다. 거기서 그들은 근근이 먹고 사는 광부나 농부가 되어서 보상 없는 노역을 평생 견디는 삶 이상을 바랄 수 없었다. 현지인들은 새로 온 사람들이 머지않아 불모지에 가까운 이 땅을 포기하고 떠나리라 생각했고, 그래서 이들을 광둥어로 '하크 가아haak gaa', 즉 객가(客家)라고 불렀다.

그러나 새로 이주해 온 사람들은 거기 머물렀다. 그걸 견뎌내는 과정의 상당 부분이 하카족 문화를 규정하는 특징이 되었고 하카족의 음식은 이러한 실용성이 반영된 것이다. 고기, 생선, 가금류는 보통 잘게 다진 후 속을 채워 양을 늘리거나 주식이라기보다는 곁들이는 별식으로 먹었다. 그렇지만 이 지역의 풍미는 매우 깊고 풍부하다. 무와 다양한 종류의 겨자잎을 햇볕에 말려 소금에 절인 후 시간을 들여 서서히 발효시켜 반건조 피클을 만든 덕분이다. 몇몇 축제일을 제외하면 채소와 곡물로 이뤄진 식단으로 배를 채우기 때문에 하카족 요리는 건강하고 맛있는 식이요법이 된다.

이런 창작품들은 때때로 놀라움을 주기도 한다. 내가 가장 좋아하는 음식은 생선을 잘게 다져 만든 통통한 피시볼을 롱빈long beans으로 꼬아놓은 것이다. 마치 딴 세상 것처럼 보이지만 그래도 롱빈 화환은 다른 하카족 음식과 마찬가지로 실용성에 창의성을 더한 연구의 결과물이다. 여기서 온갖 채소들에 비해 생선의 양이 적어서 단백질이 부족할 수도 있는데, 이 요리에서는 부족한 단백질을 대가족도 먹일 수 있는 양으로 변신시킨다. 사실 롱빈 화환을 처음 본다면 음식이라기보다는 매듭 공예의 장식품처럼 보일 수도 있다. 하지만 그게 바로 그 매력의 일부다.

롱빈은 다양한 동부 콩이 속에 들은 가느다란 꼬투리에 불과한데 7~80㎝에 달해서 때로는 뱀콩, 줄콩, 야드롱빈이라고도 불린다. 롱빈은 적합한 시기에 수확하면 정말 부드러운데, 그 시기란 씨앗이 아직 연하고 배아 상태로 있을 때를 말한다. 롱빈은 맛과 식감에서 완두콩과 비슷하고, 화환 고리를 만드는 게 굉장히 어렵게 보이지만 데친 콩을 고리처럼 엮어서 원을 만들기만 하면 된다. 다진 생선에 달걀과 전분을 넣으면 더 가벼워지고 그만큼 단백질도 더 늘어난다. 이렇게 만든 속을 롱빈 화환의 한가운데에 채워 넣은 뒤, 냄비에서 튀겨 소스로 장식한다. 즉석에서 만들 수 있는 간단한 음식이면서 동시에 믿기지 않을 정도로 영감이 풍부한 음식이다.

하카족 요리에서는 그 무엇도 허투루 버려지지 않는다. J. H.는 자신의 아버지가 돼지의 폐를 나무망치로 두드리는 것을 본 일을 기억하는데, 음식을 준비하는 첫 단계 중 하나였다. 그 겹겹이 쌓인 버블랩 같은 작은 공기주머니들을 모조리 터뜨리고 나서야, 아버님은 자신의 어머니 요리법을 써서 저녁 식탁에 올릴 아주 맛좋은 음식을 만들 수 있었다. 아무리 겉보기엔 못 먹을 것처럼 보이는 것이라도 내밀한 고통을 달래고 위안을 주는 음식으로 변화시키는 하카족의 방식을 볼 때마다 나는 어김없이 감탄한다.

그렇다 해도 절약에 그렇게 신경쓰는 것에도 단점이 있을 수 있다. J. H.가 아직 어렸을 적에 아버님의 먼 사촌뻘인 어느 부유하고 위압적인 친척의 집에 초대된 적이 있는데, 그 사람은 아버지의 윗세대 어른으로, 황씨 가문의 우두머리나 다름없었다. 그의 우묵히 들어간 눈은 갈색 홍채에 파란 테가 둘려 있었고 그와 비슷한 눈을 가진 거의 닮은꼴—다만 작고 통통한 몸집이라 남편의 키 크고 호리호리한 체격과는 대조적이었다—인 아내들이 세 명이나 있었고 자녀들도 스무 명 가까이 있었다. 하지만 J. H는 그런 것들엔 전혀 관심이 없었다. 그가 거기에 간 목적은 단 한 가지, 황씨 가문의 전설적인 훈제 닭고기 요리를 먹기 위해서였다.

친족의 자랑스러운 걸작 요리를 마침내 먹게 된다니 J. H.는 흥분을 가까스로 억눌렀다. J. H.의 아버지가 경외하며 언급한 몇 안 되는 인물에 속하는, 이 위압적인 친척 어른과 대화를 애써 이어가는 동안 시간은 더디게 흘러갔다. 드디어 점심이 다 됐다고 알려 왔다. 다른 모두와 마찬가지로 J. H.도 이 귀한 음식을 먹는다는 생각에 신나게 식탁으로 달려갔다. 드디어 유난히 작은 새 한 마리가 성대히 차려져 나왔는데, 모두 맛을 볼 수 있게 이미 조각조각 잘려져 있었다.

"순식간에 사라졌어." J. H.는 지금까지 탄식한다. "맛을 본 기억조차 안 나."

이 삼촌은 대만의 5개 정부 기관의 하나인 고시원考試院,[39] 의 고위 관리였는데, 그럼에도 하카족 남자들 사이에선 비범한 업적으로 인정받을 정도는 아니었다. 하카족 일가친척 중에는 중화민국 건국의 아버지인 쑨원孫文, 오래도록 싱가포르의 총리를 역임한 리콴유李光耀,

---

39. 공무원의 임용 및 인사관리를 담당하는 기관으로 우리나라의 인사혁신처에 해당한다.

중국 본토의 최고 군사 사령관인 주더朱德 장군처럼 더 위대한 업적을 이룬 인물들이 일부 있기 때문이었다. 고등 교육은 늘 그렇듯 성공으로 가는 가장 입증된 길이었고 하카족의 촉망받는 아들들은 별을 목표로 삼으라고 배웠다.

하카족의 딸들은 몇몇 예외가 있긴 해도 영원히 그 땅에 묶여

야 했고 그래서 발을 부수거나 묶는 전족을 전혀 하지 않았다. 이런저런 이유로 노동자가 된 사람들과 마찬가지로, 딸들은 허리가 휘고 손에 못이 박히도록 평생 고된 일을 해야 할 운명이었다. 이 모습을 내가 처음으로 목격한 건 1977년에 홍콩 북부에 있는 도로에서

작업 중인 건설공사 인부들을 만났을 때였다. 당시 나는 본토의 미개발 완충 지대였던 홍콩 신제新界 전역을 여행하고 있었다. 중국은 여전히 문화대혁명의 마지막 단말마의 고통에 휩싸여 있었기 때문에 폐쇄된 것이나 다름없는 국경에 내가 최대한 가까이 갈 수 있는 건 그곳까지였다. 궂은 날씨에 피부가 상한 여자들이 챙 넓은 밀짚 모자를 쓰고 짙은 색 천을 모자에 덮어쓴 채 곡괭이와 삽을 들고 비탈진 언덕의 땅을 고르고 있었다. 온통 검은 옷차림의 그들 대다수는 검게 그을리고 주름진 얼굴 위로 회색빛 머리칼을 늘어뜨리고 있었다. 나는 버스 옆자리에 앉은 사람에게 그들이 누구냐고 물어보았고, 그제서야 그들이 하카족이라는 걸 알게 되었다. 우리가 지나쳐 갈 때, 그중 몇 명이 고개를 들어 나를 보고 미소를 지었다. 나 역시 미소로 답했지만 머지않아 내가 하카 가문의 일원이 되어 그들과 적어도 옷깃은 스칠 정도의 인연이 될 줄은 꿈에도 몰랐다.

J. H.의 아버지를 세상에 탄생시킨 황씨 부부는 오랫동안 광둥성 북쪽에 맞닿아 있는 룽촨龍川현에 살았다. 이 험준한 땅은 선사 시대 이래로 사람이 살던 곳이지만, 지난 수천 년 중 어느 시점부터 하카족이 이곳에 정주하며 고향으로 삼았다. 그들 조상은 대부분 황허강 근처의 중원中原에서 남쪽으로 이주했다. 아버님이 들려준 말로는, 한때 그들 조상이 고대 제국의 수도였던 허난성河南의 뤄양洛陽에서 살았다고 했다. 그런데 우연한 기회에 나는 황씨 가문의 뿌리가

천여 년 전 황씨 가문의 가장 유명한 조상이 살았던 푸젠성福建省 서부의 깊은 골짜기 진 지역까지 거슬러 올라간다는 사실을 알아냈다. 중국 가문들은 전통적으로 최초의 시조부터 아들들의 대가 어떻게 이어져 오는지 족보를 기록하는데, 황씨 가문은 그 복잡한 가족사에 이상한 유품인 시 하나를 추가해서 오늘날까지 자손들을 한데 모아주는 역할을 하고 있다.

기록상 가장 오랜 시조는 화평진이라는 마을에 살았던 황초산峭

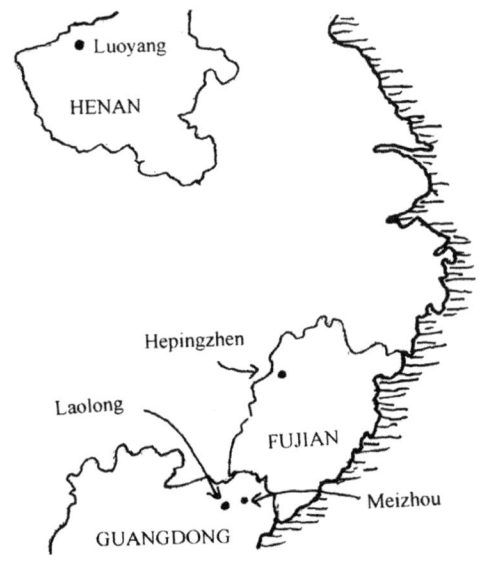

山으로 알려져 있다. 그곳은 너무 작은 마을이라서 오늘날 인구가 10억이 넘는 중국에서도 아주 소수만이 고향으로 삼는 곳이다. 그의 증조부는 허난성 고시 지역에서 남쪽으로 이주했는데, 아마 800

년대 초에 황제가 지역 군벌을 상대로 전투를 벌이던 때가 아닐까 싶다. 100여 년이 지난 뒤 황초산은 도적을 진압하고 백성이 혼란에 빠지는 것을 막은 공을 인정받아 황제로부터 천호후千戶候라는 칭호를 받았다. 당나라 말기 그는 시인이자 학자로서 후일 후학을 많이 배출하여 유명해진 화평서원和平書院을 설립했다. 적어도 이 이야기에서 중요한 포인트는 황초산이 자손을 많이 낳은 가부장이었다는 사실이다. 아마도 그의 세 아내는 복덩이 같은 딸들도 많이 낳았을 테지만, 물론 딸들에 대한 기록은 족보에 남기지 않았다. 그래서 우리가 아는 거라곤 그가 21명의 장성했거나 어린 아들들로 후손을 일궜다는 사실이다.[40]

특히나 격동적이었던 이 시대에 황제들은 빠르게 흥망성쇠를 겪었으며, 이는 오대십국五代十國이란 공식 명칭만 봐도 잘 알 수 있다. 951년에 후한 왕조의 마지막 황제가 살해되고 나라가 도탄에 빠졌을 때, 황초산은 가문의 혈통을 보존하는 가장 좋은 방법은 후손들을 전국 각지로 퍼트려 살게 하는 것이라고 판단했다. 그래서 그는 같은 해 어느 길한 날을 골라 열여덟 명의 아들들과 그 일가들을—각 처가 낳은 장자와 그 직계가족을 제외하고—모두 타지로 내보내면서 〈조상을 알려주는 시認祖詩〉를 필사해서 나눠주었는데, 그 시의 내용은 낯선 땅에 뿌리를 내리게 되더라도 조상을 기억하라고 독려하는 내용이다.

---

40. 후손이 이렇게 많으니 황초산을 조상으로 둔 중국인을 찾을 확률이 중국 길거리에서 손을 내밀어 지나가는 사람을 잡는 것만큼이나 쉬워진 건 당연한 일이다. 40세대에 걸쳐 가구당 단 두 명의 자손만 낳았다고 가정해도 황초산은 1조 명이 넘는 자손을 낳은 것인데, 이는 극단적 억압의 한계를 넘어선 것이다. 유럽인의 피가 흐르는 거의 모든 사람이 샤를마뉴를 자신의 증조부라고 주장할 수 있다고 하니, 중국인도 백인만큼이나 서로 연관되어 있음을 알 수 있다. 전 세계가 이렇게 서로 연결되어 있으니 우리 모두 가족처럼 잘 지낼 수 있을 거라고 생각할 수 있다. 하지만 다시 생각해 보면 그게 문제일 수도 있다.

> 認祖詩
> 駿馬登程往異方，任從隨地立綱常。
> 身居外境猶吾境，家住他鄉則故鄉。
> 朝夕莫忘親命語，晨昏須薦祖宗香。
> 漫云富貴由天定，三七男兒當自強。

　　열여덟 명의 아들들은 내전으로부터 가능한 한 멀리 떨어진 조용한 땅을 찾았고, 그중 다수는 다른 이주민들과 함께 중국 남부에 세계 최대의 하카족 정착지를 형성하게 되었다고 해도 무방하다. 그곳은 광활한 내륙 지대의 구릉 지대로, 푸젠성 남서부, 장쑤성 남동부, 광둥성 북동부가 만나는 삼각지에 해당한다. 이 지역은 온통 꼬불꼬불한 산길이라서, 마을들의 지명—뱀골, 석골, 견골, 자갈바닥, 모래밭, 용의 뼈가 묻힌 땅 등등—에서도 광부와 농부의 힘든 삶을 엿볼 수 있다. 가파른 산맥과 강의 급류에 의해서 세상 다른 지역과 단절된 이 마을들은 오랜 전통과 생활 방식에 사로잡힌 문명을 이루는 고립 지역으로 남았다. 애팔래치아 고원지대처럼, 이곳 역시 낯선 사람들에 대한 경계심, 전통적인 소통방식, 고립이 빚어낸 배타적 방언들이 그 특징을 이룬다. 하카족은 검소해야 하므로 검소했던 것이다. 하카족은 알고 지내는 사람이 부족민밖에 없어서 부족 중심적일 수밖에 없다. 자기들끼리 사는 것 외엔 다른 선택지가 전혀 없었기 때문에 하카족은 다른 부족과 어울리지 않는다.

그래서 이 이야기는 해트필드 가문과 맥코이 가문의 불화의 정교한 하카족 버전으로 마무리된다.[41] 모든 사건은 불과 몇 세대 전에 아버님의 고향에서 장씨 가문의 한 아이가 황씨 가문의 씨족 묘소 한가운데서 물소에게 풀을 뜯게 했을 때부터 시작되었다. 황씨 가문은 조상의 머리맡에 소똥을 떨어뜨린 일에 분개했고, 혹자는 그 아이에게 이른바 신체적 가르침을 준다고 나서기까지 했다. 당연히 장씨 가문은 그 일을 참을 수 없었고, 곧 주먹과 총알 외에 더 이상의 대화도, 가문간 혼사나 교류도 끊기고 말았다.

흥미롭게도 수십 년 후인 1940년대 말, 광저우에 살고 있던 J. H.의 가족과 함께 그들의 이 뿌리 깊은 적대감이 완전히 원점으로 되돌아간 사건이 있었다. 그의 부모는 장씨 가문의 후예인 장張 박사와 그의 부인과 친구가 되었는데, 그들은 세상의 소금 같은 착한 품성인데 자녀가 없었다. 딸이 갖고 싶었던 장씨 부부는 J. H.의 예쁜 막내 여동생 리틀 쓰리 *Little Three*를 보자마자 반했고, 어느 날 그 아이를 자신들이 데려가면 어떻겠냐고 제안했다. 어린아이들에게 시달

---

41. 미국 서부에서 두 가문 사이에 사소한 원한으로 시작된 불화가 대규모 유혈 전쟁으로 번진 실화.

리던 J. H.의 어머니는 아마 "마음대로 하세요"라는 식으로 반응했던 것 같다. 장씨 부부는 들떠서 바로 리틀 쓰리에게 내줄 방을 꾸몄다. 이 소식을 들은 J. H.의 아버지는 그 집으로 건너가 아내의 말은 진심이 아니었다며, 자기 부부는 딸을 정말 사랑해서 보내고 싶지 않다고 설명했다. 장씨 부부는 그 일로 가슴이 찢어질 듯 아팠고 그때부터 황씨 일가를 미워했다. 그렇게 해서 장씨와 황씨 간의 서로를 향한 적대감은 처음부터 다시 시작된 것이다. 어떤 일들은 그냥 운명인 것 같다.

내 남자친구 씨족의 직계 조상은 하카족 생활의 본거지인 메이저우梅州에서 서쪽으로 직선거리 약 100km 떨어진 곳에 집을 마련했다. J. H.의 친할아버지인 황여산은 법학대학원을 졸업한 뒤 둥장강에 있는 마을의 촌장이 되었다. J. H.의 아버지 황룡진은 장남으로서 이 촌장직을 물려받고 전통에 따라 정해진 삶을 살아야 할 운명이었다. 이를 염두에 두고 황여산은 십 대 상속인과 맺어질 첫째 부인으로 젊은 시골 소녀를 배필로 골랐는데, 그야말로 들에서 일하고 아들을 낳아주며 남편과 가족을 위해 평생 헌신하더라도 참고 살 적당한 아무나를 고른 것이었다.

그러나 그가 살던 마을은 너무 고립되어 있었기 때문에 세계대전을 이 계산에 넣은 사람이 하나도 없었다. 그래서 양가에서 곧 있을 결혼식을 축하하는 동안, 일본의 폭탄들이 투하되고 침략군이 중국 북동부를 초토화했다. 유럽에서 히틀러가 점차 권력을 장악한 수년 동안 일본 제국은 미친 짓이나 다름없는 독자적인 버전의 먼로주의―일본은 대동아공영권이라 주장했다―를 내세워 동아시아와 동남아시아의 상당 부분에 걸쳐 확장하려 했다. 일본이 팽창주의 꿈에서 얻은 진짜 보상은 늘 중국의 막대한 자원과 끝없는 노동력이었는데, 마침내 1930년대 무렵에는 중화中華의 정복이 손에 잡힐 듯 가까워 보였다. 끝없는 내전과 군벌 통치와 기근이 10년 내내 중국을 뒤흔들었고, 일본은 이를 최대한 이용해 먼저 동북쪽의 만주를 점령하고 그다음에 북쪽 지방들을 점령했다. 포위당한 중국은 젊은 사람이라면 남녀 할 것 없이 무기를 들었다. 황룡진은 집을 가출해 국민당 공군에 자원 입대했지만, 그가 전쟁 영웅이 되어 눈부신 성공을 거둔 탓아로 고향에 돌아와 아름다운 신부를 팔에 안고 많은 자녀를 자랑하며 산다는 결말을 시간과 역사는 허락하지 않았다. 사실 그는 부모에게 사과하거나 관계를 개선할 기회조차 아예 얻지 못했다. 어느 날 그의 부모는 반혁명 부르주아 계급이라는 혐의로 마을 광장으로 끌려가 현장에서 총살당했기 때문이다.

황룡진은 1934년경에 광둥 공군사관학교 입학시험에 합격했다.[43] 기본 훈련을 통해 케임브리지 비행학교 7등 학급에 진학했고, 1937년에는 전투기 조종사가 되었다. 빠르고 운도 따르고 먹잇감을 격추

---

42. 아메리카 대륙에 대한 유럽의 불간섭주의를 표방한 미국 외교 정책.
43. 여기의 모든 날짜는 대략 추산한 것인데, 미래의 아내와 마찬가지로 그에게도 시간은 느슨한 개념이었기 때문이다. 예를 들어, 그는 자신이 공화국 원년인 1911년에 태어났다고 모든 사람에게 말했고, 그의 묘비에도 그렇게 기록되어 있지만, 국민당 공군 기록에는 1915년이라고 적혀 있다. 그는 합격하기 위해 실제보다 나이가 많다고 거짓말을 했을 수도 있으나, 왜 기록에 4살이나 어리다고 적혀 있는지는 아무도 확실한 이유를 알지 못한다. 그 이후부터는 시간에 관한 거의 모든 것이 붕괴하여 그의 인생에서 정확히 언제 무슨 일이 일어났는지 추측할 수 있을 뿐이다. 지금 당장 중요한 일은 아니다. 여전히 그렇다.

하는 데 매우 능한 그에게 동료 비행사들은 영어로 '타이거'라는 별명을 붙여주었는데, 그는 쓰촨의 창사 일대에서 단순한 복엽기로 비행하며 더 민첩한 일본 전투기를 상대하여 격추하는 등 끝없이 출격에 참여했다. 하지만 행운의 여신은 가장 곤란한 순간에 외면하는 법이다. 그렇게 행운의 여신이 등을 돌린 일은, 그가 일본 폭격기를 공격하던 중 적군의 기관총에 비행기 몸체가 맞았을 때 일어났다. 그가 공격을 피해 기체를 기울이자, 포탄 파편이 그가 신은 부츠 밑바닥을 뚫고 들어와 왼쪽 발바닥에 평생 남을 깊은 상처를 남겼다.

그러나 황룽진은 또 비행에 나서야 했는데, 대형 추락 사고가 아닌 한 그를 땅에 계속 묶어둘 수 없었기 때문이다. 날이 저물 무렵이 되자, 그와 그의 소편대는 연료가 거의 바닥났다. 그는 바닥 난 연료로 비행하면서도 먼저 부상자들의 안전을 확보했다. 바로 눈앞에서 해가 지고 땅거미가 빠르게 지는 가운데, J. H.의 아버지는 앞에 평평한 지역이 있다고 착각했다. 바퀴가 땅에 막 닿으려고 할 때, 그는 자신이 사실상 울창한 숲의 나무 위를 하강하고 있다는 걸 깨달았다. 비행기가 충격으로 분해되기 직전에 탈출했지만, 그는 거대한 숲의 장막을 뚫고 떨어져 버렸다. 나뭇가지와 줄기에 부딪혀 앞니가 빠지고 갈비뼈 세 개가 부러졌고, 땅으로 추락하면서 얼굴 피부가 크게 벗겨졌다. 그는 항공기로 이송되어 히말라야 너머 카라치에 있는 CBI전선[44] 내의 야전병원으로 옮겨졌다. 거기서 어찌어찌해서 그는 잘 회복해서 결국 예전의 모습을 되찾았다. 그때부터 계속 그는 자

---

44. China-Burma-India Theater의 약자. 2차 세계대전 중 중국과 동남아시아, 인도-버마 지역에 대한 미군의 작전 명칭이었다.

신의 생명과 잘생긴 얼굴을 구해준 미국인 의사들을 끝없이 칭송했을 뿐만 아니라 자신을 돌봐줬던 아름다운 영국인 간호사도 최고라고 칭찬했다. 그는 아내에게 기념품으로 인도에서 카보숑 루비 반지를 사다 주었지만, 아내가 이 모든 시련에 관해서 제대로 기억하는 건 그 외국인 간호사에 대한 남편의 동경뿐이었다.

J. H.의 아버지는 자신의 영웅적인 업적을 기리기 위해 1945년 9월 9일 난징 극장에서 열린 일본군 항복 기념식에 초대되었는데, 당시 그의 직책은 공군 제1군사지구 장정몽 사령관의 부관이었다. 닷새가 지나고 새로 전투 참모 대위로 승진한 황룡진은 가미카제 조종

사와 항공기가 억류된 비행장을 통제하기 위해 사령관을 대동하고 쓰촨성 충칭重慶 기지에서 새로이 해방된 섬 대만으로 날아갔다. 일본인 수감자들은 일본 전투기가 어떻게 작동하는지 시범을 보여주었고, 비행사단에서 가장 뛰어난 중국인 조종사가 가미카제 비행기를 몰고 나가 회전 비행 시험을 보이라는 명령을 받았다. J. H.의 아버지는 그날 시험비행에 뽑혔는데, 그런 사연으로 가미카제 비행기를 조종한 유일한 중국인 조종사가 되었다.

그 모든 업적에도 불구하고, 나는 결코 J. H.의 아버지를 제대로 알지 못했다. 솔직히 말해서 아무도 그를 제대로 알지 못했다고 생각한다. 그는 가족의 아수라장과 거리를 두는 법을 배웠고 영원한 아웃사이더를 자처했다. 대신 J. H.의 어머니는 자녀들이 북부인이며 북경어를 쓰고 하카어나 광둥어를 한 번도 배우지 않았다고 주장하며 가정 내에서 우위를 지켰다. 황룽진은 자녀들의 애정을 놓고 아내와 경쟁할 수 없었는데, 자녀들이 그에게 일말의 친절이라도 베풀라치면 그의 아내가 폭발했기 때문이다. 내가 이걸 분석하는 데는 오랜 시간이 걸렸는데, 왜냐하면 아버님은 자신에 관한 이야기를 꺼렸고, 또 조금의 정보라도 캐내려면—심지어 전쟁 공적에 관한 것조차도—상당한 인내와 결단이 필요했기 때문이다. 그 결과 아버님의 인생에 대한 자전적 기록은 우리 파일에 전혀 남지 않았고, 그래서 상황을 이해하려면 섣부른 가정을 하거나 아니면 백모님의 악의적인 속삭임에 기대어 유추해야 했다. J. H.와 내가 광적인 덩굴손의 양쪽 끝에서 뿜어나오는 불꽃을 맞고 아파하는 일이 잦아지면서, 나는 엉킨 배선처럼 이 가족을 관통하며 솟구치는 끝 모를 분노의 근원을 찾으려고 몇 년 동안 노력했다.

J. H.의 기억으론 항상 그랬던 건 아니고, 전쟁이 끝난 후 가족이 베이징에 살게 된 뒤부터 결혼 생활이 무너지기 시작했다고 한다. 그의 부모는 이 일을 논의하거나 왜 아버님이 그렇게 가족과 멀어지게 됐는지를 넌지시 말한 적도 없었다. 하지만 추측하기는 그리 어렵

지 않다. 자유시간이 많아지면서 아버님은 춤과 방탕한 여자들에 빠져들었고 그래서 백모님이 못마땅해하며 잔소리하는 배우자 역할을 맡았으리라. 내가 뭐라 비난할 입장은 아니지만 그녀의 이런 점이 아버님을 더 멀리 몰아냈을 것이다. 아버님은 여자는 항상 순결하고 순종적이어야 하고 남자는 인생의 즐거움을 누릴 수 있고 또 그래야 한다는 분위기에서 키워졌으니 말이다. 그러니 여자에게 사족을 못 썼다 한들 아버님에게 별 문제로 여기지 않았다.

    황씨 가문의 남자들이 여러 집 살림을 한 경우가 흔해서, 아버님 자신도 그런 생활을 자연스레 생각했을 것이다. 그래서 어느 날 아버님은 마침내 새 아내를 맞이할 계획을 실행에 옮겼다. 아버님은 자신이 베이징에 남아 있을 테니 어머니는 아이들과 함께 배를 타고 광둥성으로 간 뒤 육로로 하카족 마을까지 가서 시부모를 모시고 살라고 통보했다. 아버님은 아내와 아이들을 톈진에 정박된 배에 강제로 태운 다음 육로로 이동하는 일을 말 잘 듣는 남동생 하나에게 일임했다. 백모님은 달리 갈 곳도 생활할 돈도 없었기 때문에 그의 계획에 대해 뭐라 할 수도 없었다. 그러나 폭풍으로 인해 배의 출항이 지연된 데다 그다음 리틀 쓰리가 열병에 시달리면서 아버님의 계획은 좌절되었다. 선장이 아픈 아이 태우는 걸 거부해서 배를 탈 도리가 없었다. 백모님은 일이 이렇게 지연된 틈을 타서 자신들을 내보내려는 남편의 계획을 무마시키려 했다.

    폭풍이 오지 않았다면, 그리고 리틀 쓰리가 아프지 않았다면 무슨 일이 일어났을지 생각만 해도 몸서리쳐진다. 백모님은 아는 사람 하나 없는 곳에 돈도 없고 그곳 말도 할 줄 모르는 채 갇힌 신세가 되었을 것이다. 그녀의 운명은 낯선 사람들 손에 맡겨지고 시부모님의 절대적 권위에 복종해야 했을 것이다. 더구나 몇 년 후, 시댁 식구들이 총살대 앞에 끌려갔을 때, 의심할 여지 없이 그녀와 어린 자녀들도 그 운명을 함께해야 했을 것이다. 또 그러고도 아버님은 자유롭게 춤추고 새로운 사랑을 시작했을 것이다. 갑자기 이 가족의 저변에 끓어오르는 분노가 완전히 이해가 된다.

아버님은 완성한 작품을 다른 작품 옆에 조심해서 배열하고 느릿느릿 삼각두부 하나를 새로 집어 든다. 나는 조용히 작업 시간을 재기 시작한다. 두부의 속 하나를 채우는 데 5분이 소요되는데, 그걸 또 옥수수 전분을 묻혀 튀긴 다음 천천히 푹 삶아야 한다. 그리고 이건 많은 요리 중 단지 첫 번째 요리다. 이 속도로는 절대 다 못할 테고 게걸스러운 친족들이 곧 아버님 댁 대문을 두드릴 것이다.

"다들 집에 언제쯤 오시나요?" 도착 시간을 이미 알면서도 나는 묻는다. 아버님은 스토브 위 시계를 향해 천천히 몸을 돌려 다중초점 안경을 고쳐쓴 다음 중국어로 부드럽게 3시간 후라고 말한다. 진행 중인 엄청난 식사에 들어갈 나머지 재료를 대충 훑어보고, 나는 어찌할 줄 몰라 당황하기 시작한다. 아버님이 참을성 있게 눈앞의 과제로 되돌아오는 동안, 내 눈은 아버님의 얼룩덜룩한 손이 모친의 요리에 대한 기억을 쥐어짜내는 동안 살짝 떨리는 걸 놓치지 않는다. 최근 여러 번 가벼운 중풍이 온 이후로 아버님은 소싯적 상하이에서

 인기몰이했던 댄서처럼 자연스럽고 우아함을 잃었다. 와이탄을 따라 늘어선 전시의 댄스홀에서 한때 상하이의 타락한 여자들을 현혹하던 잘생긴 탱고 춤꾼이자 멋진 전투기 조종사는 이제 없다. 아버님은 노인이니 내가 공들여 한 걸 아버님이 다시 하시더라도 참아야 한다고 되뇌이며, 난 긴 호흡을 하며 긴장을 풀려고 애쓴다. 그렇게 나는 주방을 장악하고 싶은 마음을 억누르며 순종적인 며느리를 비슷하게라도 흉내내려고 최선을 다하지만, 나도 모르게 오른쪽 눈썹이 격렬히 꿈틀거린다.
 나는 마침내 포기하고 아버님 자신이 편한 속도로 일하시게 내버려 둔다. 그 대신 나는 채소와 쌀을 씻고, 생선 비늘을 벗기고, 냉장고와 욕실을 청소하고, 조리대를 닦고, 빌려 온 접이식 의자 여러 개를 원숭이해를 맞는 섣달그믐 날 식탁에 미리 내놓는다. 손을 바삐 움직이면서도, 아버님이 가족들이 가장 좋아하는 명절 요리를 어떻

게 만드나 지켜보느라 눈을 떼지 않는다. 내 시선은 차례로 아버님 팔과 어깨에 이어 뒷머리로 향하는데, 아버님의 뻣뻣한 검은 머리가 작년에 비해 훨씬 희끗희끗하다.

이렇게 부엌에서 만날 때를 빼고 우리는 서로를 알아갈 일이 평소에는 결코 없을 일이다. 왜냐하면 중국에서는 전통적으로 시아버지와 며느리(예비 며느리이든 정식 며느리이든) 사이에 최소한의 의사소통 외에는 허락되지 않아서이고, 그건 아버님이 단지 예의상 필요한 정도 이상으로 내 존재를 인식하는 일조차 거의 없다는 뜻이다. 아들과 내가 헤어지지 않을 거란 걸 깨닫고 나자, 아버님은 친절히도—아내와 딸들과는 달리—우리가 결혼하진 않았지만 나를 새 며느리로 완전히 받아들였다고 J. H.에게 말했다. 하지만 새로 얻은 이 지위로 아버님과 더 가까워지기는커녕 훨씬 더 거리가 멀어졌는데, 우리가 예의범절을 지키느라 절대 대화를 하지 않고, 아이디어나 생각을 공유하지도 않으며, 서로의 눈을 똑바로 쳐다보지도 않기 때문이다. 나는 아버님을 백부님(伯父)이라 불러야 한다 들었지만, 우리가 대화하는 일 자체가 거의 없어서 어떤 호칭으로든 부를 일이 없다. 아버님은 보통 목청을 가다듬거나 짧은 중국어 감탄사로 본인을 봤으면 한다고 신호를 보내면, 나는 고개를 들고 눈썹을 치켜세우고 고개를 짧게 끄덕인 다음 아버님을 따라서 어슬렁어슬렁 부엌으로 들어간다.

할 말이 없다고 우리가 소중한 시간을 함께 보내는 일에 지장이 있진 않은데, 두 사람 다 요리를 좋아한다는 단순한 이유 때문이다. 아버님은 자신이 아끼고 그 누구도 배우려 하지 않는 요리법, 조상대대로 즐겨 먹은 음식을 만드는 법을 나에게 가르쳐 주셨다. 또한 스토브 옆에 숨어 있으면 이 가족의 끝없는 내전에서 스위스 같은 중립성을 유지할 수 있다는 걸 우리 둘 다 암묵적으로 알고 있다. 나처럼 아버님도 이 개싸움에 뛰어들 의사가 없다. 무슨 싸움이 일어나고 있든 간에 우리는 뒤로 빠져서 큰 소리로 윙윙대는 스토브 팬과 쿵쿵거리는 도마가 온갖 불화를 막는 방어막이 되어 줄 부엌으로 피난한다.

집안은 곧 도착할 친척들을 맞이할 채비를 마쳤고, 나는 낡은 유리병에 매화꽃과 개나리꽃 몇 송이를 꽂아 식탁 한가운데에 놓는다. 자리마다 수저 한 벌씩 놓여 있다. 아버님은 앞접시 하나씩 준비하는 일 말고는 상차림에는 아무것에도 아랑곳하지 않고 차분히 두부를 손질하고 있다. 아버님의 이 부엌이 나의 안전한 안식처, 냄비 뒤에 숨어 적당히 충실한 척하는 장소가 되었다는 생각이 들자, 내 맥박이 느려진다.

부엌 문지방에 잠시 멈추어 서서 나는 아버님의 신중한 속도에 깃든 지혜를 처음으로 이해한다. 아버님의 서두름 없는 속도가 내게 충고하는 것들은 이렇다. 저녁 식사는 몇 시간 동안 여유롭게 점진적으로 내놓아야 한다는 것, 요리사와 그의 조수는 냄비와 찜기를 돌봐야 하므로 아쉽게도 잔칫상에서 자리를 비워야 한다는 것, 그러고 나서 그 두 사람은 복된 새해를 위해 부엌을 정성 들여 청소하는 데에도 엄청난 시간을 들여야 할 것 등이다. 말을 걸어도 쇠가 철컹거리고 도자기가 부딪치는 소리에 묻혀 아무 소리도 들리지 않을 것이고, 모두 떠난 뒤에야 두 사람은 땀 흘리며 무탈한 모습을 드러낼 것이다. 시원한 밤공기가 거실 창문을 통해 새어 들어오고 자동차 소음이 이따금 들리는 경적 소리로 잦아들 때, 그제서야 두 사람은 엉망진창이 된 식탁에 앉아 맏아들이 아파트를 치우고 빌려 온 의자들을 반납하는 동안에 야금야금 남은 음식을 만족스럽게 먹을 것이다.

나는 세수를 하고 차를 한 모금 마시고는 깨끗한 앞치마를 두른다. 나는 삼각형 모양 두부 하나에 손을 뻗어 낮은 소리로 흥얼거리며 작게 긁어 홈을 낸다. 그리고 우리를 둘러싼 방어막 가장자리를 단단히 잠근다. 우리는 그날 저녁 내내 한마디 말도 나누지 않겠지만 사실 잡담은 필요 없을 것이다.

5분 뒤, J. H.의 아버지가 안경 너머로 내 손에 들린, 속이 완벽하게 비워진 두부조각을 보더니 칭찬하듯 고개를 아주 살짝 끄덕여준다.

아버님 책상 위로 드리워진 그림자가 길어짐에 따라 양의 해가 저물어 간다. 아버님에게 뜨거운 재스민차 한 잔을 따라 드린다.

서두를 게 없다.

1996년 1월 초 어느 추운 겨울 아침이다. J. H.의 아버지 장례식

이 몇 시간 뒤 열릴 예정이라 우리는 휘티어에 있는 호텔에서 마을을 가로질러 산 가브리엘 밸리의 중국 장례용품 전문 상점으로 서둘러 가고 있다. 그다음 우리는 남자친구 아버지의 간병인을 태워다 주기 위해 아침 통근길에 서쪽으로 30km를 급히 달려 다운타운에 있는 차이나타운에 갔다가 동부 로스앤젤레스 카운티를 가로질러 장례식에 갈 것이다. 이 일을 전부 다 하기에는 시간이 부족하지만, 우리가 늦으면 백모님이 자제력을 잃고 화를 낼 게 뻔하다. 나는 강박적으로 시계를 보고, 커피를 마시고, 온갖 차량 규정을 위반하며 로즈미드 대로 위를 날뛴다.

우리는 아버님이 세상을 떠난 다음 날 아침에 로스앤젤레스에 도착해 곧장 영안실로 가서 가족을 만났다. 그때쯤 아버님은 이미 안치실에 자리를 잡았다. 하지만 아버님은 그냥 깊게 잠든 것처럼 보였다. 그건 우리에게 적지 않은 위안을 주었는데, 그 어떤 상황에서도 무조건 잠을 잘 수 있는 아버님의 놀라운 능력이 너무나 탁월해서 아버님이 아주 긴 잠으로 죽음 자체를 우회하고 있기를 바랐기 때문이다. 아버님은 롱비치 외곽 교외에 있는 리틀 쓰리의 집에 머무는 동안 세계적 수준의 낮잠가라는 명성을 얻었는데, 거기서 그분은 리틀 쓰리의 장미 관목을 돌보고 요리를 하고 TV를 시청하며 바빠 지냈다. 어느 날 나는 라디오에서 비행기 한 대가 세리토스의 주거지에 추락해서 많은 주민들이 사망했다는 소식을 들었다. 제정신이 아닌 채로 나는 리틀 쓰리의 집에 몇 번이고 전화를 걸었지만 아무도 받지 않았다. 몇 시간 뒤에 결국 나는 보안관보에게 비행기가 추락한 정확한 위치를 말해 달라고 해서 리틀 쓰리의 집에서 약

1㎞ 떨어진 곳이었다는 걸 알아냈는데, 그건 가족 모두가 무사하단 뜻이었다. 그날 저녁 리틀 쓰리가 우리에게 전화하면서, 비행기의 충돌, 폭발, 지진이 난 듯한 땅의 들썩거림, 사이렌 소리, 그 모든 소동이 벌어지는 내내 아버님은 푹 주무셨다고 말했다. 아무것도 모르고 마음 편히 계셨던 거다.

하지만 아버님은 세리토스 교외 지역에서 제공하는 것보다 더 많은 사교 생활을 원했기 때문에 아버님의 마지막 집은 LA 차이나타운에 있는 노인 전용 요양원이었다. 그림 수업을 듣고 우리가 넘겨드린 낡은 폭스바겐 래빗 차량으로 학교 여학생들을 태워다주면서, 아버님은 그곳에서 자유를 만끽하는 듯했다. 아버님은 뇌졸중으로 인한 신체 경직이 너무 심해서 차 내부를 어안렌즈로 온통 도배했다. 아버님 차 앞에 앉아 있으면 집파리의 눈을 통해 앞을 보는 느낌이 들었다. 하지만 아버님은 그런 상황에서도 항상 여기저기 돌아다니고 여자들을 태워다주며 즐겁게 운전사 노릇을 했다. 영어 표현으로는 "표범은 절대 무늬를 바꾸지 않는다(The leopard never changes its spots)."라고 하는데, 백모님은 그걸 중국식 표현으로 "개가 똥을 끊겠냐"라고 비꼬았다.

해가 지평선 위로 겨우 솟은 시간인데도 10번 고속도로는 교통 체증으로 꽉 막혀 있다. 우리는 계속 익숙한 샛길들로 빠지면서 아버님의 장례식에 쓸 물품들을 찾으러 간다. 이 물품들은 전부 도쿄나 불교 자체와는 아무 상관이 없지만, 이 일가에서 가족을 배웅할 때 필요로 하는 것들이다. 백단향 향다발, 붉은 양초, 가짜 돈더미, 모조 지폐, 많은 글자로 뒤덮여 있는 붉은색 종이, 마법의 문자가 적힌 노란 띠, 종이 옷과 기타 소지품, 종이로 만든 실물 크기의 하인 둘(하나는 남자, 하나는 여자), 이걸 전부 태울 붉은 금속 용기 등이다. 모두 아버님이 다음 세상에서 편안하고 부유하게 살게 하려고 다 태워버릴 물건들이다. 구식 복장을 한 두 명의 종이 하인을 조심조심 차량의 가운뎃줄에 앉히고 짓눌리지 않게 벨트로 고정하니, 마치 이렇게 차를 타고 외출하게 된 걸 기뻐하는 듯하다. 차량 뒷좌석에 이미 귤, 사과, 과자, 그리고 아버님이 생전에 좋아했던 온갖 종류의 사탕—특히 매일 즐겨 드시던 검은깨 사탕 웨이퍼—들이 자리를 절반이나 차지한 바람에, 산더미 같은 나머지 짐을 넣을 공간을 찾으며 서로 말다툼하고 밀치다가 간신히 차 문을 제대로 닫는다.

 차이나타운으로 돌아와 아시엔다 하이츠 거리에 있는 시라이 사원으로 가는 계단을 오른다. 실안개처럼 피어오르는 향이 찬불가가 흘러나오는 보살당으로 우리를 안내하고, 그곳 높은 자리에 안치된 과거, 현재, 미래의 세 금불상이 우리에게 축복을 내려준다. 그 주위를 에워싼 벽과 기둥들을 뒤덮은 작은 황금빛 조명들이 더 작은 글씨로 써진 망자들의 이름을 비추고 있다. 그들을 위한 기도는 영원까지는 아니어도 적어도 산 앤드레이어스 단층⁴⁵이 이 사찰을 움직일 때까진 계속될 것이다. 안으로 들어가기 전에 J. H.와 나는 커다란 청동 향로 옆에 잠시 멈춰 서서 위를 올려다본다. 우리는 손을 맞잡고 열 마리의 학으로 보이는 것이 마지막 행복의 땅이라 불리는 서쪽으로 날아가는 것을 보고 탄성을 지른다. 사실 남부 캘리포니아에는 학이 없다. 그래서 이 신기한 환영은 아버님이 우리에게 걱정하지 말라고 아주 서정적인 방식으로 말해주는 게 아닐까 싶다. 마음이 편안하고 차분해진 우리는 법당에 들어가 가족들이 무릎을 꿇고 경전을 외우고 있는 자리에 합류한다.

아버님이 불교 신자는 아니었으나, 그렇다고 무슨 종교를 믿는지 딱히 말해준 적도 없었기 때문에, 우리는 모든 기본을 다 지키려고 노력했다. J. H의 어머니는 기독교인으로 알려져 있지만 누군가가 우리가 밟을 첫 단계를 이 불교 예불로 정했기 때문에 그건 중요하지 않았다. 그 후 우리는 묘지 근처 작은 홀에 가서 작별인사를 한다. 아버님이 입었던 옛날 공군 제복을 아무도 찾지 못해서 전통적인 남색 실크 신사복으로 대신한다. 장의사가 관을 닫기 직전에 기

---

45. San Andreas Fault, 북미 서해안의 대단층.

독교도인 둘째 딸이 긴 여정을 위한 또 하나의 보험으로 성경책을 손에 쥐여주고 작은 십자가를 단추 구멍에 걸어준다. 둘째 딸이 목사에게 몇 마디 해 달라고 부탁했고 그 다음을 불교 승려들이 넘겨받는다.

 관을 땅속에 묻고 나서 우리는 아버지가 좋아하시던 음식을 전부 차려 놓고 울며 절을 올린다. 나머지 제물을 무덤에 늘어놓고 산더미처럼 쌓여 있는 종이돈과 두 명의 가연성 하인을 태우느라 한 시간 넘게 불을 지피며 이따금 꼬챙이를 재에 찔러 넣고 붉은 금속 화덕 안에 남은 게 없는지 확인한다.

 까마귀들이 나무에 모여들어 우리가 가자마자 있을 소란스러운 소풍에 합류하라고 제 친구들을 향해 큰 소리로 울어댄다.

블랙 세서미 캔디 웨이퍼

HĒIZHĪMÁ TÁNG · 黑芝麻糖

아버님은 모발을 검게 유지하기 위해, 그리고 내가 본 사람 중 가장 단것을 좋아했기 때문에 이 사탕을 매일 두어 조각씩 우적우적 먹었다. 차이나타운 시장을 방문할 때마다 아버님은 만족스러운 미소를 지으며 이 바삭한 웨이퍼 한 봉지를 쇼핑 바구니에 넣곤 했다. 그런 다음 같은 날 오후에 따뜻한 재스민 차 한 잔과 구운 호박씨를 즐기기 위해 자리 잡고 앉았을 때 사탕 봉투를 개봉했다. 야금야금 즐겁게 먹으며, 당분이 몸과 마음을 치료해 준다고 우리에게 빼놓지 않고 장담했다. 내가 참여하는 데에는 약간의 격려가 필요했다.

지금도 우리는 남부 캘리포니아에 있는 아버님 묘소를 방문할 때마다 꽃, 과일, 쿠키와 함께 이 사탕을 선물로 가져간다. 어떤 것들은 그냥 너무 좋아서 죽음처럼 사소한 일이 방해물이 되지 못한다.

Ingredients

구운 검은 참깨 ¾컵(100그램)

흑설탕 또는 진한 갈색 설탕 3큰술 포장(40그램)

고운 천일염 ¼작은술

꿀 1큰술

물 1큰술

버터 1큰술(가염 또는 무염)

Recipe

베이킹 시트에 실팟[46]이나 유산지를 깔고 밀대와 실리콘 주걱, 끓는 물이 담긴 작은 그릇을 준비한다. 실팟이나 유산지는 한 장 더 준비하라.

아직 참깨를 굽지 않았다면 아래 팁을 참고해서 지금 굽는다. 2리터 스테

---

46. 실리콘 소재로 만든 베이킹 매트.

인리스 냄비에 설탕, 고운 천일염, 꿀, 물을 넣고 중간 불에서 펄펄 끓을 때까지 끓인다. 액체 윗부분이 거품으로 거의 뒤덮이면 타이머를 2분으로 설정하라. 사탕을 저어주지 말고 그냥 거품이 날아가도록 놔두어라. 2분이 다 되면 (또는 사탕 온도계를 사용하는 경우 약 섭씨 150도에 해당하는 '딱딱한 균열'이 나타나야 함), 즉시 냄비를 불에서 내리고 실리콘 주걱을 사용하여 버터와 참깨를 먼저 넣고 저어 사탕이 고르게 코팅되도록 한다. 혼합물이 부드러운 덩어리로 변하여 냄비에서 쉽게 떨어져 나온다.

뜨거운 참깨 사탕을 긁어내 깔아 놓은 베이킹 시트 위에 올린다. 필요에 따라 실리콘 주걱을 뜨거운 물에 담근 후 사탕을 재빨리 최대한 얇게 펴준다. 그런 다음 준비해 둔 다른 실팻이나 유산지로 덮고 밀대로 사탕을 아주 얇게 펴준다. 약 1.5mm가 가장 이상적이다. 그래야 사탕이 부서질 듯 바삭바삭해지기 때문이다(시트의 두께가 씨앗 4~5알을 넘지 않는지 확인해 보는 것도 좋은 방법이다). 정확한 두께를 만들면 곧바로 사탕이 아직 따뜻할 때 도마 위에 뒤집어 놓는다. 길고 무겁고 날카로운 칼을 사용하여 고르지 않은 가장자리를 잘라낸 다음 직사각형 모양으로 여러 개 자른다. 어떤 크기라도 괜찮지만, 나는 J. H.의 아버지가 사던 것과 똑같은 모양이 마음에 든다(약 20mm x 40mm). 만드는 날 날씨가 습하다면, 사탕을 바삭하게 만들기 위해 냉장 보관하는 것도 좋다.

사탕을 완전히 식힌 다음 밀폐 용기에 보관한다. 나는 사탕이 너무 빨리 없어지는 것을 막기 위해 용기 측면에 '멸치' 같은 레벨을 붙여서 냉장고에 숨겨 보관하는 편이다. 약 180그램이 나온다.

롱빈 화환
DÒUJIĂO YÚRÒU JUĂN · 豆角魚肉圈

이것은 분명히 하카족이 발명해낸 가장 아름다운 요리법이며, 소량의 생선으로 6명을 먹일 수 있는 요리를 얼마나 검소하게 만들 수 있는지 잘 보여준다.

Ingredients

콩
최대한 어리고 부드러운 롱빈 12줄
고운 천일염 1작은술

속재료
흰살 생선 필레 300그램(냉동 상태일 경우 해동한 것)
하룻밤 동안 찬물에 불린 건조 표고버섯 6개(속재료에 3개, 소스에 3개가 각각 들어가며, 원하는 경우 버섯을 불린 액체는 소스용으로 남겨둔다.)
정사각형으로 자른(폭 2센티미터) 귤껍질
얼음물 2작은술
고운 천일염 ½작은술
설탕 ½작은술
갓 간 후추
잘게 썬 파 2쪽
코팅용 감자 전분 또는 옥수수 전분
튀김용 땅콩 또는 식물성 기름

소스
구운 참기름 2큰술
잘게 다진 신선한 생강 1큰술
표고버섯 3조각(갓부분만)

샤오싱주 또는 걸러낸 버섯 불린 육수 ½컵(125ml)

물 ½컵(125ml)

노두유 2작은술

설탕 1작은술

고명으로 쓸 잘게 썬 고수 또는 파

Recipe

롱빈의 줄기 끝부분을 잘라낸다. 넓은 냄비에 물을 넣고 끓인 후 고운 천일염을 뿌린다. 롱빈을 넣고 밝은 녹색으로 변할 때까지만 데친 다음 싱크대에 놓인 소쿠리에서 물기를 뺀다. 콩을 헹구어 식혀서 더 이상 익지 않게 한다. 콩의 물기를 빼고 두드려 말린다.

각 콩을 5㎝ 크기로 감아 둥지 모양으로 만들고 끝을 안쪽으로 집어넣어 고정한다. (생각하는 것보다 훨씬 쉽다.)

속을 만들려면 나머지 재료를 준비하는 동안, 종이 타월 두어 겹을 깔고 생선을 위에 올려 두어 과도한 수분을 흡수한다. 버섯 대는 제거하여 버리고 갓 세 개는 잘게 다진다. (나머지 갓 세 개는 얇게 썰어 따로 두고 버섯 불린 물을 보관해 두었다면 소스를 위해 따로 놓는다.)

귤껍질이 잠기도록 끓는 물을 붓고 10분 이상 그대로 둔다. 불린 물은 버리고 물기를 뺀 뒤 부드러워진 귤껍질을 잘게 다진다.

무거운 핀셋이나 바늘코로 생선 속에 숨어 있는 뼈를 제거한다. 생선을 작은 조각으로 자르고 귤껍질과 함께 푸드 프로세서에 넣는다. 생선이 빵 반죽처럼 뭉쳐질 때까지 휘젓는다. 얼음물과 고운 천일염을 넣고 조금 더 휘젓는다. 잘게 썬 양송이버섯, 설탕, 후추, 파를 넣고 휘젓는다. 단단하고 탱탱하며 연한 녹색 반죽이 완성된다.

화환을 채우고 튀기려면 손을 물에 적시고 어묵을 12개의 공 모양으로 만든다. 각 화환의 중앙에 공을 꽂는다. 볼에 감자 전분 또는 옥수수 전분 두 숟가락을 넣고 화환 안의 어묵 피쉬볼의 윗면과 아랫면을 전분에 담가 코팅한다. 프라이팬을 중간 불에 올리고 땅콩기름이나 식물성 기름 몇 큰술을 뿌린다. 기름이 뜨거워지면 속을 채운 화환을 밀리지 않을 만큼 밀어 넣는다. 양면이 노릇해질 때까지 한 번씩 뒤집어가며 튀긴 다음 얕은 그릇에 옮겨 담는다. 채워진 나머지 화환도 필요에 따라 이 과정을 반복한다. 기름을 따라내고 종이 타월로 팬을 깨끗이 닦아준다.

소스를 만들려면 프라이팬에 참기름과 생강을 넣고 근사한 향이 날 때까지 가열한 다음 얇게 썬 버섯을 넣고 노릇노릇해질 때까지 조리한다. 샤오싱 주 또는 버섯 불린 물, 물, 간장, 설탕을 부은 다음 화환을 넣고 뚜껑을 덮어 양념이 대부분 흡수될 때까지 몇 분간만 조리한다. 화환을 접시에 담고 고수 또는 파를 뿌린다. 찐 쌀을 듬뿍 얹어 뜨겁게 해서 낸다. 6인분이 나온다.

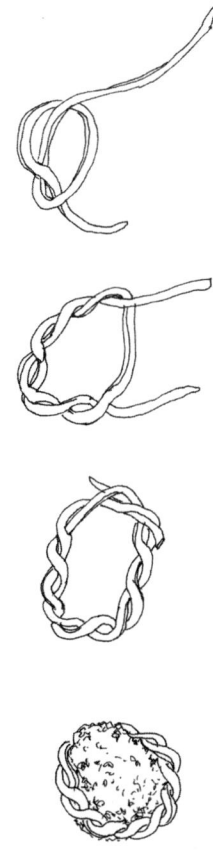

10장

명료성 *Clarity*

중국 톈진: 20세기 초, 그리고 그 후

J. H. 가족에 대한 이야기가 어디부터 사실이고 어디부터 꾸며낸 것인지 파악하는 일은 어려웠다. 최근까지만 해도 나는 그들의 이야기 중 어느 것이 가정이나 방향이 잘못된 이야기인지, 내가 지지하는 이 가족에 관한 역사가 실제로 어떻게 진행되었는지 알지 못했다. 하지만 어느 이야기나 그렇듯 나는 처음부터 시작해야 했고 그래서 내가 파고 들어가기 시작한 지점도 그랬다. 그런 다음 그 과정의 어딘가에서 나는 진실은 가변적일 수 있고 말하는 사람에 따라 세심하게 재구성될 수 있다는 걸 알게 되었다.

내가 백모님에 대해 처음 들었을 때부터 그분이 생을 마감할 때까지 어떤 분으로 묘사되었는가 하면—더 중요한 건 본인 스스로를 그렇게 묘사했다는 건데—더 위대한 장군을 위해 일하던 장군의 딸이며, 공주에 가까울 정도로 지위가 높고 중요한 여성이고, 흠잡을

---

47. 그 말을 누가 했는지에 따라 군벌의 오른팔이 될 수도 있다. 이에 대한 질문은 언제나 논쟁으로 이어졌기 때문에 나는 입을 다물고 있어야 한다는 걸 빠르게 배웠다.

데 없는 한족 혈통이라고 했다. 백모님은 이런 생각을 자녀들에게도 심어주어 자녀들 역시 자기들은 지구상 다른 모든 사람보다 우월하다고 믿을 정도였다. 이 작은 친족에 조심스럽게 발을 들여놓았을 때, 나는 주변의 거의 모든 것이 너무 혼란스러운 나머지 맞지 않는 퍼즐 조각들을 맞출 시도조차 하지 못했다. 이는 내가 감히 의문을 형성하거나 사물을 분석하려고 시도하기까지 수십 년이 걸렸다는 뜻이다. J. H. 부모님이 돌아가신 이후로 주어진 거리와 명확한 관점을 통해서 나는 비로소 그분들의 삶을 온전히 탐구할 수 있었다. J. H.와 나는 이제 정식으로 결혼한 지 20년이 넘었고, 함께한 지는 40년이 넘었다.[48] 그 기간이 성인으로서의 내 삶의 거의 전부였으므로 이 시점에서는 더는 내 존재의 끝과 남편의 존재의 끝이 어디서부터인지 알지 못한다.

내가 이방인일진 모르겠으나 왠지 몰라도 그 두 분과 선조들의 역사를 풀어내는 과제가 나의 사명처럼 느껴진다. 하지만 시간과 사랑은 결국 남편 가족의 연대기를 나 자신의 이야기로도 엮어낸다.

백모님이 자기 어린 시절을 지나치게 단순화하고 요약해서 들려주었을 때, 그 세상은 마치 동화에나 있을 법한 것처럼 들렸다.

---

48. 새너제이에서 매우 간단한 결혼식을 올린 후 J. H.와 나는 차를 타고 그의 어머니를 만나러 갔다. 어머니는 나를 한쪽으로 데려가서 전쟁 후 시베리아 근처 선양에 살 때 구입한 커다란 백색 러시안 자수정 목걸이와 반지를 선물해 주었다. 어머니는 나를 안아주면서 이제 자신은 나의 엄마이기도 하다고 했다. 나는 드디어 공식적으로 1등 며느리가 됐다. 우리는 눈물이 핑 돌았는데 그게 정말이지 더 큰 선물이었을지 모른다.

백모님은 장군의 딸이거나 적어도 그와 비슷한 신분이었다고 설명했는데, 이 대목에서 그녀의 과장된 지위와 극단적인 분노가 엿보였다. 우리는 그녀의 분노 표출을 피해 숨어 있다가 나중에 눈알을 굴리며 조용히 긴장 섞인 웃음을 나누곤 했다. 우리끼리는 이렇게 속삭이곤 했다. "대체 뭘 기대해? 알 만한 분의 따님이신걸." 그렇다면 다른 가족의 짜증도 역시 용서될 수 있는 문제다. 단지 예의가 없어서 그런 게 아니라 화 잘 내는 할아버지에게 물려받은 유전자 탓일 터이니 말이다. 우리는 상처를 핥고 용서할 수 있는 본성 탓을 할 뿐 변명의 여지가 없는 양육 탓을 하지 않았다. 우리는 그들에게 우리를 멋대로 조종하고 우리에게 고함을 쳐대도 좋다는 프리패스를 넘겨주었다. 하지만 항상 궁금했던 걸 지금에 와서 솔직히 털어놓고 싶다. 그들은 대체 누구였는가?

내가 백모님에게서 캐낸 모든 정보는 아무리 작은 것이어도 머릿속 상자에 숨겨두고 백모님이 살아계실 동안엔 자물쇠를 단단히 채워두었다. 나중에서야 마침내 추측, 역사적 기록, 구글, 수학을 조합해 여러 빈칸을 채울 수 있었다. 그럼 원점부터 시작해 보겠다. 미국 귀족 혈통들이 스스로 와스프^{WASP}[49]라고 생각하는 것과 마찬가지로—실제로 대놓고 말하거나 혈액 검사를 받은 건 아니지만—백모님은 자신이 한족임을 암시했다. 그날 롱비치에서 백모님은 1922년 음력 12월 6일 항구도시 톈진에서 강력한 군벌 수하로 일했던 원난성 지휘관의 아내에게서 태어났다고 말했다.

---

[49]　백인 앵글로 색슨계 개신교도(White Anglo-Saxon Protestant)의 글자를 딴 약칭으로 미국 사회의 주류 계급을 뜻한다.

그 길을 따라가 보기 전에, 우리는 한족이 중국의 주요 민족이라는 점에 주목해야 한다. 전체 인구의 90% 이상을 구성하는 한족은 늘 중국 문화의 대표 얼굴이자 지배적인 영향력을 행사하는 다수라는 데 이견이 없다. 중국의 (55개에 달하는) 다른 민족들은 주변적인 것으로 간주되었고, 그들의 문화와 언어는 별거 아닌 것으로 여겨졌다. 물론 그들의 존재는 인정받았고, 그들의 땅도 분명 중국의 일부였지만, 당시 사람들은 그들의 요리를 많이 먹지 않았고 자기 딸이 한족 아닌 남자와 결혼하길 바라지 않았다.

J. H.의 외할아버지는 윈난성 출신이라는데, 정작 백모님은 자신이 대학을 다니고 결혼한 곳이라는 것 외에는 이 남부 지방에 대한 언급하는 일이 거의 없었다는 점이 나는 의아했다. 윈난雲南은 말 그대로 "구름의 남쪽"을 의미한다. 중남부 국경에 있는 윈난성은 중국의 수도 베이징에서 가장 멀리 떨어져 있으며, 주로 바위가 많은 고지대와 계단식 논으로 이루어진 시대를 초월한 곳으로, 음식과 문화를 보고 있으면 자신도 모르게 국경 너머 동남아시아에 와 있는 듯한 착각에 빠지기 쉽다. 달리 말해 이 지역은 베이징이나 톈진과는 너무 달라서 북부 대도시 사람들은 이곳을 변방이나 심지어 다른 나라로 느꼈을지도 모른다.

백모님은 자신의 아버지를 20세기 초 중국 전역에 생겨난 지역 강호 중 한 명인 윈난성 군벌을 위해 일했던 사람으로 묘사했다. 내전을 벌이는 파벌과 민병대로 가득한 이른바 군벌 시대는 1916년부터 1928년까지 약 12년 동안 이어졌다. 중국의 악명 높은 군벌들은 씨족과 연계가 있어서 각 파벌과 군대들은 같은 언어와 민족적 배경을 가진 사람들로 구성되었다. 따라서 장군의 최측근 장교들은 장군과 같은 언어를 썼고 출신도 비슷했을 것이다. 이 강자들은 장군이라 자칭하며 훈장을 가슴에 달고 다녔지만, 실제로는 지역 단위의 군대에서 출세한 깡패들이 많았고 산적 출신도 있었다. 글을 잘 읽거나 교양을 갖춘 사람은 드물었다.

이쯤 되면 백모님 이야기의 귀족적인 측면이 말이 안 된다는 사실을 깨달았을 것이다.

세 번째로 백모님은 인생 말년에 자신의 아버지가 윈난성 미러彌

勒에서 자랐다고 두 차례 말했는데, 두 번째로 말할 때는 "그래서 나도 사실 미륵 출신이야."라고 덧붙였다. 그녀는 자신의 아버지가 윈난성 남부의 한 장군의 공식 대자代子였다고 했다. 그런데 아무리 찾아봐도 J. H.의 외할버지가 살았던 기록은 찾을 수 없다. 그분의 생애에 대한 기록이나 사진도 없고, 오로지 성함과 미륵 지역 출신이라는 사실 밖에 없다. 그런데도 이러한 정보를 통해 이전에는 눈치채지 못했던 몇몇 실마리를 찾아낼 수 있었다.

윈난성은 독일과 거의 비슷한 크기이지만, 경계가 네모반듯하지 않고 히말라야 산맥을 사이에 두고 구불구불 뻗어 가다 인도차이나 열대 지방으로 굽이진 곳에 있다. 이 지역은 중국의 다른 어느 곳보다 소수 민족이 많은 매우 복잡한 곳이다. 사실 미륵은 한족이 아닌 라오스 및 베트남 북부의 산악 민족과 공통점이 많은 고원지대 부족인 하니족Hani의 영토였고, 그들의 음식은 중국 음식보다는 동남아시아 음식 맛이 더 강하다. 백모님은 이 사실을 인정하지 않았지만, 어쨌든 백모님의 아버지도 의심할 여지 없이 하니족이었다.

고추, 쌀, 옥수수는 쿤밍昆明 남쪽과 윈난성의 차 중심지인 푸얼普洱 인근에서 대량 거래된다. 베트남과 국경을 맞대고 있는 이 구릉 지역에서는 신맛 향료, 토종 약초, 고기, 응고된 피, 벌 번데기 등이 많고, 요리법이나 맛에서 한식과는 전혀 다른 열대 음식으로 변모한다. 이곳의 주요 작물은 홍미紅米로, 지난 1300년 동안 산비탈을 깎아서 만든 수천 개의 논에서 재배된다. 하니족은 해와 달, 불은 물론 산과 숲, 강을 숭배한다. 남녀 모두 터번을 착용하고 일상복은 소박한 검정 또는 남색 천으로 만든다. 종교 제례나 계절 축제 날이면 그들의 의상은 화려한 색으로 바뀌고 여자들은 복잡한 은 장신구로 몸을 단장한다.

다시 말해, 한족과 하니족의 문화 사이에 존재하는 격차는 밤과 낮의 차이만큼이나 크다.

J. H.의 어머니에 대해 알아야 할 네 번째 사항은 윈난성 출신인 부모가 어찌 된 사정인지 톈진 북쪽에 잠시 주둔했다는 것이다. 이 정보를 바탕으로 해당 도시의 지역 역사를 참고해서 백모님의 출생 연도를 1919년으로 추정할 수 있었는데, 이는 백모님이 주장한 것보다 3년 이른 것으로, 그녀의 세계가 뒤집혔을 때 유치원에 다닐 나이였다는 말이 된다. 세 살 먹은 아이였을 때의 기억이니, 60년이 지난 지금은 의심스러울 만하지만, 여섯 살 나이에 운전기사에 대한 기억과 유복한 생활을 했다는 기억을 간직할 정도로 성숙했는지는

모를 일이다.

　자, 백모님이 1919년 톈진에서 장군과의 친분 덕분에 부유하고 위엄을 누린 하니족 아버지 밑에서 태어났다고 가정해 보자. 당시 하니족은 한족이 그랬던 것처럼 자녀가 성인이 될 즈음에 중매결혼을 했다. 그러나 이 이야기에서 더 중요한 것은 한족과는 달리 하니족은 일부일처제였으며 그래서 언젠가는 두 번째 또는 세 번째 아내를 얻는다는 기대를 할 수 없었다는 사실이다. 따라서 아들을 낳고 싶은데 아내가 아들을 낳지 못하는 경우, 하니족 남자들은 첩을 데려올 수 있었다.

　그래서 이제 우리는 J. H.의 외할머니로 넘어간다. 그분은 내 개인적인 영웅 중 한 분이 되었지만, F. 스콧 피츠제럴드는 "영웅을 보여주면 비극을 써 주겠다"라고 말한 바 있다. 남편의 가족이 늘 라오라오라고 부르는 외할머니 류위쿤은 저우중샹의 정실부인이라고 묘사됐는데, 솔직히 나는 그분의 지위가 심히 의심스러웠으나 이를 내색하는 건 자살 행위나 다름 없었다. 그러나 모든 증거는 아마도 전혀 다른 합의가 있었을 것이란 추측을 가능하게 한다.

우리에게 있는 두 장의 사진—행복한 중년과 말년의 모습인—으로 미뤄볼 때, 라오라오는 미모가 뛰어났지만, 결혼 중개업자가 저우 중샹같은 권력자의 아내감으로 추천할 때 유용한 인맥이나 하니족 혈통 같은 조건을 거의 갖추지 못했다. 대신 류씨 가문의 유일한 영광은 두 명의 조상에게 있었다. 한 명은 톈진 근처의 하북 북부에 정착한 야나기라는 무사였다.⁵⁰ 가문의 구비 설화에 따르면 이 무사는 명나라 황제 앞에서 벌인 결투에서 승리하여 상으로 톈진 근처의 땅을 받았는데, 그 이후로 그곳을 류 대인大人의 장원이라고 불렀다.⁵¹ 또 다른 흥미로운 조상은 황실 태의였다. 백모님은 그 조상이 왕실의 병자를 돌볼 때 입었던 궁중 예복을 기억하고 있었고, 그의 공식 인장은 그녀가 톈진에서 탈출할 때 잃어버렸다는데, 이 이야기는 곧 다루어질 것이다.

　라오라오는 톈진에 있는 한족 식당 주인의 딸이었다. 라오라오의 아버지가 식사하러 온 군벌의 중위와 모종의 우정을 쌓았을 것이라고 이해된다. 아마 그는 단골이었고 여러 일이 이어지다 보니 저우 중샹은 식당 주인의 외동딸과 정식 결혼 또는 사실혼을 하는 데 합의했을지도 모른다. 식당 주인은 이러한 계약을 통해 보호뿐만 아니라 충분한 특권도 얻을 수 있기에 장래 사위가 하니족의 피를 이어받았다는 사실쯤은 기꺼이 간과했을 가능성도 있다. 게다가 라오라

50.　야나기는 일본어로 중국 성 류(柳)씨와 마찬가지로 "버드나무"를 의미한다. 하지만 백모님은 십 대가 될 때까지 이 조상에 대해 들어본 적이 없다. 백모님은 그날 신문에 어떤 새로운 잔혹 행위가 나왔던 간에 일본에 대한 극심한 증오를 표현하고 있었는데, 그때 백모님의 어머니가 백모님을 올려다보며 "음, 네가 알아야 할 게 있다"라고 말했다고 한다.

51.　20세기 후반에 좀 더 프롤레타리아트처럼 들리는 류가 마을 또는 류가정柳家莊으로 이름이 변경되었을 가능성이 있다. 왜냐하면, 그 장소는 톈진에서 남쪽으로 약 185마일 떨어진 곡창지대에 자리 잡고 있기 때문이다.

오의 아버지는 재정 상태가 좋지 않아서—이건 거의 확실한데, 아버지가 돌아가신 후 일가족이 거의 무일푼 신세가 되었기 때문이다—딸을 정실부인이 아니라 첩으로 보낸다면 지참금이나 화려한 결혼식 비용을 낼 필요가 없었을 것이다. 다시 말하지만, 비록 단서들을 통해 가능성을 추정하고 있을 뿐이지만, 셜록 홈스의 명언처럼 "불가능을 제거하고 나면 남은 것은 아무리 가능성이 희박하더라도 진실일 수밖에 없다." 또 라오라오가 간신히 저우중샹의 정실 부인이 되었다손 치더라도 라오라오의 아버지는 두 가지 큰 실수를 저질렀다. 첫째, 군벌의 시대는 오래 가지 못했으며, 둘째, 딸을 심각하게 과소평가했다는 것이다.

라오라오에겐 아버지가 자신을 어떻게 떠나보내든 전혀 발언권이 없었을 것이다. 그녀는 쓸모없는 딸에 불과했다. 심지어 오늘날도 원치 않는 딸들을 고아원에 맡기거나 운이 좋아야 지구 반대편에 있는 양부모에게 해외 입양하는 경우도 있다. 운이 좋지 않으면 여아는 낙태되거나 출생 직후 원인 불명으로 사망하는 끔찍한 운명을 겪을 수도 있다. 현재 중국에는 여성보다 남성이 3,300만 명이 더 많다는 사실은 논쟁의 여지가 없다.

나중에 살아남은 것을 보면 꽤 똑똑했다는 걸 알 수 있지만, 어쨌든 라오라오는 부모를 순종했고 학교 교육을 받지 못한 채 자랐다. 라오라오의 어머니는 아직 유아인 딸의 발뼈를 반복적으로 부수고 발목 끝을 졸라매 곤봉처럼 일그러진 끔찍한 두 발을 만들었고, 라오라오는 다른 사람의 도움 없이는 제대로 걸을 수도 없었다. 그 야만적인 전족 관습이 혐오스러웠던 만큼, 어린 소녀의 발을 짓밟고 성장하지 못하게 만들었던 사람이라면, 소녀의 마음과 의지에 비슷한 만행을 저지르는 데 거리낌이 없었을 것이다. 당시 중국의 많은 지역에서는 지금도 그렇듯 딸은 결국 다른 가족에게 보내져야 할 짐이며, 혼인 때까지 마지못해 먹이고 입혀야 하는 자손으로 취급되었다.[52]

하지만 딸들에게도 하루를 채울 무언가는 주어져야 했다. 그래서 라오라오는 『오만과 편견』의 엘리자베스 베넷처럼 어린 시절과

---

52. 언어는 인간이 서로에게 저지르는 끔찍한 짓에 강제로 비집고 들어와 재갈을 물리는 한편 유쾌한 완곡어법 뒤에 악당을 숨겨주는 역할을 한다. 예를 들어, 중국 남성들은 이 전족을 "3인치 크기의 연꽃봉오리three-inch lotus blossoms"라고 부르며 한때 에로틱하게 여겼고, 영어 번역어인 바운드 피트bound feet는 수백만 명의 중국 소녀들이 발레리나처럼 발가락을 감싸고 다녔음을 암시한다.

십 대를 자수라는 여성적인 기술을 숙달하는 데 바쳤다. 하지만 엘리자베스와는 달리 그녀는 책 속에 파묻혀 머릿속으로 다른 사람의 삶을 살거나 말을 타거나 혼자서 산책을 할 수 없었다. 라오라오는 부모, 그다음엔 남편이 주는 추악한 현실에 영원히 얽매여 살아갈 운명이었다. 그래서 4남매 중 둘째인 라오라오는 다른 방에서 세 형제가 글을 배울 때 혼자 바느질을 해야 했다. 때로 귀 기울여 듣고 글을 배우려고 해봤지만 그러다 걸리면 벌을 받았다. 나중에 라오라오의 딸이 말하길, 라오라오에게 허락된 공부는 가능한 한 숙녀답게 행동하고 매혹적으로 구는 방법뿐이었고, 심지어 무식함도 충분히 숙녀답고 여성스러운 것이라고 배웠다고 한다.

마치 시간이 멈춘 것처럼 라오라오는 그렇게 하루하루를 보냈다. 그녀를 데려가 운명을 결정지어줄 사람이 누구인지 아버지가 말해 주기 전까지는 매일이 같은 일상이었다. 라오라오는 좋든 싫든 간에 완전히 낯선 사람의 손에, 아는 사람 하나 없는 가정에 맡겨졌다. 라오라오는 자신의 가족에 의해서 말대꾸하지 않는 장난감으로 설계되었고 점차 아들을 낳는 존재로 변모해 갔다. 문제는 라오라오가 그 마지막 부분에서 실패했다는 것이다.

이 세상에 온 것만으로 가족에게 큰 실망을 안겨 주었다는 사실은 분명 충격적일 것이다. 백모님은 분명 그렇게 느꼈다. 아들로 태어났어야 했었다. 그랬다면 아버지가 어머니를 버릴 일도 없었을 것이다. 하지만 반대로 만약 백모님이 아들로 태어났다면, 백모님의 아버지는 이 아이를 하니족으로, 자신의 후계자로, 남성성의 증거로 키우기 위해 고향으로 돌려보냈을 가능성이 매우 크다. 설사 그랬다고 하더라도 라오라오는 모든 일에서 그랬듯이 발언권이 전혀 없었을 것이다. 백모님은 내가 그분을 알았던 몇 년 동안 때때로 깊은 우울증에 빠져 여자로 태어난 저주를 원망하며 슬퍼하곤 했다. 백모님의 성별 때문에 아버지가 절대 돌아오지 않았고, 백모님의 어머니는 집안의 가장 없이 홀로 남겨졌으며, 백모님의 어린 삼촌들은 자신들을 지탱해 주던 모든 것으로부터 끊어져 나온 것이었다.

아, 그 삼촌들의 이야기도 잠시 해보자. 라오라오의 큰오빠는 1800년대 중반 아편전쟁 이후 중국이 서방 국가와 일본에 강제로 할양해야 했던 여러 조계지 중 하나였던 톈진의 영국 조계지에서 영어 통역사로 일했다. 안정적인 수입이 보장되었고 다른 중국인이 밟지 못하는 길을 걸을 수 있었으며 영국 군주에게 없어서는 안 될 도구였기 때문에, 그는 이 직업을 다른 가족들보다 더 중요하게 여겼다. 그의 아내는 시대 식구들을 소외시켰고 남편이 가족의 유일한 성공 사례라는 것을 모두가 알 수 있도록 위세를 부렸다. 큰오빠는 시간이 갈수록 가족들과의 교류가 점점 줄었고 특히 저우중샹의 암살로 인해 미약하나마 권력이나 돈의 연결 고리가 끊긴 이후로는 더욱 소원해졌다. 막냇동생은 하는 일이 별로 없었고 결혼도 하지 않았으며 주로 누나에게 의존했고, 둘째 오빠는 불안정하고 연약한 상태로 방황하다가 자신의 어머니가 돌아가시자 절망에 빠져 목을 매 자살했다.

그래서 가족의 생계는 라오라오가 책임져야 했다. 주변 세상이 무너져내린 후에도 라오라오는 물류 창고를 관리하면서 어머니와 형제들을 돌보고 외동딸이 교육을 받고 사랑받게 해 줄 길을 찾았다. 라오라오가 자신의 딸은 정상적인 발을 가질 수 있게 결심한 덕분에, 일본이 톈진 침공을 준비하고 있던 1937년에 J. H.의 어머니는 다른 여학생들과 합류해서 조직적인 탈출을 감행했다. 일본군은 특히 여성에 대한 비인간적인 야만 행위로 악명이 높았기 때문에, 도시가 포위와 폭격, 장기간의 점령으로 인해 다가오는 공포와 굴욕에 대비하는 동안 이 소녀들은 윈난성을 향해 긴 여정을 떠나게 되었다.

백모님이 톈진 항구에서 출항하는 줄에 서 있을 때 한 사건이 일어났다. 앞줄에서 공무원으로 보이는 남자들이 승객들의 짐을 뒤지고 있었다. 백모님에게는 황실 주치의를 지낸 조상의 옥새 인장만 있었을 뿐 별다른 재산이 없었다. 백모님이 톈진을, 아마도 영원히 떠날 채비를 할 때, 라오라오는 딸의 짐 가방에 조상의 역사가 담긴 소중한 기념품으로 그 인장을 잘 포장해 넣어 두었다. 하지만 거기 서 있는 동안, 누가 수화물을 검사하고 있는지, 또 인장이 발각되면 어찌될지 모르는 상황에서 소녀는 당황한 나머지 슬쩍 숨길 생각으로 자기 친구에게 넘겼다고 한다. 그게 백모님이 그 귀한 가보를 마지막으로 본 순간이었다.

J. H.의 어머니는 그 여정에 대해 결코 많은 이야기를 하지 않았다. 대신 백모님은 피난길을 설명하면서 아주 간략히 요약했다. "톈진에서 안남(베트남의 옛 이름)으로 항해한 후 쿤밍까지 걸어서 갔지." 하지만 이건 이야기의 반도 설명하지 못한다. 다른 피난민들의 기록을 통해 내가 알아낸 것에 의하면, 백모님과 동료 학생들은 상하이와 홍콩을 거쳐 위험하고 암초가 많은 해안선을 따라 항해했을 것

이다. 이 배는 그곳에서 중국 최남단의 하이난海南섬으로 향했다가 남중국해를 건너 베트남 북부의 하이퐁에 정박했다. 그리고는 2주 동안 배를 타고 홍강을 거슬러 올라가 하노이를 거쳐 윈난성 남부에 있는 만하오 마을에 도착했다. 그 후 백모님은 그 성의 남쪽 외곽을 감싸고 있는 산맥을 지나 수도 쿤밍까지 육로로 200마일을 걸어갔다.

이 땅에는 주로 윈난성의 주요 소수 민족인 하니족과 이족彝族이 살고 있으므로, 참으로 묘한 우연이지만 백모님은 미륵에 있는 아버지의 고향을 지나갔을 가능성이 크다. 이 여정은 고되지만 멋진 여정이었으리라. 이 지역에서 더 아래로 내려가면 아이라오 산맥의 물결치는 봉우리에 고대 계단식 논이 정교하게 배치된 위안양현이 있는데, 바로 이 훙허하니족紅河哈尼族의 다랑논 경관은 유네스코 세계

문화유산으로 지정되어 있다.

  백모님은 생계를 위해 일을 해야 했기 때문에 쿤밍에 있는 국립 남서연합대학교에서 학업과 일을 병행했다. 더구나 유명한 의과대학 학장인 황룽쩡의 조교로 일했으니, 백모님의 직장은 매우 탄탄했다. 백모님은 고용주에게 큰 감명을 주었다는 건 황교수가 자신의 멋진 사촌 황룽진을 백모님에게 소개해 준 것만 봐도 알 수 있다. 여전히 소년 같은 외모의 이 전투기 조종사는 북방에서 온 미녀에게 한눈에 반해 사탕과 꽃 대신 고구마—당시 윈난성에선 전쟁이 벌어지고 있었음을 기억하라—를 들고 그녀를 쫓아다녔다. 데이트 할 때마다 그는 그녀를 위해 덩이줄기를 껍질을 벗겨 생으로 주었고, 그녀가 오래된 사원에 앉아 숙제하는 동안 그들은 그걸 당근처럼 나눠 먹었다.

  중국 중남부에서 낯선 사람들 가운데 백모님은 혼자 힘으로 살면서 자신의 인생 이야기를 다시 쓸 기회를 얻었고, 실제로도 그렇게 했다. 배우지도 못한 피아노를 칠 수 있다고 남자친구에게 말한 것처럼, 자기 가치를 높이기 위한 사소한 거짓말도 있었다. 그러나 백모님은 결혼 당시 자신이 주장했던 것처럼 18세의 젊은 나이는 아니었을 것이다. 아마도 당시에는 '노처녀'에 해당하는 21세로 생각된다. 또 백모님은 자신의 아버지가 군벌의 중위에 불과했는데도 장래의 남편에게 자신이 군벌의 딸이라고 알렸다. 그리고 그녀가 순수혈통 한족이 아니라 혼혈 한족이라는 사실에 대해서도 당연히 침묵했을 것이다. 하지만 라오라오가 정말로 첩이었다 해도 딸은 전혀 몰랐을 수도 있다.

1946년 여름에 라오라오가 베이징에 와서 2주 동안 함께 지냈을 때 J. H.는 처음이자 마지막으로 외할머니를 만나봤다. 내전의 마지막 소용돌이가 여전히 계속되고 있었지만, 그의 부모님은 10년 만에 처음으로 평화로운 여름을 즐기고 있었다. 황씨 부부는 옛 황실 정원에서 서쪽으로 몇 블록 떨어진 어두운 집으로 이사했다. 자신의 아버지가 왕실 영지의 한 건물에 일하러 가 있는 동안, J. H.는 불과 수십 년 전까지만 해도 최고 귀족을 제외하고는 출입이 금지되었던 지역에서 놀면서 즐겁게 지냈다. 이 정원의 일부는 1949년 프롤레타리아 혁명 이후 벽으로 둘러싸인 중국 지도자들의 관저로 바뀌었지만, 이는 먼 훗날의 일이었다. 민족주의 중국이 되려면 아직 몇 년 더 있어야 했다.

라오라오는 리틀 쓰리가 태어난 직후 사위와 세 명의 손주를 만났다. 라오라오는 첫 손자를 소개받고 J. H.의 삭발한 머리를 살살 문지르다가 두 개의 작은 돌기를 발견했는데, 마치 용의 돋아나고 있는 뿔과 비슷해 상서롭다고 말했다. 가족들이 그를 부르는 별명이 리틀 드래곤이었기 때문에 이건 아주 잘된 일이었다. 도착한 지 얼마 되지 않아 아름다운 전통옷으로 갈아입고 라오라오는 손자를 데리고 인근 시단西單 시장에 장을 보러 갔다. 그곳에서 J. H.의 외할머니는 손자가 탐낸 반짝이는 검만 빼고 그가 원하는 건 무엇이든 들어주었다. 라오라오는 J. H.가 좋아하는 과자로 눈길을 돌리려고 노력했다. 그건 야생 능금과 비슷하지만, 모래처럼 까끌한 질감이 나는 북부 과일인 산사열매를 막대기에 꽂아서 단단한 시럽으로 덮은 탕후루였다. 유리 같은 껍질이 바삭바삭 부서지는 그 간식을 맛있게 먹으면서도, 다섯 살짜리 소년은 치명적인 무기를 휘두르는 재미를 박탈당한 걸 못내 아쉬워하고 있었다.

하지만 정말 이상한 건 라오라오가 자주 초대를 받지 못했다는 점이다. 실제로 라오라오는 손자나 사위를 다시는 만나지 못했다.

이것은 베이징에서 J. H. 부모의 혼인관계가 사실상 붕괴된 것과 관련이 있는데, 그때가 그의 아버지가 미스 강이라는 젊은 여자와 결혼하기 위해 첫 번째 가족을 자신의 본가가 있는 마을로 쫓아내려고 했던 때였으니 말이다.[53] 아마 그는 자신의 연애로 너무 바빠서 장모를 상대하기 싫었던 것 같다. 어쩌면 장모가 흔히들 중국의 미망인 할머니들이 도맡는 역할대로 유모로 집에 들어앉을까 봐 두려웠는지도 모른다. 그렇게 되면 힘의 균형에 있어 아내 쪽이 더 강해지고, 장모는 미스 강과 그 추방 계획에 대해 분명 말을 거들었을 것이다. 어쩌면 더 단순한 이유에서 꺼려했는지도 모른다. 장모는 두 명의 남편을 모두 잃었으니 그는 장모가 불운을 가져온다고 믿었을 수도 있다. 또는 그는 장모의 재혼을 부끄러워하지 않았을까? 과거 중국은 과부들이 정절을 지키며 가난 속에서 살다 죽은 경우—물론 완고한 남성 가부장들에 의해—이른바 '열녀문'이 세워졌다.[54] 그러니

---

[53]. 말문이 막힌 J. H.의 아버지가 아내에게 여자친구의 특징을 설명하려고 했을 때 할 수 있었던 말은 기껏해야 강씨가 8파운드짜리 보온병을 가진 좋은 집안 출신이라는 것뿐이었다. 이 진공 단열 보온병이 왜 그토록 중요했는지, 왜 부피가 아닌 파운드 단위로 설명되었는지는 내가 아는 한 누구에게도 속 시원하게 설명된 적이 없다.

[54]. 송나라 성리학자인 정이程頤는 이 불행한 여성들에 대해 다음과 같이 말한 것으로 유명하다. "굶어 죽는 건 상관없지만, 순결을 잃는 것은 큰 문제였다."

이런 이유들이 복합적으로 작용했을 수도 있고, 전혀 다른 이유였을 수도 있다. 단지 우리는 그 까닭을 모른다.

그런데 상황은 점점 더 이상해졌다. 라오라오의 방문이 있은 지 얼마 되지 않아 J. H.와 그의 어머니(백모님), 두 동생은 톈진으로 1박 2일 여행을 떠났다. 백모님은 거기서 처리해야 할 일이 있다만 했고 자세한 말은 하지 않았다. 아이들은 할머니와 함께 지내거나 할머니를 볼 수조차 없었다. 대신 그들은 라오라오가 소유한 작은 집에서 잠을 자며 정성껏 마련해준 보모에게 보살핌을 받았다. 그날 J. H.의 막내 외삼촌이 나타나 사탕수수를 사러 잠깐 밖에 같이 나갔다 온 것이 외가 친척과 J. H. 관계의 전부였다. 그 후 J. H.의 가족은 베이징으로 돌아갔고, 대만으로 떠나기 전에 몇 차례 통화한 것을 끝으로 해서 라오라오는 그들의 삶에서 영원히 사라졌다.

몇 년 후, 백모님은 장씨의 자녀들이 라오라오를 친어머니처럼 사랑하게 되었다는 사실을 알게 되었다. 시국이 좋지 않아 의붓자식들이 돈이 절실히 필요했을 때, 그녀는 예로부터 물려받은 귀중한 황실 청옥 팔찌를 팔아 그 수익금을 의붓자식들에게 주었다. 라오라오는 끝까지 이타적인 사람이었다.

모든 사람의 삶과 선택이 이 균열이 있는 프리즘을 통해 바라볼 때만 드디어 내게 이해되기 시작했다. J.H.의 부모님과 앉아서 내가 짐작한 내용이 맞는지 물어보고 오해가 있다면 바로잡고 성가신 빈칸을 채울 수 있다면 좋겠다. 하지만 현실은 그 반대로 그들은 아마 지금처럼 입을 다물고 있을 것이다.

내가 이 글을 쓰는 동안 내 앞에는 빛바랜 라오라오의 흑백 사진이 놓여 있다. 이 아름다운 여성을 한 번도 만난 적 없지만 잘 아는 사람처럼 느껴진다. 아마도 내 남편을 너무 많이 닮은 얼굴 때문일 것이다. 날짜가 적혀 있지 않아서 사진을 찍은 시기는 제대로 알 수 없지만, 짙은 립스틱과 눈과 입가에 미묘한 미소를 띤 것으로 보아 장 선생과 결혼했을 때 찍은 사진인 듯하다. 라오라오의 눈빛은 차분하고 강렬하며 지적이다. 라오라오의 두꺼운 검은 머리카락은 목덜미 쪽으로 부드럽게 빗어 넘겨 봉긋한 이마와 사무라이 증조할아버지의 곧은 머리 선을 드러낸다. 라오라오의 막내 손자는 희미하게나마 동그란 눈을 물려받았고, 반면에 남편은 이마뿐만 아니라 눈썹, 코, 턱선까지 그분과 똑같이 닮았다.

나는 작은 수선화 꽃병과 귤 몇 개를 작은 제물 삼아 그녀의 사진 앞에 놓는다. 그녀를 사랑하고 존경하는 사람들에 둘러싸여 살았던 소중한 몇 년 동안 그녀가 행복을 찾았기를 바란다. 수년 뒤 그녀의 막내 손자는 그녀의 유골을 저장성 닝보寧波 근처의, 연꽃 바다에 나무가 우거진 어느 작은 섬으로 옮겼다. 푸퉈산普陀山은 중국 불교의 4대 신성한 산 중 하나로, 라오라오는 결국 영원히 바다를 바라보며 삶에서는 얻지 못한 평화를 찾을 수 있는 신성한 장소를 얻게 된 것이다.

윈난식 냉쌀국수
YÚNNÁN LIÁNG MǏXIÀN · 雲南凉米線

이것은 J.H의 아버지가 어린 시절 윈난성 시골에서 즐겼던 소박한 맛의 음식이다. 이 요리는 날씨가 덥고 습할 때도 입맛을 돋우는 음식이라서 중국 남부 고원지대 전역에서 다양한 형태로 변형해 만들어진다. 전통적으로 자오통칠리 소스昭通醬로 만드는데, 현재로서는 구하기 어려운 소스이므로 훌륭한 대용품을 생각해 냈다. 바로 한국의 고추장에 쓰촨 고추와 땅콩을 섞어 만든 고추장이다. 더 매콤한 맛을 원하면 고추장을 더 넣어라.

Ingredients

- 말린 둥근 쌀국수 500그램 (팁을 참조할 것)
- 땅콩기름 또는 식물성 기름 2큰술과 1작은술
- 콩나물 200그램 또는 숙주나물 100그램
- 다진 돼지고기 250그램
- 마늘 3~4쪽 다진 것
- 고추장 반죽 2~3큰술 또는 취향에 따라 추가
- 마늘 다진 것 ½컵 (40그램) (팁 참조)
- 구운 쓰촨 후춧가루 1작은술 또는 기호에 따라 추가
- 잘게 다진 구운 땅콩 ¼컵 (또는 기호에 따라 그 이상)
- 단 간장 2~3큰술 또는 노두유 2큰술과 설탕 1작은술
- 쌀 식초 2큰술
- 발사믹 식초 1큰술
- 노두유 1작은술
- 굵게 다진 고수 ½컵 (20그램)

Recipe

냄비에 물 약 4컵(1리터)을 넣고 끓인다. 쌀국수를 넣고 저어준다. 면이 부드러

워지면 들러붙지 않도록 젓가락이나 집게로 면을 풀어준다. 면은 다른 파스타와 마찬가지로 알덴테[55] 정도까지만 익혀야 개성이 살아나므로 더 이상 익히지 말아라. (쌀국수 브랜드마다 조리법이 다르므로 포장지 설명서를 확인하라.) 면이 탱글탱글해지고 수분을 가득 머금었으면, 싱크대에 놓인 소쿠리에 쏟은 다음 찬물에 헹구어 더는 익지 않게 한다. 면을 볼에 옮긴 후 식으면서 서로 달라붙지 않도록 기름 1작은술을 넣고 버무린다.

다시 한번 냄비에 물을 넣고 끓인다. 그동안 콩나물을 살펴보고 변색된 콩나물과 느슨해진 껍질은 버린다. 콩나물을 끓는 물에 넣는다. 콩나물을 사용하는 경우, 노란 머리 부분이 더 이상 풋풋한 맛이 나지 않고 아삭아삭한 식감이 유지될 때까지 약 10분간 조리한다. 숙주나물은 살짝만 데치면 된다. 숙주나물은 소쿠리에 물기를 빼고 찬물에 헹구어 아삭한 식감을 살린다. 쌀국수에 넣고 버무려준다.

냄비를 중간보다 센 불에 올린다. 남은 기름 2큰술을 넣고 저어준 다음 돼지고기를 넣고 작은 덩어리로 잘게 부숴준다. 마늘을 넣고 고기가 더 이상 분홍색이 나지 않을 때까지 몇 분간 볶는다. 고추장 반죽을 넣고 약 30초간 버무려 고기를 코팅한다.

다진 부추, 구운 쓰촨 후추, 땅콩과 함께 돼지고기를 쌀국수에 넣는다. 그런 다음 쌀국수 혼합물에 단간장(또는 감칠맛 간장), 쌀 식초와 발사믹 식초, 일반 간장, 고수를 넣고 버무린 후 그릇 4개에 나눠 담는다. 맛을 보고 양념을 조절한다. 채소가 아직 생생할 때 즉시 낸다. 4인분이 나온다.

Tip

속이 비어 있는 장시성 스타일의 말린 쌀국수(라이펀이라고 함)가 특히 잘 어울린다. 어떤 면을 선택하든 스파게티 정도의 두께를 선택해야 나머지 재료와 섞여도 면이 유지될 만큼 충분한 무게감이 있다. 속이 비어 있는 밀로 만든 이탈리아 부가티니도 좋은 대용품이 될 수 있다.

해당 지역에서 부추를 구할 수 없다면 대파의 녹색 부분과 같은 양을 잘게 다지고 마늘 한 쪽을 다져서 넣어라.

---

55. 알덴테(Al dente)는 '씹었을 때 파스타의 단단함이 느껴질 정도로 익은 상태'를 뜻하며, 단면의 심이 사라질 정도로 익힌 정도는 코투라(cottura), 충분히 익힌 상태는 벤코토(Ben cotto)라 한다.

캐러멜라이즈드 갈릭 피시
SUÀNBÀR YÚ · 蒜瓣兒魚

이것은 백모님이 좋아하던 것으로 작은 생선에 마늘을 듬뿍 넣고 끓인 음식이다. 백모님은 이 요리를 고향 톈진 방언으로 'ngao'라고 부르곤 했지만, 중국어로는 '찐'이라는 뜻이다. 백모님에게 있어 이 요리는 진정한 가정식 요리였지만 내가 만드는 방법을 알아내기 전까지는 거의 먹어보지 못했다.

이걸 균형에 관한 연구라고 생각하라. 소금, 식초, 설탕, 기름만 있으면 완벽한 조화를 이룰 수 있다. 식초는 이 북부 요리 특유의 비린내를 잡아주기 때문에 특히 중요하다. 캐러멜화된 설탕은 신맛을 줄이고 소금은 미각을 깨우며 기름은 모든 것을 부드럽게 한다. 마늘도 많이 사용하지만, 천천히 조리하기 때문에 마늘 본연의 매운맛이 부드러운 단맛으로 바뀐다.

전통적으로 이 요리법에는 한국과 중국 슈퍼마켓의 냉동 코너에서 흔히 볼 수 있는 작은 참조기를 사용하는데, 보통 머리와 대부분의 뼈가 이미 제거된 상태다. 너무 작고 연하지 않다면 농어, 숭어, 뱅어 등 약간 비슷한 생선으로 대체할 수 있다. (또는 넙치 필레나 다른 부드럽고 단단한 생선을 사용해도 좋다. 생선이 해체되지 않도록 통째로 익혀서 제공하라) 생선의 뼈는 그대로 두거나 제거하되(어느 쪽이든 원하는 대로 하라) 내장과 아가미는 꼭 제거하라. 어린이나 생선 뼈를 힘들어하는 사람에게 먹이지 않는다면 중국식으로 뼈가 안에 있는 상태로 먹어봐도 좋다. 저녁을 먹는 내내 조금씩 씹어 먹는 재미가 쏠쏠하다.

Ingredients

해동한 냉동 작은 참조기 200그램
껍질을 벗긴 마늘 10쪽 (마늘 껍질을 벗기는 쉬운 방법은 114페이지 참조)
파 3개
땅콩 또는 식물성 기름 3큰술
샤오싱주 3큰술
물 2큰술

가벼운 쌀 식초 2큰술

노두유 1큰술,

설탕 3큰술

고운 천일염 ⅓작은술

Recipe

생선을 헹구고 종이 타월로 감싸서 가볍게 물기를 짜낸다. 나머지 재료를 준비하는 동안 마른 종이 타월에 올려 물기를 빼준다. (신선한 생선을 사용하는 경우 이 단계를 건너뛰어라) 이때 뼈를 제거해도 된다.

마늘을 얇게 썰어준다. 대파의 흰 부분을 잘라내고 1㎝ 길이로 썰어준다. 채소를 비스듬히 2㎝ 크기로 썰어준다.

큰 프라이팬에 기름을 두르고 중간보다 센 불에 올려 뜨거워질 때까지 가열한다. 뜨거운 기름에 생선을 조심스럽게 넣고(이렇게 하면서 생선이 팬에 달라붙지 않아야 한다), 팬을 가볍게 흔들어 생선이 풀어지지 않도록 한 다음 불을 조절하여 생선이 부드럽게 갈색이 되도록 한다. 처음 면이 갈색이 되면 주걱으로 조심스럽게 뒤집고 다진 마늘과 대파의 흰 부분을 넣고 팬을 다시 부드럽게 흔든다. 생선의 양면이 노릇해지면 팬에서 기름 한 큰술을 제외한 나머지 기름을 모두 따라낸다.

샤오싱주, 물, 쌀 식초, 간장, 설탕, 고운 천일염을 팬에 넣는다. 양념이 끓어오르면 뚜껑을 덮지 않은 채로 생선을 넣고 끓이는데, 생선이 흩어지지 않도록 너무 많이 저어주지 말고 가끔 팬을 흔들고 주걱으로 찔러 생선이 골고루 익을 수 있도록 해준다. 소스가 예쁜 캐러멜색으로 졸아들면 양파 채소를 위에 뿌리고 불을 줄인 다음 채소가 시들 때까지 몇 분간 팬을 덮어준다. 소스를 한 방울도 남김없이 즐길 수 있도록 뜨거운 찐빵(J. H.의 어머니는 이것을 고집했을 것이다)과 함께 뜨겁거나 따뜻하게 낸다. 3~4인분이 나온다.

11장

능숙함 Proficiency

쓰촨성 청두: 2017년

저 아래 반짝이는 도시, 창문마다 깨어나는 도시가 나를 부르며 그 도시의 맛있는 비밀들을 탐험해 보라며 재촉한다. 이 높은 곳에서 냄새를 맡을 수는 없지만, 오늘 어떤 음식이 준비되어 있을지를 생각하면 입안에 침이 고인다. 포근한 호텔 가운을 입고도 잠을 이루지 못하고, 나는 무거운 커튼을 전부 열어젖히고 쓰촨성의 수도를 바라본다. 청두는 남편의 출생지로 1941년 이후 처음 다시 찾았는데, 지금은 어두운 방 한켠에서 꿈을 꾸는 걸로 만족하고 있다. 나는 높은 창문의 귀퉁이에 자리잡고 앉아 커피를 마시며 30층 아래 불빛의 물결이 좁은 콘크리트 계곡으로 흘러들어오는 햇살에 의해 차츰 옅어지는 광경을 바라본다.

쓰촨성의 수도에는 거대한 현대식 고층 빌딩들이 하루가 멀다 하고 새로 들어서고 있지만, 골목을 거닐다 보면 이 도시의 2,300년 역사를 말해주는 다양한 풍경을 느낄 수 있다. 고즈넉한 골목, 유니폼을 맞춰 입은 여성들이 최대 볼륨으로 틀어놓은 팝 음악에 맞춰 생동감 넘치게 체조하는 시끌벅적한 모습, 고추기름에 담근 딴딴면과 완탕을 파는 노점상들, 실리콘밸리를 장식하는 첨단기술 힙스터들. 우리는 국무부의 요청으로 이 도시에 주재한 미국 영사관의 독립기념일 기념행사를 돕기 위해 여기로 왔다. 비록 온 지 이틀밖에 되지 않았지만, 나는 이곳의 사람들과 장소, 음식에 빠르게 빠져들고 있다.

그저께 나는 간판도 없을 정도로 고급스러운 레스토랑을 운영하는 유명 셰프 란구이쥔蘭桂均과 함께 식료품 장을 보러 갔다. 전통 주택가에 자리한 옥지란 식당은 캘리포니아 나파 밸리의 프렌치 런드리에서와 같은 고급스러운 정찬을 제공한다. 란 셰프는 주방에 누구도 들이지 않는다고 들었지만, 오늘만은 예외로 하기로 했다. 나는 요리책 작가라는 새로운 지위 덕분에 몇 시간 동안 그의 부주방장이 될 것이다.

2016년에 나의 대작인 『천국 아래 모든 것: 중국의 35가지 미식 *All Under Heaven: The 35 Cuisines of China*』이 출간되었다. 결국, 나를 여기까지 오게 한 이 책은 나에게 세 번째로 큰 경력 변화를 예고했다. 물론 나는 대만에 있을 때 여러 문화 기관에서 통역하고 학술 논문과 책을 번역하는 일로 출발했다. 그러다가 1985년에 캘리포니아로 돌아

---

56. 샌프란시스코에 있는 유명 프랑스 식당.

온 후 주법원 및 연방 법원에서 중국어 전문 통역사로 일하게 되면서 내가 하는 일이 우회로로—그렇지만 놀랍지는 않은—살짝 방향을 틀게 된 것이다.

법정 통역만큼 다른 언어의 구사 능력을 빠르게 늘려주는 것이 없다. 한 언어로 하는 말이 귀에 쏙쏙 들어오고 다른 언어로 하는 말이 입에서 부드럽게 흘러나와야 한다. 또한 형사, 민사, 가족, 소년부, 교통, 행정법, 항소법원에서 제기되는 모든 유형의 사건과 수많은 지적 재산권 소송에 대해 요구되는 전문 용어들을 전부 숙지해야 한다.

실리콘 밸리의 첨단기술 탈취 사건의 증언을 다루면서부터 나를 찾는 수요가 금세 높아졌는데, 여기선 새로운 차원의 통역인 순차 통역이 요구되었기 때문이다. 증인이나 변호사가 몇 문장을 말하면 내가 통역하고 법정 리포터가 그 단어 하나하나를 받아 적는 것이다. 장점은 에칭 공정부터 고급 코딩에 이르기까지 모든 것에 대한 고도의 기술적인 논의를 정확하게 번역할 수 있는 노트용 속기 체계를 개발했다. 하지만 하루에 10시간씩 중압감이 크고 힘든 통역을 하다 보면 뇌 인지에 부담이 된다는 단점이 있었다. 그 결과, 나는 점차 약간의 말더듬증이 생겼는데, 지금도 피곤할 때마다 뇌가 두 언어 사이를 미친 듯이 오가며 끊어진 생각의 줄을 찾아 헤매곤 한다. 또 다른 문제는 늘 고속으로 실행되는 통역 스위치를 마음대로 끌 수 없는 경우가 많다는 것이다. 그래서 법원에서 은퇴한 지 10년이 넘었지만, 여전히 나는 머릿속에서 텔레비전 프로그램은 물론 대화, 광고판, 트윗, 영화 등 모든 것을 자동으로 해석하고 만다.

바쁜 와중에도 한가하거나 시간이 남을 때마다 나는 중국 요리에 관한 책을 읽으며 시간을 보낸다. J. H.와 나는 타이베이에서 맛있게 먹었던 음식을 먹고 싶지만, 1980년대 중반 베이 지역의 중국 식료품점과 레스토랑은 여전히 광둥식을 고수하거나 중국계 미국인이 운영하는 경향이 있다. 캘리포니아에 산다는 것은 차이나타운을 방문할 때마다 우리가 애호하는 프랑스식 수프와 발아 누에콩, 엽선생의 닭 다리 구이, 전통 방식으로 발효시킨 쓰촨 피클, 그리고 머나먼 하카족 사촌의 비밀 훈제 치킨 요리법에 이르기까지 상하이식 특별 요리를 재현할 방법을 찾기 위해 내가 정말 열심히 노력해야 한다는 뜻이다.

태평양을 횡단하는 비행기를 탈 때마다 나의 중국어 요리책 컬렉션에는 새로운 책이 추가된다. 어느새 캘리포니아의 우리 집 주방 조리대에는 보글보글 끓는 통이 즐비하고, 냉장고에는 갓 절인 채소가, 채소 칸에는 건어물과 갑각류가 숨겨져 있고, 찬장에는 펑키한 재료가 담긴 병들이, 차고에는 각종 식재료로 넘쳐난다. 나는 대만에서 처음 알게 되어 사랑하게 된 요리들과 이후 중국 본토와 그 밖의 지역에서도 사랑하게 된 요리들에 대한 기록을 남기고자 『천국 아래 모든 것』을 쓰게 되었다. 이 책은 중국 전역을 5개의 요리 문화권과 그 밖의 35개 하위 지역으로 구분하고 300여 가지 레시피를 해설한 책이다. 또한 중국에서도 유럽만큼이나 많은 음식 전통이 있다는 가설을 최초로 제시한 책이다.

그런데 내가 처음에 쓴 초안은 훨씬 더 야심 찬 것이었다. 사실

조금 미친 짓에 가까웠다. 나는 서양 독자들에게 중국 요리의 놀라운 범위와 훌륭함을 더 많이 보여줄 수 있도록 1,500가지 요리법을 담은 책, 가상의 중국판 그랑 라루스 요리백과에 대한 제안서를 썼다.[57] 안타깝게도 이 아이디어는 좋은 반응을 얻지 못했다. 사실 이 프로젝트에 관심을 보이는 출판사는 단 한 곳도 없었다. 당시 내 에이전트는 아무도 중국 음식 요리에 관심이 없다며, 그 이유는 중국 음식은 너무 많이 자르고 볶고 기름이 날아다닌다고 생각한다고 귀띔해 주었다. 내 생각은 좀 다르다고 했더니 그는 현지 서점의 요리책 진열대를 살펴볼 것을 제안했다. 그의 말이 맞았다. 아시아 요리에 관한 책들은 모두 선반의 한 귀퉁이에 꽂혀 있었고, '완전 정복', '중국', '요리책' 같은 단어가 포함된 제목의 책들은 두께가 1인치를 넘

---

57. Laroucce Gastronomique, 프로스페르 몬태그네가 쓴 프랑스 요리 백과사전.

지 않으면서 사진으로 가득 채워진 경우가 많았다. 그에게 내가 어떻게 해야 하냐고 물어봤다.

"이탈리아 음식에 대해 써주세요." 그는 열정적으로 외쳤다. "누구나 좋아해요."

3초 정도 이탈리아로 이주해서 유창한 이탈리아어를 배우고 이탈리아인과 결혼해 새 인생을 시작할까도 생각했지만, 정신을 차리고 보니 새 남편보다 새 에이전트가 더 필요하다는 결론이 나왔다. 그 후 나는 점점 더 절박하게 원고를 받아줄 사람을 찾기 위해 네 명의 에이전트를 더 찾아다녔다. 결국 나는 이 새로운 경력에 집중하기 위해 법원에서 은퇴했기 때문에 에이전트나 출판사, 심지어 수입원도 없는 상태였다. 1994년 윌리엄 모로 출판사에서 J. H.의 손자병법 연구서를 출판해 준 덕분에, 그는 중국 최초의 철학 논문인 도덕경을 새롭게 살펴볼 여유가 생겼지만, 둘 다 수입이 안정적이지 않아 지출을 최소한으로 줄여야 했다. 그 무렵 J. H.의 딸이 우리와 함께 살면서 대학에 다녔기 때문에 우리는 더 큰 집으로 이사했는데 공동묘지 가장자리에 있는 집이라서 집 주변에는 매우 조용한 이웃밖에 없었다. 묘지 옆에 사는 것을 매력적인 일로 여기는 사람은 거의 없었기 때문에 에메랄드빛 산타크루즈 산맥의 멋진 전망을 자랑하는 아름다운 실리콘 밸리 집의 임대료는 놀라울 정도로 저렴했고, 덕분에 내게는 무엇을 해야 할지 충분히 생각할 수 있는 여유가 생겼다.

운명의 장난처럼 맥스위니사의 편집장이 차오저우식 소고기 수

프인 북캇타이[58] 요리법을 찾다가 나에게 연락을 해왔다. 곧 한 가지 일이 또 다른 일로 이어졌다. 적절한 순간이 처음으로 왔을 때 나는 물론 기존 책을 상당히 축소한 버전의 제안서를 내놓았다. 그녀는 이 책을 읽고 자신과 동료들에게 시식용 점심을 만들어 달라고 요청했다. 자신이 먹은 음식이 마음에 들었는지 그녀는 나에게 첫 번째 책 계약을 제안했고, 그녀는 또한 음식과 글에 대한 잡지 『럭키 피치』에서 일하고 있어서 나에게 획기적인 새 음식 잡지에 기사를 쓰고 삽화를 그리자고 제안했다. 이 기사는 나중에 코펜하겐에서 열린

---

58. buk kat tay, 말레이시아식 매운 돼지갈비탕.

MAD심포지엄에서 그 잡지를 대표하는 유인물로 만들어졌고, 얼마 지나지 않아 내 두 번째 책인 『딤섬 현장가이드*The Dim Sum Field Guide*』로 출간되었다. 갑자기 세 번째 경력이 날개를 달았다. 지금 생각해 보면 아주 쉬운 일처럼 들리지만, 첫 번째 책은 결국 집필하는 것보다 판매하는 데 두 배나 더 오래 걸렸다. 그런데도 2016년에 출간된 『천국의 모든 것』은 놀랍도록 호평을 받았다. 이 책은 2017년 제임스 비어드 상 후보에 올랐고, 같은 해에 내가 쓴 J. H.의 어머니에 관한 단편소설 『굿 그레이스*Good Grace*』가 비어드 재단의 M. F. K. 피셔 탁월한 작가상 후보에 올라 지금 읽고 있는 이 회고록의 씨를 뿌렸다.

그리고 이 모든 게 청두로 향하는 아주 우회적인 경로로 나를 이끌었다.

오늘 점심에는 중국어로 '마늘 진흙 흰 살코기' 또는 '콰니 바이로우'라는 음식을 먹는데, 내가 갈릭 라바 포크(291쪽)로 이름을 바꾼 것이다. 다른 도시에서 여러 번 먹어본 적 있었지만, 이번 버전은 정말 맛있다. 청양궁 사원 서쪽에 있는 작은 골목에서 절판된 책을 찾느라 긴 아침을 보낸 후 어떤 분주한 현지 식당에서 난 이 음식과 마주쳤다. 남편과 나는 옛 방식이 사라질까 봐 골동품 요리책을 찾는 일을 그만두지 않고 있다. 구불구불한 모디강 옆에 있는 작은 상점은 우리가 찾아다니던 맛있는 음식을 발견하는 기쁨을 주기 때문에 먹을 만한 것을 찾아가려고 걸어서 즐겁게 다리를 되돌아 건

너다보면 J. H.는 자기 손에 무거운 토트백을 너무 많이 들려 있다는 걸 깨닫는다.

이 식당의 '이빈宜賓'이라는 글자를 보자 가슴이 뛴다. 이 단어는 파이어 누들*Yibin Ránmiàn*·란몐燃面, 딴딴면이 변형된 것으로 훨씬 더 고소하고 고기가 덜 들어간 면으로 유명하기 때문이다. 나는 점심을 먹으러 서둘러 가며 J. H.의 손을 잡아끈다. 윈난성 인근과 쓰촨성 남동쪽 가장자리에 위치한 이빈은 4천 년에 걸친 역사를 자랑하는 도시로 중국 기준으로 봤을 때도 아주 오래된 도시다. 따라서 이곳 음식은 한족과 현지 소수 민족(주로 이족과 묘족)의 맛있는 퓨전 요리로 변모하는 등 다양한 방식으로 발전할 수 있는 충분한 시간이 있었다. 우리는 물론 국수를 먹고 그 국수는 예상대로 맛있지만, 이곳의 모든 테이블에 올라 있는 차가운 돼지고기 요리는  훌륭한 요리 솜씨를 느낄 수 있었다. 겉보기에는 얇고 가느다란 오이 리본 위에 절인 순살 돼지고기를 저며 얹은 것 같지만, 그 비네그레트 드레싱 안에 아주 살짝 길든 마늘이 듬뿍 들어 있다. 나는 청두에 있는 한 매일 그곳에서 식사하고 싶다는 강한 욕망과 함께 숨을 가쁘게 몰아쉬며 식사를 마치고 일어난다.

  이곳에서 나를 끌어당기는 것은 레스토랑 요리만이 아니다. 이 도시의 소박한 길거리 음식과 간식조차도 더 많은 것을, 항상 더 갈망하게 만든다. 거의 매일 우리는 여러 노점상을 방문해 '이상한 맛 땅콩'(289쪽)이라는 것을 한 봉지씩 사서 집에 돌아가면 만들어 먹으려고 그 맛을 꼼꼼히 분석해 본다. 골목을 거니는 동안, 나는 생각에 잠겨서 견과류를 씹어 먹으며 J.H.에게 내민다.

  "어떤 향신료 맛이 느껴져?" 나는 그에게 묻는다. 그는 눈을 감고 집중해서 엄숙하게 견과류 몇 개를 씹는다. "소금, 설탕, 고추, 쓰촨 고추… 또 들어 있는 게 뭐지? 다섯 가지 향신료가 들어간 것도 있지만, 이건… 이건 완벽해. 후추 맛은 확실히 나는데 다른 건 뭐지?"

  그는 한 줌을 더 가져가고 나는 그가 나를 사랑하는 만큼 땅콩을 좋아해서 그러나 보다고 생각한다. 마침내 그는 한마디 한다. 쯔란, 일명 커민은 아주 당황스러운 단어인데, 최근까지 내가 접한 중국 음식에 거의 나오지 않았고, 예전 사전에는 이 단어가 실려 있지도 않기 때문이다. 2001년에

---

59. 식초에 각종 허브를 넣은 샐러드 드레싱.

우리가 신장을 방문했을 때 위구르족의 빵, 구운 양고기와 채소, 바비큐 생선과 닭고기에 늘 있던 이 향신료의 놀라운 향이 마침내 내 마음을 사로잡았다. 중국에서는 항상 구이에 곁들이는 쯔란의 흙내음 같은 향은 고추, 마늘, 기름과 어우러져 중앙아시아를 떠올리게 만드는 향긋한 양념이 된다. 쓰촨성은 한때는 한족의 변방으로 여겨졌고 다른 민족이 많이 거주하는 신장新疆과 칭하이青海 지역과 가까워서 길거리 음식에서 쯔란 향을 빼놓을 수 없다.

신장 위구르 자치구의 수도인 우루무치는 아시아 대륙의 정중앙에 있는데, 나는 중국 전역을 가로질러 우루무치로 향하는 첫 비행을 통해 마침내 이 자치구의 놀라운 규모와 다양성을 이해할 수 있었다. 그런데도 나는 내가 서 있는 신장의 수도로부터 키프로스섬이 일본만큼이나 멀리 떨어져 있다는 사실, 지구상의 그 어떤 곳보다 바다에서 멀리 떨어진 곳에 와 있다는 사실이 여전히 이해되지 않는다. 코를 들어 공기 냄새를 맡았다. 사막 냄새가 났고, 그렇다, 쯔란 냄새가 났다.

내가 다닌 타이베이 어학원에 있던 낡은 지도는 우리가 그 나라를 횡단할 무렵에야 드디어 제 색을 되찾았다. 어두운 숲, 넓은 강, 황토색 사막, 고비의 회색 달 풍경, 수백만 년 전 땅에서 분출해 나라를 반으로 가른 거대한 친링秦嶺산맥의 무수히 많은 봉우리들, 반짝이는 논, 우뚝 솟은 도시, 수평선으로 뻗은 수 마일의 지평선 등 밋밋한 파스텔색들이 더욱 놀라운 현실로 바뀌어 있다. 나는 아래에 있는 진짜 중국을 바라보았고, 내가 열렬히 사랑하게 된 이 땅의 광활함과 강력한 아름다움을 마침내 이해하기 시작하고는 전율에 휩

싸였다.

란 셰프가 우리를 반갑게 맞이하며 황금색 실국수를 전통 방식으로 만드는 법을 알려준다. 그는 매끄러운 나무 조리대 위에 큰 사각형 모양의 뻣뻣한 달걀 반죽을 놓고 그 위에 무거운 대나무 막대기를 놓는다.[60] 막대기의 한쪽 끝은 벽에 달린 큰 회전 고리로 연결[61]되어 있어서 막대기의 다른 쪽 끝을 타고 위아래로 튕기면서 앞뒤로 움직여서 엄청나게 단단한 반죽을 부드럽게 밀어준다. 반죽이 아주 부드러워졌다고 판단되자, 란 셰프는 반죽을 매끄럽고 부드러운 시트로 펴서 밀가루를 뿌린 다음 두루마리처럼 말아 올린다. 란 셰프는 벽에서 무거운 철제 칼날을 꺼내 내게 보여주고 감탄을 자아낸 뒤에, 반죽을 가늘게 가닥을 낸다. 한 번 쉬기 전에 14번을 세어 자르는데, 이때 칼날을 롤 아래로 2㎝ 정도 움직인다. 그는 나에게 마무리하라고 하고, 내가 14개의 작은 가닥을 만들어 내고 잠시 멈출 때마다 그는 기뻐하는 표정을 짓는다.

내가 스승의 지시를 잘 따르는 데 만족한 그는 우리를 자신의 최신식 조리실이 있는 작은 주방으로 안내한다. 그는 여전히 요리를 돕고 싶냐고 내게 물었고, 당연히 그렇다고 대답했더니 어서 준비하라

---

60. 이상하게도 엘리자베스 데이비드(Elizabeth David)의 1977년 걸작인 『영국식 빵과 이스트 조리법English Bread and Yeast Cookery』에서도 거의 똑같은 내용이 나온다.
61. 연결된 두 부분 중 한쪽은 고정하고 다른 한쪽은 회전하게 만든 장치.

고 한다. 집에서 가져온 줄무늬 앞치마를 입으니 꽤 긴장된다.

"셰프님, 저는 뭐부터 할까요?"

"버섯을 씻어 주세요."

내가 송이 더미를 꼼꼼하게 닦고 다듬는 동안 셰프는 나머지 소규모 팀원들에게 일을 시킨다. 프랑스와 중국의 유명한 셰프들의 까다로운 요구사항에 익숙지 않은 것도 아니라, 나는 버섯 손질이 끝나자마자 작업 공간을 박박 문질러 닦는다. 손을 씻고 말리기 전에 바닥에 묻은 얼룩을 모두 닦아낼 즈음 나는 셰프의 눈에 작은 불꽃이 이는 걸 알아챈다.

"다른 일 하실 준비 되셨어요?" 내가 대답할 때까지 기다리지 않고 그는 마른 냄비에 잉어 세 마리를 통째로 담는다. "잘 보세요."

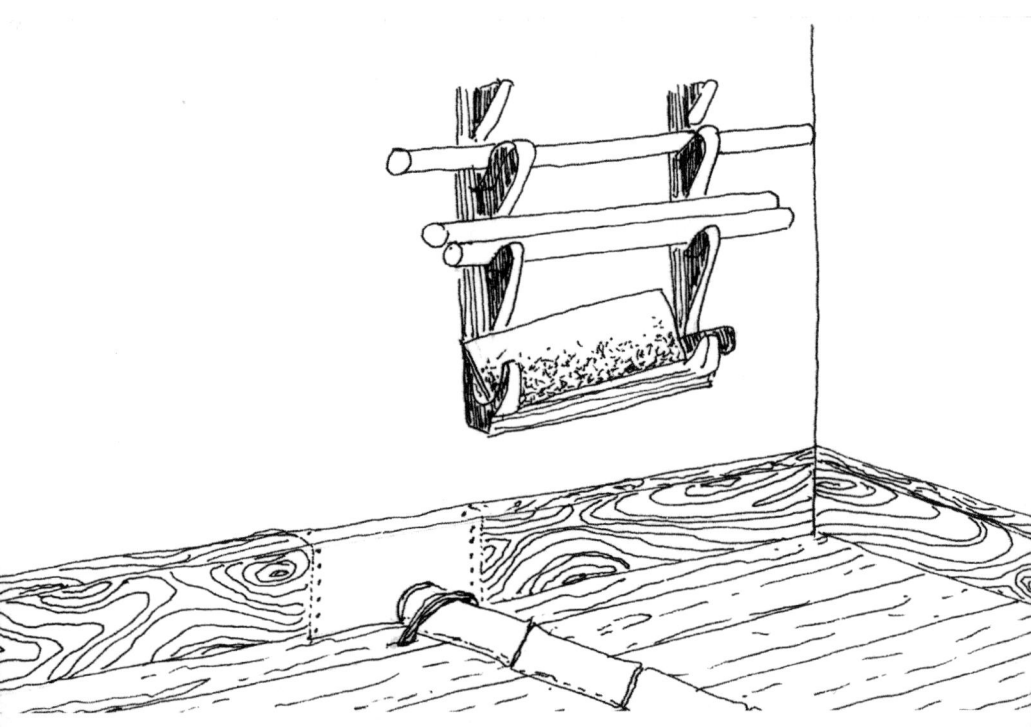

비늘, 내장, 지느러미 등 생선 전체를 냄비 주걱으로 약한 불에서 던지기 시작한다. 던지고, 던지고, 던진다. 그는 주걱으로 약간 잘게 썰어준 다음 모든 걸 나에게 넘긴다.

"이제 계속 던져 부수세요." 어른들이 진짜 일을 하는 동안 크레파스를 주고 놀게 하는 것 같은 일을 하는 거 아닌가 궁금해하며 나는 진지하게 허드렛일에 들어간다.

"언제까지 계속 던져야 하나요?" 나는 묻는다. "내가 그만두라고 할 때까지요." 그는 답한다. 그는 5분 정도마다 내 쪽을 흘끗 쳐다보며 백기 들 징후가 보이는지 확인하지만, 나는 포기할 생각이 없다. 한 시간 후, 세 마리의 생선은 건조하고 폭신한 조각 더미로 분해되었고, 그 지점에서 그는 나에게 한쪽으로 비켜서라고 한다. 그는 조각난 생선 위에 끓는 물을 부어 그 유백색 액체를 끓인 다음 국물을 걸러내고 소금을 쳐서 양념한다. 셰프는 내가 맛본 생선 중 가장 순수한 진액 한 숟가락을 주며 내 노고를 보상한다. 이건 자칫 잘못하면 이상한 맛이 나고 식욕을 떨어뜨릴 수도 있다. 하지만 여기에서 제대로 된 손길—적어도 제대로 된 감독—아래서 이 세 마리의 생선은 강렬하고 영광스러운 국물로 변모했다.

잠시 휴식을 취한 뒤 J. H.와 나는 미국 영사관 직원들 및 몇몇 새로운 친구들과 함께 세련된 예술품이 가득한 학자의 서재처럼 꾸며진 옥지란 식당의 룸에서 근사한 식사를 즐긴다. 그의 테이스팅 메뉴[62]는 청두의 고전 요리를 세련되게 재해석한 것으로 이루어져 있고 약속대로 맛있을 뿐만 아니라 모든 요리를 제대로 이해하고 감상할 수 있도록 란 셰프가 직접 서빙을 맡고 설명을 곁들여서 코스마다 큰 기쁨을 준다. 프렌치 런드리 식당에서처럼 20가지 코스 내내 아주 적은 양의 음식만 선보이는데, 생선 향이 나는 가지가 소스를 바른 섬세한 두 조각으로 변신하고, 랍스터 알을 곁들인 여러 색깔의 국수가 정교한 작은 원반에 담겨 나오며, 식사 중간 입가심을 하도록 반투명한 젤리 덩어리 위에 소금에 절인 자두 한 개가 얹어 나오는 식이다. 마지막 코스는 모든 훌륭한 중식 요리에서 늘 그렇듯 뜨거운 수프다. 상상할 수 있는 최고로 섬세한 황금색 국수 가닥이 작은 생선 육수 그릇에 둥둥 떠 있는데, 둘 다 만들 때 내가 직접 거들었기 때문에 란 셰프는 그걸 내 앞에 내놓으며 능글맞은 미소를 지어 보인다.

청두에 사는 또 다른 친구가 은퇴한 현지 전통 요리사인 자신의 아버지를 소개해 주었고, 그는 가족과 함께 사는 집으로 우리를 초대해 저녁 식사를 함께했다. 이날은 내 평생 가장 더운 날이었지만 다행히도 양 셰프가 약간 매콤한 견과류 드레싱을 뿌린 차가운 셀터스[63], 고수잎과 파를 넣고 버무린 잘게 썬 돼지 귀, 약간 시큼한 소

---

62. 한 접시에 다양한 메뉴를 올려 시식하게끔 한 식사.
63. 셀러리와 상추를 교배시켜 얻은 채소.

스에 담근 아삭한 오이 등의 다양한 냉채 요리로 우리를 맞아 주었다. 날씨가 너무 더워서 먹기 힘들 거란 생각은 이 음식을 맛있게 먹는 동안 사라진다. 곧 쿵파오 치킨, 맑은 국물에 동과 조각을 넣은 작은 미트볼, 날개 모양으로 펼쳐 놓은 커스터드처럼 부드러운 잉어찜 등 이 도시의 색다른 특선 요리가 나온다.

우리는 식사하면서 대화를 나누고, 나는 문화혁명 이전의 청두 음식이 어땠는지, 서양인들이 믿어온 것처럼 늘 마라처럼 매운 음식이나 얼큰하고 뜨거운 음식이었는지 자세하게 알아본다. 나는 물론 타이베이에 있는 청두의 미식 식당에서 여러 번 식사한 적이 있었고, 옥지란에서의 정교한 만찬에서도 매운맛이 이따금 조금씩 나오긴 했는데, 그런 경험들이 예외적인 경험이었을까? 양 셰프가 미소를 지으며 직접 판단하라는 듯 우리 앞에 놓인 빈 접시와 그릇을 향해 손을 흔든다. 그리고 그의 말이 맞다. 그의 요리 중에 조금이라도 매운 요리는 몇 가지에 불과했다. 구운 쓰촨 후추의 매운 향이 셀터스를 감싸고, 검게 그을린 말린 고추가 쿵파오 치킨에 향을 더했지만 그것 말고 매운 맛은 거의 없었다. 그의 저녁 식사는 감각의 과부하를 유발하기보다 완벽히 신선한 재료들이 가진 고유의 맛을 강조하는 데 더 중점을 두었다. 마오쩌둥의 요리를 담당했던 경험, 주방 전문가로 사는 삶, 은퇴한 청두요리사협회 회원으로 활동한 경험에 대해 그는 이야기한다. 우리는 그들을 만나도 되냐고 묻는다. 그는 두고 보자면서, 9월에 예정된 다음번 방문에서 만날 수도 있다고 했다. 그리고 아니나 다를까, 몇 달 후, J. H.와 나는 약 30명의 나이든 남성들을 원형 식탁에서 마주하게 되었고, 그들은 중국에 8가지 이상의 미식 요리법이 있다는 내 이론을 어떻게 받아들여야 할지 몰라 당황한다.

나는 정말 그들을 비난할 수 없다. 불과 100년 전까지만 해도 중국은 창장강을 일반적인 경계선으로 삼고 음식과 문화, 사람들을 북쪽 아니면 남쪽 출신으로만 분류했다. 오늘날 대부분의 중국 미식가는 자국에 훌륭한 미식의 작은 분파 하나는 있다고 장담할 것이다. 네 개까지 언급하는 사람도 있지만, 열 개 이상을 제시하는 경우는 드물고, 보통 여덟 개로 제시하는 경향이 있다. 언뜻 보기에는 중국의 엄청나게 복잡한 음식 문화를 아주 쉽게 이해할 방법을 알려주는 듯하지만, 왜 산둥성, 장쑤성, 저장성, 안후이성, 푸젠성, 광둥성, 쓰촨성, 후난성만 그 등급에 해당하는지를 생각해 본 사람은

거의 없다. 지난 40년 동안 나는 이 개념에 사실적 근거가 있는지, 문화적으로나 미식적으로 배제된다는 것은 어떤 의미인지, 다른 나라에서는 저녁 식사로 무엇을 즐기고 있는지 걱정하는 소리를 들어본 적이 없다.

중국의 음식을 바라보는 또 다른 인기 있는 방법도 있는데, 산둥성, 광둥성, 쓰촨성, 장쑤성 남동부의 쑤저우시 등 중국의 4대 요리의 렌즈를 통해 보는 방법이다. 이 개념은 8대 요리 개념보다 기껏해야 수십 년 이상 앞선 개념일 것이다. 하지만 일반적인 요리가 네 가지밖에 없다는 생각은 그 출발조차 아주 모호한데, 20세기 초에 쉬커徐珂의 『청패류초清稗類鈔』에서 가장 먼저 언급된 것이기 때문이다.[64] 그도 그럴 것이 이 비교적 모호한 작업은 북쪽을 모두 한데 묶고, 남쪽과 동쪽의 음식에 대해선 지나가는 말로만 언급하고, 윈난성, 구이저우성, 후난성, 쓰촨성의 매운 음식에 대해 약간 이야기하고, 부수적으로 후베이성과 푸젠성의 음식에 대해 언급하는 정도다. 하지만 내가 연구한 바에 따르면 이런 분류 방식은 모두 자의적일 뿐이며 포용보다 배제를 훨씬 더 많이 하는 쪽으로 나타난다.

내가 보기에는 이렇다면 정해진 건 하나도 없다는 뜻이었고, 그래서 J. H.와 나는 그들과 있을 때 일부러 반대 관점에서 주장을 펼치는 악마의 변호인 역을 했다. 우리는 차를 마시면서 몇 시간 동안 이야기를 나눴고, 이 어르신들은 금세 신중히 고개를 끄덕이며 중국에는 내가 나열한 35가지 요리보다 훨씬 더 많은 요리가 있을 거

---

64. 『청패류초清稗類鈔』 혹은 『청나라 비밀 기담 문집The Classified Anthology of Qing Anecdotes』이라는 제목으로 알려져 있다.

라며 우리 말이 맞을 거라고 했다. 코스 요리들이 차례로 우리 앞에 놓인 성대한 식사가 아니더라도, 나는 그 이상 행복할 수가 없었다. 다시 한번 말하지만, 마라는 거의 없었고, 나온 음식은 전부 제철에 나는 신선한 식자재로 정성스럽게 준비한 것이었다.

나는 내가 정말 운이 좋았다는 사실은 가장 먼저 인정해야 할 것 같다. 의식적으로 내리는 결정은 내 인생이 전개되는 흐름과 큰 관련이 없는 경우가 많았는데도, 나는 중국 요리에 대한 글을 쓰고 그림을 그리는 등 내 열정을 실제 직업으로 발전시킬 수 있었다. 사실 아주 사소한 일들이 내 인생에 가장 큰 영향을 미친 과정을 생각해 보면 놀라울 때가 많다.

고등학교 때 가장 친한 친구 중 하나가 주말에 일본어를 배우지 않았다면 나도 똑같은 일을 하겠다고 결코 마음먹지 못했을 것이다. 이 새로운 언어가 나를 매료시키지 않았다면 절대 하와이 대학교에 진학하지 않았을 것이다. 내 번호 순서가 되었을 때, 중급 일본어 수업의 정원이 이미 초과되지 않았다면 나는 중국어 초급을 공부하지 않았을 것이다. 만약 1년간의 해외 유학 프로그램에 대한 공고를 보지 못했다면, 나는 타이베이와 도쿄에서 진행하는 프로그램에 지원할 일도 없었다. 이름 모를 직원이 나를 대만에 배정하지 않았다면 나는 일본에서 머물렀을 것이다. 만약 J. H.가 그 어학원에서 일하지 않았다면, 그의 아내가 롱비치를 떠나 대만으로 돌아가자고 주장하지 않았다면, 그들이 헤어지기로 하지 않았다면, 마이크가 어느 날 커피 마시자고 나를 초대할 생각을 하지 않았다면, 내가 그 커피숍 밖에서 기다리는 택시를 찾았다면, 레이 브래드버리의 '나비 효과'[65] 처럼 그 사소한 일 중 하나가 내 인생을 완전히 다른 방향으로 돌렸을 것이다. 하지만 결국 나는 딱 맞는 남자와 사랑에 빠졌고, 중국어를 유창하게 구사하게 되었고, 완벽한 일을 연이어 잡았고, 이 고대 국가의 수많은 맛좋은 요리를 적시 적소에서 즐길 기회를 얻었다.

가끔 중국의 미식이 언제쯤 프랑스와 이탈리아에 버금가는 세계 최고의 경이로운 음식 문화 중 하나로 인정받을 수 있겠냐는 질문을 받곤 한다. 문제는 우리 서양인들이 중국 식탁이 제공하는 보물을 이제야 이해하기 시작했다는 것이다. 언어가 항상 가장 큰 장애물이다. 셰프와 레스토랑은 고객에게 풍부한 정보를 전달할 수 있어야 하지만 입을 열기도 전에 막히는 경우가 많기 때문이다. 그리고 우리 식객들도 한 단계 더 발전해야 한다. 더 많은 서양인이 중국어를 숙달해야 한다. 그래야만 우리가 문화적 통로 역할을 하고 다른 이들이 이 나라와 이 사람들이 제공하는 모든 경이로움을 제대로 인식하도록 도울 수 있기 때문이다.

미식주의는 일직선으로 진행되는 것이 결코 아니다. 오히려 역사

---

65. 나비효과라는 용어는 1952년 미스터리 작가인 브래드버리(Ray D. Bradbury)의 단편소설 『천둥소리』에서 처음 사용되었고, 미국의 기상학자 에드워드 로렌츠에 의해 대중에게 널리 전파되었다.

의 흐름에 따라 급락과 급변을 거듭하는 것이다. 전쟁이 벌어지고 세상이 혼란스러워지면 셰프와 그의 주방은 세상 사람들의 이목이 닿지 않는 곳으로 밀려났지만 그런 다음에 평화가 찾아오면 잔치가 벌어지고 축하 행사가 열리는 자리로 다시 돌아온다. 불황과 경기 침체로 레스토랑들이 문을 닫고 달걀과 설탕조차 사치품이 되었었다가도 호황이 되면 과하게 화려한 음식들이 오랜 전통을 자랑하는 음식들의 맛을 비웃으며 식탁에서 몰아내고 요리사들은 유서 깊은 전통 음식에 캐비아를 과하게 넣는 식으로 자신만의 개성을 가미하곤 한다. 하지만 얼마 지나지 않아 모든 먼지가 가라앉고 훌륭한 요리사들이 스토브로 복귀할 때쯤이면 배고픈 식객들이 와선 건강에 좋고 창의적인 온갖 음식을 요구한다.

    렘브란트, 팔대산인八大山人 주탑朱耷, 곽희郭熙 같은 천재 예술가들은 현실의 표면을 벗겨내어 물감과 먹으로 진실을 굴절시켰다. 바흐, 푸치니, 모차르트는 인간 세계를 훨씬 뛰어넘는 정교한 개념으로 작품을 만들었다. 그리고 내가 보기엔 중국, 대만, 그리고 디아스포라의 진정 재능 있는 셰프들은 우연한 축복 그 이상의 아이디어들과 교감하면서 전혀 다른 차원의 예술성을 주장할 수 있을 것이다.

이 모든 것을 옆에서 늘 배고파하는 남편과 함께 경험할 기회가 주어지다니 이 얼마나 근사한 삶인가!

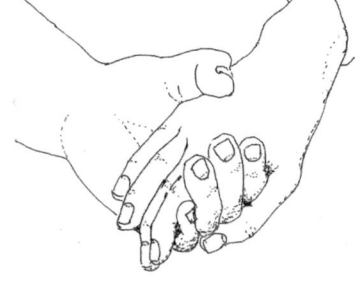

이상한 맛 땅콩
GUÀIWÈI HUĀSHĒNG · 怪味花生

이 요리는 이름만 들어도 행복해진다. '이상한 맛'은 쓰촨식 용어로, 요리에 들어간 복잡한 조미료들이 앞다투어 당신의 관심을 끌 거라는 의미다. 달걀 흰자로 뭉친 땅콩, 다양한 향신료를 넣은 땅콩 등 다양한 버전이 존재하지만, 우리가 가장 좋아하는 땅콩은 여기에 소개된 땅콩이다. 구운 견과류에 훈제 파프리카, 고추, 쓰촨 후추, 검은 후추, 구운 쯔란 가루를 뿌리고 바삭한 설탕 껍질에 소금을 살짝 뿌려 균형을 맞췄다.

Ingredients

껍질 없는 생땅콩 500그램
훈제 파프리카 1큰술
구운 쓰촨 후추 1큰술
구운 쯔란 1작은술
고춧가루 1작은술
갓 간 후추 1작은술
고운 천일염 1작은술
옥수수 전분 3큰술
설탕 1컵(200그램)
물 ¾컵(180ml)

Recipe

오븐을 섭씨 130도로 예열한다. 베이킹 시트에 견과류를 한 겹 펴고 오븐에서 약 1시간 30분 동안 천천히 굽는다. 팬의 가장자리가 중앙보다 뜨거우므로 견과류를 가끔 저어준다. 땅콩이 고소해지고 가운데가 갈라지기 시작하면 한 개를 맛보고, 날것의 맛이 사라진 것 같으면 팬의 다른 부분에서 몇 개를 더 꺼내 맛을 확인해 본다. 견과류가 아직 바삭한지 아닌지는 중요하지 않다.

식으면서 바삭해질 테니까. 오븐에서 꺼낸다.

땅콩이 구워지는 동안 향신료, 고운 천일염, 옥수수 전분을 작은 그릇에 넣고 섞는다. 테두리가 넓은 베이킹 시트에 유산지나 호일을 깔고 종이나 호일에 식용유를 뿌린다.

땅콩이 다 익으면 냄비에 설탕과 물을 넣고 설탕이 완전히 촉촉해질 때까지 몇 번 휘휘 흔든다. 이 설탕물을 중간 불에서 끓일 때 섞으면 결성이 형성될 수 있으니 섞지 않고 가끔 휘휘 흔들면서 끓인다. 증기가 측면의 결정체를 씻어낼 수 있도록 냄비를 약 1분 동안 덮은 다음 불을 중간 정도까지 올린다. 냄비를 가끔 휘휘 흔들고(다시 한번 말하는데, 섞지 말 것) 시럽이 황금색을 띠지만 아직 캐러멜이 되지 않으면 땅콩을 한꺼번에 넣는다. 땅콩이 완전히 코팅될 때까지 주걱을 사용하여 시럽에 땅콩을 넣고 저어준다. 불에서 냄비를 꺼내고 양념 혼합물을 견과류 위에 빠르게 뿌린다. 그런 다음 냄비를 다시 불에 올려놓고 땅콩을 재빨리 던져 양념이 고르게 퍼지도록 한다.

불에서 냄비를 꺼내고 설탕 코팅이 식고 굳기 시작할 때까지 약 30초 정도 기다린 다음, 견과류를 긁어내 베이킹 시트에 올린다. 견과류를 이리저리 움직여 최대한 분리한다. 완전히 식힌 후 밀폐 용기에 보관한다. 약 3컵(500그램)이 나온다.

갈릭 라바 포크
SUÀNNÍ BÁIRÒU · 蒜泥白肉

이 요리법이 전통적인 조리법과 다른 점은 돼지고기를 끓일 때 소금과 향신료를 첨가하여 천연 고기 향을 증폭시키고 균형을 맞춘다는 점이다. 돼지고기를 익힌 후 육수는 맛있으니 꼭 남겨두어라. 얇게 채 썬 무를 한 줌 넣으면 훌륭한 국이 된다. (70페이지의 요리법 참조).

이 요리에서 오이는 가늘게 리본 모양으로 자른다. 바삭바삭한 식감에 주의가 분산되는 건 원치 않을 테니 만돌린 채칼이나 익숙한 손놀림으로 자른 오이를 통과해 글자가 읽힐 정도로 얇게 저며라. 그러면 시원한 돼지고기와 생생한 소스와 함께 매우 섹시한 대조를 이룰 수 있다. (테스터 중 한 명인 미셸은 만돌린 채칼이나 날카로운 칼이 마음에 들지 않는다면 채소 필러를 사용하라고 제안하는데 이는 훌륭한 아이디어다. 손가락을 다칠까 봐 걱정된다면 포크로 오이의 한쪽 끝을 찌르는 것도 좋은 방법이다.)

여기에는 마늘이 많이 들어 있지만, 얼음물 샤워로 미묘하게 길이 들었으니 걱정하지 말아라. 이 소소한 비법은 마늘의 가스와 끈적임을 줄이고 마늘 향이 빛을 발하고 조각마다 혀 위에서 부드럽게 미끄러지도록 해준다.

Ingredients

돼지고기와 채소

껍질이 있거나 없는, 약간 지방이 많은 신선한 삼겹살 또는 뼈 없는 우둔살 또는 어깨살 750그램

쓰촨 통후추 1큰술

팔각 전체 3개

좋은 천일염 1큰술

페르시아 오이 또는 기타 씨 없는 오이 3~4개

고명용으로 얇은 고리 모양으로 썬 파 1개

고명용으로 얇은 고리 모양으로 자른 신선한 붉은 고추 ½개 (선택 사항)

소스

껍질을 벗기고(팁 참조) 잘게 다진 마늘 6쪽

단 간장 1~2큰술 또는 입맛에 따라 노두유와 설탕 추가

노두유 1큰술

굴 소스 1큰술

고추기름 1큰술(선택 사항)

발사믹 식초 1큰술

연한 쌀 식초 1큰술

Recipe

차리기 최소 4시간 전에 돼지고기를 중간 크기의 냄비에 넣고 물을 부어 고기가 잠기게 한다. 이 물을 펄펄 끓인 다음 불을 줄여 끓이면서 뚜껑을 덮지 않고 약 10분 동안 돼지고기를 데친다. 물을 버리고 돼지고기와 팬을 모두 헹군다.

돼지고기를 팬에 다시 넣고 깨끗한 물에 잠기게 한 다음 쓰촨 후추와 팔각을 추가한다. 다시 한번 끓여서 완전히 끓으면 불을 줄이고 돼지고기를 20분 정도 끓인다. 고운 천일염을 넣고 25분간 더 끓이거나 돼지고기의 가장 두꺼운 부분이 젓가락으로 쉽게 뚫릴 때까지 끓인다. 걸러낸 육수에 돼지고기를 식히고, 시간이 있으면 육수에 넣어 밤새 냉장 보관하라.

돼지고기가 식는 동안 오이를 준비한다. 각각의 양쪽 끝을 잘라내고 만돌린 채칼, 채소 필러 또는 매우 날카로운 칼을 사용하여 세로로 매우 얇은 리본처럼 자른다. 차릴 그릇이나 테두리가 있는 접시에 담아 차갑게 식힌다. 파와 선택 사항인 고추를 얇은 고리 모양으로 자른다.

차리기 약 한 시간 전에 돼지고기를 접시에 옮긴다. 달라붙은 후추 열매와 팔각을 털어내고 이 시점에서 보이는 털이 있으면 모두 뽑아낸다. 돼지고기를 결 반대 방향으로 매우 얇게 자른다.

그 사이에 마늘을 작은 그릇에 넣고 얼음물을 잠길 정도로 붓는다. 이렇게 하면 끈적임과 열이 많이 제거된다. 따로 놓는다. 내기 직전에 고운 체로 마늘의 물기를 잘 뺀 다음 나머지 소스 재료와 섞는다. 단간장 (또는 설탕을 넣은 간

장) 1큰술로 간을 하고 맛을 보면서 추가하라.

오이 리본을 부풀려 매력적인 모양의 둥지를 만든다. 상단에 돼지고기 조각을 부채꼴 모양으로 올려놓는다. 돼지고기 위에 소스를 뿌리고 오이에는 뿌리지 말아라. 그래야 요리의 녹색과 흰색이 깨끗하게 유지된다. 돼지고기 위에 다진 마늘을 뿌린 다음 그 위에 파와 고추(선택 사항)를 뿌린다. 찐 쌀과 잘 어울린다. 4인분에서 6인분이 나온다.

Tip

마늘 껍질을 벗기는 데 전자레인지를 사용하지 말아라(114페이지에 설명된 대로). 이 조리법에서는 마늘을 날것 그대로 두어야 하기 때문이다. 대신 정향을 넓은 칼날 측면으로 두드려 쪼개기 전에 단단한 바닥을 잘라낸다. 이렇게 하면 마늘을 다지기 전에 종이 같은 껍질을 쉽게 제거할 수 있다.

감사의 말

운이 좋은 몇몇 작가에게는 뮤즈가 있지만, 그 외 작가들은 유능한 편집자의 능력 있는 손에 희망을 걸 수밖에 없다. 멜라니 토르토롤리가 인내심을 가지고 나를 올바른 방향으로 밀어주고 원고에서 책 제목까지 뽑아주었기에 나는 두 번째 진영에 속하게 되었다. 모 크리스트는 이 책의 내부 디자인을 성공적으로 조율한 귀한 편집자이고, 잉수 류는 멋진 표지를 만드는 데 도움을 주었으며, 카피라이터인 캐슬린 브랜즈와 주디스 서튼이 최종 초안을 작업해 주어 영광이었다. 이 책의 제작에는 베스 스타이들, 에이미 메데이로스, 베키 호미스키, 그리고 홍보 담당자 윌 스칼렛과 마케팅 담당자 메러디스 맥기니스의 도움을 받았다. 마지막으로, 나의 제안서를 읽고 W. W. 노턴에서 이 회고록을 출판해야 한다고 주장한 인턴 알레그라 파드론에게 감사를 표한다. 모두에게 감사한다. 그들은 나의 드림팀이다.

나의 에이전트 킴벌리 위더스푼에게 무한한 감사를 표한다. 그녀는 잉크웰 매니지먼트사의 믿을 수 없을 정도로 유능한 마리아 웰란과 함께 나와 노턴을 연결해 주었다. 나의 좋은 친구이자 가장 좋아하는 변호사인 크리에이티브 산업 법률의 리즈베스 하스도 항상 내 곁을 지킨 자랑스러운 훌륭한 여성이다.

맛보고 수정하고 피드백을 보내준 공식 레시피 테스터들, 특히 사랑스럽고 재능 있는 테스터 코디네이터인 마크 셰머혼을 비롯해 존 메서, 더크 반 서스테렌, 마리알리사 칼타, 섀넌 라이언스, 캐시 맥브라이드, 미셸 폴링, 폴 베레라, 제니 하틴에게 감사의 마음을 전한다.

물론 이 글은 나에 관한 이야기만큼이나 내 친구, 동료, 가족(언급된 사람이나 그렇지 않은 사람, 살아 있는 사람이나 그렇지 않은 사람)의 삶에 관한 이야기이기 때문에 내 이야기만 한 것은 아니다. 모두에게 진심으로 감사드린다. 그리고 인생, 사랑, 식사의 파트너인 J. H.가 항상 내 곁에 있어 주고, 모든 문을 열어 주고, 함께한 지난 세월보다 훨씬 더 나은 세월을 만들어 준 것에 대해 가장 큰 감사를 표하고 싶다.

용어집 및 기본 요리법

겨울 죽순(dōngsǔn)

식용 죽순에는 크게 두 가지가 있다. 통통한 겨울 죽순과 얇은 봄 죽순이 그것이다. 양쪽 모두 제대로 조리했을 때는 달고 식물성 풍미와 부드러운 질감을 가진다. 겨울 죽순은 푹 삶아도 좋고 국으로 끓여도 연약한 봄 죽순보다 훨씬 더 오래 견딘다. 신선한 상태가 가장 좋지만, 냉동 죽순도 훌륭한 대체품이다. 죽순 통조림은 피하라고 조언하고 싶은데 깡통 맛밖에 안 나기 때문이다.

판두부(bǎn dòufǔ)

보통 밀봉된 플라스틱 통에 물과 함께 담겨 식료품점 냉장식품 판매대에서 판매되는데, 이게 가장 흔한 형태의 두부다. 매우 쉽게 상하므로 익히지 않은 상태로 남은 두부가 있다면 밀폐 용기에 깨끗한 물과 함께 담아 냉장 보관하고 며칠 내로 모두 사용하라. 두부는 항상 사용하기 전에 냄새를 맡아보고 쉰내가 나거나 끈적끈적하면 버려라. 한국식 이름은 두부, 일본식 이름은 토푸다.

연두부(nèn dòufǔ)

비단 두부라고도 불리는 이 두부는 단단한 두부보다 훨씬 더 섬세하고 수분 함량이 높으며 쉽게 부서진다. 소금물로 응고시키는 단단한 두부와 달리, 이 유형은 정제된 반죽으로 만든다. 사용하지 않은 생두부는 용기에 넣고 물을 잠길 정도로 부은 후 냉장 보관하고 빨리 전부 사용하라.

고추기름(làyóu)

슈퍼마켓에서 쉽게 구할 수 있지만 직접 만든 것만큼 맛있지는 않으므로 스모키한 향이 나는 맛있고 균형 잡힌 고추기름을 만드는 요리법을 소개한다. 한 번 시도해 보면 다시는 시중에서 파는 고추기름에는 눈길도 주지 않게 될 거다. 보장한다.

> 말린 치폴레 통고추 4개
> 고운 고춧가루 ½컵(50그램)
> 굵은 고춧가루 ¼컵(25그램)
> 태국 건조 통고추 큰 것 6개
> 땅콩 또는 식물성 기름 2컵(500ml)
> 구운 참기름 ¼컵(60ml)

치폴레는 작은 크기로 찢고 씨와 딱딱한 꼭지는 모두 버린다. 다른 고추와 섞어준다. 차가운 냄비에 두 가지 기름을 모두 넣고 고추를 모두 넣는다. 기름을 끓인 후 약한 불로 줄인다. 불을 약하게 해야 고추가 타거나 쓴맛이 나지 않고 기름에 부드럽게 간을 맞출 수 있으므로 가장자리에 기포가 거의 생기지 않게 해야 한다. 기름을 25~30분간 또는 태국 고추가 검게 변하고 기름이 선홍색이 될 때까지 끓인다. 불을 끄고 기름과 고추가 더 잘 섞이도록 밤새 둔다. 걸러서 병에 넣고 자주 사용하는 경우 식료품 저장실에 보관하거나 냉장고에 보관하면 최소 한 달 동안 보관할 수 있다. 2¼컵(560ml)이 나온다.

고춧가루(làjiāofěn 또는 làjiāomiàn)

곱게 간 고추는 생강을 갈아놓은 것 같은 농도를 띠고 굵게 간 고추는 섬세한 플레이크처럼 보인다. 회전율이 빠른 한국 식료품점에 가면 고운 고춧가루와 굵게 간 고춧가루가 가장 잘 구비되어 있다.

요우티아오(yóutiáo)

길고 쫄깃하며 구웠을 때 약간 부서지기 쉬운 이 꽈배기는 도넛에 대한 중국의 대답이다. 하지만 절대 달지 않고 팽창제는 제빵용 암모니아가 쓰인다. 광둥식 델리에서 원하는 만큼 살 수 있고 아니면 중국 식료품점 냉동 코너에서 3~4개씩 포장된 제품을 구할 수 있다. 바로 사용하지 않으면 냉동 보관했다가 오븐에 데워 먹으면 바삭한 식감을 되찾을 수 있다. 영어로 "중국식 긴 도넛" 또는 이와 유사한 이름으로 표시된 경우도 있다.

부추(jiucài)

양파 과에 속하는 부추는 서양 쪽파와 맛이 비슷하지만, 더 무겁고 식물성이며 광고처럼 마늘 향이 훨씬 더 강하다. 썩은 흔적이 없고 탱탱하고 신선한 잎이 있는 다발을 골라라. 보관하려면 고무줄이나 끈을 제거하고 물기가 거의 없는 종이 타월로 다발을 싸서 비닐봉지에 넣고 냉장 보관한다. 급할 때는 파에 마늘을 적당히 첨가한 것을 대용품으로 사용할 수 있다. 중국 부추라고도 한다.

쿠민 가루(zīránfěn 또는 zīránmiàn)

쓰촨 후추와 마찬가지로 구워서 갈아도 되지만(아래 쓰촨 후추, 구운 후추에 대한 항목 참조) 체로 걸러낼 필요는 없다.

새우기름(xiāyóu)

중국어로 새우 기름이라고 불리는 이 제품은 작은 생선을 소금으로 발효시켜 만든다. 매우 짠맛이 강하고 생선 비린내가 강하지만 소량만 사용하면 짭짤한 요리에 상당한 깊이를 더한다. 베트남어로 느억맘이라고 하는데, 내가 선호하는 브랜드로는 쓰리 크랩, 레드 보트, 스퀴드 등의 브랜드가 있다.

고량주(Gāoliáng)

수수 술 참조

생강즙(jiāngzhī)

이것을 만들려면 주서기를 사용하거나 다음과 같은 아주 간단한 방법을 사용하라. 계량컵 위에 체를 놓고 신선한 생강을 굵게 갈거나 푸드 프로세서에 잘게 다진 신선한 생강을 반죽처럼 될 때까지 갈아서 체에 넣고 주먹으로 즙을 짜낸다. 사용하기 직전에 만들어라.

고추장

걸쭉하고 붉은 고추장을 만드는데 사용되는 발효 쌀과 설탕으로 인해 약간 달콤한 맛이 나는 한국산 고추장이다.

감초(gāncǎo)

중국어로 '달콤한 풀'이라는 뜻의 이 허브는 감초 향의 원료가 되는 감초 식물의 나무 같은 뿌리를 말한다. 부엌에서 흔히 볼 수 있는 허브일 뿐만 아니라 약용으로도 쓰이기 때문에 대부분의 약초 상점은 물론 중국 식료품점에서도 쉽게 찾을 수 있다.

말린 용안(lóngyǎn 또는 guìyuán)

중국어로 '용의 눈'이라고 불리는 이 말린 열대 과일은 보통 씨를 제거한 상태로 판매된다. 거의 스모키한 향이 나며 중독성이 강하다. 다른 말린 과일과 마찬가지로 비교적 부드럽고 유연한 느낌이 들어야 한다. 신선한 것은 옅은 호박색을 띠는 경향이 있다. 중국 슈퍼마켓이나 약초 가게에서 구할 수 있다.

롱빈(jiāngdòu)

대부분의 아시아 마켓에서 제철 콩을 판매한다. 원두는 가늘고 유연해야 한다. 줄기와 끝부분이 수축되어 있는지 주의 깊게 살펴보면 콩이 오래 방치되어 건조되어 가고 있는지 알 수 있다. 썩은 것은 그러니까 썩었다는 뜻이다. 끈이나 고무줄을 제거하고 젖은 수건으로 콩을 감싼 다음 비닐봉지에 담아 냉장 보관한다.

깍지 콩은 감싸서 화환을 만들 계획이 아니라면 대부분의 요리를 대체할 수 있다. 아스파라거스 콩, 뱀콩, 줄콩, 야드롱 콩이라고도 한다.

버섯 조미료(xiānggūfěn 또는 xiānggūjīng)

말린 버섯, 소금, 버섯 추출물로만 만든 이 MSG 대용품은 대부분의 중국 시장에서 봉지 형태로 판매되고 있다. 하지만 만들기도 정말 쉽다.
재료는 얇게 썬 건조 버섯 컵 1컵(20그램)과 고운 천일염 2큰술(20그램)이 필요하다.

건식 블렌더에 버섯을 넣고 뚜껑을 단단히 닫는다. 말린 버섯이 잘게 부서질 때까지 저속으로 블렌딩한 다음 아주 고운 가루가 될 때까지 고속으로 블렌딩한다. 가루가 가라앉을 수 있도록 블렌더 뚜껑을 몇 분간 덮어둔다. 소금을 넣고 블렌더를 몇 번 펄싱하여 섞어준다. 버섯 양념을 긁어내어 다시 밀봉할 수 있는 병에 넣고 식료품 저장실에 보관한다. 가정에서 만든 버섯 양념은 시판 버섯 양념보다 약간 더 짜고 맛이 강하므로 적절히 사용하라. ⅔컵(40그램)이 나온다.

표고버섯(xiānggū)

이 버섯은 중국인들이 예외 없이 가장 좋아하는 버섯이다. 어느 중국 시장에 가든 말린 표고버섯은 언제든 구할 수 있지만, 신선한 버섯도 구하기가 점점 더 쉬워지고 있다. 버섯 갓의 윗부분이 자연스럽게(잘리지는 않고) 갈라진 부분이 있는 통통한 것을 찾아라. 말린 버섯은 찬물에 밤새 담가두었을 때 맛이 가장 좋다. 이렇게 하면 질감이 고기 같으면서 부드러워진다. 버섯 대는 버리지 말아라. 말린 다음 뚜껑 있는 병에 보관하면 훌륭한 버섯 육수를 만들 수 있다. 훨씬 얇은 일본 표고버섯과 유사하므로 일본 표고버섯을 대신 쓸 수도 있다.

굴 소스(háoyóu)

이 진한 소스의 주 양념은 소금물에 발효시킨 굴에서 추출한 것이다. 굴 소스는 고소하고 짭조름한 맛에 단맛이 감도는 것이 특징이다. 이금기는 정통 브랜드이며 여전히 최고다. 채식주의자 버전도 있다.

땅콩(huāshēng)

생땅콩은 대부분의 중국 시장과 건강식품 판매장에서 쉽게 구할 수 있다. 토스팅 방법은 간단하다.

오븐을 섭씨 135도로 예열한다. 생땅콩 500그램을 한 겹으로 깔 수 있을 만큼 크고 테두리가 있는 베이킹 팬에 땅콩을 올리고 가끔 저어주면서 90분간 천천히 구워준다. 날 땅콩이 남아 있지 않은지 맛을 본 뒤 식혀서 실온 상태가 되게 한다. 병에 담아 밀봉해 보관한다.

무(luóbo)

크고 달콤하며 즙이 많은 아시아 무는 그냥 맛있다. 콩씨가 알려준 대로 크기에 비해 묵직한 것, 즉 뿌리가 통통하고 벌레 구멍이 없으며 잎의 지름이 작은 것을 구입하라. 젖은 수건에 싸서 비닐봉지에 넣어 냉장 보관하라. 겉껍질과 거미줄이 있는 속껍질은 모두 벗겨준다. 추운 계절이나 아주 신선할 때 생으로 먹어도 맛있다. 품종으로는 일본 다이콘 무와 한국 물리 무가 있다. 중국 이름은 순무로 번역되기도 하지만 순무는 엄연히 다른 채소다.

건조 쌀국수 둥근 것(làifěn 또는 mǐfěn)

대부분의 굵은 건면은 원난식 냉쌀국수 요리법(263페이지)에는 써도 무방하지만, 부가티니 파스타처럼 생긴 속이 빈 둥근 장시성산 면을 구할 수 있으면 쫄깃한 식감을 즐길 수 있다. 많은 중국 시장에서 판매되고 있다.

순한 청주(mǐjiǔ)

요리용 술 또는 료주(liàojiǔ)라고도 한다. 무색이며 일본 사케와 약간 비슷한 맛이 난다. 요리용 술은 단순히 술에 소금을 첨가한 것이다. 소금의 양을 고려하기만 한다면 두 가지를 혼용해서 사용할 수 있다. 나는 대만 브랜드를 선호하지만, 당신에게는 어느 것이 더 끌리는지 찾아보아라. 광둥식 청주는 알코올 도수가 60도 정도로 포도주가 아닌 백주의 일종이니 라벨을 주의 깊게 읽어봐라. 순한 중국식 청주를 구할 수 없다면 사케나 드라이 백포도주도 사용할 수 있다.

샤오싱주(shàoxīng jiǔ)

중국 동부와 많은 중국 미식의 대표적인 풍미인 이 호박색 양조주는 말린 버섯과 셰리가 혼합된 근사한 향을 지니고 있다. 샤오싱주는 약 30도다. 내가 가장 좋아하는 브랜드는 빨간 라벨이 달린 네모난 병에 담긴 대만의 TTJ다. 더 비싼 브랜드를 마시려면 예약이 최선이다. 샤오싱주라고도 표기한다. 드라이 셰리를 대체할 수 있다.

구운 참기름(máyóu)

중국 요리에서 참기름은 항상 구운 참깨로 만든다. 진한 호박색 기름에 놀랍도록 고소하고 구운 향을 더하기 때문이다. 항상 라벨을 확인하여 100% 참기름인지 확인하라. 최고의 브랜드는 일본에서 나오며, 나만큼 이 재료가 마음에 든다면 작은 병보다는 큰 통(보통 1.6리터 정도 들어 있음)으로 구입하라.

참깨(zhīmá)

땅콩과 마찬가지로 최고의 생참깨는 중국 시장과 건강식품 판매장에서 찾을 수 있다. 도움이 될지 모르겠지만 검은깨는 흰깨와 맛이 비슷하다. 토스팅은 간단하다.

생참깨 500그램을 기름을 두르지 않은 차가운 냄비에 붓고 중간 불에 올린 다음 냄비 주걱으로 참깨에서 고소한 냄새가 나고 톡톡 터지기 시작할 때까지 저어준다. 확인을 위해 몇 번 맛을 본다. 식혀서 사용한다. 병에 담아 밀봉해 보관한다.

건새우(kāiyáng 또는 gānxiāmǐ)

중국 슈퍼마켓이나 자연식품 판매장의 냉장 코너에서 작은 봉지를 쉽게 찾을 수 있다. 부러지지 않고 통째로 있고 옅은 복숭아색이어야 하며 탄력이 있는 것이 좋다. 밀폐된 봉지에 넣어 냉장고에 보관하라.

쓰촨 후추(huājiāo)

녹색 후추는 덜 익은 씨 꼬투리이고 붉은 후추는 익은 것이다. 이 책에 나오는 요리법에 사용하는 쓰촨 후추는 전부 다 붉은 후추 말린 것을 말한다. 분홍색 껍질(너무 붉으면 염색이 된 것이고 너무 창백하면 너무 오래되었다는 뜻)이 유연하고 밝은 소나무 향이 나는 것을 선택하라. 껍질만 먹고 싶다면 봉지 바닥에 반짝이는 검은 씨앗은 버려라. 번화한 중국 시장이나 한약재 가게에서 구입하라. 자세한 정보는 25페이지를 참조하라.

구워서 갈아 만든 쓰촨 후추(huājiāo fěn 또는 huājiāo miàn)

쓰촨 후추를 구우면 풍미가 부드러워지고, 곱게 갈아서 가루로 만들면 요리에 넣거나 국수 위에 뿌려 먹기 쉽다. 중국 식료품점에서 기성품으로 구입할 수 있지만, 향과 맛은 집에서 쉽게 만들 수 있는 것을 모방한 것이다.

쓰촨 통후추 ¼컵(10그램)을 마른 냄비에 넣고 중간 불에 올린다. 후추 열매가 톡톡 터지고 연기가 나기 시작할 때까지 거의 계속해서 저어준다. 구운 후추를 그릇에 붓는다. 식으면 미니 블렌더나 향신료 그라인더로 갈아준다. 딱딱한 부분은 체로 걸러내어 활석 가루처럼 곱게 갈아준다. 밀폐 용기에 보관하고 향이 없어지면 버린다. 몇 큰술 정도 나온다.

수수주(báigānr)

중국식 이름은 '백포도주'로 잘못 번역되기도 하지만, 실제로는 수수, 보리, 말린 완두콩과 같은 곡물과 맥류로 만든 맑고 도수가 높은 술이기 때문에 '백주'가 정확한 명칭이다. 하지만 이 책 전체에서 수수주란 특히 진먼섬에서 생산되는 대만의 고량주를 가리킨다. 진, 보드카 및 대부분의 중국 백주가 대체품으로 허용된다.

장유고(醬油膏, jiàngyóugāo)

대만에서 인기 있는 이 간장은 걸쭉하고 단맛이 나는 간장으로, 보통 디핑 소스나 짭짤한 요리에 마지막으로 뿌리는 자극제로 사용된다. 대만 브랜드와 장인이 만든 제품 모두 대체로 좋다. 장인 제품은 냉장고에 보관하라.

노두유(jiàngyóu)

중국식 일반간장을 뜻한다. 내가 가장 애용하는 브랜드는 킴란사와 완자샨사 등 대만산 브랜드이지만, 우수한 유기농 및 장인 제품도 점점 더 많이 출시되고 있다. 소량 생산되는 장인의 품종은 방부제가 들어 있지 않은 경우가 많으므로 냉장 보관하는 것이 가장 좋지만, 상업용 브랜드는 식료품 저장실에 보관할 수 있다. 일본 간장과 타마리는 중국 간장과 맛이 매우 다르므로 좋은 대체품이 아니다.

단간장(tián jiàngyóu)

설탕을 섞은 일반 간장은 비상시에 유용한 대용품이 될 수 있지만, 홈메이드 단간장은 너무 맛있어서 아무리 많이 만들어도 몇 주 안에 항상 다 써버린다. 그 이유 중 하나는 캐러멜을 기본으로 하기 때문이고, 다른 하나는 자극적인 향신료와 아로마가 섞여 있기 때문이다. 홈메이드 단간장은 시판 간장보다 풍미가 훨씬 강하고 일반적으로 짠맛이 강하므로 사용량을 조절하라.

설탕 1½컵(300그램)
물 ¾컵(180ml) 나누어서
노두유 1병(500ml)
쓰촨 후추 1작은술
감초 뿌리 3조각
팔각 2개
회향 또는 아니스 씨앗 1작은술
마늘 정향 3개, 살짝 으깬 것
얇게 썬 생강 6조각
필요에 따라 끓는 물

2리터 크기의 무거운 냄비에 설탕을 넣고 3분의 1만큼 물을 부어 설탕을 적신다. 저어주지 않고 중불에서 설탕을 캐러멜화한다. 불을 끄고 몇 분간 기다린 다음 팬을 멀리 향하게 하고 남은 물을 추가하면 보통 끓어오른다. 액체가 가라앉으면 나머지 재료를 넣고 펄펄 끓인 후 캐러멜이 녹을 때까지 저어준다. 팬 표면에 미세한 거품이 생기면 끓어 넘치지 않도록 주의 깊게 관찰한 다음 소스가 걸쭉한 시럽이 될 때까지 20~25분간 더 끓인다. 계량컵에 체에 걸러 끓는 물을 넣어 소스가 2¾컵(650ml)이 되도록 한다. 나처럼 자주 사용하지 않는다면 차갑게 식혀서 병에 담아 냉장 보관하라. 2¾컵(650ml)이 나온다.

인도네시아의 단간장이 좋은 대용품이 될 수 있다. 내가 가장 강력하게 추천하는 브랜드는 카키 티가 케첩 메자 1호라는 네덜란드 수입품이다.

팔각(bājiǎo 또는 dàliào)

많은 중국 요리에 쓰이는 감초 향 나는 향신료 계열 중 하나이며, 꽃잎이 여덟 개 달린 꽃 모양으로 가장 아름다운 향신료 중 하나이기도 하다.

고구마 전분(dìguāfěn 또는 fǎnchǔfěn)

내가 가장 좋아하는 튀김 옷 재료 중 하나다. 고구마 전분이 100% 고구마나 참마로 만들어졌는지 라벨을 꼭 확인하라. 최고의 브랜드는 대만에서 생산되는 것으로 보이며 현재 중국 슈퍼마켓과 온라인에서만 구입할 수 있다. 옥수수 전분과 타피오카 가루는 이 고유한 고구마 전분을 대체할 수 있는 슬픈 대체품이다.

진피(陳皮, chénpí)

귤껍질은 직접 귤껍질을 말려서 만드는 게 아니다. 대신 광둥성에서 나오는 이 짙은 색 귤껍질은 깊은 향이 깊고 형언할 수 없을 정도로 맛있다. 건어물 가게와 약초 가게에서 짧은 더미를 빨간 끈으로 묶어 보기 좋게 배열해 놓은 것을 찾아보아라. 밀폐된 용기에 보관하고 사용하기 전에 헹군다. 숙성감귤껍질이라고도 한다. 마땅한 대체품이 없으므로 찾을 수 없다면 그냥 생략하라.

마름(bíqi 또는 mǎtí)

이 달콤하고 아삭아삭한 알줄기는 죽순처럼 신선한 것이 가장 좋고 껍질을 벗겨 냉동한 것도 매우 좋지만, 통조림은 무슨 일이 있어도 피해야 한다. 당신이 거주하는 곳의 중국 시장에서 신선하거나 냉동된 것을 찾을 수 없다면 히카마 콩이 훌륭한 대체품이다. 신선한 것을 구할 수 있다면 가볍게 눌러서 가장 단단한 것만 고르자. 부드러우면 썩었거나 멍이 든 것이다. 신선한 마름을 물에 담가 냉장 보관한다. 이틀에 한 번씩 물을 갈아주면 이 작은 덩이줄기는 약 2주 동안 신선하게 보관할 수 있다.

동과(dōngguā)

크고 단단한 껍질을 가진 호박은 보통 통째로 판매된다. 노란색 반점이나 무르거나 반투명한 부분 등 부패의 징후가 있는지 살펴보아라. 하얗고 단단하며 달콤하고 신선한 냄새가 나는 것을 구입하라. 겨울 멜론은 하룻밤 사이에 녹아버리고 싶어 하는 것처럼 보이므로 빨리 전량을 사용하라. 배구공 크기의 더 작은 겨울 멜론이 일부 중국 시장에서 판매되고 있으며, 늙은 호박 같은 다른 단단한 호박류처럼 보관할 수 있다.

참조기(huángyú)

아름다운 황금빛을 띠기 때문에 중국어로는 '황어'라 불리는 이 둥근 얼굴의 민어는 동아시아 연안에서 서식한다. 한때 심각했던 어로 남획의 희생양이었던 이 야생 어류는 1970년대 후반부터 개체 수가 크게 회복되어 이제는 멸종 위기에서 벗어났다. 신선, 냉동, 건어물로 판매되는 이 생선은 중국과 한국 시장에서 조기나 참조기로 판매된다.

자오통 고추장(zhāotōng jiàng)

미륵에서 북쪽으로 약 250마일 떨어진 윈난성의 도시 이름을 따서 자오통장 昭通醬이라 한다. 263페이지의 윈난식 냉쌀국수의 전통 소스이지만, 안타깝게도 현재 미국에서는 구할 수 없다. 좋은 소식은 구운 쓰촨식 후추와 땅콩을 갈아 넣기만 하면 한국식 고추장을 급할 때 대용품으로 쓸 수 있다는 것이다(300페이지의 고추장에 대한 항목 참조).

요리법 색인

대만식 돼지갈비 튀김 TÁISHÌ ZHÁ PÁIGǓ·台式炸排骨　38p

골든 캐비지 프리터 ZHÁ GĀOLÌCAÌ WÁN·炸高麗採丸 40p

차이나 타운식 아몬드 쿠키 TÁNGRÉNJIĒ XÌNGRÉN BǏNGGĀN·唐人街杏仁餅乾 57p

크런치 브랙퍼스트 라이스 롤 ZĪFÀNTUÁN·粢飯糰 59p

커피 젤리 KĀFĒI DÒNG·咖啡凍 82p

곰발바닥 두부조림 XIÓNGZHǍNG DÒUFǓ·熊掌豆腐 83p

갈릭 로스트 치킨 SUÀNZI KǍOJĪ·蒜子烤雞 113p

백모님의 훙샤오러우 BÓMǓ DE HÓNGSHĀORÒU·伯母的紅燒肉 115p

신선한 생강을 곁들인 용안 차 LÓNGYǍN JIĀNG CHÁ·龍眼姜茶 136p

간단한 무국 LUÓBO QĪNGTĀNG·蘿蔔清湯 138p

다진 돼지고기를 넣은 크림 양배추 LÀNHÚ BÁICÀI· 爛糊白菜 158p

포도주와 생강을 곁들인 차가운 동과 JIǓXIĀNG LIÁNG DŌNGGUĀ 酒香涼冬瓜 161p

갈릭 칠리 소스 SUÀNRÓNG LÀJIĀOJIÀNG·蒜茸辣椒酱 175p

닭고기 완자를 넣은 맑은장국 ZHÚJIÉ JĪZHŌNG·竹節雞盅 177p

장시랑의 두부 JIĀNG SHÌLÁNG DÒUFǓ·蔣侍郎豆腐 199p

훈제 족발 XŪN ZHŪJIǍO·薰猪脚 201p

블랙 세서미 캔디 웨이퍼 HĒIZHĪMÁ TÁNG·黑芝麻糖 235p

롱빈 화환 DÒUJIǍO YÚRÒU JUǍN·豆角魚肉圈 237p

윈난식 냉 쌀국수 YÚNNÁN LIÁNG MǏXIÀN·雲南涼米線 263p

캐러맬라이즈드 갈릭 피시 SUÀNBÀR YÚ·蒜瓣兒魚 265p

이상한 맛 땅콩 GUÀIWÈI HUĀSHĒNG·怪味花生 289p

갈릭 라바 포크 SUÀNNÍ BÁIRÒU·蒜泥白肉 291p

차이니즈 테이블

1판 1쇄 2025년 9월 25일
ISBN 979-11-92667-95-9 (03900)

저자	캐롤린 필립스
삽화	캐롤린 필립스
번역	채효정
편집	김효진
교정	연경숙
제작	재영 P&B
디자인	우주상자
펴낸곳	마르코폴로
등록	제2021-000005호
주소	세종시 다솜1로9
이메일	laissez@gmail.com
페이스북	www.facebook.com/marco.polo.livre

책 값은 뒤표지에 있습니다. 잘못된 책은 교환하여 드립니다.

한경은 지은이

통합예술심리상담연구소 나루 대표. 통합예술치료학 박사. 심리상담과 의식성장 프로그램을 운영하며 삶의 실존적 고통을 있는 그대로 마주할 힘을 기를 수 있도록 돕고 있다. 감정과 무의식을 섬세하게 읽어 내는 통찰과 변화를 이끄는 실천을 중요하게 여긴다. 쓴 책으로 『잡는 법과 놓는 법』, 『당신은 그때 최선을 다했다』, 『당신 생각은 사양합니다』 등이 있다.

@healing_naru

오롯이 나로 살아가는 심리학과 치유 글쓰기
내 마음을 지키는 감정 필사

초판 1쇄 인쇄 2025년 11월 1일
초판 1쇄 발행 2025년 11월 24일

지은이 한경은

대표 장선희　총괄 이영철
책임편집 정시아　기획편집 안미성, 오향림
책임 디자인 이승은　디자인 장혜미
마케팅 김성현, 이은진, 양아람, 서세원, 박현우
경영관리 전선애

펴낸곳 서사원　출판등록 제2023-000199호
주소 서울시 마포구 성암로 330 DMC첨단산업센터 713호
전화 02-898-8758　팩스 02-6008-1673　이메일 cr@seosawon.com

홈페이지　인스타그램

ⓒ 한경은

ISBN 979-11-6822-478-0 03190

- 이 책은 저작권법에 따라 보호를 받는 저작물이므로 무단 전재와 무단 복제를 금지합니다.
- 이 책 내용의 전부 또는 일부를 이용하려면 반드시 저작권자와 서사원 주식회사의 서면 동의를 받아야 합니다.
- 잘못된 책은 구입하신 서점에서 바꿔 드립니다.　• 책값은 뒤표지에 있습니다.

서사원은 독자 여러분의 책에 관한 아이디어와 원고 투고를 설레는 마음으로 기다리고 있습니다. 책으로 엮기를 원하는 아이디어가 있는 분은 서사원 홈페이지의 '출간 문의'로 원고와 출간 기획서를 보내주세요. 고민을 멈추고 실행해보세요. 꿈이 이루어집니다.

가장 안전하면서도 깊은 통찰을 가져다 줍니다. 이런 작은 실천이 곧 나를 사랑하는 일이며, 삶을 기꺼이 경험하는 일이 됩니다.

마지막으로 한 가지 당부하고 싶습니다. 욕구와 감정을 두려워하지 마세요. 그것은 당신을 당신답게 살게 하는 가장 중요한 표지입니다. 그리고 남 탓하는 마음을 내려놓고, 내 삶의 자율성과 책임감을 잃지 마세요. 그래야 남의 눈에 들려고 전전긍긍하지 않으며, 타인의 반응에 따라 행복과 불행이 오락가락하지 않습니다. 그럴 때 우리는 더 밝은 의식의 빛을 얻게 되고, 스스로 빛을 내는 존재가 됩니다.

부디 당신 안에 깃든 빛으로 당신 자신과 주변을 따뜻하고 밝게 비추기를 기원합니다.

적으로 미성숙한 경우가 많습니다. 자신의 욕구 불만이 어디에서 비롯되는지 알지 못하거나, 해결해야 할 심리적 과제를 풀지 못한 채 겉으로만 그럴듯해 보이는 것이지요. 이런 상태에서는 자기소외가 일어나기 마련입니다. 얼핏 '괜찮은 사람'으로 보이지만, 정작 자신은 내가 누구인지 모른 채 그 이미지에 스스로 속아 버리는 것입니다.

아브라함 매슬로(Abraham H. Maslow)는 이러한 현상을 '유사성장(pseudo-growth)'이라 했습니다. 유사성장 상태에 있는 사람은 불쑥불쑥 밀려오는 공허함, 별안간 치밀어 오르는 짜증과 원망을 피하기 어렵습니다. 뚜렷한 이유도 모른 채 사는 일이 막막하게 느껴지고, 타인을 통해서만 안전감과 만족감을 느끼게 됩니다.

성숙이란 감정에 휘둘리지 않으면서도 감정으로부터 멀어지지 않는 법을 배우는 과정입니다. 자신을 객관적으로 볼 수 있으면서도 내면과 단절되지 않고, 타인과 경계를 지키면서도 연결될 수 있을 때 우리는 비로소 품위 있는 성숙에 다가섭니다. 자신을 존중하고, 타인에게 너그러워지는 연습을 멈추지 마세요.

앞으로도 당신의 일상에서 치유와 성숙의 도구로써 필사와 글쓰기가 함께하길 바랍니다. 하루를 시작하기 전, 5분쯤 시간을 내어 명상하듯 글을 써보세요. 오늘의 나를 있는 그대로 받아들이고, 만나는 사람들에게 다정하겠다는 다짐, 그리고 흔들릴 때 흔들리더라도 결국엔 내 중심을 지키겠다는 약속을 적어 보는 것입니다. 정신이 산란할 땐 그저 마음이 들려주는 소리를 받아 적어도 좋습니다. 글쓰기를 통한 마음의 접속은 일단 시작하는 것이 중요합니다. 그러다 보면 어느 순간 알게 됩니다. 불안한 상황이 펼쳐져도 휘둘리지 않고 한발 물러설 수 있다는 것을요. 그것을 인지한다면 당신은 이전보다 더 성장해 있을 거예요. 평온할 때는 잘 모릅니다. 역경에 강한지는 역경에 부딪히기 전까지는 알 수 없는 것처럼 말입니다.

지금 이 글을 읽는 당신이라면 변화의 욕구와 의지력이 큰 사람일 것입니다. 그 용기와 꾸준함에 진심으로 지지와 격려의 마음을 보냅니다. 책을 덮은 이 순간이 끝이 아니라 새로운 시작이 되길 바랍니다. 완벽한 사람은 물론, 너무 대단한 사람이 되려고도 하지 마세요. 불완전함을 품은 채 살아가는 용기, 그것이야말로 진짜 성숙의 징표이니까요. 불안해도 얼마든지 잘 살 수 있음을 받아들이면 좋겠습니다. 우리의 목적은 상처를 품은 채 살아가는 힘을 기르는 것이니까요.

감정은 억제한다고 사라지지 않습니다. 밀어낼수록 더 깊이 뿌리내리지요. 특히 내면에 뿌리내린 부정적인 핵심 감정은 더욱 쉽게 바뀌지 않습니다. 다만 우리가 그것을 대하는 태도는 달라질 수 있습니다. 이제 당신은 부정적인 감정을 억누르기보다, 그 안에서 자신의 그림자를 읽어 낼 수 있을 것입니다. 자기 그림자를 인식하고 받아들이는 사람만이 타인의 그림자도 이해할 수 있습니다. 그렇게 관계의 마찰은 줄고, 내면의 소란스러움은 잦아들고 점점 고요해집니다.

겉으로는 일도 무난히 해내고 사람들과도 그럭저럭 잘 지내지만, 정서

EPILOGUE

더 밝은 의식의 빛으로

책 쓰기를 마무리할 즈음이 되면 마음이 복잡해집니다. 이 책이 독자에게 도움이 될까 하는 걱정도 스치고, 못다 한 이야기가 떠올라 아쉬움이 남기도 합니다. 동시에 미약하나마 배우고 깨달은 것을 세상에 나눌 수 있어서 감사하며, 낯선 길을 떠나기 전 느껴지는 설렘 또한 함께합니다.

이 책을 덮는 지금, 당신의 마음은 어떤가요? 감정을 대하는 자신의 태도를 돌아볼 수 있었는지, 혹은 감정의 본질에 대한 이해가 조금은 더 깊어졌는지요? 나아가 자신에 대한 인식이 넓어지고, 앞으로의 삶을 어떤 방향으로 이끌어가야 할지 그 윤곽이 조금은 선명해졌기를 소망합니다.

변화라는 것은 강렬한 계기로 단번에 일어나기도 하지만, 대부분은 가랑비에 옷 젖듯 천천히 이뤄집니다. 우리가 어떤 식의 변화를 맞게 될지 알 수 없습니다. 다만 자신을 믿고, 이 순간 더 가치 있다고 느끼는 것을

Date　　　/　　　/

Today's Mood　　😊　😐　☹️

✏️ Do It Yourself

삶을 놀이처럼 살아가려면, 나는

📖 Author's Profile

플로렌스 스코블 신(Florence Scovel Shinn, 1871~1940) 미국의 작가이자 영성지도자이다. 긍정적 사고와 끌어당김의 법칙을 강조했으며, 저서로는 『인생을 바꾸는 게임의 규칙』이 있다.

DAY 100

인생을 다르게 플레이하는 법

> Most people consider life a battle,
> but it is not a battle, it is a game.
> 대부분 사람은 인생을 전쟁이라고 생각하지만,
> 인생은 전쟁이 아니라 게임이다.

"세상은 정글이고, 인생은 생존 경쟁이다." 이런 말을 들으면 어떤 기분이 드나요? 마음을 다잡게 되기도 하지만, 한편으로는 지치기도 합니다. 그런데 꼭 이렇게 살아야만 하는 걸까요? 우리가 인간답게 살려면 그것도 좀 멋진 인간으로 살려면 우리 삶을 '놀이'로 바라볼 필요가 있습니다. 놀이하듯 몰입하면서도 자유롭게, 규칙을 따르면서도 창의적으로 살아갈 수 있어요. 우리는 이미 각자의 삶에서 저마다 역할을 맡고 있습니다. 그 안에서는 도전과 배움이 끝없이 펼쳐지고 있지요. 이 모든 것이 '유희'이며 삶에 '참여'하는 방식입니다.

물론 인생은 쉽지 않습니다. 하지만 놀이의 관점으로 보면 모든 고됨 안에 숨은 질서가 보입니다. 아이들이 쉬운 퍼즐에 흥미를 잃고 더 어려운 퍼즐을 찾듯이, 우리도 '인생'이라는 퍼즐 속에서 의외의 의미와 기쁨을 찾아갑니다. 그렇게 우리 삶은 하나의 진지하고도 흥미로운 놀이터가 됩니다.

Date   /   /

Today's Mood   ☺   ☺   ☹

✏️ **Do It Yourself**

나에게 사과의 편지를 쓴다면

미안해…

📖 Author's Profile

루이즈 L. 헤이(Louise L. Hay, 1926~2017) 심리적·영적 문제를 다루는, 미국의 대표적인 형이상학 강사이자 베스트셀러 작가이다. 저서로는 『치유: 있는 그대로의 나를 사랑하라』가 있다.

| DAY 099 | 내게 주는 가장 귀한 선물 |

Forgiveness is for yourself because it frees you.
It lets you out of that prison you put yourself in.

용서는 당신을 자유롭게 하기 때문에 당신 자신을 위한 것이다.
이것은 당신이 스스로를 가둔 감옥에서 나오게 해 준다.

"나를 용서하라." 이 말이 낯설게 느껴지거나, 저항감이 들지도 모르겠습니다. '자기용서'란 내가 저지른 잘못을 무조건 덮거나 잊으라는 뜻이 아닙니다. 오히려 죄 없는 나를 죄인 취급한 것에 대해 용서를 구하는 일이지요.

"나는 그럴 자격이 없어."라고 말하며 스스로에게 '좋은 것'을 허락하지 않았던 일, 끊임없이 자신을 의심하고 비난했던 일, 부끄럽다며 나를 감추려 했던 일. 그런 나에게 이제 말해 주는 것입니다. "그때는 내가 잘 몰랐어. 그게 너를 위한 일이라고만 생각했어. 스스로에게 이해받지 못하고 사랑받지 못해서 많이 속상하고 외로웠을 거야. 이제야 알게 되어서 미안해."

만약 죄책감을 쉽게 떠안는 성향이라면 자신에게 포용적인 태도를 갖기 어렵습니다. 하지만 그조차 나를 지키려는 방식이라는 걸 이해해 주세요. 그리고 이렇게 말해 주세요. "천천히 가도 괜찮아. 나는 기다릴 수 있어."

Date   /   /

Today's Mood   😊 😃 😟

✏️ Do It Yourself

오늘 나에게 하고 싶은 질문은

* 그 질문의 답변은 무엇일까요?

📖 Author's Profile

줄리아 캐머런(Julia Cameron, 1948~) 미국의 작가이자 교육자이다. 『아티스트 웨이』를 통해 창조성을 회복하고 글쓰기에 동기를 부여했다. 자기표현 및 예술 치유 분야의 선구자로 불린다.

DAY 098 — 나를 살리는 글쓰기

> We should write because writing is good for the soul.
>
> 우리는 글을 써야 한다.
> 글쓰기는 영혼에 좋기 때문이다.

감정을 감당하기 어려울 때가 있습니다. 상실을 겪는다거나 도무지 이유를 알 수 없는 불안이 밀려올 때 더욱 그렇지요. 그럴 때는 차라리 무너지세요. 단, 안전하지 않은 곳에서 그렇게 하면 안 되겠지요. 글쓰기는 누구에게도 방해받지 않고 온전히 나 자신과 마주할 수 있기에 안전합니다. 글쓰기가 이끄는 치유와 회복의 힘에 대해 알아볼까요?

첫째, 막연하고 복잡한 감정을 명료하게 정리해 줍니다. 글로 옮기는 순간 감정은 언어로 구체화되고 혼란은 차츰 사그라듭니다. 둘째, 자기이해가 깊어집니다. 감정의 뿌리나 상처의 원인을 발견하게 되지요. 셋째, 창조적인 삶을 살게 합니다. 자기표현이 자유로워질수록 생각은 깊고 유연해집니다.

지금 마음속에 떠오르는 질문이 있다면 그것부터 써 보세요. "왜 이렇게 불안하지?" 이런 한 문장으로 자기대화가 시작됩니다.

If you hate a person,
you hate something in him that is part of yourself.
What isn't part of ourselves doesn't disturb us.

당신이 어떤 사람을 미워한다면,
그 미워하는 무엇인가가 바로 당신 자신의 일부이다.
우리 자신 안에 속하지 않는 것은 우리를 괴롭히지 않는다.

헤르만 헤세(Hermann Hesse)

살면서 마주하기 힘든 것은 그 무엇보다 나 자신입니다. 특히 인정하고 싶지 않은 내 모습이나 불편한 감정은 더욱 그렇지요. 카를 구스타프 융은 이런 내면의 어두운 부분을 '그림자'라고 하였습니다. 이는 자아로부터 배척되어 무의식에 억압된 성격의 한 측면입니다. 그림자는 대개 타인을 통해 자극됩니다. 예를 들어 타인에게 무시당했다고 느낄 때 스스로 '가치 없음'이라고 느끼는 내면의 그림자가 활성화됐을 가능성이 높습니다. 그렇기 때문에 불편한 사람이야말로 내 그림자를 비추는 거울이 됩니다. 직면하고 받아들인다면 성숙으로 이끌어 주는 고마운 존재입니다.

또한 내가 외면한 감정과 상처 안에도 나의 가능성과 진실이 숨어 있습니다. 질투하는 자신을 부끄러워했는데 그 감정 덕분에 진짜 원하는 게 무엇인지 알 수 있는 것처럼 말이에요. 어둠은 의식의 빛으로 밝히는 것입니다.

✎ Do It Yourself

최근 가장 불편한 사람은

* 그를 통해 당신의 어떤 점을 비춰 볼 수 있을까요?

Date　　／　　／

Today's Mood

Author's Profile

라이너 마리아 릴케(Rainer Maria Rilke, 1875~1926) 20세기의 위대한 시인 가운데 한 명으로 꼽히는 프라하 출신의 오스트리아 작가이다. 한국 시인 백석, 윤동주에게도 문학적 영향을 끼쳤다.

DAY 097

그림자, 어두운 반려자를 끌어안기

I love the dark hours of my being.
My mind deepens into them.
There I can find, as in old letters,
the days of my life, already lived,
and held like a legend,
and understood.

나는 내 존재의 어두운 시간들을 사랑한다.
그 속으로 스며들며, 내 마음은 더 깊어진다.
그곳에서 나는 오래된 편지를 보듯,
이미 살아온 내 인생의 날들을 발견한다.
그것들은 전설처럼 간직되고, 비로소 이해된다.

Date   /   /

Today's Mood   ☺ ☻ ☹

✎ **Do It Yourself**

솔직히 말하면 나는

어른스럽지 않아도 된다면 나는

📖 **Author's Profile**

브레네 브라운(Brené Brown, 1965~) 미국의 사회복지학자이다. 현대인이 겪는 감정의 근원을 연구해 온 심리 전문가이며, 휴스턴대학교 사회복지대학원에서 연구 교수로 재직 중이다.

DAY 096

약함은 드러낼수록 강해지는 법

> Guilt: I'm sorry. I made a mistake.
> Shame: I'm sorry. I am a mistake.
> 죄책감: 죄송합니다. 제가 실수했습니다.
> 수치심: 죄송합니다. 제가 실수입니다.

수치심은 우리에게 익숙한 모든 곳에서 느낄 수 있습니다. 신체, 직업, 가족, 돈, 종교 같은 영역이 모두 수치심의 통로가 될 수 있으니까요. 하지만 그 이야기를 꺼내기는 참 어렵습니다. 왠지 나에게 근본적으로 잘못된 구석이 있다는 느낌이 들고, 혹시라도 그 결함이 드러날까 봐 두렵기 때문이지요.

그러나 '나는 잘못된 사람'이라는 느낌은 사실이 아닙니다. 내가 부족하거나, 모자라거나, 때로 환영받지 못한다고 느낄지라도 그런 감정이 내 존재의 오류를 의미하지는 않습니다. 우리에게는 결핍이 있을 뿐 결함은 없습니다. 이제부터는 부정적인 감정의 실체를 이해하고 회복하는 힘을 키우면 됩니다. 우리에게 필요한 것은 좀 더 솔직해지려는 노력, 안전한 사람 앞에서 취약성을 드러내는 연습, 가까운 사람들의 사랑을 그대로 받아들이는 마음입니다. 취약성을 드러낼수록 우리 마음은 강해집니다.

Date   /   /   /
Today's Mood   ☺   ☻   ☹

✏️ Do It Yourself

내 안의 '심판관'이 주로 등장하는 순간은

* 스스로 심판관 역할을 그만둔다면 어떤 자유가 생길까요?

📖 Author's Profile

라인홀드 니부어(Reinhold Niebuhr, 1892~1971) 미국의 사회윤리학자이자 신학자이며 정치철학자이다. 옥스퍼드, 하버드, 프린스턴, 예일 등 여러 대학에서 명예박사 학위를 받았다.

DAY 095 — 심판관 역할 그만두기

God, grant me the serenity to accept the things I cannot change,
courage to change the things I can,
and wisdom to know the difference.

신이여, 바꿀 수 없는 것을 받아들이는 평온함과,
바꿀 수 있는 것을 바꾸는 용기와, 그 차이를 아는 지혜를 주소서.

연인의 말 한마디에 마음이 상해서 그 말이 얼마나 부적절한지 계속 설명하고 싶은 충동, 부모에게 받은 상처를 수십 년째 곱씹으며 "당신 때문이야!"라며 항변하고 싶은 마음. 모두 '나 됨'의 상처를 치유하고자 분투하는 방식입니다.

억울함은 특히 인정욕구와 애정욕구가 좌절됐을 때 분노와 함께 드러나는 자기애적 상처입니다. 상처를 기억하는 건 자연스러운 일입니다. 하지만 마음속 '상처 장부'를 자주 꺼내 보면서 고통을 반복 재생하지는 마세요. '너는 가해자, 나는 피해자'라는 도식에 갇히기 때문입니다. 그럴수록 더 깊은 분노의 수렁에 빠지게 되지요. 상처받은 나를 알아 달라는 그 마음을 밖으로 향하게 하기보다, 내 안에서 따뜻하게 돌보는 것이 치유에 더 가까운 길입니다. 그 방법은 상처 장부를 내려놓고 심판관 역할을 그만두는 것입니다. 그 어둡고 무거운 것을 왜 계속 들고 있어야 할까요. 정말 그래야만 하나요?

Date   /   /   /

Today's Mood   ☺ ☺ ☹

✏️ **Do It Yourself**

요즘 나의 상황은

📖 Author's Profile

엘리자베스 2세 여왕(Queen Elizabeth II, 1926~2022) 영국과 영연방 왕국의 국왕으로 70년간 재위했다. 노블레스 오블리주를 실천하여 왕실의 권위를 높였으며, 왕국의 존립을 위해 평생 헌신했다.

| DAY 094 | 그저 흐르는 강물처럼 |

> But nothing that can be said can begin to take away
> the anguish and the pain of these moments.
> Grief is the price we pay for love.
>
> 하지만 이 순간들의 고뇌와 고통을 덜어 낼 수 있는 말은 없습니다.
> 슬픔은 우리가 사랑에 치르는 대가입니다.

마음에 품은 슬픔이 있나요? 여전히 슬픔에 머물러 있는 자신을 이상하다고 여기거나 자책하지는 않나요. 이제는 그러지 마세요. 슬픔뿐 아니라 그 어떤 감정도 정복하거나 극복하는 대상이 아니랍니다. 특히 슬픔은 우리가 얼마나 깊이 사랑했고 무엇을 소중히 여겼는지 알려 주는 감정입니다.

힘든 일을 겪었던 친구를 오랜만에 만난다면 어떤 말을 건네야 할까요? "이제는 다 괜찮지?" "너는 강하니까 이겨낼 수 있어." 이런 말은 위로가 되기보다 오히려 마음의 짐이 될 수도 있습니다. 그 대신에 "아직도 문득문득 생각나지?", 아니면 그저 다정하게 "좀 어때?"라고 물은 뒤 친구의 말을 잘 들어 주면 됩니다. 나 자신에게도 마찬가지입니다. 어른이 된다는 것은 슬픔이든 그리움이든 내 삶의 한 페이지를 물들인 감정들과 함께 살아가는 법을 배우는 일입니다.

Date　　　/　　/　　/

Today's Mood　　　☺　　☺　　☹

✏️ **Do It Yourself**

내 마음에 썩 들지 않는 부분은

* 당신의 그 측면을 친절하게 대하면 어떤 일이 일어날까요?

📖 **Author's Profile**

작자 미상 심리 회복을 위한 온라인 커뮤니티 및 저널에서 널리 회자되는 문장이다.

DAY 093

그래도 돼, 그럴 수 있어

> Self-acceptance is not the end point of healing.
> It's the beginning of being fully alive.
>
> 자기수용은 치유의 종착점이 아니다.
> 온전히 살아가는 삶의 출발점이다.

마음이 아픈 사람들이 겪는 어려움 중 하나는 자기수용이 쉽지 않다는 점입니다. 부족해 보이는 내가 마음에 안 들고, '게으르면 안 돼' '실수하면 안 돼' 같은 목소리가 끊임없이 스스로를 몰아세웁니다.

'자기수용'이란, 내 마음에 썩 들지 않는 나도 '나'라고 인정하는 일입니다. 즉, 괜찮지 않은 나도 괜찮게 여기는 너그러움이지요. 자기를 수용하는 사람은 상처 입은 자아와 함께 살아갈 줄 압니다. 결핍과 불안으로 흔들리는 나를 다그치기보다 공감하며 감싸안습니다.

무조건 '이래도 돼' 하며 덮어 주는 게 아니라, 그럴 수밖에 없는 나를 뼈아프게 이해하고 용서하는 일입니다. '난 원래 이런 사람이야' 하고 마침표를 찍어 버리는 것이 아니라, 쉼표를 찍고 나서 그다음을 계속 살아가는 태도입니다. 이런 적극적인 '끌어안음'이 자기돌봄의 핵심입니다.

Date   /   /

Today's Mood   ☺ ☺ ☹

✏️ **Do It Yourself**

오늘 내 '욕구의 얼굴'에 드러난 표정은

* 오늘 당신이 자신에게 실천할 아주 사적인 윤리는 무엇인가요?

📖 **Author's Profile**

리사 올리베라(Lisa Olivera, 1988~) 미국의 심리치료사이자 작가이다. 상처받은 자아를 다정하게 이해하고 돌보는 글이 대중의 호응을 이끌어 냈다. 위로를 건네는 방식이 세심하다.

| DAY 092 | 내 '욕구의 얼굴'을 다정하게 마주하기 |

> May you allow all the facets of being
> here to be held, to be seen,
> to be heard and tended to, as if all of it belongs.
> 여기에 존재하는 모든 면이 품어지고, 보여지고, 들려지며
> 돌봄받을 수 있길 바란다.

상담이나 강의를 마치고 나면, 저는 꼭 소리를 내어 나에게 말해 줍니다. "정말 수고 많았어. 최선을 다했지? 고마워!" 이제는 습관이 됐는데도 나에게 보내는 지지와 감사의 마음은 날마다 깊어집니다. 누군가가 이런 말을 해 준다면 참 힘이 날 것 같습니다. 그런데 그 누군가가 항상 곁에 있을 수는 없지요. 그 대신 나는 언제든지 필요할 때 나에게 그 '누군가'가 되어 줄 수 있습니다.

가끔은 이런 생각이 들 때도 있습니다. '내가 참고 말지.' '이 정도는 견뎌야지.' 그러다 보면 자기돌봄의 신호들을 지나치기 쉽습니다. 누군가와 연결되고 싶다는 바람, 나를 좀 안아 달라는 속삭임. 별것 아닌 욕구 같지만, 그 '욕구의 얼굴'이야말로 내가 매일매일 바라보고 미소 지어야 하는 '나'입니다. 이렇게 자기수용과 자기돌봄은 나의 욕구를 인정하는 것에서 시작됩니다. 그것은 나를 향한 아주 사적인 윤리입니다.

Date   /   /

Today's Mood   🙂 😊 ☹

✏️ Do It Yourself

내 안의 '밀어붙이는 자아'가 자주 하는 말은

* 그 자아의 목소리는 부모 혹은 누구의 것과 닮았나요?

📖 Author's Profile

앤 래머트(Anne Lamott, 1954~) 미국의 에세이스트이다. 영성에 대한 관점과 일상의 통찰이 담긴 글쓰기로 사랑받고 있다. 용서, 믿음, 회복을 주제로 삶의 고통과 희망을 진솔하게 그려 낸다.

DAY 091

쉬는 것도 능력

Almost everything will work again
if you unplug it for a few minutes, including you.

당신을 포함하여 거의 모든 것은
몇 분 동안 플러그를 뽑아 두면 다시 작동한다.

휴식은 일을 더 잘하기 위해 필요한 것이 아닙니다. 쉼을 생산성을 높이기 위한 수단으로만 여기는 태도는 자기 자신을 '기능적 도구'로 대하는 것과 같습니다. 우리에게는 '수행(doing mode)의 시간'과 함께 '존재(being mode)의 시간'도 반드시 필요합니다. 아무것도 하지 않아도 괜찮은, 목적 없이 머무는 순간 말이에요.

하지만 참 쉽지 않습니다. 내면의 '밀어붙이는 자아'가 자꾸 이렇게 말하거든요. "지금 이럴 때가 아니야." 하지만 이런 생각이야말로 언젠가 나를 완전히 멈추게 만들 수 있습니다. '아무것도 하지 않으면 나 자신이 아무것도 아닌 것 같다'는 두려움을 바라보고 달래 주세요. 그 두려움도 나를 더 잘 살게 하려는 마음이니까요. 그리고 이렇게 말해 주세요. "괜찮아. 지금 쉰다고 어떻게 되지 않아. 우리는 잠시의 침묵과 고요 속에서 존재함을 경험할 뿐이야."

Date　　／　　／　　／

Today's Mood　　☺　　☺　　☹

✏️ **Do It Yourself**

나를 용서하지 않았던 나에게 사과해.

이제는

📖 **Author's Profile**

루이스 B. 스메데스(Lewis B. Smedes, 1921~2002) 미국의 윤리학자이자 신학자이다. '용서'라는 주제를 심리적인 측면과 영적인 관점에서 깊이 탐구했다.

DAY 090 ‖ **행위와 존재를 구분하는 용서와 자기용서**

> To forgive is to set a prisoner free
> and discover that the prisoner was you.
>
> 용서란 죄수를 풀어 주는 일인데,
> 바로 그 죄수가 나 자신임을 깨닫게 되는 일이다.

'왜 그때 그렇게밖에 하지 못했을까?'라고 심하게 자책한다면, 어쩌면 자신을 벌하고 있는지도 모릅니다. 실수했던 일, 상처를 주었던 말, 후회되는 선택에 여전히 스스로를 가두는 것은 아닌지요. 지금의 시선으로 과거의 나를 비난하는 것은 불공정한 재판입니다. 그 대신 우리가 해야 할 일은 스스로에게 '이해할 수 있는 이야기'를 다시 들려주는 것입니다. '그때 나는 어떤 마음이었을까?' '그 상황에서 정말 다른 선택이 가능했을까?' 아마 그때의 나는 나름의 최선을 다했을 것입니다.

그다음에는 이런 질문이 필요합니다. '나는 왜 나를 용서하지 못할까?' 죄책감을 품고 있으면 내가 덜 나쁜 사람처럼 느껴지기도 하고, 잘못을 진짜 인정한 후 책임을 마주하는 일이 두려울 수도 있거든요. '용서'란 그 사건을 지우는 것이 아닙니다. 그 사건과 함께 살아갈 힘을 되찾는 일이지요.

Date　　　　/　　/　　/

Today's Mood　　☺　😉　☹

✏️ Do It Yourself

지금 나 자신에게 전하고 싶은 위로의 말은

📖 Author's Profile

랠프 월도 에머슨(Ralph Waldo Emerson, 1803~1882) 미국의 사상가이자 문학가이다. 초월주의를 대표하는 인물로, 개인의 자율성과 자연의 조화를 강조한 글을 다수 남겼다.

DAY 089

나한테 할 짓, 나한테 못 할 짓

Nothing can bring you peace but yourself.
너 자신 외에는 아무도 평화를 가져다줄 수 없다.

나도 모르게 나에게 좋은 기회를 빼앗는 일은 생각보다 자주 일어납니다. 삶의 가능성을 조용히 차단하는 순간이지요. 몇 가지 예시를 살펴볼게요.

첫째, 실수한 자신을 끝까지 몰아붙일 때입니다. '바보 같아. 진짜 한심해.' 실수는 돌아보라고 있는 것인데 비난만 하면 배움의 기회를 놓칩니다. 둘째, 감정을 무시할 때입니다. '그냥 별일 아냐. 다들 그렇잖아.' 이렇게 외면한 감정은 마음속에 응어리로 남아 자기이해와 회복의 기회를 막습니다. 셋째, 한 번의 실패로 나를 단정 지을 때입니다. '이래서 난 안 돼.' 이런 생각은 미래의 가능성까지 포기하게 만듭니다. 넷째, 타인과 비교하여 자신을 깎아내릴 때입니다. '나는 지금껏 뭐 했나.' 비교는 자기효능감과 성취 의지를 떨어뜨립니다.

무엇이 불안한지 묻고 그 감정을 위로할수록 삶의 고비에서 다시 걸어 나올 힘이 생깁니다.

Date   /   /   /

Today's Mood   ☺   😐   ☹

✏️ **Do It Yourself**

지금 내 삶에서 '없어서 아쉬운 것'은

내가 감사할 수 있는 '지금 여기의 것'은

📖 **Author's Profile**

어니스트 헤밍웨이(Ernest Hemingway, 1899~1961) 1954년 노벨문학상을 수상한 미국의 소설가이다. 대표작은 『노인과 바다』, 『무기여 잘 있거라』 등이 있다.

| DAY 088 | 과거를 품고 현재를 사는 일 |

Now is no time to think of what you do not have.
Think of what you can do with what there is.

지금은 당신에게 없는 것을 생각할 때가 아니다.
당신이 가진 것으로 무엇을 할 수 있는지 생각해라.

뇌는 부족함을 먼저 감지하고 오래 기억하도록 작동합니다. 그래야 생존에 더 유리하니까요. 그러니 부족하다고 느끼거나 무언가 채우고 싶어져도 그 마음을 나무랄 필요는 없습니다. 다만 결핍에만 머물다 보면 생의 충만함이나 감사함을 느끼기 어려워지고 행복감도 점점 멀어질 수 있다는 것. 그 점은 기억해 두면 좋겠습니다. 행복은 특별한 조건이 아니라, 지금 이 순간 '나'로 자연스럽고 편안하게 존재할 때 느껴지는 감정입니다. 좋은 사람과 함께 맛있는 음식을 먹는 순간처럼 말이에요.

이미 사라진 것이나 내 통제를 벗어난 것은 이제 놓아주세요. 어릴 적에 공부를 잘했던 기억, 예전에 날씬했던 몸, 한때의 사랑, 함께였던 가족, 칭찬과 인정의 순간들. 이 모든 것은 지금의 나를 이루어 소중한 일부로 남아 있습니다. 하지만 앞으로의 나는 지금 이 순간을 어떻게 살아가느냐에 달려 있습니다.

Date   /   /   /
Today's Mood   ☺ ☺ ☹

✏️ **Do It Yourself**

지금 내가 가장 걱정하는 일은

* 그 걱정은 당신의 하루를 어떻게 바꿀까요?

📖 Author's Profile

레오 버스칼리아(Leo Buscaglia, 1924~1998) 미국의 교육학자이자 작가이다. '사랑의 철학자'로 불리며, 따뜻하고 실용적인 메시지를 전했다. 대표작은 『살며 사랑하며 배우며』이다.

DAY 087 '지금'을 놓치지 않기

> Worry never robs tomorrow of its sorrow,
> it only saps today of its joy.
>
> 걱정은 내일의 슬픔을 덜어 주지 않는다.
> 그 대신 오늘의 기쁨만을 앗아간다.

우리는 왜 그렇게 걱정할까요? 혹시 모를 일에 대비하기 위해서일 수도 있고, 나쁜 일을 막기 위해서일 수도 있습니다. 그런데 사실 걱정해 봐야 별로 도움이 되지 않는다는 것을 알면서도 멈추지 못할 때가 많지요. 그것은 걱정하는 행위 자체가 '무엇인가를 하고 있다'는 착각을 일으키기 때문입니다. 넋을 놓고 있는 것보다 머리를 굴리는 편이 덜 불안하거든요.

더 놀라운 점은 대수롭지 않은 일에 매달리면서 정작 해야 하지만 하기 싫은 일을 회피할 수도 있다는 것입니다. 심리학에서는 이런 보상적인 과도한 걱정을 '정서적 회피 전략'이라고 합니다.

걱정에 빠져 있는 동안 우리는 현재를 잃어버립니다. 지금 누릴 수 있는 다채로운 감각, 사소하고 아름다운 일상, 내 옆에 있는 소중한 사람과의 시간을 놓치지 마세요. 내일의 슬픔은 내일 느끼면 됩니다.

Date   /   /

Today's Mood   😊 😃 ☹

Do It Yourself

내가 힘든 순간을 대처하는 방식은

* 그 방식이 당신을 더 강하게 만드나요, 아니면 더 지치게 하나요?

Author's Profile

로버트 프로스트(Robert Frost, 1874~1963) 미국의 시인이다. 자연과 일상을 소재로 인간 내면의 갈등이나 삶의 복잡성을 표현했다. 목가적인 분위기에 어두운 정서가 더해진 것이 특징이다.

DAY 086 — 통과의 정석, 견디기

The best way out is always through.
가장 좋은 탈출 방법은 언제나 그 안을 통과하는 것이다.

우리는 점점 더 불편함을 견디지 못하는 시대에 살고 있습니다. 그 이유 중 하나는 불편한 감정을 '문제'로 여기는 인식 때문일지도 모릅니다. 마음이 괜찮지 않으면 어딘가 고장 난 것처럼 여기면서요. 하지만 삶은 좋은 기분만으로 살아갈 수는 없습니다. '감정 회복력'을 연구한 심리학자들은 힘든 감정을 얼마나 잘 견디는지가 삶의 만족도에 중요한 영향을 미친다고 합니다. 슬픔을 외면하지 않고, 불안을 덮지 않으며, 애매한 상태를 서둘러 판단하지 않는 태도가 오히려 마음을 더 단단하게 만듭니다.

때로는 듣기 싫은 말도 듣고, 속이 뒤틀리는 사람도 대해야 합니다. 불편함에 불평만 하는 건 어린아이의 내면과 같습니다. 힘들고 어려운 일이 빨리 해결되면 좋겠지만 인생은 해답을 쉽게 주지 않습니다. 이때 필요한 것이 바로 '견디는 힘'입니다. 불편함도 삶의 일부임을 받아들이면서요.

Date   /   /

Today's Mood   ☺ ☺ ☹

✏️ Do It Yourself

내가 나의 아픔을 다루는 방식은

* 상처를 소중한 친구처럼 대한다면 어떤 변화가 생길까요?

📖 Author's Profile

잭 콘필드(Jack Kornfield, 1945~) 미국의 임상심리학자이자 명상지도자이다. 불교 명상과 심리치료의 통합을 이끌었다. 서구 사회에 불교 명상의 지혜를 전파하고 있다.

DAY 085 상처와 함께 머무는 법

> Our sorrows and wounds are healed only
> when we touch them with compassion.
>
> 우리의 슬픔과 상처는 연민으로 어루만질 때만 비로소 치유된다.

우리는 고통을 없애고 싶어 합니다. 하지만 진짜 치유는 고통을 직면하는 데서 시작됩니다. 그 고통과 함께 머무를 만한 힘을 기르는 것, 바로 그것이 치유입니다. 심리학자 크리스틴 네프(Kristin Neff)는 이 과정을 '자기연민'이라 부릅니다. 또한 자기연민을 세 가지 태도로 설명합니다. 첫째, '자기친절'은 부족한 자신을 비난하지 않고 이해하며 위로하는 마음입니다. 둘째, '인간 보편성'은 고통이 누구나 겪는 삶의 일부임을 아는 것입니다. 셋째, '마음 챙김'은 현재의 고통을 억누르거나 과장하지 않고 그대로 지켜보는 자세입니다.

이 세 가지 태도는 연약한 나를 끌어안게 하며 불완전한 삶을 피하지 않고 살아 내게 합니다. 고통을 없애려 애쓸수록 오히려 고통이 커지는데, 그 이유는 우리가 그것을 두려움의 대상으로 만들기 때문이지요. 그러니 이유 불문! 지금 이 순간만큼은 당신 자신을 따뜻하게 대해 주세요.

Date   /   /

Today's Mood   ☺ 😐 ☹

✏️ **Do It Yourself**

내가 나에게 가장 자주 하는 말은

* 그 말이 당신을 지치게 하나요, 아니면 살게 하나요?

📖 **Author's Profile**

조지 칼린(George Carlin, 1937~2008) 미국의 전설적인 스탠드업 코미디언이자 사회풍자 작가이다. 철학적 통찰과 사회적 비판이 녹아든 깊이 있는 코미디로 평가받는다.

DAY 084 | 세상에서 가장 가까운, 믿을 만한 사람

> The reason I talk to myself is because
> I'm the only one whose answers I accept.
>
> 내가 혼잣말하는 이유는
> 내 대답을 받아들이는 유일한 사람이 나이기 때문이다.

내가 원할 때마다 기꺼이 이야기를 들어 줄 사람, 내가 듣고 싶은 그 말을 건네줄 사람은 누구일까요? 나 자신밖에 없습니다. 내가 팥으로 메주를 쑨대도 믿어 줄 사람, 겉으로는 아무렇지 않은 척 웃고 있지만 속으로는 울고 있다는 걸 가장 먼저 알아차리는 사람 역시 나입니다. 나는 나에게 세상에서 가장 든든하고 안전한 존재입니다. 나는 늘 나와 함께 있었고, 태어나서 지금까지 단 한순간도 나를 떠난 적이 없습니다.

긍정적인 '내면 대화(inner dialogue)'는 정서적 안정에 큰 영향을 줍니다. 내면의 대화가 비난과 의심으로 가득 차 있다면 타인에게 들은 모진 말보다 더 깊은 상처가 될 수 있어요. 그러니 나에 관하여 더 많은 이야기를 나에게 들려주세요. 그리고 그 이야기를 경청한 후 따뜻하고 친절한 말을 들려주세요. "나는 너의 이야기를 듣는 게 좋아. 내게 말해 줘서 고마워."

Date　　　　／　　／　　／

Today's Mood　　☺　☺　☹

✏ Do It Yourself

내가 누군가에게 받고 싶은 사랑의 방식은

* 그 사랑을 당신 자신에게도 줄 수 있나요?

📖 Author's Profile

오스카 와일드(Oscar Wilde, 1854~1900) 아일랜드 출신의 극작가이자 소설가이다. 예술성 높은 문장으로 인간의 욕망과 사회를 풍자했다. 대표작으로는 『도리언 그레이의 초상』 등이 있다.

DAY 083

누가 뭐래도 내 편이 되기

To love oneself is the beginning of a lifelong romance.

나 자신을 사랑하는 법을 배우는 것이야말로
인생에서 가장 중요한 일이다.

"나를 사랑하라는데, 도대체 어떻게 하라는 거죠?" 이런 질문을 종종 받습니다. 그럴 때는 이렇게 되묻곤 합니다. "당신은 어떤 사랑을 받고 싶은가요?" 그러면 열에 아홉은 이렇게 말하지요. "나를 함부로 판단하지 않고 있는 그대로 받아들여 주면 좋겠어요." 그렇습니다. 우리 자신에게 그렇게 해 주는 것, 그게 바로 자기사랑입니다.

자기사랑은 거창한 것이 아니에요. 실수한 나를 무시하지 않기, 더 잘하라고 다그치지 않기, 지칠 때 쉬어 가기, 내 감정을 존중하기. 이런 선택들이 쌓이면 내면의 뱃심이 두둑해집니다. 사랑받는 아이가 위축되지 않고 당당하며, 호기심이 많고 자유로운 것처럼 말이지요.

"나는 나를 사랑하기로 선택합니다." 바로 지금 선택할 수 있어요. 자기 자신을 사랑하는 사람은 가끔 휘청거릴 순 있어도 결코 무너지지는 않습니다.

*The difference between successful people
and really successful people is that really successful people
say no to almost everything.*

성공한 사람과 진정으로 성공한 사람의 차이는
진정으로 성공한 사람은 거의 모든 것에
'아니오'라고 말한다는 것이다.

워런 버핏(Warren Buffett)

내 삶의 주인으로 살고 싶다면 거절은 꼭 익혀야 할 기술입니다. 거절이 힘든 사람은 부탁도 잘하지 못합니다. 그래서 거절 훈련의 시작으로 '부탁하기'를 권합니다. 하루 한 번 사소한 부탁을 해 보세요. "오는 길에 커피 좀 사다 줄 수 있어?" "이건 나 혼자 하기 힘든데, 도와줄 수 있나요?"

거절할 수 있으려면 다른 사람에게 기댄 경험이 필요합니다. 나의 부족함이나 두려움을 인정하고 도움을 청할 수 있어야 하지요. 그 과정에서 쌓인 신뢰와 연결감이 거절을 훨씬 덜 두렵게 만듭니다. 이 훈련의 핵심은 거절을 당해 보는 데 있습니다. 아마 대부분의 사람들은 당신의 부탁을 들어줄 가능성이 클 테니 여러 번 반복해 보세요. 그리고 기억하세요. 거절당한다고 해서 내 존재가 거부당하는 것이 아니듯, 내가 거절한다고 해서 그를 외면하는 것도 아닙니다. 이 사실을 스스로가 먼저 믿어야 합니다.

✏️ Do It Yourself

최근에 누군가에게 했던 부탁은
_____
_____

최근에 누군가에게 했던 거절은
_____
_____

Date   /   /

Today's Mood   :) :| :(

Author's Profile

수전 그레그(Susan Gregg, 출생 연도 미공개) 미국의 작가이자 영성지도자이다. 한때 우울증을 앓았으나 물리적, 초월적 현실의 본질을 탐구하여 내면의 평화에 관한 강의를 하고 있다.

DAY 082

부탁할 수 있어야 거절할 수 있는 법

No is a complete sentence and so often we forget that.
When we don't want to do something
we can simply smile and say no.
We don't have to explain ourselves,
we can just say "No."

'아니요'는 완전한 문장이고, 우리는 이를 너무 자주 잊는다.
하고 싶지 않은 일이 있을 때 우리는 그저 미소 짓고 '아니요'라고 말하면 된다.
우리는 우리 자신을 설명할 필요가 없으며,
그저 "아니요."라고 말하면 된다.

Date   /   /   /
Today's Mood   😊 😌 ☹️

✏️ **Do It Yourself**

최근에 내가 나를 돌본 방식은

📖 Author's Profile

레일라 델리아(Lalah Delia, 출생 연도 미공개) 미국의 작가이자 영성지도자이다. 자기돌봄, 의식의 성장에 대한 글을 통해 이름을 알렸다. 대표작은 『Vibrate Higher Daily: Live Your Power』이다.

DAY 081 　　　　　　　　　　　내 중심을 회복하기

Self-care is how you take your power back.
자기돌봄은 당신의 힘을 되찾는 방법이다.

　내 힘을 제대로 쓰지 못하면 어떤 일이 벌어질까요? 타인에게 쉽게 휘둘리고 경계선을 지키지 못합니다. 거절하지 못해 관계에서 지치고, 감당하지 않아도 될 일까지 떠안게 되지요. 타인의 시선을 과도하게 신경 쓰고 기대에 부응하지 못하면 죄책감이 밀려옵니다. 긴장과 스트레스로 힘들어도 자신에게는 휴식을 허락하지 못합니다. 바로 힘을 잃은 상태의 전형적인 모습들이지요.

　자기돌봄은 내 호흡, 내 걸음, 내 리듬대로 살아가는 일입니다. 본래 내 안에 있던 감각을 다시 느끼는 일. 그러니 새로운 무엇인가를 해야 하는 것이 아니라, 잃어버렸던 나를 되찾기만 하면 됩니다. 막막하게 느껴질 수 있지만 방향은 아주 단순합니다. 지나치게 '남'에게 맞추어 살아온 초점을 '나'에게로 돌리는 것. 나에게로 돌아오는 것, 그것이 곧 내 힘을 회복하는 길입니다.

CHAPTER 5
자기용서와 자기돌봄

스스로 상처 내는 일은 멈추세요.

이제는 나를 안아 주고 돌봐야 할 때입니다.

Date　　/　　/　　/
Today's Mood　　☺　　☺　　☹

✏️ **Do It Yourself**

나에게 중요한 가치는

* 그 가치를 선택한 이유는 무엇이며, 그것을 사람들과 나누며 살고 있나요?

📖 **Author's Profile**

파울로 프레이리(Paulo Freire, 1921~1997) 브라질의 교육학자이자 비판적 교육학의 창시자이다. 문맹 퇴치와 사회 참여를 연결한 독창적 교육 철학을 발전시켰다. 『페다고지』를 집필했다.

DAY 080

지성과 도덕의 원 안으로

> True solidarity is found only in the plenitude of this act of love, in its existentiality, in its praxis.
>
> 진정한 연대는 오직 이 사랑의 행위가 지닌 충만함에서, 그 실존성에서, 그 실천에서만 발견된다.

도움은 바깥에서 건네는 손길이고, 연대는 그 안으로 들어가는 마음입니다. 도움은 내가 덜어 낼 수 있는 걸 주는 것이고, 연대는 내게 소중한 걸 내어 주는 일이지요. 연대는 '착한 나'를 드러내기 위한 행동도 아니고 여유가 있을 때만 선택하는 일도 아닙니다. 내 삶의 영역 안에 타인을 정중히 받아들이고 고통에 적극적으로 응답하는 윤리적 태도입니다.

철학자 악셀 호네트(Axel Honneth)는 인간에게 필요한 세 가지 인정욕구를 말합니다. 그중 '사회적 가치를 공유(solidarity, 연대)' 하고자 하는 욕구가 충족될 때 느끼는 자부심에 대해 알려 줍니다. '자부심'이란 내가 가치 있다고 믿는 일을 뜻이 맞는 사람들과 함께할 때의 만족감입니다. 또한 '나'라는 존재가 세상에 무엇인가를 기여하고 있다는 기쁨이기도 하지요. 우리는 그런 자부심을 얼마나 느끼며 살아가고 있을까요?

Date　　　/　　　/　　　/

Today's Mood　　😊　😀　☹

✏️ **Do It Yourself**

나는 타인의 고통을 '개인의 책임'으로만 여긴 적이 있었다.

돌이키면 그것은

📖 **Author's Profile**

워런 버핏(Warren Buffett, 1930~) 미국의 기업가이자 투자가이며 자선사업가로서, '오마하의 현인'으로 불린다. '버크셔 해서웨이'의 CEO 겸 회장이자 최대 주주이다.

DAY 079

같은 비에 단지 덜 젖었을 뿐

> No great credit to me. I just was lucky at birth.
> I shouldn't delude myself into thinking
> I'm some superior individual because of that.
>
> 내게 큰 공로는 없다. 나는 단지 태어날 때 운이 좋았을 뿐이다.
> 그것 때문에 내가 우월한 개인이라고 착각해서는 안 된다.

소외되거나 열악한 환경에 놓인 사람들이 고통받는 이유는 대부분 그들의 잘못이 아닙니다. 대체로 사회 구조와 우연 속에 자리한 삶의 조건 때문입니다. 반대로 우리가 비교적 안정된 삶을 누리는 것도 거의 운에 기대어 있지요. 태어난 나라, 부모, 교육과 양육 환경 그리고 그것들이 형성한 내면의 자원까지. 내 힘만으로 이룬 것은 드뭅니다. 이런 사실을 이해할수록 어쩐지 '나'라고 내세울 것이 별로 없는 듯합니다. '잘 살고 있다'는 느낌 뒤에는 거저 얻은 것이나 다름없는, 내가 통제할 수 없었던 수많은 변수가 겹겹이 쌓여 있으니까요.

그래서 타인의 불행을 함부로 판단할 수 없습니다. 자신보다 어려운 처지에 있는 사람을 마주할 때 '나는 괜찮은 사람이니까 이만큼 사는 거야'라는 식으로 믿고 싶을지도 모릅니다. 하지만 나는 그저 조금 덜 흔들렸고, 조금 덜 부서졌을 뿐입니다. 많은 부분에서 운이 좋았으니까요.

Date   /   /   /

Today's Mood   ☺   😐   ☹

✏️ **Do It Yourself**

솔직히 내가 타인보다 낫다고 생각하는 점 세 가지는

📖 **Author's Profile**

마셜 B. 로젠버그(Marshall B. Rosenberg, 1934~2015) 미국의 심리학자이자 '비폭력 대화'의 창시자이다. 『비폭력 대화』 등 공감적 소통에 관한 다수의 책을 집필했다.

DAY 078

'나-그들' 구조에서 '나-너'의 관계로

> Your presence is the most precious gift
> you can give to another human being.
> 당신의 존재는 다른 이에게 줄 수 있는 가장 소중한 선물이다.

우리는 약자나 소외된 사람을 "도와준다"고 합니다. 이런 생각은 타인을 '도움이 필요한 어떤 문제가 있는 존재'로 고정할 우려가 있습니다. 물론 돕는 행위는 선하고 좋은 일이지요. 하지만 우월감이 내재된 '주는 자-받는 자'의 구도는 '나-너'의 관계가 아닌 '나-그들'의 구도를 만들어 냅니다. 그러면 '너'를 작게 만들고 '나'를 높일 가능성이 커집니다. 특히 상대를 '개선해야 할 대상'으로 본다면 관계는 더 위계적으로 기울어질 수밖에 없습니다.

도움이 과잉되면 상대는 나의 '과제'가 되고 맙니다. 게다가 '해결사'나 '구원자'는 무의식적으로 그 역할을 통해 자기존재감을 확보하거나 내 불안을 해소하려는 것입니다. 도움이 되려 하면 문제가 보이고, 함께 있으려 하면 사람이 보입니다. '나'와 '너'가 함께하는 '우리'라면 좋겠습니다. 그저 같이 이야기하고, 같이 놀고, 같이 나누어 먹는 우리 말이지요.

Date   /   /   /

Today's Mood

✏️ Do It Yourself

내가 타인이나 세상에 가진 편견이나 고정 관념은

📖 Author's Profile

마야 앤절로(Maya Angelou, 1928~2014) 미국의 시인이자 인권운동가이다. 자전적 성격의 『새장에 갇힌 새가 왜 노래하는지 나는 아네』에서 흑인 여성의 삶과 정체성을 시적 언어로 풀어 냈다.

DAY 077

주의! 나는 잘못 알 수 있음

Prejudice is a burden that confuses the past,
threatens the future, and renders the present inaccessible.

편견은 과거를 왜곡하고, 미래를 위협하며
현재를 보지 못하게 만드는 짐이다.

우리는 타인을 잘 알지 못할 뿐 아니라 타인에 대해 잘못 알고 있는 경우도 많습니다. 나와 다르다는 이유로 상대를 이해하지 못하고, 때로는 거리감을 느끼거나 심지어 혐오하기도 합니다. 대부분은 자신의 한정된 경험과 고정된 신념에 비추어 타인을 재단하기 때문입니다.

'저 사람은 원래 저래' '그런 부류는 다 그렇지' 같은 생각은 '단정된 앎'에서 비롯됩니다. 이런 태도는 지금 눈앞에 있는 사람조차 제대로 바라보지 못하게 만듭니다. 열린 태도가 부족하면 편견은 피할 수 없습니다. 우리에게는 새로운 정보를 받아들일 때도 기존 신념을 뒷받침하는 방식으로 해석하려는 '확증 편향'까지 있으니까요. 늘 차갑다고 생각했던 동료가 어느 날 따뜻한 말을 건넨다고 상상해 보세요. 그러면 그동안 나는 내 안에 만들어 놓은 '타인의 이미지'와 관계를 맺고 있었다는 걸 알아차릴 겁니다.

Date　　　/　　　/

Today's Mood　　☺　　😊　　☹

....
....
....
....
....

✏️ **Do It Yourself**

지금 내 주변에서 자꾸 '문제'로 보이는 사람은
....
....

* 혹시 그 사람이 미처 말하지 못한 '도움 요청'은 없었을까요?
....
....

📖 **Author's Profile**

작자 미상 심리 회복을 위한 온라인 커뮤니티 및 저널에서 널리 회자되는 문장이다.

DAY 076

분노는 외로움의 또 다른 얼굴

A child who is not embraced by the village
will burn it down to feel its warmth.

마을의 따뜻한 품에 안기지 못한 아이는,
그 따뜻함을 느끼기 위해 마을을 불태울 수도 있다.

공감받지 못한 고통은 때로 공격적인 에너지로 분출됩니다. 도움을 절실히 원했던 사람이 끝내 도움을 받지 못하면 그 분노는 자기 자신이나 타인을 향해 터져 버릴 수 있지요. 그래서 소외된 사람의 분노에는 어느 정도 집단의 책임이 있습니다. 모두가 입을 모아 '문제'라고 말하는 한 사람의 분노를 확인해 보면 그것은 모두가 회피했던 문제인 경우가 많습니다.

'정상적인 방식'으로 관계를 만들 수 없다고 느낀 사람이 택하는 '비정상적인 방식'. 그 방식이 다소 서툴고 파괴적일지라도 기저에는 연결을 원하는 마음이 깔려 있습니다. 함께 살아간다는 것은 인정받지 못한 주체의 목소리를 더 일찍 알아채는 일도 포함됩니다. 분노를 탓하기 전에 그가 얼마나 외로웠는지를 먼저 물어보면 좋겠습니다.

Date　　　/　　　/

Today's Mood

✏️ Do It Yourself

내가 받은 최고의 친절은

내가 타인에게 준 최고의 다정함은

📖 Author's Profile

아리스토텔레스(Aristoteles, 기원전 384~322) 고대 그리스에서 활동한 철학자. 스승 플라톤(Platon)과 함께 서양 철학사에서 가장 핵심적인 위치를 차지하는 위인이다.

DAY 075 | 혼자서는 살아갈 수 없는 세상

Man is by nature a social animal.

인간은 본성적으로 사회적 동물이다.

대부분의 포유류는 태어난 지 몇 분 만에 스스로 일어나 걷습니다. 두 발로 서기까지 1년가량 걸리는 생명체는 인간뿐이지요. 누군가의 손길 없이는 생명조차 유지할 수 없는 절대적인 의존성을 타고난 존재. 그래서 우리가 살아 있다는 것은 곧 반드시 우리에게 다른 존재의 손길이 있었다는 증거입니다. 어떤 사람들은 '나는 부모에게서 별로 받은 게 없다'는 생각을 할 수 있어요. 하지만 우리를 키운 것은 부모만이 아닙니다. 친절하게 말을 걸어 준 이웃, 조용히 곁에서 같이 걸어 준 친구, 예상치 못한 낯선 이의 다정한 시선. 모두가 나를 키운 사람들입니다. 어쩌면 나 역시 알게 모르게 누군가가 자라는 데 무언가를 주었을 것입니다.

서로가 서로에게 기대며 살아간다는 것을 잊지 않는다면 나의 작은 관심과 친절이 또 다른 누군가를 키울 수 있습니다. 그렇게 우리는 함께 성장합니다.

Winning friends begins with friendliness.

친구를 얻는 것은 다정함에서 시작된다.

데일 카네기(Dale Carnegie)

SNS에 '좋아요' 수는 많지만 막상 전화를 걸 만한 사람이 떠오르지 않을 때가 있습니다. 생일 축하 메시지는 여러 통 받았지만 진심 어린 말 한마디가 더 그리운 순간도 있지요. 우리는 디지털 기술로 더 넓게 연결됐지만 감정의 교류는 오히려 얕아지거나 단절된 느낌이 커지고 있습니다. '연결되어 있으나 외로운' 역설이 생기는 이유입니다.

인간에게 외로움은 생존을 위한 심리적 알람입니다. 사회적 동물인 우리는 타인과 연결되어 있다는 신호를 받아야 뇌와 신체가 '안전하다'고 인식합니다. 누군가가 '나를 알아준다'는 감각만으로도 생존감은 회복되곤 합니다.

스스로를 돌보듯 서로를 살피는 마음도 함께 나눌 수 있다면 어떨까요. 외로움은 옆에 사람이 없어서라기보다 마음 곁에 마음이 닿지 않을 때 깊어지니까요. 그리고 그 연결은 아주 작은 관심에서 시작됩니다. "오늘 하루는 어땠어?"

✏️ **Do It Yourself**

최근에 누군가의 관심이 내 마음을 살린 순간은

_____

_____

_____

_____

_____

Date   /   /   /

Today's Mood ☺ ☺ ☹

Author's Profile

카를 구스타프 융(Carl Gustav Jung, 1875~1961) 스위스의 정신과 의사이자 심리학자이다. 분석심리학의 창시자로 심리학, 철학, 예술, 종교 분야에 깊은 영향을 끼쳤다.

DAY 074

나를 알아주는 존재가 있다는 것

Loneliness does not come from having no people about one, but from being unable to communicate the things that seem important to oneself, or from holding certain views which others find inadmissible.

외로움은 곁에 아무도 없어서 생기는 것이 아니라, 자신에게 중요한 것들을 전달할 수 없거나, 다른 사람들이 받아들일 수 없는 특정한 관점을 가졌을 때 온다.

Date   /   /   /

Today's Mood   ☺ ☻ ☹

✏️ Do It Yourself

내가 경청이 잘 안될 때와 그 이유는

📖 Author's Profile

M. 스캇 펙(M. Scott Peck, 1936~2005) 미국의 정신과 의사이자 작가이다.『아직도 가야 할 길』에서 고통과 책임 그리고 자기성장의 필연성을 강조했다.

DAY 073 | 경청은 나를 비움으로써 완성되는 것

> You cannot truly listen to anyone
> and do anything else at the same time.
>
> 다른 일을 하면서 누군가의 이야기를
> 진심으로 들을 수 없다.

'경청'이란 '나'가 아니라 '너'를 중심에 두는 일입니다. 내가 그 사람이 살아가는 세계로 들어가려는 시도이지요. 어떤 사람이(특별한 정서적 문제가 없는 선에서) 같은 이야기를 반복한다면, 그는 아직 충분히 '받아들여짐'을 느끼지 못했기 때문일 수 있습니다. 우리는 누군가가 내 이야기를 온전히 들어 주었다고 느낄 때 그 말을 반복해야 할 필요성을 서서히 잃게 됩니다. 내 '말'이 아니라 내 '존재'가 받아들여진 것을 본능적으로 알기 때문이지요.

경청의 중요성은 누구나 알고 있습니다. 하지만 실천이 어렵습니다. 실제로는 방어적으로 듣거나, 자기에게 필요한 말만 골라 듣거나, 자신의 경험에 비추어 상대의 말을 왜곡해서 듣는 경우가 많습니다. 진짜로 듣지 않고 그저 듣는 척을 할 뿐이지요. 그래서 어쩌면 우리는 귀를 두 개나 가지고 있는지도 모릅니다. 하나는 소리를 듣고, 하나는 진심을 듣기 위해서 말이에요.

Date　　　/　　　/　　　/

Today's Mood　　　☺　☺　☹

✏️ Do It Yourself

누군가의 고통 앞에서 내가 너무 쉽게 꺼냈던 말은

* 그 말 대신 어떻게 마음을 표현하는 게 좋았을까요?

📖 Author's Profile

시몬 베유(Simone Weil, 1909~1943) 프랑스의 철학자이자 신비주의 사상가이다. 사회적 약자에 대한 감수성, 고통에 대한 예민한 인식이 돋보이는 글을 썼다.

DAY 072

내가 아닌 너에게 향하는 마음

Attention is the rarest and purest form of generosity.
주의 깊게 바라보는 것은 가장 희귀하고 순수한 형태의 너그러움이다.

한 친구가 말합니다. "요즘 회사에서 계속 실수하는 것 같고, 자꾸 작아지는 느낌이야." 이 말을 들은 사람은 바로 이렇게 반응합니다. "너 정도면 잘하고 있는 거야. 누구나 그래. 너무 예민하게 생각하지 마." 분명 위로의 말이었지만 친구의 표정은 왠지 더 굳어집니다. 어쩌면 조언을 건넨 그 사람은 친구의 감정보다 '괜찮게 해 주려는 나'의 역할에 더 마음이 가 있었는지도 모릅니다.

반면 어떤 사람은 친구의 말에 곧장 반응하지 않고 그의 마음을 곰곰이 느껴 봅니다. 그리고 이렇게 말합니다. "진짜 힘들었겠다. 계속 긴장하고 있었겠네."

타인의 고통, 침묵, 존재 전체를 있는 그대로 바라보려는 노력을 해야겠습니다. 우리는 흔히 사랑을 말이나 행동으로 표현해야 한다고 생각합니다. 하지만 때로는 어떤 말보다 조용한 마음을 통해 더 진솔하게 전해지기도 합니다. 가만히 머무른 눈빛도 오래도록 남으니까요.

Date   /   /   /

Today's Mood   ☺ ☺ ☹

✏️ **Do It Yourself**

슬퍼하는 사람 앞에서 내가 가장 어렵다고 느끼는 점은

* 그 어려움을 마주하지 않기 위해 당신은 어떤 방어를 할까요?

📖 **Author's Profile**

《인사이드 아웃》(2015) '디즈니·픽사'의 애니메이션이다. 사람의 감정 세계를 기발하게 다루어 수많은 이의 '인생 영화'로 불린다.

DAY 071 | 조용히 무너지는 시간을 함께 견디기

Crying helps me slow down
and obsess over the weight of life's problems.
울음은 나를 차분하게 만들고 인생의 문제들을 곱씹게 한다.

　말로는 다 담아내기 어려운 내면의 진실은 눈물로 흘러나옵니다. 눈물은 슬픔의 무게를 덜어 주고, 그 슬픔이 흘러나올 때 삶의 무게도 조금 가벼워집니다. 막혀 있던 감정이 흐르고 마음속 응어리가 풀리기 때문입니다.
　우리는 슬픔과 눈물을 그렇게 흔쾌히 반기지 못합니다. 참거나 외면하려 하지요. 하지만 감정은 내가 이 세상을 어떻게 느끼고 살아가는지를 보여 주는 언어입니다. 그중에서도 슬픔은 가장 솔직한 표현이지요. 슬픔을 통해 우리는 무엇이 소중한지, 무엇을 잃고 싶지 않은지 알게 됩니다. 그렇게 드러난 울음은 자기를 깨뜨리는 표현인 동시에 삶을 향한 예의가 됩니다.
　그러니 누구에게도 "울지 마"라고 쉽게 말하지 마세요. 감정의 시간을 온전히 통과하지 못하면 그 자리에 멈춰 버리게 됩니다. 누군가 자기의 생 앞에 조용히 고개를 숙이고 있다면, 그저 함께 있어 주세요.

It is not how much we have,
but how much we enjoy,
that makes happiness.

행복을 만드는 것은
우리가 얼마나 많이 가지고 있느냐가 아니라
얼마나 많이 즐기느냐이다.

찰스 스퍼전(Charles Spurgeon)

친구에게 울적한 마음을 털어놓다 나도 모르게 울컥할 때가 있습니다. 이야기를 하다 보면 복잡했던 생각이 정리되기도 하지요. 이렇듯 안전한 관계 안에서 나누는 진솔한 대화는 감정 정화와 자기이해에 도움이 됩니다. 즉, 함께여야 가능하지요. 그럼 더 '좋은 대화' 방법을 알아볼까요?

솔직하게 나누기, 판단 없이 들어 주기, 대화 안에 침묵을 허용하기. 이 세 가지는 편안한 대화를 위해 갖추어야 할 중요한 태도입니다. 여기에 덧붙여 자기성찰을 돕는 대화라면, 사과와 용서 때로 변명도 오갈 수 있는 대화라면, 우리는 훨씬 더 깊은 신뢰와 친밀감을 느낄 수 있습니다.

좋은 대화에는 그 자체로 치유와 회복의 힘이 있습니다. 물론 모든 사람과 이런 대화를 나누기는 어렵습니다. 꼭 그럴 필요도 없고요. 적어도 소중한 사람과는 이런 대화를 나누면 좋겠습니다.

✎ Do It Yourself

가장 기억에 남는 '좋은 대화'는

....

....

* 그 대화가 당신에게 오래 기억된 이유는 무엇인가요?

....

....

Date   /   /

Today's Mood

Author's Profile

조지프 애디슨(Joseph Addison, 1672~1719) 영국의 수필가이자 정치인이며 계몽주의 시대를 대표하는 지식인이다. 『The Spectator』를 통해 인간 본성과 사회적 삶에 대한 통찰을 보여 주었다.

DAY 070

좋은 친구, 좋은 대화의 조건

True happiness is of a retired nature,
and an enemy to pomp and noise;
it arises, in the first place, from the enjoyment of one's self,
and, in the next, from the friendship
and conversation of a few select companions.

진정한 행복은 은둔적이며, 화려함과 소란을 싫어한다.
참된 행복은 자기 자신을 향유하는 데서 시작되고,
몇몇 선택된 벗들과의 우정과 대화 속에서 피어난다.

Date   /   /

Today's Mood   :)   :| :(

✏️ Do It Yourself

요즘 가장 편안함을 느끼는 관계는

📖 **Author's Profile**

로버트 J. 왈딩거(Robert J. Waldinger, 1951~) 미국의 정신의학과 의사이자 하버드대학교 의학대학 교수이다. '하버드 성인발달연구(Harvard Study of Adult Development)'의 책임자로 있다.

DAY 069 | 좋은 하루엔 좋은 사람이 있다는 공식

The good life is built with good relationships.

좋은 삶은 좋은 관계로 만들어진다.

공부는 재미없지만 친구를 좋아해 학교에 가는 것이 즐겁다는 아이가 있습니다. 어떤 어른은 일이 적성에 맞지만 사람들과의 갈등이 힘들어 회사를 떠날까 고민합니다. 이렇듯 삶의 만족도는 관계에서 비롯되는 경우가 많습니다.

내 이야기를 마음으로 들어 주는 누군가가 있다는 것, 있는 그대로의 나를 소중히 여겨 주는 사람이 존재한다는 것은 생각보다 큰 위안과 안정감을 줍니다. 때로는 함께 있어도 외로운 순간이 찾아오지요. 그것은 아마도 겉도는 느낌 때문일 것입니다. 결국 같이 있는 시간보다 연결의 밀도가 중요합니다.

'좋은 삶'이란 그리 거창하지 않습니다. 마음을 나눌 수 있는 사람과 도란도란 하루를 이야기하는 것, 그 안에서 서로를 위로하고 도닥이며 '함께함'의 경험을 쌓아 가는 것. 이런 평범한 순간들이 우리를 살아가게 만듭니다.

Date / / /

Today's Mood ☺ ☺ ☹

✏️ **Do It Yourself**

내가 누군가에게 마지막으로 다정하게 말한 순간은

📖 **Author's Profile**

이안 맥라렌(Ian Maclaren, 1850~1907) 본명은 존 왓슨(John Watson)으로 스코틀랜드의 신학자이자 작가이다. 인간의 내면적 고통에 대한 깊은 이해와 연민을 언어화했다.

> **DAY 068** 　　당신도 나도 어쩌면 힘들었을 테니까

> Be kind, for everyone you meet is fighting a hard battle.
> 친절하라, 당신이 만나는 모든 사람은 힘겨운 싸움을 하고 있으니.

　'나도 힘든데 왜 저 사람까지 신경 써야 해?' 이런 마음이 들 때가 있습니다. 정서적 에너지가 바닥났거나, 감정적 접촉이 무의식적으로 위험하게 느껴지기 때문이지요. 사실 친절은 마음의 여유가 있어야 가능한 꽤 능동적인 행위입니다. 만약 타인에게 다정하기 어렵다면 당신이 나쁜 사람이어서가 아닐 겁니다. 그것은 지금 내면의 에너지가 소진됐다는 신호일 수 있어요. 먼저 나를 돌보고 회복해야 해요. 그래야 마음에 틈이 생기고 진심으로 따뜻해질 수 있습니다.

　마음에 여유가 조금이라도 생긴다면 타인을 친절히 대해 보세요. 연구에 따르면 친절한 행동은 스트레스를 줄이고 긍정 정서를 강화하며 자기효능감을 높여 줍니다. 따뜻함은 그저 남에게 좋은 일이 아니라 나에게도 이로운 선택입니다. 우리는 타인의 말투나 표정 뒤에 어떤 하루가 있었는지 알 수 없습니다. 그렇기에 다정함을 택하려는 노력이 필요합니다.

Date   /   /   /
Today's Mood   ☺ ☻ ☹

✏️ **Do It Yourself**

나와 속도를 맞추어 '함께 걷는 사람'은

* 당신과 함께 걷는 이는 어떤 사람인가요?

📖 **Author's Profile**

람 다스(Ram Dass, 1931~2019) 미국의 심리학자이자 영성지도자이다. 하버드대학교 심리학과 조교수 출신으로 인간의 내면 변화와 영적 여정을 주제로 강의 및 저술 활동을 펼쳤다.

DAY 067

동행, 좋은 벗 되기

We're all just walking each other home.
우리는 모두 각자의 집으로 가는 길을 함께 걷는 존재이다.

집 근처 시장통에서 오랜만에 이웃 할머니를 마주쳤습니다. 장바구니를 든 채 조심조심 걸음을 떼고 계셨어요. "할머니, 안녕하세요." 하고 인사를 건네며 슬그머니 장바구니를 들어 드렸습니다. "아유, 나는 천천히 갈 테니 얼른 가요." 할머니는 손사래를 치며 사양하셨지만, 그래도 할머니 곁에서 나란히 걸었습니다. 익숙한 길도 속도가 달라지니 보이지 않던 것들이 보였습니다. 그렇게 별말 없이 함께 걷다가 집 앞에 다다랐을 때 할머니가 조용히 말씀하셨습니다. "고마워요. 내 걸음에 맞춰 줘서." 그 말이 괜히 마음에 오래 남았습니다.

동행은 때로 내 걸음을 늦추어 그 사람의 속도에 맞추는 일이기도 하다는 것을 배웠습니다. 저마다의 길을 가는 사람들이 잠시 나란히 머무는 장면. 그런 장면들이 모여 각자에게 '나의 인생 이야기'가 되는구나 싶었습니다. 그리고 그 이야기에 '너'라는 존재가 빠질 수 없다는 것도요.

Date   /   /   /

Today's Mood   🙂   😌   ☹️

✏️ Do It Yourself

최근에 고립감을 느낀 순간은

* 그때의 나에게 어떤 말을 건네고 싶나요?

📖 **Author's Profile**

존 던(John Donne, 1572~1631) 영국의 시인이자 성직자이다. 역설과 말장난을 이용한 글을 주로 썼으며, 사망할 때까지 세인트 폴 대성당의 주임 사제로 생활했다.

DAY 066

'혼자'는 선택, '함께'는 필수

No man is an island, entire of itself;
every man is a piece of the continent, a part of the main.

어떤 사람도 그 자체로 완전한 섬이 아니다.
누구나 대륙의 한 조각이며 전체의 일부이다.

살다 보면 누구와도 엮이고 싶지 않을 때가 있습니다. 타인의 기대나 실망 앞에서 마음은 자연스럽게 벽을 만듭니다. 때로는 고립이 편할 때도 있지요. 하지만 우리는 결코 혼자인 존재로 설계되지 않았습니다. 사람은 관계 속에서 존재를 확인합니다. 좋을 때뿐 아니라 갈등할 때조차 우리는 '연결되어 있음'을 경험합니다. 연결은 때로 피곤하지만 고립은 마음을 병들게 합니다.

타인에게 완벽하게 이해받으려는 마음부터 내려놓아야 합니다. '동일함'으로 연결되는 편안함도 좋지만, '다름'을 견디는 연결은 더 힘이 셉니다. 타인과의 연결은 나를 무너뜨리지 않고 나를 더 명확하게 드러냅니다.

오늘 가장 가까운 사람을 내가 어떤 마음으로 대하고 있는지 돌아보면 어떨까요. 그 안에 나 자신을 존중하는 방식이 숨어 있을지도 모릅니다.

Date   /   /   /

Today's Mood   ☺ ☺ ☹

✏️ **Do It Yourself**

내가 주로 사람들과 거리를 두고 싶어지는 때는

📖 **Author's Profile**

루미(Rumi, 1207~1273) 페르시아의 신비주의 시인이자 수피즘 철학자이다. 내면의 고통과 신성한 사랑을 시로 표현했다. 13세기의 위대한 영적 스승으로서 서구권에서는 시성(詩聖)으로 꼽힌다.

DAY 065 두려움에 가로막힌 사랑

Your task is not to seek for love, but merely to seek and find all the barriers within yourself that you have built against it.

그대의 과업은 사랑을 구하는 데 있지 않고,
그대 스스로 지어 올린 장벽들을 찾고 발견하는 데 있다.

'나는 혼자야'라는 마음은 어쩌면 상처받았던 경험에서 비롯됐을지도 모릅니다. 반복된 경험은 하나의 믿음이 되고, 그 믿음은 점차 세상 전체에 대한 인식으로 굳어집니다. 그런 인식을 오랫동안 품다 보면 진짜로 누구도 나를 이해하지 못한다고 생각하게 되지요.

이런 경우 생각과 현실을 구분하는 연습이 필요합니다. 스스로에게 물어보세요. '정말로 아무도 나를 이해하지 못한다고 단정할 수 있을까?' 한 걸음 물러나면 생각이 유연해집니다. 내 '해석'이 꼭 '사실'은 아님을 깨닫는 것입니다.

사랑이나 연결에 대한 기대를 포기한 듯 보이는 사람들도 실은 그리움을 안고 살아갑니다. 사랑을 가로막는 것은 타인이 아니라 내 안의 두려움, 수치심, 상처에 대한 불안일 수 있어요. 그 감정을 들여다보는 일이 중요합니다. 이해받지 못한 것이 아니라 이해받기 두려웠던 것인지도 모릅니다.

Date   /   /   /

Today's Mood   ☺   ☻   ☹

✏ Do It Yourself

최근에 누군가를 사랑한 적은

* 당신은 사랑할 때 어떤 사람이 되나요?

📖 Author's Profile

제인 오스틴(Jane Austen, 1775~1817) 영국의 소설가이다. 영국인이 가장 사랑하는 소설가 중 한 명으로 『노생거 사원』, 『오만과 편견』, 『맨스필드 파크』 등이 대표작이다.

DAY 064　　　사랑할 때 알게 되는 나

My feelings will not be repressed.
You must allow me to tell you
how ardently I admire and love you.

제 감정을 억누르지 않을 거예요.
제가 당신을 얼마나 열렬히 존경하고 사랑하는지 꼭 말하게 해 주세요.

돌아보면 사랑받았던 순간보다 사랑하고 있는 나의 모습이 더 선명하게 기억날 때가 있습니다. 어떤 사람을 향해 움직이는 마음, 그 감정은 쉽게 억눌러지지 않습니다. 말하고 싶고, 보여 주고 싶고, 건네고 싶어집니다.

사랑을 표현한다는 것은 용기 있는 일에 그치지 않습니다. 내 마음에 진실하게 머무는 것이고, 그 마음을 누군가에게 기꺼이 보내는 행위입니다. 어쩌면 우리는 다른 누군가를 통해서가 아니라 누군가를 사랑하는 자신을 통해 내가 어떤 사람인지 더 뚜렷이 알게 되는 것 같습니다. 무엇에 반응하고 어디에 머무르고 싶은지를 깨닫게 되는 것이지요.

결국 '사랑'이란 타인을 향하면서 그와 동시에 나 자신을 다시 발견하는 영혼의 거울일지도 모릅니다.

Date   /   /   /

Today's Mood   ☺   ☻   ☹

✎ **Do It Yourself**

최근에 누군가와 깊은 대화를 나누었을 때, 나의 감정은

* 그 감정은 어떤 욕구와 연결되어 있었나요?

📖 **Author's Profile**

홍자성(洪自誠, 생몰년 미상) 명말(明末) 시기의 문인이다. 대표 저서로는 유교·불교·도교 사상을 아우르며 인간관계와 마음 공부에 대한 격언을 모은 『채근담』이 있다.

DAY 063　　　　　　　마음을 건네는 것의 의미

傷人莫深於無言。
상인막심어무언。

사람을 상하게 하는 데 침묵보다 더 깊은 것은 없다.

한 사람과의 만남은 곧 그의 온 생애를 목격하는 것과 같습니다. 지금 마주하고 있는 나와 그 사람은 서로의 역사를 읽게 됩니다. 둘이 대화를 나눈다는 것은 서로의 숨을 교환하는 일이기도 하지요. 결국 타인에게 어떤 감정을 느끼고 표현하는 것은 내 영혼을 드러내는 일입니다.

생과 혼을 나누는 만남. 그러니 그 어떤 만남을 허투루 할 수 있을까요. 미운 사람이든 고운 사람이든 마찬가지입니다. 영혼을 열었는데 응답이 없을 때 그 침묵과 외면은 마음을 무너뜨립니다. 따라서 타인과의 만남은 언제나 상처받을 수 있으며 그 점을 감수해야 합니다. 그렇기에 만남은 용기를 요구하지요.

내가 내 존재를 걸고 세상에 말을 걸듯이 남도 나에게 말을 걸어올 때 자기 세상을 겁니다. 누군가의 세상이 열리고, 영혼이 다가오는 순간을 놓치지 않는 것. 우리가 서로를 살릴 수 있는 가장 인간적인 방식이 아닐까요?

Date   /   /

Today's Mood   ☺   ☺   ☹

✏️ **Do It Yourself**

내가 사랑하기를 두려워했던 이유는

내가 사랑받기를 두려워했던 이유는

📖 **Author's Profile**

파블로 네루다(Pablo Neruda, 1904~1973) 칠레의 시인이자 외교관이다. 깊은 감성과 정치적 목소리를 동시에 담은 시로 세계적인 사랑을 받았다. 1971년 노벨문학상을 수상했다.

DAY 062

상처받은 존재로만 머물지 않기

> To feel the love of people
> whom we love is a fire that feeds our life.
> 우리가 사랑하는 이들의 사랑을 느끼는 것은
> 우리 삶을 지탱하는 불꽃이다.

사랑은 상대에게 나를 열어 보이는 일입니다. 사랑을 받아들이는 것도 마찬가지이지요. 그런데 자기방어가 강하다면 사랑을 느끼는 것이 오히려 위험하다고 판단하기도 합니다. 상대의 애정이 진심일 리 없다고 의심하거나, 사랑은 잠시뿐일 거라고 경계하면서요. 만약 사랑받는 순간에 두려움이나 경계심이 생긴다면 심호흡을 하며 이렇게 말해 보세요. "이 순간, 아무 일도 일어나지 않고 있어. 나는 안전해." 이런 자각은 사랑을 담는 마음 공간을 넓혀 줍니다.

사랑이 두려운 것은 사랑받고도 다치거나 사랑에 실망했던 기억 때문일 수 있어요. 하지만 사랑이 늘 같은 얼굴로 다가오는 것은 아닙니다. 조심스럽게, 천천히, 내 안의 사랑을 허락해 보세요. 나는 사랑받을 가치가 있습니다. 타인의 사랑, 공감, 위로를 있는 그대로 받아들여도 괜찮습니다. 그 마음 앞에 기뻐하고 감사해도 됩니다.

Date   /   /

Today's Mood   ☺ ☺ ☹

✏️ **Do It Yourself**

요즘 나에게 가장 힘이 되는 관계는

📖 **Author's Profile**

하빌 헨드릭스(Harville Hendrix, 1935~) 미국의 심리치료사이자 작가이다. 아내 헬렌 라켈리 헌트(Helen LaKelly Hunt)와 함께 '이마고 관계 치료법(Imago Relationship Therapy)'을 개발했다.

DAY 061

불완전한 존재들의 공존

We are born in relationship, we are wounded in relationship,
and we can be healed in relationship.

우리는 관계 속에서 태어나고, 관계 안에서 상처받고,
관계를 통해 치유될 수 있다.

상처는 사람에게 받는 것처럼 치유 역시 그렇습니다. 사람에게서 받은 상처는 사람을 통해서만 회복되지요. 아무리 자기이해가 깊어도, 타인과의 관계 안에서 다시 신뢰를 쌓고 연결되는 경험이 없다면 회복에 한계가 있습니다. 인간은 타자와의 관계에서 완성되는 존재이기 때문입니다.

때로는 상처가 너무 커 관계 자체를 끊고 싶을 때도 있습니다. 실제로 단절을 선택하기도 하지요. 물론 이런 과정이 필요할 수 있습니다. 관계에서 벗어나 자신을 돌아보고 감정을 정리하는 시간을 가질 수 있으니까요. 다만 그 시간이 너무 길어지지 않기를 바랍니다. 나의 이야기를 다시 쓸 기회를, 누군가와 마음을 나눌 가능성을 포기하지는 마세요. 회복이 꼭 일대일의 관계로만 가능한 것은 아닙니다. 때로는 마음 공부를 하는 모임에서도, 서로를 지지하고 공감하는 공동체 안에서도 회복의 문은 열릴 수 있습니다.

CHAPTER 4

타인과 함께 살아가는 힘 키우기

타인과의 관계 속에서 나를 잃지 않고,
상대방을 존중해 주는 방법을 찾아 보세요.

Date / / /
Today's Mood ☺ ☻ ☹

✏️ **Do It Yourself**

삶이 여행이라면, 나는 지금

* 지금 당신은 어떤 자신을, 어떤 세상을 만나고 있나요?

📖 **Author's Profile**

J. K. 롤링(J. K. Rowling, 1965~) 영국의 소설가이다. 판타지 소설 『해리 포터』 시리즈의 저자로 마법의 세계에서 펼쳐지는 인간의 성장, 운명적 선택, 윤리적 갈등 등을 깊이 있게 그렸다.

DAY 060

잘 놀고 잘 배우는 여행

> **Rock bottom became the solid foundation on which I rebuilt my life.**
>
> 밑바닥을 친 그 순간이 내 삶을 다시 세운 단단한 기초가 됐다.

흔히 인생을 여행에 비유하곤 합니다. 우리는 모두 지구 별에 잠시 머무는 여행자이지요. 그 안에서도 또 여행을 떠납니다. 때로는 먼 길을 걷기도 하고, 이따금 짧은 나들이 같은 순간도 있습니다. 길을 나선 이상, 길을 잃지 않을 수는 없습니다. 그런데 요즘은 내비게이션이 있어 길을 잘못 드는 일조차 드물어졌지요. 삶의 낭만과 우연성, 그로 인한 깊이를 경험하기가 점점 어려워졌습니다. 우연히 마주친 풍경, 뜻밖에 만난 사람들, 예상치 못한 사건에서 느끼는 당황스러움. 그런 경험을 통해 우리는 삶의 불확실성과 가능성을 배웁니다. 그리고 그 과정에서 나는 어떤 사람인지, 어떻게 반응하고 대처하는지 더 잘 알게 됩니다. 특히 불확실한 상황에서는 더 흔들리고 주저앉기도 합니다. 하지만 그렇게 바닥에 닿았을 때 우리는 삶을 다시 바라보는 눈을 갖게 됩니다. 방향을 잃고 주저앉았던 그 자리가 다시 딛고 일어설 수 있는 단단한 바닥이 되어 줍니다.

Date   /   /   /
Today's Mood   ☺   😊   ☹

✏️ **Do It Yourself**

내가 지금까지 무비판적으로 '원래 그런 거야'라고 여긴 규범은

📖 **Author's Profile**

글로리아 스타이넘(Gloria Steinem, 1934~) 미국의 페미니스트이자 평등운동가이다. 젠더에 관한 고정 관념과 사회 구조에 대한 비판적 담론을 주도했다. 현대 여성 운동의 아이콘으로 평가받는다.

DAY 059 　　　　　억압적인 신념에 저항하기

> The first problem for all of us, men and women,
> is not to learn but to unlearn.
>
> 남자와 여자 모두에게 첫 번째 문제는
> 배우는 것이 아니라 배운 것을 잊는 일이다.

'남자는 울면 안 돼' '여자는 참아야 해'라고 배웠습니다. 우리의 신념은 대부분 배워서 믿게 된 것들입니다. 그런데 그 신념들이 과연 내가 진짜 원하는 삶과 가까울까요? '여자는 원래…' '남자는 당연히…' '딸이라면…' '아버지란…' 등의 집단의식은 체계 안에서 어느 정도 안정감을 주기도 합니다. 하지만 그와 동시에 과도한 책임감과 죄책감, 억압과 원망을 키워 내기도 하지요. 그렇기에 큰 문제 없이 살아가는 것처럼 보여도 내면에는 이유를 알 수 없는 공허와 우울이 자라날 수 있습니다.

우리는 어떻게 사랑하는지, 어떻게 나 자신을 믿는지를 끊임없이 배워 갑니다. 그 과정에 무엇보다 필요한 일은 무비판적으로 받아들였던 외부의 명령들에 대해 되묻는 것입니다. 사회 구조를 나 혼자 바꿀 순 없지만 내면화된 목소리는 해체할 수 있습니다. 그러면 삶은 조금 덜 무겁고 더 자유로워집니다.

Date   /   /   /

Today's Mood ☺ 😐 ☹

✏️ **Do It Yourself**

요즘 내가 불편한 사람은

* 그 불편한 감정은 당신 안의 무엇을 건드린 걸까요?

📖 Author's Profile

마르셀 프루스트(Marcel Proust, 1871~1922) 프랑스의 소설가이자 사상가이다. 시간과 기억, 더 나아가 인간 내면을 깊이 있게 탐구한 소설 『잃어버린 시간을 찾아서』로 문학적 혁신을 이끌었다.

DAY 058

반응을 바꾸는 인식

The real voyage of discovery consists
not in seeking new landscapes,
but in having new eyes.

진정한 여행은 새로운 풍경을 찾는 것이 아니라,
새로운 눈을 갖는 데 있다.

"그렇게 나를 몰아붙일 필요는 없었는데, 이제야 알겠어요." 많은 사람이 오랫동안 자기 자신을 오해한 뒤에 이렇게 말하곤 합니다. 자기를 이해하게 되면 그 시선은 자연스레 타인에게 이어집니다. "그 사람도 일부러 나에게 상처를 주려던 건 아니었네요. 아마 본인도 불안했겠죠." 이처럼 자신과 타인에 대한 이해가 깊어질수록 상황을 해석하는 힘과 방향도 달라집니다.

예를 들어 직장 동료에게 늘 무시당한다고 느껴 온 사람이 있습니다. 하지만 어느 날 문득 '혹시 내가 저 사람을 통해 내 열등감을 보고 있었던 건 아닐까?'라는 생각이 스쳤습니다. 동료의 태도는 예전과 똑같은데 자신의 인식과 반응이 달라진 것이지요. 이런 게 바로 남에게 던졌던 내 그림자를 거두어들이는 일입니다. 그림자와 마주하고 그것을 나의 일부로 받아들일 때 우리는 세상을 더 긍정적이면서 입체적으로 볼 수 있습니다.

Date   /   /

Today's Mood   ☺ 😐 ☹

✏️ **Do It Yourself**

내가 반복해서 겪는 인간관계의 패턴은

* 그런 인간관계의 패턴에는 어떤 불안이 있을까요?

📖 **Author's Profile**

카를 구스타프 융(Carl Gustav Jung, 1875~1961) 스위스의 정신과 의사이자 심리학자이다. 분석 심리학의 창시자로 심리학, 철학, 예술, 종교 분야에 깊은 영향을 끼쳤다.

DAY 057

비슷한 사람에게 끌리는 이유

Until you make the unconscious conscious,
it will direct your life and you will call it fate.

무의식을 의식화하지 않는 한 무의식이 당신의 삶을 이끌 것이고,
당신은 그것을 운명이라 부를 것이다.

어떤 사람에게 유난히 끌리는 마음에도 나름의 패턴이 있습니다. 연애에서도 비슷한 흐름이 반복되곤 하지요. 비슷한 이유로 끌리고, 같은 욕구로 다투고, 결국 익숙한 방식으로 멀어지는 경우가 많습니다. 이런 반복에는 무의식이 작용합니다. 내 안의 결핍이나 두려움이 상대에게 투사되고, 그 투사된 이미지를 사랑하거나 미워하게 되는 것이지요. 그 감정이 어디서 비롯됐는지 들여다보는 일이 중요한 이유입니다.

자기인식이 없으면 비슷한 어려움은 반복됩니다. 내가 하는 선택, 만나는 사람, 겪는 사건은 무의식적인 동기에 의해 일어난 일일 수 있습니다. 이런 무의식적 가능성에 주의를 두고 인식하는 것, 이 과정을 '무의식의 의식화'라고 합니다. 조금 더 의식적인 삶을 살아갈 때 우리는 비로소 자신과 삶을 온전히 받아들이게 됩니다.

Date / / /

Today's Mood ☺ 😊 ☹

✏️ Do It Yourself

최근에 내가 가장 후회한 순간은

* 그 일에서 당신이 배운 점은 무엇인가요?

📖 Author's Profile

헨리 스탠리 해스킨스(Henry Stanley Haskins, 1875~1957) 미국 월 스트리트의 금융업자로 활동했다. 익명으로 격언집을 출간했으나 1947년 《뉴욕 타임스》가 그의 정체를 밝혔다.

DAY 056

과거를 품고 미래를 맞이하는 법

What lies behind us and what lies before us are
tiny matters compared to what lies within us.

우리 뒤에 있는 것과 앞에 있는 것은
우리 안에 있는 것에 비하면 사소한 문제이다.

되돌릴 수 없는 일에 너무 오래 마음을 붙잡아 두지 마세요. 아직 오지 않은 미래의 일로 밤잠을 설치지도 말고요. 지난 일은 돌아보며 배움의 기회로 삼으면 되고, 다가올 날은 차근차근 준비하면 됩니다. 엎질러진 물은 다시 주워 담을 수 없고, 가득 담긴 물은 일부러 쏟을 이유가 없으니까요.

정말 주의 깊게 바라보아야 할 것은 지금 내 안에서 일어나는 일입니다. 삶의 에너지인 감정을 자각하고 그 뿌리를 들여다보는 일이지요. 감정은 존재의 중심에서 솟아나는 에너지입니다. 생명력, 회복력, 창조성. 우리는 그 힘을 이미 품고 있습니다. 이 에너지를 잘 쓸 수 있다면 과거의 상처나 미래의 불안이 더 이상 나를 지배하지 않을 것입니다. 현재를 충실하게 살아 내는 힘은 곧 과거를 품고 미래를 맞이하는 힘이 됩니다.

Date   /   /   /

Today's Mood   :) :) :(

✏️ **Do It Yourself**

최근에 내가 일치감을 느낀 적은

📖 **Author's Profile**

마야 앤절로(Maya Angelou, 1928~2014) 미국의 시인이자 인권운동가이다. 자전적 성격의 『새장에 갇힌 새가 왜 노래하는지 나는 아네』에서 흑인 여성의 삶과 정체성을 시적 언어로 풀어 냈다.

DAY 055 | 핵심은 내면의 일치감

> Success is liking yourself, liking what you do,
> and liking how you do it.
>
> 성공이란 자신을 좋아하고, 자신이 하는 일을 좋아하고,
> 자신이 그 일을 해내는 방식을 좋아하는 것이다.

효능감은 내가 어떤 일을 해낼 수 있다고 느끼는 '내적 확신'입니다. 좋은 결과를 내야 효능감이 생긴다고 생각하지만 실은 그 반대입니다. 좋은 결과 이전에 '나 자신을 믿을 수 있는가?' '나의 판단과 선택을 스스로 지지하는가?' 이것이 핵심입니다. 그런데 이런 믿음을 가지려면 먼저 자기 자신을 '괜찮은 사람'이라고 여길 수 있어야 합니다.

내가 좋아하는 방식으로 어떤 일을 해내면 과정은 덜 괴롭고 에너지도 고갈되지 않습니다. 억지로 하는 것이 아니라 자연스럽게 몰입할 수 있으니까요. 진짜 효능감은 성취보다 '일치감'에서 생겨납니다. 일치감은 욕구, 행동, 가치가 충돌하지 않고 조화를 이루는 상태입니다. '성공'이란 꼭 그럴듯한 결과가 아니라 일치감을 느끼며 나답게 살아가는 것입니다. 그 안에서 느껴지는 충만함이 어쩌면 가장 멋진 성공 아닐까요.

Date   /   /

Today's Mood

✏️ Do It Yourself

내가 자부하는 내 능력은

* 당신은 그 능력을 어떻게 쓰고 싶은가요?

📖 Author's Profile

J. K. 롤링(J. K. Rowling, 1965~) 영국의 소설가이다. 판타지 소설 『해리 포터』 시리즈의 저자로 마법의 세계에서 펼쳐지는 인간의 성장, 운명적 선택, 윤리적 갈등 등을 깊이 있게 그렸다.

DAY 054   '좋은 능력'보다 '좋은 마음'으로 산다면

It's our choices, Harry, that show what we truly are,
far more than our abilities.

해리, 우리를 진정으로 보여 주는 건 능력이 아니라 선택이야.

나의 능력이 나를 설명할 수 없습니다. 우리는 흔히 능력이 뛰어난 사람을 두고 "대단하다"고 말합니다. 그 능력은 분명히 훌륭한 자원이며, 그것을 키워 온 노력도 그의 힘입니다. 하지만 그보다 중요한 것은, 그 능력을 어디에 쓸지 결정하는 '기준'과 '가치'입니다. 그 선택에 따라 그는 전혀 다른 사람이 됩니다. 어떤 사람은 정의로운 방향을 택하고, 어떤 사람은 자신에게 가장 편리한 쪽을 고릅니다. 아무리 뛰어난 실력을 가졌더라도 오직 자신의 이익만을 챙긴다면 그 사람을 진심으로 존경하기는 어렵습니다.

이런 질문을 던져 봅니다. 과연 '능력'이란 무엇일까요? 학벌이나 스펙만이 능력은 아닙니다. 호기심, 인내력, 공감 능력처럼 우리는 다양한 능력이 있습니다. 그것을 당당하고 가치 있게 펼치며 살아간다면, 언젠가 내 삶이 나를 정의할 것입니다. "나는 이런 사람이야!"라고 말입니다.

*You may not control all the events that happen to you,
but you can decide not to be reduced by them.*

당신에게 일어나는 모든 일을 통제할 수 없지만,
그 일들로 인해 위축되지 않기로 결정할 수는 있다.

마야 앤절로(Maya Angelou)

상처는 나를 규정하지 못합니다. 상처 입은 후에 어떤 선택을 했는지가 자신을 만들어 가는 것이지요. 그렇기에 누군가가 겪은 일만으로는 그 사람을 판단할 수 없습니다. 가난하게 자랐든, 배움이 짧든, 어떤 폭력을 경험했든지 간에 그것이 그 사람의 인격을 설명하지 않습니다. 어릴 적에 공부를 얼마나 잘했는지, 어떤 대접을 받고 자랐는지 역시 마찬가지입니다. 지능(재능)이나 환경은 그냥 우연히 주어진 조건일 뿐이니까요.

하지만 어떤 사고방식을 가지고 어떻게 살아가려 하는지는 그 사람의 성숙도와 품위를 보여 줍니다. 예를 들어 부모의 기대에 맞추어 살다가 서른 살이 넘어서야 비로소 '내가 원하는 삶은 무엇인가'라고 묻기도 합니다. 또는 실직 후 무기력해졌다가 자격증 공부를 시작하고선 다시 삶을 그려 나가는 경우도 있습니다. 선택은 두려운 일이지만 마냥 두렵기만 한 일도 아닙니다.

✏️ Do It Yourself

최근에 내가 했던 중요한 선택은

* 그 선택은 내면의 어떤 변화와 연결되어 있나요?

Date   /   /   /

Today's Mood   ☺ ☻ ☹

Author's Profile

빅터 E. 프랭클(Viktor E. Frankl, 1905~1997) 오스트리아의 정신과 의사이자 철학자이다. 독일 나치 강제 수용소에서의 충격적 경험을 바탕으로 『빅터 프랭클의 죽음의 수용소에서』를 썼다.

DAY 053

우리는 어떤 사람이 될 것인가

Man does not simply exist but always decides
what his existence will be,
what he will become the next moment.
By the same token, every human being has the freedom
to change at any instant.

인간은 단순히 존재하는 것이 아니라
자신의 존재가 무엇이 될지,
다음 순간 무엇이 될지를 항상 결정한다.
마찬가지로 모든 인간은 어느 순간이든 변화할 자유를 가지고 있다.

Date   /   /

Today's Mood   ☺ 😊 ☹

✏️ Do It Yourself

나를 먼저 챙길 때 드는 마음은

* 그런 생각은 어디에서 비롯됐나요?

📖 Author's Profile

토니 개스킨스(Tony Gaskins, 1984~) 미국의 동기부여 강연가이자 저술가이다. 긍정적인 관점으로 인간관계와 자기존중에 관한 메시지를 전한다.

DAY 052

'좋은' 사람, '나쁜' 패턴

> You teach people how to treat you by what you allow,
> what you stop, and what you reinforce.
>
> 당신은 무엇을 허용하고, 무엇을 멈추며, 무엇을 지지하는지를 통해
> 사람들이 당신을 어떻게 대해야 하는지를 가르친다.

착한 사람은 빠르게 눈치채고, 먼저 손을 내밀고, 갈등이 생길까 봐 꾹 참습니다. 누가 뭐라 하지 않아도 자기 역할을 알아서 찾고 그 일을 합니다. 그리고 그런 순간들이 쌓입니다. 어느 순간 문득 '왜 나만 이래야 하지?' 하는 억울함이 올라올 것입니다. 그러면 바로 또 자신을 다그칩니다. '내가 너무 예민한가?' '이기적인 게 아닐까?' 이런 마음 뒤에는 '좋은 사람이 되어야 사랑받을 수 있다'는 믿음이 있습니다.

하지만 진짜 이기적인 건 무엇일까요? '나만' 챙기는 것은 분명 이기적인 행동이지요. 하지만 '나부터' 챙기는 것은 이기적인 게 아닙니다. 계속 참고 매번 맞추어 주는 건 결국 상대에게 '당신은 날 그렇게 대해도 괜찮다'고 허용하는 것과 같습니다. 관계는 그렇게 굳어지고 반복됩니다. 내가 나를 존중하지 않으면 남들도 나를 그렇게 대합니다.

Date   /   /   /

Today's Mood   ☺   😊   ☹

✏️ **Do It Yourself**

내가 여전히 부모에게 기대하는 것은

이제 내가 나에게 해 주어야 할 것은

📖 **Author's Profile**

빅터 E. 프랭클(Viktor E. Frankl, 1905~1997) 오스트리아의 정신과 의사이자 철학자이다. 독일 나치 강제 수용소에서의 충격적 경험을 바탕으로 『빅터 프랭클의 죽음의 수용소에서』를 썼다.

| **DAY 051** | 나를 위해, 이제 내가 |

> When we are no longer able to change a situation,
> we are challenged to change ourselves.
>
> 우리가 더 이상 상황을 바꿀 수 없다면,
> 우리는 자신을 바꾸어야 하는 도전에 직면한다.

뜻대로 되지 않는 상황을 맞닥뜨릴 때 우리는 흔히 환경이나 남을 탓하며 어떻게든 상황을 바꾸고 싶어 합니다. 친구나 연인 관계에서도 그렇지만 특히 부모와의 관계에서는 그런 마음이 더 절실해집니다. '좀 더 나를 이해해 주었으면…' '있는 그대로 나를 사랑해 주었으면…' '어른답게 나를 지지해 주었으면…' 하고 기대하지요. 어린 시절에 충분한 보살핌과 애정을 받지 못했다면 그 결핍은 자연스레 분노와 원망으로 남기도 합니다. 그런 마음을 품는 것 자체는 잘못이 아닙니다. 너무나 인간적인 반응이니까요.

하지만 안타깝게도 부모는 우리가 원하는 방식으로 변하지 않습니다. 바꿀 수 없는 부모, 변하지 않는 현실 앞에서 우리는 결국 선택해야 합니다. 상처 입은 아이로 남을 것인가, 나로서 살아가는 주체가 될 것인가. 변화는 어렵고 두려운 일입니다. 하지만 다행인 것은 나 하나만 바꾸면 된다는 사실입니다.

Date   /   /   /
Today's Mood   ☺ ☺ ☹

✏️ **Do It Yourself**

요즘 나에게 가장 필요한 말은

* 지금 자신에게 그 말을 들려줄 수 있나요?

📖 Author's Profile

에이드리엔 리치(Adrienne Rich, 1929~2012) 미국의 시인, 페미니스트이자 사회운동가이다. 성적 정체성, 사회적 불평등과 같은 민감한 주제를 과감하게 다루었다.

DAY 050

타인의 언어로 나를 규정하지 말 것

Responsibility to yourself means refusing
to let others do your thinking, talking, and naming for you.

자기 자신을 책임진다는 것은
남들이 당신 대신 생각하고, 말하고, 규정하는 것을 거부하는 일이다.

"그건 아무나 하는 게 아니야." "좀 늦지 않았어?" "다들 이렇게 해." "슬픈 일도 아닌데 왜 울어?" 이런 말들은 누군가의 가능성을 제한하고, 결정을 대신 내리고, 감정을 재단하고, 존재를 단정 짓습니다. 이런 말을 들으면 당연히 상처받을 수 있지요.

그런데 이런 말을 남에게 하는 사람은 자기 자신에게도 같은 식으로 대할 가능성이 큽니다. 우리는 보통 자기 자신을 대하는 방식을 남에게도 적용하니까요. 그러니 남이 던지는 불친절한 말에 너무 흔들리지 마세요. "아, 당신 생각은 그렇군요?" 하면 됩니다. 굳이 대항하거나 설득하려 애쓸 필요 없습니다. 담담하게 내 입장을 전하고 툭 털어 버리면 됩니다. 타인의 시선으로 나를 판단하지 않고, 타인의 해석에 나를 가두지 않는 게 중요해요. 타인은 내 인생을 책임져 주지 않습니다. 내 삶을 책임질 사람은 나 자신뿐입니다.

Date   /   /

Today's Mood   ☺ ☻ ☹

✏️ Do It Yourself

남이 정한 기준이 아닌, 나의 기준으로 결정을 내린 기억은

📖 Author's Profile

뮤리얼 스트로드(Muriel Strode, 1875~1964) 미국의 시인이다. 자연과 우주의 존재에 대한 철학적이고 신비주의적인 시를 썼다. 특히 자아 발견과 내면의 힘에 대한 글을 여럿 남겼다.

DAY 049

조금씩, 내 쪽으로

I will not follow where the path may lead,
but I will go where there is no path, and I will leave a trail.

나는 길이 인도하는 곳으로 따르지 않으리라,
길이 없는 곳으로 가서 발자취를 남기리라.

분명 열심히 사는데 가끔 마음 한편이 허전하고 불안합니다. 이런 삶이 정말 내가 원하는 것인지 문득 의문이 들지요. 부모의 기대, 사회의 인정, 주변의 기준을 따라가다 보면 어느 순간 '이게 맞나?' 하고 멈춰 서게 됩니다. 그렇게 잠시나마 나를 돌아볼 수 있다면 중요한 첫걸음을 내디딘 것입니다.

나의 길을 간다는 건 기존의 모든 기준을 거부하라는 뜻은 아닙니다. 다만 이제 나에게 물어보라는 것이지요. '나는 이게 정말 좋은가?' '나에게 정말 필요한 일인가?' '내 기질, 강점, 한계를 따져 봤을 때 지금 이 방향이 나에게 맞을까?' 그렇게 조금씩 내 쪽으로 방향을 트는 시도, 거기서 나의 길은 시작됩니다.

그런데 주의할 점이 하나 있습니다. 행복이나 성공은 목적지가 될 수 없어요. 그것은 길을 걷다 마주하는 한 장면, 그저 지나가는 과정일 뿐이니까요.

Date   /   /   /

Today's Mood   ☺   ☻   ☹

✏️ **Do It Yourself**

나에게 '내 마음대로 하고 싶다'는 것은

📖 **Author's Profile**

파울로 코엘료(Paulo Coelho, 1947~) 브라질의 작가이다. 『연금술사』로 세계적 명성을 얻었고, 자기탐색과 영적 성장을 주제로 한 소설을 다수 썼다.

DAY 048

'나다움'이 곧 자유

> Freedom is not the absence of commitments,
> but the ability to choose—and commit myself to—
> what is best for me.
>
> 자유란 의무가 없다는 게 아니라,
> 나에게 가장 좋은 것을 선택하고 그것에 전념할 수 있는 능력이다.

상담을 하다 보면 "내 마음대로 살고 싶다"라는 말을 자주 듣습니다. 그 말 너머로 오랫동안 남에게 맞추려 참고 살아온 고단함이 느껴집니다. 남들이 어디까지 갔는지 신경 쓰고 쫓아가느라 정작 내가 원하는 것을 돌아볼 여유가 없었던 시간들. 그래서 '하고 싶은 것을 마음껏 해 보고 싶다'는 열망은 결국 '이제라도 나답게 살고 싶다'는 간절한 바람으로 들립니다.

이런 마음을 솔직하게 들여다볼 때 우리는 조금씩 이해하게 됩니다. 내가 무엇을 참아 왔고, 무엇을 원했는지를. 이런 이해는 비교와 경쟁의 시선을 거두게 하고, 내 안의 목소리에 귀 기울이게 합니다. 비로소 타인이 아닌 나에게 기준을 두는 삶이 시작되지요. 그러면서 서서히 나다운 삶으로 옮겨 가게 되고, 신기하게도 그 안에서 하고 싶은 것을 저절로 하게 됩니다. 결국 '자유'란 자기 자신과 다시 연결될 때 자연스럽게 따라오는 결과인 것 같습니다.

Date   /   /

Today's Mood   ☺ 😐 ☹

✏️ **Do It Yourself**

내가 자주 비판하는 대상은

* 타인을 향한 그 비판에는 나의 어떤 불안이나 기대가 숨어 있을까요?

📖 **Author's Profile**

장 드 라브뤼예르(Jean De La Bruyère, 1645~1696) 프랑스의 사상가이다. 중류 계급 출신으로, 귀족 가문의 가정 교사로 일하며 관찰한 상류 사회의 세태를 풍자하여 『인간성격론』을 펴냈다.

DAY 047

주시하고 관찰해야만 보이는 것

> The pleasure of criticizing takes away from us
> the pleasure of being moved by some very fine things.
> 비판의 즐거움은 아름다운 것들 앞에서 감동할 수 있는 기쁨을 가져간다.

비판은 날카롭고 명료해 보입니다. 하지만 그 속을 들여다보면 두려움이 숨어 있을 때가 많습니다. 통제하려는 마음, 우위에 서고 싶은 욕망, 더 나아지지 않으면 안 된다는 불안. 그래서 우리는 자신을, 타인을, 세상을 끊임없이 비판적으로 평가합니다. 그 결과는 어떨까요? 있는 그대로 볼 수 없게 되고, 늘 '어떻게 달라져야 하는가'에만 집착하게 됩니다.

그러니 잠시 판단을 내려놓으세요. 판단 없는 관찰이 핵심입니다. 판단을 멈춘다고 해서 바보 같아 보이지 않아요. 오히려 더 똑똑해집니다. 내가 지금 무엇을 느끼는지, 상대는 어떤 상태에 있는지, 정답을 고르려 하지 말고 그냥 '보다' 보면 보이는 것이 있습니다. 흠을 찾으면 불안이 늘지만, 그냥 보면 왜 그런지 알게 됩니다.

Date   /   /   /

Today's Mood   ☺   😊   ☹

✏️ Do It Yourself

내가 나에게 가장 솔직했던 기억은

📖 Author's Profile

커트 보니것(Kurt Vonnegut, 1922~2007) 미국의 수필가이자 소설가이다. 거침없는 풍자와 인간 본성에 대한 통찰로 유명하다. 대표작으로는 『제5도살장』, 『고양이 요람』 등이 있다.

DAY 046 자기진정성의 네 가지 차원

We are what we pretend to be,
so we must be careful about what we pretend to be.

우리는 우리가 가장(假裝)하는 모습이 된다.
그러니 무엇을 가장하는지 조심해야 한다.

자신에게 진실하기란 생각보다 단순한 일일 수 있습니다. 다른 누구도 아닌, 그저 나 자신에게 솔직하면 되니까요. 성격심리학자 커니스와 골드먼(Kernis, M. H. & Goldman, B. M.)은 이런 자기진정성을 네 가지 차원으로 설명합니다.

첫째, 자기인식(self-awareness)은 내 감정과 동기를 알아차리는 능력입니다. 둘째, 편향 없는 수용(unbiased processing)은 자신의 감정이나 행동을 왜곡하거나 회피하지 않고, 그대로 바라보고 받아들이는 과정입니다. 셋째, 행동의 진정성(behavioral authenticity)은 내 감정과 가치에 맞는 방식으로 행동하는 것입니다. 넷째, 관계 지향성(relational orientation)은 타인 앞에서도 자신을 숨기지 않고, 있는 그대로의 '나'로 설 수 있는 태도입니다.

이러한 자기진정성은 자존감, 관계의 질, 스트레스 회복력에 깊은 영향을 줍니다. 치유와 성장이란 결국 자기 자신에게 진실해지는 것입니다.

Date   /   /   /
Today's Mood   ☺ ☺ ☹

✏️ **Do It Yourself**

언젠가 꼭 꺼내고 싶은 내 이야기는

* 지금까지 당신이 그 이야기를 꺼내지 못한 이유는 무엇인가요?

📖 Author's Profile

마야 앤절로(Maya Angelou, 1928~2014) 미국의 시인이자 인권운동가이다. 자전적 성격의 『새장에 갇힌 새가 왜 노래하는지 나는 아네』에서 흑인 여성의 삶과 정체성을 시적 언어로 풀어 냈다.

DAY 045   자기표현은 자기존재의 증언

> There is no greater agony than bearing
> an untold story inside you.
>
> 말하지 못한 이야기를 마음속에 품고 있는 것보다
> 더 큰 고통은 없다.

감정과 생각을 자유롭게 표현하지 못하도록 막는 것은 무엇일까요? 비난, 비교, 불신, 냉소, 거부와 같은 태도일 것입니다. 반대로 자유로운 표현을 가능하게 하는 것은 관심, 공감, 수용, 칭찬, 이해, 지지와 같은 따뜻한 반응입니다. 이처럼 표현을 가로막는 환경에서 자신을 억누르다 보면 자기검열은 습관이 되고 자아는 점점 위축됩니다. 그리고 그 뒤에는 또 다른 고통이 따라옵니다.

고통스러운 경험일수록 '나만의 이야기'로 풀어 내는 것이 중요합니다. 감정은 에너지이기 때문에 흐르지 못하면 결국 몸으로 드러나지요. 불면, 두통, 소화 장애, 근육통, 호흡 곤란 등의 증상으로 나타나는 현상을 '신체화(somatization)'라고 합니다.

자기표현을 허용하는 조건을 남에게 기대하기보다 스스로에게 허락해 주세요. 그래야 마음도 몸도 덜 아프고 더 건강하게 살아갈 수 있습니다.

Date   /   /

Today's Mood   ☺   😊   ☹

✏️ Do It Yourself

'말할 수 없는' 내 비밀은

📖 Author's Profile

윌리엄 셰익스피어(William Shakespeare, 1564~1616) 영국의 극작가이자 시인이다. 세계적인 대문호로 꼽히며 『로미오와 줄리엣』, 『햄릿』과 같은 걸작을 썼다.

DAY 044　언어를 잃은 다음, 다시 말하기까지

> Give sorrow words;
> the grief that does not speak knits up
> the o-er wrought heart and bids it break.
> 슬픔에게 말을 주어라.
> 말하지 못한 슬픔은 상처받은 마음을 짓눌러 그 마음을 부서뜨리게 한다.

가장 큰 고통은 '말할 수 없는 고통'입니다. 그래서 극단적인 고통을 겪으면 아예 언어를 잃기도 합니다. 고통을 꺼내는 일은 수치와 위험을 동반할 수 있기에 쉽지 않습니다. 언어를 상실한 경험 때문에 스스로를 통제하지 못하는 또 다른 고통을 안게 되기도 하지요. 그래서 누구에게라도 아픔을 꺼내 놓으라고 강요할 수는 없습니다. 그 사람이, 혹은 내가 말할 준비가 될 때까지 그저 곁에 머물 뿐입니다.

그러다 고통에서 조금 비켜서게 된다면, 아주 조금만 용기를 낼 수 있다면, 더듬거리더라도 목소리를 내어 보세요. 꼭 누군가에게 말하지 않아도 괜찮습니다. 글로 쓰는 방법도 있어요. 분명히 나는 그 고통을 겪던 때의 내가 아닙니다. 더 많은 것을 감당할 수 있는 존재입니다. 고통을 통과해 살아남은 자신을 믿고 위로와 자긍심을 표현해 주세요.

Date   /   /

Today's Mood   ☺   ☺   ☹

✏️ Do It Yourself

감정을 오래 참은 후 나에게 일어나는 일은

* 이런 습관은 당신에게 어떤 영향을 끼쳤나요?

📖 Author's Profile

지그문트 프로이트(Sigmund Freud, 1856~1939) 오스트리아의 신경학자이다. 무의식, 꿈, 억압 등의 개념을 바탕으로 인간 심리를 혁신적으로 해석하여 현대 심리학과 정신의학의 기초를 세웠다.

DAY 043

억압된 감정의 부메랑

Unexpressed emotions will never die.
They are buried alive and will come forth later in uglier ways.

표현되지 않은 감정은 결코 사라지지 않는다.
그것들은 산 채로 묻혀 있다가 나중에 더 추한 형태로 나타난다.

우리는 화내는 것을 나쁘거나 미성숙한 행동이라 배웠습니다. 기대고 싶은 마음을 나약한 것으로, 사랑받고 싶은 마음을 유치한 것으로 여기기도 합니다. 하지만 무엇인가를 원하는 마음에는 어떤 자격도 필요하지 않아요. 우리는 얼마나 고통스러웠는지 이야기하고 싶어 합니다. 기쁜 일도 마찬가지예요. 자랑거리는 몇 번을 말해도 질리지 않지요.

문제는 표현의 본능을 억누를 때 생깁니다. 특히 감정과 욕구를 숨기거나 부인한다면 반드시 이자가 붙은 청구서를 받게 됩니다. 이유 모를 짜증, 분노 폭발, 만성적인 우울이나 불안 등이 나타나는 것이지요. 억압된 감정은 반드시 돌아옵니다. 그러니 청구서를 받기 전에 오늘부터 감정과 욕구를 인정하고 표현해 보면 어떨까요? 느끼는 것도, 표현하는 것도 존엄한 당신의 권리입니다.

Date   /   /   /

Today's Mood   ☺   ☺   ☹

✏️ Do It Yourself

지금 나에게 의미 있는 삶이란

* 이 정의는 당신 삶에서 어떤 선택을 가능하게 하나요?

📖 Author's Profile

수전 데이비드(Susan David, 1970~) 남아프리카공화국 출신의 심리학자. 『감정이라는 무기』의 저자이며, 이 책에서 정서 민감성과 함께 자기진정성의 중요성을 강조했다.

DAY 042 　　　조금씩, 나답게 살아가는 법

Discomfort is the price of admission to a meaningful life.
불편함은 의미 있는 삶을 살기 위한 입장료이다.

　당신은 오늘 무엇을 위해 살고 있나요? 지금 이 순간이 왜 소중한지를 자신에게 설명할 수 있나요? 바로 이런 사유가 삶의 의미를 만들어 갑니다. 의미는 누가 대신 정해 주는 게 아니라 내 삶에서 스스로 만들어 가는 것입니다. 내 가치에 따라 행동하는 것. 어렵고 복잡한 인생살이에서 그때그때 선택하고 책임지면서 '나만의 의미'를 부여하는 것이지요. 지금은 그것이 무엇인지 확실히 잘 몰라도 괜찮습니다. 이제부터 찾고 다듬어 가면 되니까요. 조금씩 시도해 보고, 부딪히고, 돌아서면서 방향을 잡으면 됩니다.
　그런데 가치를 따르는 삶은 때때로 불편하고 아픕니다. 예를 들어 '성장'을 중요한 가치로 여기는 사람은 자신의 무능과 한계에 부딪히는 과정을 기꺼이 경험해야 합니다. 그런 불편함과 아픔을 견디는 사람은 점점 더 '진짜 나의 삶'에 가까워집니다. 결국 그렇게 살아가는 하루하루가 '의미 있는 삶'이 됩니다.

Date   /   /   /

Today's Mood   :)   :)   :(

✏️ Do It Yourself

나에 대해 다시 생각하게 된 계기는

* 그 일로 당신이 배운 것은 무엇인가요?

📖 Author's Profile

알랭 드 보통(Alain de Botton, 1969~) 스위스 출신의 영국 작가이자 철학자이다. 철학을 일상 언어로 표현하는 능력이 탁월하다. 주요 저서로는 『불안』, 『왜 나는 너를 사랑하는가』 등이 있다.

DAY 041

괜찮지 않아야 보이는 것

> We don't really learn anything properly until there is a problem, until we are in pain, until something fails to go as we had hoped … We suffer, therefore, we think.
>
> 우리는 어떤 문제가 생기고, 고통을 겪고, 일이 잘 풀리지 않기 전에는 아무것도 제대로 배우지 못한다. 그러므로 우리는 고통받고, 생각한다.

NASA에서 아폴로 11호에 탑승할 우주인을 선발할 때 "실패 경험이 없는 사람은 제외한다"는 기준이 있었다고 합니다. 위기나 실패를 부정적으로 보지 않고, 오히려 좌절 경험이야말로 마음을 단련하고 문제 해결 능력을 키우는 기회로 여긴 것이지요. 그러고 보면 가장 깊이 생각하고 진심으로 나 자신을 돌아본 순간은 언제나 무엇인가가 어긋난 뒤였던 것 같습니다. 참 묘하게도 인간이란 존재는 모든 것이 순조로울 때는 깊은 사유에 이르기 어렵습니다. 안에서든 밖에서든 어떤 균열이 일어나야 존재나 현상에 대해 진지한 질문이 시작되곤 하니까요.

우리 삶에는 해석과 대화가 필요합니다. 내가 지금 겪고 있는 일을 어떤 관점으로 볼 것인지, '내 인생 이야기'를 어떻게 만들어 가고 싶은지 한번 생각해 보면 어떨까요.

CHAPTER 3
내 삶의 주체 되기

나답게 살고 싶다면 나의 목소리를 들어야 합니다.

가만히 내 마음에 귀를 기울이세요.

Date   /   /   /

Today's Mood   ☺   😐   ☹

✏️ Do It Yourself

최근에 남과 비교하지 않고, 있는 그대로의 나를 존중한 순간은

* 스스로를 존중하며 당신은 어떤 감정을 느꼈나요?

📖 Author's Profile

아메리칸 인디언 '크로(Crow)' 부족의 속담

DAY 040

위대해지려 애쓰지 않아도

You already possess everything necessary to become great.

당신은 이미 위대해질 모든 조건을 지니고 있다.

'위대함'이란 그리 거창한 게 아닐 겁니다. 거룩하다거나 빛으로 가득 찬 상태가 아니라 빛과 그림자가 공존한 모순된 나 자신을 있는 그대로 받아들이는 상태일지도 모릅니다. 카를 구스타프 융은 자신에게 어두운 면이 없다고 믿는 사람을 '그림자 없는 사람'이라 불렀습니다. 그림자 없는 사람은 자신의 삶을 깊이 성찰하거나 타인의 마음에 진심으로 공감하기 어렵습니다.

우리가 위대해질 수 있는 조건에는 이런 것들이 포함되지 않을까요. 내 그림자를 인식하는 용기, 타고난 생명력, 스스로를 치유할 수 있는 자생력. 조금 더 나아가 보면, 통제 가능한 것과 통제 불가능한 것을 구분하는 능력도 여기에 포함됩니다. 또한 타인과 비교하지 않으면서 자신의 한계와 가능성을 인식해 보여 주는 태도도 위대함의 일부일 것입니다. 결국 위대함은 무엇인가를 더 갖추는 일이 아니라 '본래의 자신이 되어 가는 과정'이 아닐까요.

Date   /   /

Today's Mood   ☺ 😐 ☹

✎ Do It Yourself

최근에 기쁨을 느낀 순간은

* 기쁨의 순간, 당신은 자신이 어떻게 느껴졌나요?

📖 Author's Profile

조지프 캠벨(Joseph Campbell, 1904~1987) 미국의 비교신화학자. '영웅의 여정(The Hero's Journey) 이론'을 통해 인간의 욕망, 고통, 성장 과정을 신화적 구조로 설명했다.

DAY 039

기쁨은 '나답게 존재'하는 경험

> Follow your bliss and the universe
> will open doors where there were only walls.
>
> 당신의 기쁨을 따라가면
> 우주는 벽이 있던 곳에 문을 열어 줄 것이다.

억지로 애쓰지 않아도, 누가 보상해 주지 않아도 그저 '나답다'라고 느끼는 순간이 바로 기쁨의 순간입니다. 기쁨은 그저 '좋음'이라기보다 '자기진실성(authenticity)'에서 비롯된 충만한 경험입니다.

그런데 우리는 종종 이 기쁨을 스스로 차단합니다. '이 옷은 너무 튀지 않을까?' '나만 즐거워도 괜찮을까?' 즐거움은 이기적인 것이라고, 너무 신나 보이면 유치한 것이라고 기쁨을 차단하지요. 이렇게 타인의 시선으로 자기 자신을 검열하는 습관이 있는지 돌아보면 좋겠습니다.

세상은 우리의 기쁨을 막지 않습니다. '나'라는 존재를 스스로 제한하지 않으면 사실 아무것도 방해될 것이 없습니다. 누군가에게 잘 보이기 위해서도 아니고, 무엇을 이루기 위해서도 아닌, 지금 이 자리에서 나 자신을 있는 그대로 살아 내는 것. 바로 그 자체가 '기쁨'이라는 것을 알게 됩니다.

You are valuable because you exist.
Not because of what you do, or what you have done,
but simply because you are.

당신은 존재하기 때문에 가치가 있다.
당신이 무엇을 하거나 무엇을 했기 때문이 아니라,
단순히 당신이기 때문이다.

맥스 루카도(Max Lucado)

수치심은 나에게 '그럴 자격이 없어'라고 속삭입니다. 학업을 이어 가고 싶지만 '내가 무슨 공부를 하냐'며 자신을 낮추는 사람, 오랫동안 품어 왔던 소망을 '나 같은 사람이 무슨…'이라며 지워 버리는 사람. 이들의 진짜 문제는 욕망의 내용이 아니라 '나는 이것을 원할 자격이 없다'라는 왜곡된 신념입니다. 수치심은 바로 그 믿음을 통해 스스로를 작아지게 만들고 가능성을 접게 합니다.

우리는 불완전하기는 해도 무가치한 존재는 아닙니다. 무엇인가를 바라는 마음은 인간적입니다. 그것을 이루었는지 여부는 나중 문제이지요. 애썼지만 잘 안될 수도 있고, 막상 해 보니 나와는 맞지 않아 포기할 수도 있습니다. 그게 뭐 잘못됐나요? 소망하는 것을 스스로 허락하는 경험이 더 중요합니다. "나는 이것을 원해도 되는 사람이다"라고 자신에게 말할 수 있을 때 실제로 성취할 가능성도 높아집니다. 당신이 원하는 것을 마음껏 원하십시오!

✏️ Do It Yourself

1년 안에 꼭 하고 싶은 것은

....

....

....

....

Date   /   /   /

Today's Mood   ☺   ☺   ☹

Author's Profile

오프라 윈프리(Oprah Winfrey, 1954~) 미국의 방송인이자 작가 겸 활동가이다. 감정과 자기이해를 통해 삶의 전환을 이끄는 메시지로 세계인의 공감을 얻었다.

DAY 038

바라는 걸 포기하게 만드는 수치심

There's a difference between thinking you deserve to be happy
and knowing that you are worthy of being happy.
Your being alive makes worthiness your birthright.
You alone are enough.

행복할 자격이 있다고 생각하는 것과
행복할 가치가 있음을 아는 것 사이에는 차이가 있다.
당신이 살아 있다는 그 자체만으로
너의 존재 가치는 타고난 권리다.
당신은 그 자체만으로 충분하다.

I'm sarcastic, skeptical, and sometimes callous because I'm still afraid, deep down, of letting myself be hurt.

나는 빈정대고, 의심하며, 때로는 차갑게 굴곤 하는데
그건 나의 마음 깊은 곳에서 여전히 상처받는 것을 두려워하기 때문이다.

실비아 플라스(Sylvia Plath)

우리는 종종 욕망을 숨깁니다. 더 갖고 싶은 마음, 더 사랑받고 싶은 마음, 더 인정받고 싶은 마음을 스스로 부끄럽게 여기기도 하지요. 욕망을 드러내면 '이기적'이라는 말을 들을까 봐, 유치해 보일까 봐, 아직도 채워지지 못한 존재처럼 보일까 봐 자꾸 감추게 됩니다.

욕망은 삶을 움직이는 근원적인 힘입니다. 이를 억누르거나 감춘다면 자기 삶을 존중하지 않는 것과 같습니다. 더 잘나고 싶은 마음, 더 잘 살고 싶은 욕망. 이것이야말로 얼마나 인간적이고 자연스럽나요. 적어도 자기 자신은 속이지 말아야겠습니다. 그 감정을 민망해하거나 들키지 않기 위해 쩔쩔매지도 마세요. 욕망에 솔직하고 당당한 사람이 훨씬 더 매력적입니다.

성숙한 사람일수록 자신의 결핍과 열망을 부끄러워하지 않고 바라봅니다. 숨기지도 않고, 부풀리지도 않으며, 자기 방식대로 표현하고 책임질 줄 압니다.

✏️ Do It Yourself

내가 솔직하게 인정하지 못하는 욕망은

....

....

* 그 욕망을 인정하면 어떤 점이 좋아질까요?

....

....

Date   /   /   /
Today's Mood   ☺ 😐 ☹

Author's Profile

조슈아 밀러(Joshua Miller, 출생 연도 미공개) '아마존' 자기계발 분야 베스트셀러 작가이자 경영 코치이다. 다양한 글로벌 기업에서 경영진 개발 및 변화 관리 솔루션을 지원하고 있다.

DAY 037

욕망을 인정하게 만드는 자존감

Never apologize for wanting more.
There is a fine line between greed and a healthy desire for more.
We are creatures of constant evolution, we change and grow.
Our goals are what power these changes.
Without desire, there would be no progress.

더 많은 것을 갈망한다 해서 미안해하지 마라.
탐욕과 건강한 욕망 사이에는 실처럼 가느다란 경계가 놓여 있다.
우리는 끊임없이 진화하는 존재들이며,
끝없이 변화하고, 끝없이 자라난다.
우리가 품은 꿈들이야말로 그 모든 변화의 원동력이 되어 준다.
욕망이 사라진다면, 앞으로 나아가는 발걸음 또한 멈춰 설 것이다.

Date   /   /

Today's Mood   ☺ ☻ ☹

✏️ Do It Yourself

나 자신을 받아들이기에 가장 어려운 부분은

* 그 거부감 뒤에는 어떤 믿음이나 두려움이 숨어 있을까요?

📖 Author's Profile

타라 브랙(Tara Brach, 1953~) 미국의 임상심리학자이자 명상지도자이다. '자기연민'과 '수용적 알아차림'이 핵심 내용인 감정 치유 명상으로 널리 알려졌다. 『Radical Acceptance』의 저자이다.

DAY 036

삶을 제한하지 않기

> Radical Acceptance is the willingness
> to experience ourselves and our life as it is.
> A moment of Radical Acceptance is a moment of genuine freedom.
>
> '근본적 수용'은 있는 그대로의 나와 삶을 경험하려는 의지이다.
> 근본적 수용의 순간은 진정한 자유의 순간이다.

"부족한 나를 어떻게 받아들여요? 그럼, 발전이 없잖아요." 이런 질문에 저는 이렇게 대답합니다. "그 부족함을 인정하지 못하는 나부터 받아들이는 겁니다." 나를 바꾸고 싶은 마음 자체는 자연스럽습니다. 문제는 그 마음속에 숨은 시선이지요. '이런 나는 싫다' 그 모진 시선, 그것까지 끌어안는 것입니다.

느끼고 반응하는 나, 그것을 판단하는 나, 그 모든 것을 지켜보는 나. 그 어떤 '나'도 제한하지 않으며 모두 의식의 자리에 앉히는 것. 저는 이것을 '능동적 수용성'이라고 부릅니다.

수용은 억지로 괜찮다고 말하는 합리화와 다릅니다. 눈을 감고 긍정하려는 맹목적인 낙관도 아니며, 내면의 그림자를 외면한 채 만들어 내는 가짜 평온과도 다릅니다. 진짜 수용은 나를 고치려 하지 않고, 지금 이 순간의 나 자신과 삶을 있는 그대로 기꺼이 경험하는 것입니다.

Date   /   /   /

Today's Mood

✎ Do It Yourself

이제는 인정하고 싶은 내 모습은

* 어떤 변화가 생길 것 같나요?

📖 Author's Profile

루이즈 L. 헤이(Louise L. Hay, 1926~2017) 심리적·영적 문제를 다루는, 미국의 대표적인 형이상학 강사이자 베스트셀러 작가이다. 저서로는 『치유: 있는 그대로의 나를 사랑하라』가 있다.

DAY 035

인정, 결국 사랑을 배우는 과정

You've been criticizing yourself for years and it hasn't worked.
Try approving of yourself and see what happens.

스스로를 수년간 비난했지만 효과가 없었다.
이번에는 자기 자신을 인정하고 무슨 일이 일어나는지 보라.

우리는 누구보다 자기 자신을 다그치고 혼내곤 합니다. 물론 더 잘하라고, 더 잘 살라고 하는 것이지요. 하지만 스스로를 지지하고 이해하지 못하면 진정한 변화도 평화도 없습니다. 비난은 우리를 무너지게 할 수는 있어도 일으켜 세울 수는 없으니까요.

다만 이제는 인정해 봅니다. 내가 잘못한 일, 상처를 주고도 사과하지 못한 부끄러움, 잘 몰라서 그렇게 할 수밖에 없었던 무지와 어리석음. 다 괜찮습니다. 모두 '인간'이라는 조건 안에서 충분히 이해될 수 있는 것들입니다. 아쉬움 하나 없는 인생이 어디 있겠습니까. 그러니 후회하지 않으려고 너무 애쓰지도 마세요. 아쉬움과 후회 없는 인생이 결코 좋은 게 아닙니다. '후회'란 더 좋은 선택이 있음을 알아차릴 만큼 성장했다는 증거이기도 합니다. 반면 '아무런 후회가 없다'는 말은 '아무것도 배우지 않았다'는 뜻일 수도 있습니다.

Date   /   /   /

Today's Mood   ☺   ☺   ☹

✏ Do It Yourself

내가 여전히 놓지 못한 분노는

* 그 감정은 당신을 무엇에 붙잡아 두고 있나요?

📖 Author's Profile

석가모니(Buddha, 기원전 6~5세기경) 불교의 창시자. 고대 인도의 수행자이며 깨달은 자이다. 고통과 집착의 본질을 깨닫고 통찰했으며, 중생에게 내면의 자유와 무한한 자비를 가르쳤다.

DAY 034

조용한 항복, 자기해방의 길

> Holding on to anger is like grasping a hot coal
> with the intent of throwing it at someone else;
> you are the one who gets burned.
>
> 분노를 품는 것은 다른 사람에게 던질 뜨거운 숯을 손에 쥔 것과 같다.
> 결국 화상을 입는 건 당신 자신이다.

애써 준비한 소규모 상담 시간이 있었습니다. 그런데 한 참여자가 상담 내내 비협조적인 태도를 보였습니다. 겉으로는 담담한 척했지만, 관망하는 듯한 그의 모습에 화가 났습니다. 왜 이런 감정을 느끼는지 알기 위해 마음을 찬찬히 들여다보니, 그 상황을 내가 원하는 분위기로 이끌어 가고 싶었던 통제욕구가 보였습니다. '상황이 잘 돌아가야 한다'라는 책임감 속에 은폐된 권위가 보였지요. 그것을 알아차린 뒤 감정의 방향이 조금씩 달라졌습니다. 이렇듯 붙들지 않고 놓을 때 분노가 나를 어떻게 움직이고 있었는지 선명해집니다.

분노를 놓는다는 것은 누군가를 용서하겠다는 뜻이 아닙니다. 그 감정으로부터 나 자신을 풀어 주겠다는 조용한 항복입니다. 분노에 담긴 이해받지 못한 마음, 말하지 못한 상처를 더 이상 끌어안고 있지 않겠다는 다짐이지요. 그것은 내가 나를 구속했던 족쇄를 스스로 벗는 일입니다.

Date　　　/　　　/　　　/

Today's Mood　　☺　　☻　　☹

✏️ **Do It Yourself**

'흠 있는 나다움'을 편안하게 드러낸 적은

📖 **Author's Profile**

〈블랙 스완〉(2011) 대런 애러노프스키 감독, 내털리 포트먼 주연의 영화이다. 완벽을 향한 욕망을 다룬 스릴러로 개봉 당시 평단과 대중으로부터 호평받았다.

DAY 033 — 온전함이란 결여를 포함하는 것

Perfection is not just about control.
It's also about letting go.

완벽함이란 통제하는 것만이 아니다.
흘러가게 두는 것이기도 하다.

완벽주의는 통제욕구와 깊은 연관이 있습니다. 삶의 불확실성, 실패 가능성, 타인의 평가를 통제하려는 마음의 전략이지요. 마음의 모든 전략은 우리 자신을 보호하기 위함입니다. 문제는 그런 태도가 장기적으로 부작용이 더 크다는 것입니다. 완벽함을 추구하다 보면 '부족한 나'와 '미완의 나'는 억압될 수밖에 없습니다. '나' 밖으로 밀려난 '나의 일부'는 사라지지 않고 불안, 죄책감, 수치심 같은 그림자의 얼굴로 다시 돌아옵니다.

우리는 부족함의 틈을 메우려 애쓰다 정작 내면의 생명력을 잃기도 합니다. 차라리 그 틈을 허용하면 좋겠습니다. 모든 것을 계획하고 조율할 수 없습니다. 세상도, 타인도, 나 자신조차도. 우리에게 필요한 완벽함의 태도는 '흠 없음'이 아니라 '흠 있는 나다움'을 인정하는 것입니다. 진정한 완전성(wholeness)은 불완전함을 포함합니다.

Date　　　／　　　／　　　／
Today's Mood　　😊　😀　☹

✏️ **Do It Yourself**

자주 자책하는 나의 모습은

＊ 그 모습은 정말 잘못됐거나 틀린 건가요?

📖 **Author's Profile**

에픽테토스(Epictetus, 서기 55년) 로마의 철학가이다. 스토아학파 철학자에게 가르침을 받고 평생 철학을 가르치며 살았다.

| DAY 032 | 불완전함과 친해지기 |

> Make the best use of what is in your power,
> and take the rest as it happens.
>
> 네 힘이 미치는 것을 최선으로 쓰고,
> 나머지는 일어나는 대로 받아들여라.

'완벽'이란 진공 상태와도 같습니다. 진공 상태에서는 바이러스도 세균도 살아남지 못하지요. 언뜻 깨끗하고 안전해 보이지만, 오히려 면역 체계를 약화시켜 우리 몸을 병들게 하기도 합니다. 우리 마음도 그렇습니다.

혹시 나에게 너무 높은 기준을 부과해서 작은 실수나 결함에도 쉽게 자책하거나 자신을 비난하지 않나요? 이런 성향을 '완벽주의'라고 하지요. 완벽주의는 타인과 끊임없이 비교하면서 불안과 우울, 자기비하를 키웁니다. 그래서 완벽주의는 성취를 돕기보다 마음을 전쟁터로 만들기 쉽습니다.

장폴 사르트르(Jean-Paul Sartre)나 마르틴 하이데거(Martin Heidegger)와 같은 실존주의 철학자들은 '인간이란 원래 불안과 불완전함 속에서 자기 삶의 의미를 창조하는 존재'라 했습니다. 삶이 완벽하지 않기 때문에 바로 그 틈에서 우리는 '자기다움'을 만들 수 있는 것입니다.

Date   /   /   /

Today's Mood   ☺ ☺ ☹

✏️ **Do It Yourself**

오늘 내가 충분히 느끼지 못한 감정은

📖 **Author's Profile**

데이비드 보렌스타인(David Borenstein, 출생 연도 미공개) 미국의 정신과 의사이자 작가이다. 감정의 억압과 감정 표현의 결핍이 인간관계에 미치는 영향을 주제로 연구해 왔다.

DAY 031

느끼지 못하면 알 수도 없는 것

Feelings are not supposed to be logical.
Dangerous is the man who has rationalized his emotions.

감정은 논리적일 수 없다.
감정을 이성적으로 정당화하는 사람은 위험하다.

감정은 본질적으로 비논리적이고 비합리적입니다. 그럼에도 우리는 종종 감정을 이성적으로 설명할 수 있어야 한다고 여깁니다. 그렇게 하면 나 자신을 설득하고 타인에게도 정당화하기 쉬우니까요. 물론 감정을 분석하고 해석하는 일은 분명 자기이해를 깊게 하고 감정에 휘둘리지 않도록 도와줍니다. 하지만 감정을 지나치게 이성적으로만 다루다 보면, 기꺼이 경험해야만 알 수 있는 존재와 삶에 대한 깊은 통찰을 놓치게 됩니다.

가슴이 먹먹할 때는 이유를 캐묻기보다 그저 '마음이 그렇구나' 하고 알아차리는 것이 우선입니다. 감정은 설명하기 전에 먼저 느껴야 하며, 분석하기보다 곁에 머무르는 것이 더 치유적입니다. 그렇지 못하면 감정이나 욕구가 무엇인지 잘 알지 못하고, 심지어 타인의 감정도 판단하거나 고치려 들게 되지요. 그 결과 말은 하지만 감정은 숨겨진 채 관계가 점점 멀어질 수 있습니다.

Date   /   /

Today's Mood   ☺   😐   ☹

✏️ **Do It Yourself**

내가 솔직하게 '두려웠다'고 인정한 순간은

* 그 고백은 당신에게 어떤 변화를 가져왔나요?

📖 Author's Profile

로버트 튜(Robert Tew, 출생 연도 미공개) 온라인에서 널리 인용되는 심리 자기계발 문구의 작가로 알려져 있다. 특히 '투사'와 '자기회피'에 관한 글이 인용문으로 자주 활용된다.

DAY 030

자기폭로에서 시작되는 해방

What you deny or ignore, you delay,
What you accept and face, you conquer.

부정하거나 외면하면 지연될 뿐이고,
받아들이고 정면으로 대면하면 극복된다.

"내 생각이 짧았어." "내 판단이 틀렸네." 이런 자기고백은 종종 해방감을 줍니다. 물론 이렇게 나의 부족함과 한계를 인정하기는 쉽지 않습니다. 용기가 필요하지요. 하지만 몇 번 하다 보면 알게 됩니다. 그렇게 한다고 해서 세상이 무너지지 않는다는 것을, 오히려 나를 더 단단하게 만든다는 것을 말이에요.

내 취약함을 스스로 인정해 버리면 남들도 나를 그렇게 볼까 봐, 그래서 결국 무시당할까 봐 두려워 합니다. 하지만 이런 두려움은 대개 왜곡된 자기인식에서 나옵니다. 내가 나를 작게 보기 때문에 타인도 나를 그렇게 보지 않을까 생각하는 것이죠. 이런 방어 기제를 '투사'라고 합니다. 그래서 "날 우습게 보는 거야?"라는 말은 "사실은 내가 나를 우습게 여기고 있어"라는 고백과 다르지 않습니다. 그러니 괜찮아 보이려고 너무 애쓰지 마세요. '괜찮아 보이고 싶은 마음'이 '진짜 괜찮아지는 기회'를 차단합니다.

Date / /

Today's Mood ☺ ☺ ☹

✏️ **Do It Yourself**

최근에 눈물을 흘린 때는

📖 **Author's Profile**

제라드 웨이(Gerard Way, 1977~) 미국의 뮤지션이자 만화가이다. 록 밴드 '마이 케미컬 로맨스(My Chemical Romance)'의 보컬이며, 그래픽 노블 『엄브렐러 아카데미』 시리즈의 작가로도 유명하다.

DAY 029

억압과 해방의 사이

Tears are words the heart can't express.
눈물은 마음이 말로 표현하지 못하는 단어들이다.

아무 말 없이 고개를 떨군 채 눈물을 흘리는 사람이 있습니다. 그는 "이게 무슨 감정인지 모르겠다"고 하지만, 이미 많은 것이 눈물 안에 담겨 있습니다. 슬픔, 외로움, 불안…. 감정은 복잡합니다. 하나의 감정에도 여러 마음이 얽혀 있지요. 예를 들어 죄책감은 '내가 뭔가 잘못한 것 같다'는 느낌 같지만, 그 안에는 '착한 사람'으로 살기 위해 눌러 왔던 분노와 억울함이 숨어 있기도 합니다.

말로 다 표현할 수 없는 내면의 진동은 눈물이 되어 흘러나옵니다. 그 눈물이 감정의 흐름을 막지 않도록 도와주지요.

억눌린 감정이 터져 나오는 해방의 순간, 멈칫하지 마세요. 애써 삼키려 하지 않아도 괜찮습니다. 눈물은 가장 부드러운 해독제입니다. 고통과 함께 가만히 앉아 있어 보세요. 눈물이 그치고 나면 비로소 당신이 정말 하고 싶었던 이야기가 시작될 테니까요.

Date / / /
Today's Mood

✏️ Do It Yourself

내 인생에서 가장 아팠지만, 결국 나를 키워 준 상처는

📖 Author's Profile

루미(Rumi, 1207~1273) 페르시아의 신비주의 시인이자 수피즘 철학자이다. 내면의 고통과 신성한 사랑을 시로 표현했다. 13세기의 위대한 영적 스승으로서 서구권에서는 시성(詩聖)으로 꼽힌다.

DAY 028

상처가 먼저 여는 문

The wound is the place where the light enters you.

상처는 빛이 들어오는 자리이다.

산에서 내려오는 길에 유난히 옹이가 많은 나무 한 그루가 눈에 들어왔습니다. 크고 울퉁불퉁한 혹들이 마치 분화구 같았습니다. 옹이는 나무의 상처라고 하지요. 그 상처들은 밖으로 드러난 덕분에 햇빛이 가장 먼저 닿는 자리가 됐습니다. 나무 전체로 보면 빛을 받는 면적이 더 넓어진 셈입니다.

우리의 마음도 그렇지 않을까요. 내면의 상처가 드러날 때 그 자리는 빛이 들어오는 입구가 됩니다. 오랫동안 눌러 왔던 감정이 터져 나올 때 우리는 조금 더 가까이 '자기(Self)'를 만나게 됩니다.

어쩌면 신은 고통을 통해 우리에게 말을 걸고 있을지도 모른다고 상상해 봅니다. 그 자리에서 우리는 다시 사랑을 받아들이고, 나 자신을 더 깊이 이해하며, 타인과도 조금 더 진실하게 이어질 수 있으니까요. '상처'와 '고통'이라는 어두움 없이는 빛을 알 수 없고, 또 신의 존재도 느낄 수 없을 것입니다.

Date   /   /

Today's Mood   ☺ ☺ ☹

✏️ **Do It Yourself**

내가 마음에 드는 나는

내가 정말 마음에 드는 나는

📖 **Author's Profile**

틱 낫 한(Thích Nhất Hạnh, 1926~2022) 베트남 출신의 티베트 불교 승려이자 평화운동가이다. 세계적인 선승으로 '마음 챙김' 명상의 선구자이며, 생전에 100권이 넘는 책을 저술하기도 했다.

DAY 027

그 무엇도 덜 아름다운 것은 없어

To be beautiful means to be yourself.
You don't need to be accepted by others.
You need to accept yourself.

'아름답다'라는 것은 '당신답다'라는 뜻이다.
타인의 수용은 필요하지 않다.
자기 자신을 수용하면 된다.

길을 걷다 어느 집 담벼락 아래에 피어난 양귀비꽃 무리를 보았습니다. 붉은 색이 하도 강렬해 가까이 다가가 살펴보았지요. 멀리서 볼 때는 생김새가 비슷비슷했는데, 자세히 보니 하나같이 다른 모습이었습니다. 붉음의 정도, 주름의 결, 꽃술의 모양이 말이지요. 꽃이 핀 정도도 달랐습니다. 찬란하게 핀 꽃들 사이로 채 피지 않은 몽우리, 고개를 숙이고 시들어 가는 꽃잎이 어우러져 있었습니다. 그 모든 모습이 아름다워 보였습니다. 그러자 별안간 마음이 아주 고요해졌습니다. 더할 나위 없이 평화롭고 편안한 고요함이었지요.

왜 그랬을까요. 곰곰이 생각해 보니 '판단'이 없었습니다. 더 예쁜 것, 덜 예쁜 것, 더 오래 보았으면 싶은 것, 아쉬운 것. 그런 비교나 바람 없이 그냥 있는 그대로 수용했던 것이지요. 그때 알았습니다. '나도 저 꽃과 같구나! 그래, 누구나 그렇겠구나…. 모든 존재는 그렇게 존재하고 있구나!'

There is a crack, a crack in everything.
That's how the light gets in.

모든 것에는 틈이 있다.
그것이 빛이 들어오는 방법이다.

레너드 코엔(Leonard Cohen)

힘겨운 하루를 보낸 밤, 문득 생각합니다. '나는 언제쯤 아무 걱정 없이 쉴 수 있을까?' 하루하루를 미션 클리어하듯 빠듯하게 보내고, 마음을 다잡아도 예상치 못한 일 앞에서는 한없이 흔들립니다. 때로는 '이건 너무한 거 아니야?' 싶은 순간도 있지요. 그럴 때 우리는 원인을 찾으려 합니다. '내가 부족해서 그런가?' '다른 사람 때문은 아닐까?' 그런데 머릿속에 이런 생각이 스칩니다. '삶이라는 게 원래 이런 건 아닐까?'

누구나 가슴속에 다 퍼 올리지 못한 슬픔과 아쉬움의 우물을 안고 삽니다. 마냥 순조롭기만 한 인생이 있을까요. '삶은 원래 어려운 것'이라는 사실을 인정하면 이상하게도 삶은 조금 덜 어려워집니다. 고통이 사라지는 것은 아니지만 고통을 데려가는 방식이 바뀌니까요. 회피나 체념이 아니에요. 있는 그대로 삶을 마주하는 태도이자 무너지지 않고 살아 내겠다는 다짐입니다.

✏️ Do It Yourself

'오늘의 나'에게 전하는 뜨거운 한마디는

Date   /   /
Today's Mood

Author's Profile

M. 스캇 펙(M. Scott Peck, 1936~2005) 미국의 정신과 의사이자 작가이다. 『아직도 가야 할 길』에서 고통과 책임 그리고 자기성장의 필연성을 강조했다.

DAY 026

아파도, 괜찮지 않아도 살아가기

Life is difficult.
This is a great truth, one of the greatest truths.
Once we truly know that life is difficult—
once we truly understand and accept it—
then life is no longer difficult.

인생은 어렵다.
이것은 위대한 진리이며, 가장 위대한 진리 중 하나이다.
인생이 어렵다는 것을 진정으로 알게 되면,
그것을 진실로 이해하고 받아들이게 되면,
인생은 더 이상 어렵지 않다.

Date   /   /

Today's Mood   😊 😐 ☹️

✏️ Do It Yourself

그때는 못 했지만 지금이라도 하고 싶은 것은

📖 Author's Profile

얀 필리프 젠트커(Jan-Philipp Sendker, 1960~) 독일 함부르크 출생의 언론인이자 소설가이다. 대표작으로는 『The Art of Hearing Heartbeats』가 있다.

DAY 025

아쉬움, 더 겸허히 껴안을 것

We are responsible not only for what we do,
but also for what we fail to do.

우리는 우리가 행한 일뿐만 아니라,
행하지 못한 일에 대해서도 책임을 져야 한다.

우리는 대개 '해야만 하는 일'에 에너지를 쏟습니다. 정작 좋아하는 일은 자꾸 뒷전으로 미룹니다. 퇴근 후 틈틈이 하려던 글쓰기, 혼자 떠나는 여행처럼요. 그렇게 미루어 둔 일들은 마음속에 묵직하게 남습니다. '꼭 잘하지 않아도 괜찮았는데, 즐기면서 끝까지 해 볼걸' '사랑한다고, 미안하다고 말할걸' 하지 않은 선택들이 어떤 의미였는지는 지나고 나서야 알게 되는 것 같습니다.

타인의 기대에 눌려 거절하지 못한 일, 관계가 틀어질까 봐 참은 감정, 내 욕구를 숨긴 채 남에게 맡긴 결정. 그 모든 '하지 않음'은 생각보다 우리 삶에 깊숙이 들어와 있습니다. 그리고 그것들이 바로 지금의 나를 설명하기도 하지요. 성숙한 어른이 된다는 것은 선택의 결과를 부정하지 않고 껴안는 일입니다. 아쉽고 후회되는 마음이 올라와도 어쩔 수 없습니다. 중요한 건 지금 이 순간, 또 앞으로 나 자신에게 정직한 태도로 살아가면 됩니다.

Date   /   /   /

Today's Mood   ☺   ☺   ☹

✏️ **Do It Yourself**

지금 내가 가장 걱정하는 것은

* 그 걱정이 당신의 '지금'에 어떤 영향을 주고 있을까요?

📖 **Author's Profile**

칼릴 지브란(Kahlil Gibran, 1883~1931) 레바논 출신의 시인이자 화가이다. 대표작 『예언자』에서는 감정과 영혼의 섬세한 흐름을 시적이고 명상적인 언어로 표현했다.

DAY 024 — 몰라도 되는 미래는 그냥 두기

> Our anxiety does not come from thinking about the future,
> but from wanting to control it.
>
> 불안은 미래를 생각해서 생기는 것이 아니라,
> 그것을 통제하려는 욕망에서 비롯된다.

삶은 언제나 미정이고, 그래서 생동감이 있습니다. 그 안에서 우리는 선택하고 변화할 수 있습니다. 완벽히 통제할 수 없는 것을 자꾸 조절하려고 하면 방어적인 태도로만 살아가게 되지요. 그렇다고 해서 통제하고 싶은 마음 자체가 잘못됐다는 것이 아닙니다. 그 마음은 결국 상처와 위험으로부터 나를 지키려는 본능이니까요.

이 '불안'이라는 감정을 '나를 위한 것'으로 받아들여 보세요. 불안을 수용하면 그것에 압도되지 않습니다. 그 뒤에 통제를 내려놓는 연습을 하면 됩니다.

무엇보다 불안을 너무 싫어하지 마세요. 일일이 통제하려고 할 때 '아, 내가 지금 불안하구나' 하고 알아차려 보세요. 미래를 알 수 없기에 살아갈 수 있는 것이지, 다 안다면 오히려 더 살기 힘들 겁니다. '지금 내가 할 수 있는 것만 하자' '이건 내가 통제할 수 없는 일이다' 이렇게 생각하며 내려놓으면 됩니다.

Date   /   /   /
Today's Mood   ☺ 😐 ☹

✏️ **Do It Yourself**

불안할 때 나에게 해 주고 싶은 말은

📖 **Author's Profile**

마야 앤절로(Maya Angelou, 1928~2014) 미국의 시인이자 인권운동가이다. 자전적 성격의 『새장에 갇힌 새가 왜 노래하는지 나는 아네』에서 흑인 여성의 삶과 정체성을 시적 언어로 풀어 냈다.

DAY 023

자기신뢰가 부족할 때 생기는 일

You alone are enough.
You have nothing to prove to anybody.

당신은 그 자체로 충분하다.
누구에게도 증명할 필요가 없다.

우리는 비교와 경쟁을 통해 성공과 출세가 결정되는 사회에 살고 있습니다. 긴장, 스트레스, 불안이 늘 따라다니지요. 비교하거나 인정받고 싶어 하는 마음은 자연스럽고 인간적인 것입니다. 심리학의 '사회적 비교 이론(social comparison theory)'에서 인간은 타인과 자신을 비교하면서 자신의 가치를 가늠하려는 기본적인 성향이 있다고 봅니다.

문제는 그 정도가 지나칠 때입니다. '아직 부족해' '더 잘해야 해' '이 정도는 기본 아냐?' 이렇게 나를 닦달하면서 몰아붙였다면, 불안해하는 내면의 목소리를 다정하게 달래야 할 때입니다. 타인에게 증명받고자 하는 심리는 자기확신이 부족하기 때문에 외부의 기준으로 불안을 다스리려는 시도입니다. 결국 내가 나를 받아 주지 않으면, 오직 남의 눈에 들기 위해서 애쓰는 삶을 살 수밖에 없습니다.

Date   /   /   /
Today's Mood   ☺ ☻ ☹

✏️ Do It Yourself

나 자신을 받아들이는 정도를 0~10으로 표현한다면

* 당신의 점수는 왜 그렇게 나왔나요?

📖 Author's Profile

랠프 월도 에머슨(Ralph Waldo Emerson, 1803~1882) 미국의 사상가이자 문학가이다. 초월주의를 대표하는 인물로, 개인의 자율성과 자연의 조화를 강조한 글을 다수 남겼다.

DAY 022

위태롭게 또는 위대하게 그리고 둘 다

To be yourself in a world that is constantly trying
to make you something else is the greatest accomplishment.

끊임없이 당신을 다른 사람으로 만들려는 세상 속에서
자기 자신으로 살아간다는 것, 그것이야말로 가장 위대한 성취이다.

세상은 은근하게, 때로는 노골적으로 우리에게 요구합니다. 더 나아져야 한다고, 덜 감정적이고 더 생산적이어야 한다고. 그런데 이렇지 못할 때 자책하게 되거나 불안이 커진다면 그것은 더 이상 세상의 요구가 아닌 내면 비판자의 명령일 것입니다.

우리는 나 아닌 다른 무엇이 될 필요가 없습니다. 아니, 될 수 없습니다. 애초부터 불가능한 목표를 세우고 내달릴 때 우리는 어떻게 살아야 하는지 방향을 잃고 허무함에 빠지기 쉽습니다. '나로 산다는 것'은 잘나기도 하고 부족하기도 한 나, 성실하지만 때로는 게으른 나, 대체로 남을 배려하지만 가끔은 내 마음대로 하고 싶어 하는 나를 있는 그대로 수용하는 일입니다. 다시 말해 내 안의 수많은 '되어야 할 나'와 '되어서는 안 될 나'를 모두 사랑하는 일입니다.

Date   /   /   /

Today's Mood   🙂   😐   ☹️

✏️ Do It Yourself

최근에 나에게 "지금의 나로도 괜찮아"라고 말해 준 순간은

📖 Author's Profile

작자 미상 심리 회복을 위한 온라인 커뮤니티 및 저널에서 널리 회자되는 문장이다.

| DAY 021 | 존재는 고쳐지는 게 아니라 드러나는 것 |

> You're not broken,
> and you don't need to be fixed.
>
> 당신은 망가진 게 아니며,
> 고쳐질 필요도 없습니다.

"그래서… 어떻게 고쳐야 하나요?" 상담실에서 자주 듣는 말입니다. 그럴 때 저는 가볍게 웃으며 이렇게 되묻곤 하지요. "당신이 고장 난 기계인가요? 고치게?" 물론 그 말이 '변화를 원한다'는 뜻이라는 것을 잘 압니다. 하지만 동시에 그 말에는 '나는 뭔가 잘못된 존재'라는 내면화된 수치심이 숨어 있습니다. 그래서 저는 그 마음을 직면하게 만드는 질문을 던진 것이지요.

꽃은 더 예쁜 꽃이 되기 위해 무엇을 고쳐야 할까요? 비와 바람, 흙과 먼지 속에서도 꽃은 이미 온전하게 피어 있습니다. 잎이 한두 장 떨어져도, 꽃잎이 좀 말라도, 시들거나 완전히 져 땅에 떨어졌다 해도 모두 자신의 고유한 모습으로 존재하는 상태입니다.

우리도 마찬가지입니다. 다른 내가 되겠다고 애쓰지 말고 있는 그대로의 나를 예뻐해 주세요. 수정보다 수용이, 개선보다 자기공감이 먼저입니다.

CHAPTER 2
감정 해석과 자기수용

결점도 나의 일부입니다.
완벽할 수 없는 나를 이해하고 받아들여 보세요.

Date   /   /   /

Today's Mood   ☺ ☺ ☹

✏️ **Do It Yourself**

지금 내 안에서 지나가고 있는 '마음 날씨'는

* 그 배경으로 펼쳐진 당신의 하늘은 어떤 모습인가요?

📖 **Author's Profile**

페마 초드런(Pema Chödrön, 1936~) 미국 출신의 티베트 불교 승려이자 명상가이다. 내면의 고통과 감정을 자비롭게 바라보는 수행자의 태도를 강조한다.

DAY 020 | 무엇이 나이며, 무엇이 나를 덮고 있을까

You are the sky.
Everything else — it's just the weather.

당신은 하늘이다.
그 밖의 모든 것은 지나가는 날씨일 뿐이다.

"감정과 자신을 동일시하지 마세요."라는 말을 들어 본 적 있나요? 도대체 무슨 뜻일까요? 예를 들어 분노에 사로잡혀 거친 말을 내뱉을 때, 우울에 빠져 스스로를 무력한 존재로 느낄 때 우리는 어느새 그 감정 자체가 '나'라고 착각합니다. 또는 반복되는 상처 속에서 '나는 늘 버려지는 존재'라고 믿는 것도 같은 맥락이지요.

하지만 감정은 '나'가 아니라 그저 지나가는 '상태'입니다. 고통은 일어나는 '현상'이지, 존재의 '본질'은 아닙니다. 감정이나 고통을 나의 전부로 여기는 태도는 나를 잘못 봐도 한참 잘못 보는 일입니다. 맑은 날도 궂은 날도 끝없이 이어질 수는 없습니다. 그것이 자연의 이치입니다. 우리를 괴롭히는 건 사건 그 자체가 아니라 그것에 덧씌운 해석입니다. 잠시 궂은 날을 인생의 전부처럼 여기지 마세요. 하늘은 언제나 그 자리에 있으니까요.

Date   /   /   /

Today's Mood   ☺   ☺   ☹

✏️ **Do It Yourself**

내가 가지고 있는 '힘'은

내 안의 '강함'이 드러나는 때는

📖 **Author's Profile**

노자(老子, 기원전 6세기경) 중국 고대의 철학자로 『도덕경』을 저술했다. 이 책은 상·하 편으로 나뉘며 5,000여 자의 짧은 분량 속에 우주론, 인생철학, 정치, 군사 등을 아우르는 내용이 담겼다.

DAY 019 — 안과 밖의 균형 이루기

知人者智, 自知者明。勝人者有力, 自勝者強。
지인자지, 자지자명。 승인자유력, 자승자강。

남을 아는 자는 지혜롭고, 자신을 아는 자는 밝다.
남을 이기는 자는 힘이 있고, 자신을 이기는 자는 강하다.

'지혜'란 무엇이 옳거나 중요한지 분별하는 능력입니다. 복잡한 삶의 문제를 다루는 균형 잡힌 판단을 통해 방향을 정하고 실천적인 선택을 이끌어 냅니다. '밝음'이란 깨어서 명료하게 인식하는 자기성찰 능력입니다. 자기기만 없이 스스로의 마음 작용을 거울에 비추어 보듯 투명하게 바라보는 일이지요.

'힘'은 남을 이기는 능력입니다. 논리나 권력으로 제압하는 것처럼 상대적인 우위를 뜻합니다. 반면 '강함'은 자기 자신을 이겨 내는 힘입니다. 충동을 견디고, 두려움을 감당하며, 때로는 침묵 속에서 자신을 붙드는 내면의 힘을 의미합니다.

바깥만 중시하다 보면 어느 순간 안쪽에 탈이 날 수 있습니다. 지혜와 밝음, 힘과 강함이 균형을 이룰 때 우리는 자신을 지키면서도 세상과 조화롭게 연결될 수 있습니다.

Date   /   /

Today's Mood   😊 😐 ☹️

✏️ Do It Yourself

내가 자주 말하지 못하는 감정은

* 그 감정을 표현하기 어렵게 만드는 것은 무엇인가요?

📖 Author's Profile

대니얼 J. 시겔 (Daniel J. Siegel, 1957~) 미국의 정신과 의사이다. 뇌과학적 연구를 기반으로, '마인드사이트(mindsight)' 개념과 '감정 명명(name it to tame it)' 기법을 대중화했다.

DAY 018 — 감정에 사로잡히지 않는 법

Name it to tame it.

이름을 붙여 길들여라.

뭐가 뭔지 모르게 감정이 얽혀 있을 때 우리의 뇌는 그 감정을 '막연한 압박감'으로 처리해 버립니다. 이럴 때 가장 효과적인 방법은 '감정에 이름 붙이기'입니다. 감정을 구체적인 언어로 표현하는 순간, 감정의 주도권은 감정 자체에서 '인식하는 나'로 넘어옵니다. 그러면 감정과 나 사이에 심리적 거리가 생기고, 그 거리만큼 우리는 감정을 조절할 수 있게 됩니다.

감정에 이름을 붙이는 게 어렵게 느껴지나요? 이것은 막연한 정서 상태를 명확한 인지적 정보로 바꾸는 일입니다. "이건 분노야"라고만 말해도 됩니다. 화가 나서 소리치고 싶을 때는 "지금 너무 답답하고 지쳤어"라고 말해 보세요. 감정을 언어로 표현하면 그 감정은 괴물로 변하지 않습니다. 그다음 단순하게 "기분 나빠"라고만 표현하던 것에서 "나는 지금 무시당한 느낌이라 당황스럽고 수치스러워"라고 해 보세요. 감정을 표현하는 것 자체가 어려운데 여기까지 말했다면 대성공입니다.

Date   /   /

Today's Mood   ☺ ☻ ☹

✏️ Do It Yourself

최근에 억울하다고 느낀 적은

* 그때 당신은 자신의 욕구를 어떤 식으로 표현했나요?

📖 Author's Profile

낸시 레빈(Nancy Levin, 1965~) 자기돌봄과 경계 설정 등을 주제로 다루는 작가이자 라이프 코치이다. 감정을 '자기배신의 신호'로 해석하는 것이 특징이다.

DAY 017

'억울함'은 내 편을 들어 달라는 마음

Resentment is a telltale sign
that a boundary needs to be put into place.
억울함은 경계를 세울 필요가 있다는 분명한 신호이다.

감정은 충족되지 못한 욕구의 결과이기도 합니다. 특히 억울함은 표현되지 못한 욕구—예를 들면 존중, 쉼, 공정함, 자유—가 무시됐을 때 강하게 일어나는 감정이지요. 그리고 그런 종류의 무시는 대부분 스스로 "아니요"라고 말하지 못했던 순간에서 비롯됩니다.

감당하기 어려운 부탁을 받아들이고 나서 그런 부탁을 한 사람이 괜히 미워질 때가 있습니다. 그리고 그 미움을 들키지 않기 위해 오히려 친절을 연기하기도 하지요. 이런 과정이 반복되어도 억울함이 쌓입니다.

우리는 흔히 경계를 '침범당하는 것'으로 인식하지만, 정작 내가 나의 경계를 허물지는 않았는지 돌아볼 필요가 있습니다. 내가 나를 방치하거나 남을 위해 스스로를 설득하지는 않았는지 말이지요. 타인의 기대에 맞추고 타인에게 인정받으려 애쓰기보다, 내 감정과 욕구를 먼저 생각해도 괜찮습니다.

Date　　/　　/　　/
Today's Mood　　:)　　:)　　:(

✏️ **Do It Yourself**

스스로를 비난한 나에게 사과한다면

📖 **Author's Profile**

아나이스 닌(Anaïs Nin, 1903~1977) 프랑스계 미국 작가로, 개인적 경험을 바탕으로 여성의 감정과 내면세계를 세밀하게 표현했다. 심리학과 문학의 경계를 허문 선구적 작가이다.

DAY 016 | 지워지지 않는 말, 지워도 되는 감정

Shame is the lie someone told you about yourself.
수치심은 누군가가 당신에 관해 지어낸 거짓말이다.

"너는 안 돼." "그건 창피한 일이야." "여자애가 그러면 안 되지." 이런 말들을 반복해서 들으면 어느 순간부터 이유도 없이 스스로를 부끄러워하게 됩니다. 누가 비난하지 않아도 내가 먼저 나를 감추고 조심하게 되는 것이지요. 이처럼 수치심은 타인의 말과 시선이 내 안에 머물며 생기는 감정입니다. 사회와 가정에서는 종종 '정상'과 '비정상'이라는 기준을 만들어 놓고, 그 경계를 넘어서는 사람들에게 수치심을 줍니다. 그래서 우리는 어른이 되어서도, 아무도 말하지 않는데도 스스로를 검열하며 살아가지요.

수치심이 올라오는 순간, 자신에게 물어보세요. '이 목소리는 누구의 것일까?' 이런 질문이 시작될 때 감정은 더 이상 나를 억누르지 않고 나를 이해하는 단서가 됩니다. 감정을 알아차릴 수 있을 때, 비로소 나는 감정과 분리되어 스스로를 바라볼 수 있게 됩니다.

Date   /   /

Today's Mood   ☺ ☻ ☹

✏️ **Do It Yourself**

최근에 화가 난 순간은

* 분노에 감춰진 당신의 욕구는 무엇일까요?

📖 **Author's Profile**

카를 구스타프 융(Carl Gustav Jung, 1875~1961) 스위스의 정신과 의사이자 심리학자이다. 분석 심리학의 창시자로 심리학, 철학, 예술, 종교 분야에 깊은 영향을 끼쳤다.

DAY 015 — 분노와 통제욕구에 숨어 있는 고집

> Everything that irritates us about others can lead us
> to an understanding of ourselves.
>
> 타인에게서 짜증 나는 모든 것은
> 우리 자신에 대한 이해로 이어질 수 있다.

분노는 자신의 존엄과 가치를 지키기 위한 감정입니다. 그런데 내 존엄과 가치만을 고집할 때도 분노가 일어납니다. 즉, '내 마음대로 안 될 때, 내 뜻대로 안 될 때' 화가 나는 것이지요. 타인이 내 생각대로 움직이지 않아 화가 치밀거나 상처받는 듯한 느낌이 든다면, 그때야말로 나를 이해하기에 딱 좋은 순간입니다. '아, 내가 저 사람을 내 마음대로 하고 싶어 하는구나' 하고 알아차리는 연습을 해 보세요. 그 순간 깨어남의 기회를 얻게 됩니다.

내 안의 통제욕구와 지배욕구를 직면하고 그대로 인정해 보세요. 그러면 더 이상 타인을 조종하려 애쓰지 않게 되어 '마음 에너지'를 절약할 수 있습니다. 그렇게 아낀 에너지는 나를 이해하는 데 쓰세요. 타인을 통제하고픈 내 마음 아래에 어떤 불안이나 두려움이 있는지도 탐구해 보세요.

The world breaks everyone, and afterward,
some are strong at the broken places.

세상은 모든 사람을 부러뜨리지만,
어떤 사람들은 부러진 곳에서 더욱 강해진다.

어니스트 헤밍웨이(Ernest Hemingway)

SNS에서 누군가의 여행 사진을 보며 괜스레 불편해지는 순간이 있지요? 동기의 승진 소식에 배가 아플 때도 있고요. 나만 뒤처진 것 같으면 왠지 어깨도 축 처집니다. 그럴 땐 마음속에 '질투'라는 감정이 꿈틀대고 있을지도 모릅니다.

질투는 진화 과정에서 자연스럽게 생긴, 지극히 인간적인 감정입니다. 그러니 질투하는 나를 부끄러워하지 마세요. 우리가 질투를 싫어 하는 진짜 이유는 따로 있습니다. 질투와 붙어 다니는 공포, 슬픔, 분노, 열등감을 보고 싶지 않기 때문입니다. 질투는 이런 은밀한 속마음을 들여다볼 수 있는 좋은 기회입니다.

당신이 가진 것들을 수시로 생각해 보세요. 당신의 강점이 무엇인지, 당신의 삶에 만족할 만한 것이 무엇인지 찾아야 합니다. 질투에서 해방된 상태가 이상적인 것은 아닙니다. 당신의 에너지를 진정으로 원하는 일에 쓰세요.

✎ Do It Yourself

최근에 질투를 느낀 상황은
....
....
....

* '질투'라는 감정 뒤에 숨은 당신의 진짜 바람은 무엇일까요?
....
....
....

Date   /   /
Today's Mood

Author's Profile

롤랑 바르트(Roland Barthes, 1915~1980) 프랑스의 문학가이자 문화 비평가이다. 그는 현대 프랑스와 세계에 가장 활력적인 사유 체계의 개척자로 손꼽힌다.

DAY 014

욕망에 솔직하고 당당할 것

As a jealous man, I suffer four times over:
because I am jealous,
because I blame myself for being so,
because I fear that my jealousy will wound the other,
because I allow myself to be subject to a banality:
I suffer from being excluded, from being aggressive,
from being crazy, and from being common.

질투하는 사람으로서 나는 네 번 고통받는다:
질투한다는 이유로,
그렇게 질투하는 나 자신을 탓하기 때문에,
내 질투가 상대방에게 상처를 줄까 두려워서,
그리고 나 스스로 진부한 감정에 굴복하도록 내버려 두기 때문에.
나는 배제당하는 것, 공격적인 것,
미쳐가는 것, 평범하게 되는 것으로 고통받는다.

Date   /   /

Today's Mood   :)   :| :(

✏️ **Do It Yourself**

내가 다시 찾고 싶은 것은

📖 **Author's Profile**

존 밀턴(John Milton, 1608~1674) 영국의 시인이자 정치사상가로 청교도 혁명기에 활동했다. 대표작으로 인류의 원죄와 타락을 그린 장편 서사시 『실낙원』이 있다.

DAY 013 나는 모르고, 슬픔은 아는 것

Every cloud has a silver lining.
모든 구름은 은빛 테두리가 있다.

이유 없이 찾아오는 감정은 없습니다. 그 감정에는 내가 무엇을 중요하게 여기는지, 어떤 내가 되기를 바라고 어떤 삶을 원하는지가 담겨 있습니다. 불현듯 마음이 가라앉고 무엇인가를 잃어버린 것 같다면, 그것은 단순히 기분의 문제가 아닐 수도 있어요. 어쩌면 내가 지향하는 삶과 지금 처한 현실 사이에 큰 거리가 생겼다는 뜻일지도 모르겠습니다.

슬픔은 대개 어떤 상실, 좌절 또는 의미의 결핍과 함께 찾아옵니다. 특히 애착이나 자아 존중, 정체성과 같은 중요한 욕구일수록 감정의 파동이 크게 일어나지요. 다시 말해 슬픔은 나에게 중요한 가치가 어떤 방식으로든 무시되거나 손상됐다는 것을 알려 주는 신호입니다.

그러니 슬픔을 그대로 두지 마세요. 슬픔에게 물어보세요. "내가 잃어버린 것은 무엇이고, 그것을 어떻게 다시 찾으면 좋겠어?"

Date / /

Today's Mood ☺ 😐 ☹

✏️ Do It Yourself

내가 불안할 때 하는 생각과 일은

* 그 생각과 행동은 당신에게 도움이 되나요?

📖 Author's Profile

조디 피콜트(Jodi Picoult, 1966~) 미국의 소설가. 출간한 소설 중 여러 작품이 《뉴욕 타임스》 베스트셀러 리스트에 올랐다. 대표작으로는 『마이 시스터즈 키퍼』 등이 있다.

| **DAY 012** | 통제의 환상을 내려놓기 |

> Anxiety's like a rocking chair.
> It gives you something to do, but it doesn't get you very far.
>
> 불안은 흔들의자 같다.
> 무언가 할 일을 주기는 하지만 멀리 데려다주지 않는다.

시험 전날 진득하게 앉아 공부하기보다 '망하면 어떡하지?' 하면서 걱정만 했던 기억이 있나요? 혹은 '일단 생각 좀 해 보자'며 속만 끓이고 아무것도 하지 못한 경험은요? 불안은 이런 식으로 우리를 붙잡습니다. 가만있자니 불안하고, 그렇다고 해서 막상 무엇을 하자니 막막하지요. 머릿속은 바쁘게 돌아가지만 실은 같은 자리만 맴돌 뿐입니다.

인지심리학에서는 불안이 '통제의 환상'과 관련이 있다고 봅니다. 끊임없이 생각하고 시뮬레이션하면서 일종의 '가짜 통제감'을 만들어 내는 것이지요. '내가 무엇인가를 하고 있다'는 착각이 들기에 일시적인 안도감을 얻는 것입니다.

하지만 이런 방식은 실제적인 문제 해결로 이어지지 않기 때문에 불안은 줄지 않고 오히려 더 강화됩니다. 반복해서 걱정할수록 뇌는 그 경로를 학습하고 '불안을 느끼는 나'에 익숙해집니다. 그렇게 '걱정하기'는 습관이 됩니다.

Date   /   /   /
Today's Mood   ☺ ☻ ☹

✏️ **Do It Yourself**

두려움을 일으키는 오래된 신념은

* 당신에게 그 신념이 없다면 어떻게 될까요?

📖 **Author's Profile**

마릴린 프렌치(Marilyn French, 1929~2009) 미국의 작가이자 페미니스트 학자이다. 『The Women's Room』은 페미니즘 운동에서 영향력 있는 작품 중 하나로 평가받고 있다.

DAY 011

무엇이 나를 그렇게 믿게 했을까

Fear is a question.
What are you afraid of and why?

두려움은 질문이다.
무엇이 두렵고 왜 두려운가?

두려움은 우리가 세상을 해석하고 받아들이는 방식에서 비롯됩니다. 외부의 자극을 어떻게 해석하고 믿느냐에 따라 두려움이 증폭되거나 누그러질 수 있지요. 두려움이 올라올 때 일단 심호흡을 하세요. 그리고 스스로에게 질문하고 솔직하게 답해 보세요.

'지금 나는 무엇을 두려워하고 있지? → 실패하는 게 두려워' '실패하면 어떻게 될 것 같은데? → 사람들이 나를 무시할 것 같아' '그게 왜 큰일이라고 느껴질까? → 나는 항상 잘해야만 가치 있는 사람이라고 믿어 왔어' '그 믿음은 어디서 온 걸까? → 어린 시절에 실수할 때마다 혼났던 기억이 있어. 인정받으려면 완벽해야 한다고 생각해 왔어'

이런 식으로 질문을 따라가다 보면, 감정 아래에 숨어 있던 오래된 이야기가 드러납니다. 바로 이 지점에서 두려움은 통찰로 바뀝니다.

Date　　　/　　　/　　　/
Today's Mood　　☺　☻　☹

✏️ **Do It Yourself**

내가 자주 합리화하는 말은

---

* 그 말을 반복할 때 당신이 진짜 피하고 있는 것은 무엇인가요?

📖 Author's Profile

러디어드 키플링(Rudyard Kipling, 1865~1936) 영국의 소설가이자 시인이다. 『정글북』의 작가로 유명하다. 제국주의 시대를 배경으로 인간과 사회의 복잡한 감정을 섬세하게 표현했다.

| **DAY 010** | 두려움이 알려 주는 내면의 진실 |

> Of all the liars in the world,
> sometimes the worst are our own fears.
>
> 세상 모든 거짓말쟁이 중에서
> 때로 가장 나쁜 것은 우리 자신의 두려움이다.

두려움은 언제나 직접적으로 말하지 않습니다. "아니, 난 아무렇지도 않은데"라는 말로 상처받은 마음을 숨기고, "난 그런 거 필요 없어"라고 하며 진짜 욕망을 외면하곤 하지요. 누군가는 "그냥 재미없어서 안 가는 거야"라고 말하지만, 실은 관계 맺기가 두렵고 불편해서 피하는 것일 수도 있습니다.

우리는 두려움을 알아차리지 못하거나, 알고도 인정하고 싶지 않기에 자기 자신을 설득합니다. 그렇게 '합리화'라는 이름으로 감정의 진실을 감추지요.

두려움은 외부 상황이 아닌 내면에서 만들어집니다. '실패하고 싶지 않아' '거절당하고 싶지 않아' '약해 보이고 싶지 않아' 같은 마음이 가짜 이야기를 만들어 냅니다. 두려움이 내게 진짜 말하고 싶은 것이 무엇인지 들여다보세요. 두려움은 우리가 외면해 온 감정, 솔직하게 표현하지 못한 욕망 그리고 아직 마주할 용기가 부족했던 내면의 진실을 알려 줍니다.

Date   /   /   /

Today's Mood   ☺   ☺   ☹

✏️ **Do It Yourself**

내가 가장 두려운 것은

두렵지만

📖 **Author's Profile**

프랭클린 D. 루스벨트(Franklin D. Roosevelt, 1882~1945) 미국의 제32대 대통령이다. 다양한 정책과 법 제정을 만들었으며 미국 역사상 위대한 대통령 중 한 명으로 평가받고 있다.

DAY 009

'진짜 용기'란 두려움과 함께

> Courage is not the absence of fear,
> but rather the judgment
> that something else is more important than fear.
>
> 용기란 두려움이 없는 상태가 아니라,
> 두려움보다 더 중요한 무엇인가가 있다는 판단이다.

중요한 일을 앞두면 마음의 준비가 필요하기도 합니다. 익숙하지 않은 환경에서 처음 하는 일일수록 두려움은 평상시보다 더 크게 나타나지요. 그 두려움이 사라져야만 일을 시작할 수 있을 것처럼 느껴지기도 하고요. 하지만 두려움을 없애려는 시도는 오히려 그 감정을 더 강하게 만듭니다. 우리의 주의가 두려움에 더 집중되면서 '사라져야 한다'는 압박이 불안을 확대하기 때문이에요. 이를 '아이러니 효과(white bear effect)'라고 합니다.

두렵지만 그냥 하는 거예요. 무섭고 떨리더라도 일단 한 발만 내딛으면 성공하는 번지 점프처럼, 우리가 해내야 할 많은 일도 결국 그냥 하는 마음이어야 가능해집니다. 물론 무턱대고 덤비라는 말은 아닙니다. 먼저 내 감정을 알아차리고, 내 강점과 한계를 인정하고, 내가 선택한 삶의 가치에 따라 행동하는 것. 그것이 두려움과 함께하는 진짜 용기입니다.

Date   /   /

Today's Mood   ☺   😐   ☹

✏️ Do It Yourself

최근에 가장 강렬했던 감정은

* 그 감정이 당신에게 건넨 메시지는 무엇일까요?

📖 Author's Profile

라이너 마리아 릴케(Rainer Maria Rilke, 1875~1926) 20세기 위대한 시인 중 한 명으로 꼽히는 프라하 출신의 오스트리아 작가. 한국 시인 백석, 윤동주에게도 문학적 영향을 끼쳤다.

DAY 008

감정이 건네는 인생 안내문

> Let everything happen to you: beauty and terror.
> Just keep going. No feeling is final.
>
> 모든 일을 겪어라: 아름다움도, 두려움도.
> 다만 계속 나아가라. 어떤 감정도 영원하지 않다.

우리는 다양한 감정을 통해 '인간'으로 살아갑니다. 그리고 그 감정들은 모두 우리 자신과 삶을 성숙하게 만드는 안내자이기도 합니다.

불안은 불확실성과 불완전함을 감내하라는 메시지입니다. 분노는 부당함에 맞서 자신을 지키고, 그 힘을 삶의 에너지로 전환하라는 신호입니다. 우울은 지금까지 유지해 온 삶의 방식이 나를 지치게 했다는 경고이자, 이제 다른 방식으로 나를 돌보라는 요청이지요. 죄책감은 그동안 당연하다고 배운 외부의 기준이 아닌, 내가 진짜로 중요하게 여기는 윤리와 가치를 다시 돌아보게 합니다. 수치심은 '있는 그대로의 나'로 살아가도 괜찮다는 용기를 요청합니다.

감정은 우리를 괴롭히려는 게 아닙니다. 내 삶이 어디쯤 와 있는지, 어디로 가야 할지를 알려 주는 선물입니다. 감정이 전해 주는 소중한 선물을 놓치지 마세요.

Date   /   /

Today's Mood   ☺ ☺ ☹

✏ Do It Yourself

내가 어떤 일을 결정할 때 자주 작용하는 감정은

내가 어떤 일을 결정하지 못할 때 작용하는 감정은

📖 Author's Profile

카를 구스타프 융(Carl Gustav Jung, 1875~1961) 스위스의 정신과 의사이자 심리학자이다. 분석심리학의 창시자로 심리학, 철학, 예술, 종교 분야에 깊은 영향을 끼쳤다.

DAY 007

삶을 흐르게 하는 감정

> There can be no transforming of darkness into light
> and of apathy into movement without emotion.
>
> 감정 없이는 어둠을 빛으로 바꾸는 것도,
> 무관심을 움직임으로 바꾸는 것도 있을 수 없다.

우리는 중요한 결정을 내릴 때 흔히 이성적으로 판단한다고 생각합니다. 왜 그런 선택을 했냐고 물으면 대부분 나름의 논리로 근거를 대곤 하지요. 그런데 신경과학 분야에서는 판단의 핵심이 이성이 아니라 감정이라는 사실을 강조합니다. '감정 마커 이론(somatic marker hypothesis)'으로 잘 알려진 신경과학자 안토니우 다마지오(António Damásio)는 중요한 사실을 밝혔습니다. 감정을 처리하는 전전두엽에 손상이 생기면 지적 능력이 정상이더라도 일상적인 선택조차 어려워진다는 것입니다. 뇌과학적으로도 감정은 비교적 빠르게 반응하는 편도체에서 먼저 활성화되고, 이성적 판단은 그 후 전전두엽에서 처리되는 것으로 알려져 있지요.

그래서 감정과 느낌, 직관을 민감하게 알아차리는 감수성이 중요합니다. 감정이 흐르지 못하면 우리의 사고도 방향을 잃기 때문입니다.

Date   /   /   /

Today's Mood   ☺ 😌 ☹

✏️ **Do It Yourself**

최근에 내가 자존심이 상한 일은

* 그 일에 대한 당신의 진짜 욕구는 무엇이었나요?

📖 **Author's Profile**

로저 이버트(Roger Ebert, 1942~2013) 미국의 영화평론가이자 작가이다. 감정과 직관의 중요성을 강조했으며, 자신의 암 투병기에서도 인간 감정의 복잡성과 진실성을 일관되게 조명했다.

DAY 006

감정이 말해 주는 '나의 이야기'

Your intellect may be confused,
but your emotions will never lie to you.

지성은 혼란스러울 수 있어도,
감정은 결코 거짓말하지 않는다.

내 감정을 잘 알지 못하면 이유도 모른 채 상처받을 가능성이 커집니다. 하지만 나 자신에게 솔직하기로 마음먹고 가만히 마음속을 들여다보면 감정이 전해 주는 내면의 진실을 알 수 있어요. 이를테면 친구의 가시 같은 말에 마음이 상했지만 문득 '그래, 사실은 인정받고 싶었구나' 하고 깨닫는 순간처럼 말이에요. 아니면 연인과 다툰 이유가 자존심이 상했기 때문이라 생각했는데, 알고 보니 '나, 외로웠던 거구나'라고 느낀 순간도 있지요. 바로 이런 순간들이 감정 인식을 통해 자기이해가 깊어지는 때입니다.

자기이해는 내 감정의 맥락을 들여다보고 해석하려는 노력에서 시작되지요. 감정을 인정하거나 자각하지 못하면 자기 자신을 비난하거나 괜히 부끄러워하면서 스스로를 불친절하게 대할 수도 있습니다. 내 감정을 정확히 이해한다면 나를 탓하지 않는 법까지 덤으로 배우게 된답니다.

Date   /   /   /

Today's Mood   :)   :)   :(

✏️ Do It Yourself

내가 '아름답다'라고 느끼는 순간은 대개

📖 Author's Profile

헬렌 켈러(Helen Keller, 1880~1968) 미국의 사회사업가이다. 열병으로 시력, 청력을 잃어 말까지 하지 못하는 장애를 얻었으나 스승인 앤 설리번(Anne Sullivan)을 만나 교육을 받았다.

DAY 005

느낄 때만 드러나는 세계

> The best and most beautiful things in the world
> cannot be seen or even touched.
> They must be felt with the heart.
>
> 세상에서 가장 아름다운 것들은 보거나 만질 수 없다.
> 마음으로 느껴야 한다.

학창 시절의 소풍을 떠올려 보세요. 수차례 다녀왔더라도 선명하게 기억나는 장면은 한두 개뿐일 겁니다. 왜 그럴까요? 그 기억에는 감정이 실려 있기 때문입니다. 감정이 깃든 순간은 또렷하게 기억됩니다. 설렘, 신남, 외로움, 부끄러움과 같은 강렬한 감정이 그날의 장면을 지금도 떠오르게 하는 것이죠.

그럼, 이런 질문도 해 볼 수 있겠어요. "당신이 생각하기에 '세상에서 가장 아름다운 것'은 무엇인가요?" 아름다움이란 결국 마음이 반응한 무언가가 아닐까요? 감각 너머 무언가 느껴지는 것. 우리는 그런 걸 '아름답다'고 합니다. 아기의 웃음이 아름답다고 하는 사람은 그 웃음을 볼 때 자신도 모르게 마음이 풀리고, 조건 없는 사랑의 느낌을 간직하고 있을 겁니다.

감정은 내 안에서 일어나는 가장 솔직한 '나의 이야기'입니다. 세상에서 나의 이야기만큼 재미있고 진실하며 아름다운 것이 또 있을까요?

Date　　/　　/

Today's Mood

✏️ Do It Yourself

내가 가장 원하는 것은

📖 Author's Profile

공자(孔子, 기원전 551~479) 중국 고대의 사상가, 교육자, 정치가이자 유학(유교) 사상을 집대성한 인물이다. '인(仁)'을 덕목으로 삼았으며 이를 바탕으로 수많은 제자를 가르쳤다.

DAY 004 | 앎은 모름에서 시작되는 것

知之爲知之, 不知爲不知, 是知也。
지지위지지, 부지위부지, 시지야.

아는 것을 안다 하고, 모르는 것을 모른다 하는 것,
이것이 참된 앎이다.

우리 삶에서 중요한 과제 중 하나는 자신의 영혼을 돌보는 일입니다. 그 시작은 자기 자신을 아는 데 있지요. 무엇부터 알아야 할까요? 바로 '내가 모르고 있다는 사실'입니다.

어쩌면 인간은 '아는 존재'가 아니라 '안다고 착각하는 존재'일지 모릅니다. 특히 자기 자신에 대해서는 더욱 그렇지요. 내가 무엇을 원하는지, 무엇을 두려워하는지, 어떤 관계에 발목이 잡히는지 잘 알지 못합니다. 심리학에서는 이런 현상을 '자기인식(self-awareness)의 부족'이라고 설명합니다.

따라서 중요한 것은 나 자신에 대한 무지를 인정하는 일입니다. "나는 나를 잘 모른다"라고 고백하는 순간, 우리는 최소한의 무지 상태에서 벗어나게 되지요. 그리고 그 자리에서부터 비로소 인간으로서의 본성과 한계, 욕망, 영혼의 상태를 이해하는 길이 열립니다.

Date   /   /   /

Today's Mood   ☺   😊   ☹

✏️ **Do It Yourself**

나를 설명하는 세 개의 문장을 써 본다면

📖 **Author's Profile**

토머스 칼라일(Thomas Carlyle, 1795~1881) 스코틀랜드 출신의 작가, 역사가, 철학자이며 영국 문학사에서 중요한 인물이다. 『영웅숭배론』을 통해 위대한 인물의 역할과 도덕적 리더십을 강조했다.

DAY 003 나를 모른 채 살아간다는 것

The greatest of faults is to be conscious of none.

가장 큰 잘못은 어떤 것도 의식하지 못하는 것이다.

의식한다는 건 단순히 아는 것이 아닙니다. 내 마음이 어떤 상태인지, 왜 그런 생각과 행동을 반복하는지, 그 배경을 이해하려는 '능동적인 태도'입니다. 예를 들어 '나는 늘 손해만 보는 것 같아'라고 생각하는 사람이 있습니다. 그는 남들이 이기적이고 배려심이 없다며 자주 불평합니다. 하지만 조금만 들여다보면, 사실은 스스로 경계를 세우는 일이 어렵거나 자신의 욕구를 솔직하게 표현하지 못하는 경우도 많습니다. 때로는 인정받고 싶은 마음이나 외로움 같은 감정이 숨어 있기도 하지요. 이런 내 마음을 잘 모른다면 '나는 늘 피해자이고 남들이 문제야'라는 생각에 갇히게 됩니다. 즉, 해결되지 못한 마음을 안고 살아가며 반복적으로 같은 상처를 입게 되는 것입니다.

나를 알아 가는 일은 대체로 불편하지만, 그만큼 용기 있는 선택입니다. 그리고 생각보다 재미있습니다. 언젠가 "그땐 그랬지!" 하면서 웃게 되거든요.

Date	/ / /
Today's Mood	☺ ☺ ☹

✏️ **Do It Yourself**

요즘 내가 돌보아 주고 싶은 감정은

....

....

* 위 감정을 돌보기 위해 오늘 자신에게 해 줄 수 있는 작은 일은 무엇일까요?

....

....

📖 **Author's Profile**

바뤼흐 스피노자(Baruch Spinoza, 1632~1677) 네덜란드의 철학자이다. 이성과 자연의 통일성을 강조한 『윤리학』을 통해 범신론적 세계관을 제시했다. 근대 철학과 계몽사상의 기반을 마련했다.

DAY 002 | 감정은 마음의 경고 시스템

Emotion, which is suffering, ceases to be suffering
as soon as we form a clear and precise picture of it.
고통과도 같은 감정은 우리가 정확하고 명확하게 그려 내는 순간
더 이상 고통이 아니게 된다.

'속이 타들어 간다.' '뼈에 사무친다.' '애간장이 녹는다.' 이런 말들은 불안, 슬픔, 안타까움 같은 감정을 온몸으로 겪고 있음을 느끼게 합니다. 실제로 뇌는 감정적 고통과 신체적 고통을 일부 같은 경로에서 처리합니다. 그러니 '기가 막히게' 딱 맞는 표현들이 괜히 오래전부터 쓰인 게 아닌가 봅니다.

'선천성 무통각증'이라는 질환이 있습니다. 이 병을 가진 사람은 뼈가 부러져도, 화상을 입어도 고통을 느끼지 못합니다. 통증은 생존에 필수적인 경고 시스템입니다. 그래서 선천성 무통각증 환자들은 겉으로 보기엔 괜찮아 보여도 늘 생존의 위협 속에서 살아갑니다. 감정도 비슷합니다. 감정은 마음의 경고 시스템입니다. 그런데 그것을 억누르거나 무시하면 무엇이 잘못됐는지 알 수 없게 되지요. 감정은 내가 살아 있음을 증명하고, 치유의 방향도 알려 줍니다. 아픈 곳이 여기라고, 그 자리에 '마음 반창고'를 붙여 주면 된다고.

Date   /   /   /
Today's Mood   ☺   ☻   ☹

✏️ **Do It Yourself**

지금 내 마음에 머무르는 감정 손님은

* 당신은 그 손님을 어떻게 대하고 있나요?

📖 **Author's Profile**

무지(Mooji, 1954~) 자메이카 출신의 영성지도자. 전 세계에서 사트상(satsang, 영적 대화 모임)과 명상 수련회를 진행하고 있다. 자기탐구를 통한 영적 자유를 추구하는 수많은 구도자의 스승이다.

DAY 001 ― 감정 손님을 대하는 다섯 가지 태도

Feelings are just visitors, let them come and go.
감정은 그냥 지나가는 손님일 뿐이니, 오게 두고 가게 하라.

내 마음의 집에 '감정'이라는 손님이 찾아옵니다. 그 손님을 어떻게 대해야 할까요? 주인의 입장에서 손님을 맞는 다섯 가지 태도에 대해 알아볼까요? 첫째, 문을 걸어 잠그는 주인이 있습니다. 감정을 억압하는 태도이지요. 둘째, 문을 활짝 열어 주고 사라져 버리는 주인도 있습니다. 감정에 휘둘리는 경우입니다. 셋째, 아예 손님을 무시하는 주인이라면요? 감정을 모른 척하고 넘기려는 습관이지요. 넷째, 손님을 붙잡고 따지고 분석하고 설교하는 사람도 있습니다. 결국 자기 마음을 비난하거나 이유를 찾느라 더 지치게 됩니다. 마지막으로 다섯째, 손님을 따뜻하게 맞이하고 잘 보내 주는 주인이 있습니다. 감정을 존중하며 흘려보내는 태도입니다.

감정이 마음의 문을 두드릴 때 귀한 손님처럼 맞아 주세요. 환대받은 손님은 때가 되면 떠납니다. 그때는 또 다정하게 배웅해 주세요.

CHAPTER 1
감정 인식과 자기이해

감정이 보내는 신호를 제대로 읽는 시간입니다.

억누르거나 피하지 말고 찬찬히 들여다보세요.

Writing about Emotions

*Feelings are just visitors,
let them come and go.*

CHAPTER 5

자기용서와 자기돌봄

DAY 081　내 중심을 회복하기　　　　　　　　　　　　⋯ 200
DAY 082　부탁할 수 있어야 거절할 수 있는 법　　　　⋯ 202
DAY 083　누가 뭐래도 내 편이 되기　　　　　　　　　⋯ 206
DAY 084　세상에서 가장 가까운, 믿을 만한 사람　　　⋯ 208
DAY 085　상처와 함께 머무는 법　　　　　　　　　　⋯ 210
DAY 086　통과의 정석, 견디기　　　　　　　　　　　⋯ 212
DAY 087　'지금'을 놓치지 않기　　　　　　　　　　　⋯ 214
DAY 088　과거를 품고 현재를 사는 일　　　　　　　　⋯ 216
DAY 089　나한테 할 짓, 나한테 못 할 짓　　　　　　　⋯ 218
DAY 090　행위와 존재를 구분하는 용서와 자기용서　　⋯ 220
DAY 091　쉬는 것도 능력　　　　　　　　　　　　　⋯ 222
DAY 092　내 '욕구의 얼굴'을 다정하게 마주하기　　　⋯ 224
DAY 093　그래도 돼, 그럴 수 있어　　　　　　　　　⋯ 226
DAY 094　그저 흐르는 강물처럼　　　　　　　　　　⋯ 228
DAY 095　심판관 역할 그만두기　　　　　　　　　　⋯ 230
DAY 096　약함은 드러낼수록 강해지는 법　　　　　　⋯ 232
DAY 097　그림자, 어두운 반려자를 끌어안기　　　　　⋯ 234
DAY 098　나를 살리는 글쓰기　　　　　　　　　　　⋯ 238
DAY 099　내게 주는 가장 귀한 선물　　　　　　　　　⋯ 240
DAY 100　인생을 다르게 플레이하는 법　　　　　　　⋯ 242

EPILOGUE　더 밝은 의식의 빛으로　　　　　　　　　⋯ 244

CHAPTER 4
타인과 함께 살아가는 힘 키우기

DAY 061 불완전한 존재들의 공존 ··· *154*
DAY 062 상처받은 존재로만 머물지 않기 ··· *156*
DAY 063 마음을 건네는 것의 의미 ··· *158*
DAY 064 사랑할 때 알게 되는 나 ··· *160*
DAY 065 두려움에 가로막힌 사랑 ··· *162*
DAY 066 '혼자'는 선택, '함께'는 필수 ··· *164*
DAY 067 동행, 좋은 벗 되기 ··· *166*
DAY 068 당신도 나도 어쩌면 힘들었을 테니까 ··· *168*
DAY 069 좋은 하루엔 좋은 사람이 있다는 공식 ··· *170*
DAY 070 좋은 친구, 좋은 대화의 조건 ··· *172*
DAY 071 조용히 무너지는 시간을 함께 견디기 ··· *176*
DAY 072 내가 아닌 너에게 향하는 마음 ··· *178*
DAY 073 경청은 나를 비움으로써 완성되는 것 ··· *180*
DAY 074 나를 알아주는 존재가 있다는 것 ··· *182*
DAY 075 혼자서는 살아갈 수 없는 세상 ··· *186*
DAY 076 분노는 외로움의 또 다른 얼굴 ··· *188*
DAY 077 주의! 나는 잘못 알 수 있음 ··· *190*
DAY 078 '나―그들' 구조에서 '나―너'의 관계로 ··· *192*
DAY 079 같은 비에 단지 덜 젖었을 뿐 ··· *194*
DAY 080 지성과 도덕의 원 안으로 ··· *196*

CHAPTER 3
내 삶의 주체 되기

DAY 041	괜찮지 않아야 보이는 것	··· 110
DAY 042	조금씩, 나답게 살아가는 법	··· 112
DAY 043	억압된 감정의 부메랑	··· 114
DAY 044	언어를 잃은 다음, 다시 말하기까지	··· 116
DAY 045	자기표현은 자기존재의 증언	··· 118
DAY 046	자기진정성의 네 가지 차원	··· 120
DAY 047	주시하고 관찰해야만 보이는 것	··· 122
DAY 048	'나다움'이 곧 자유	··· 124
DAY 049	조금씩, 내 쪽으로	··· 126
DAY 050	타인의 언어로 나를 규정하지 말 것	··· 128
DAY 051	나를 위해, 이제 내가	··· 130
DAY 052	'좋은' 사람, '나쁜' 패턴	··· 132
DAY 053	우리는 어떤 사람이 될 것인가	··· 134
DAY 054	'좋은 능력'보다 '좋은 마음'으로 산다면	··· 138
DAY 055	핵심은 내면의 일치감	··· 140
DAY 056	과거를 품고 미래를 맞이하는 법	··· 142
DAY 057	비슷한 사람에게 끌리는 이유	··· 144
DAY 058	반응을 바꾸는 인식	··· 146
DAY 059	억압적인 신념에 저항하기	··· 148
DAY 060	잘 놀고 잘 배우는 여행	··· 150

CHAPTER 2
감정 해석과 자기수용

DAY 021　존재는 고쳐지는 게 아니라 드러나는 것　⋯ 062
DAY 022　위태롭게 또는 위대하게 그리고 둘 다　⋯ 064
DAY 023　자기신뢰가 부족할 때 생기는 일　⋯ 066
DAY 024　몰라도 되는 미래는 그냥 두기　⋯ 068
DAY 025　아쉬움, 더 겸허히 껴안을 것　⋯ 070
DAY 026　아파도, 괜찮지 않아도 살아가기　⋯ 072
DAY 027　그 무엇도 덜 아름다운 것은 없어　⋯ 076
DAY 028　상처가 먼저 여는 문　⋯ 078
DAY 029　억압과 해방의 사이　⋯ 080
DAY 030　자기폭로에서 시작되는 해방　⋯ 082
DAY 031　느끼지 못하면 알 수도 없는 것　⋯ 084
DAY 032　불완전함과 친해지기　⋯ 086
DAY 033　온전함이란 결여를 포함하는 것　⋯ 088
DAY 034　조용한 항복, 자기해방의 길　⋯ 090
DAY 035　인정, 결국 사랑을 배우는 과정　⋯ 092
DAY 036　삶을 제한하지 않기　⋯ 094
DAY 037　욕망을 인정하게 만드는 자존감　⋯ 096
DAY 038　바라는 걸 포기하게 만드는 수치심　⋯ 100
DAY 039　기쁨은 '나답게 존재'하는 경험　⋯ 104
DAY 040　위대해지려 애쓰지 않아도　⋯ 106

PROLOGUE 자신과 삶을 다시 바라보는 가장 느린 방법 ··· 004

CHAPTER 1
감정 인식과 자기이해

DAY 001 감정 손님을 대하는 다섯 가지 태도 ··· 018
DAY 002 감정은 마음의 경고 시스템 ··· 020
DAY 003 나를 모른 채 살아간다는 것 ··· 022
DAY 004 앎은 모름에서 시작되는 것 ··· 024
DAY 005 느낄 때만 드러나는 세계 ··· 026
DAY 006 감정이 말해 주는 '나의 이야기' ··· 028
DAY 007 삶을 흐르게 하는 감정 ··· 030
DAY 008 감정이 건네는 인생 안내문 ··· 032
DAY 009 '진짜 용기'란 두려움과 함께 ··· 034
DAY 010 두려움이 알려 주는 내면의 진실 ··· 036
DAY 011 무엇이 나를 그렇게 믿게 했을까 ··· 038
DAY 012 통제의 환상을 내려놓기 ··· 040
DAY 013 나는 모르고, 슬픔은 아는 것 ··· 042
DAY 014 욕망에 솔직하고 당당할 것 ··· 044
DAY 015 분노와 통제욕구에 숨어 있는 고집 ··· 048
DAY 016 지워지지 않는 말, 지워도 되는 감정 ··· 050
DAY 017 '억울함'은 내 편을 들어 달라는 마음 ··· 052
DAY 018 감정에 사로잡히지 않는 법 ··· 054
DAY 019 안과 밖의 균형 이루기 ··· 056
DAY 020 무엇이 나이며, 무엇이 나를 덮고 있을까 ··· 058

익숙한 문장도, 처음 만나는 문장도 있을 것입니다. 그러나 찬찬히 음미하며 직접 써 보는 과정을 통해 우리는 감정의 본질과 삶의 방향에 대해 다시 생각할 기회를 얻게 됩니다. 당신이 이 책의 글귀를 한 자 한 자 따라 쓰며, 그 의미를 마음속에 고요히 새겨 가기를 바랍니다. 그렇게 쌓인 글자들이 당신의 상처를 어루만지고, 흩어졌던 마음을 한곳으로 모으며, 더 온전한 삶으로 이끌어 주기를 소망합니다.

지금보다 더 품위 있는
어른으로 살아가고 싶은 당신을 위하여

한경은

습니다. 이 질문들은 자신을 성찰하고 삶에 비추어 생각을 확장하는 데 도움을 주는 장치입니다. 필사를 마친 뒤에는 잠시 멈춰 질문에 대해 곰곰이 생각해 보세요. 가능하다면 몇 줄이라도 글로 적어 보세요. 그 순간 문장은 당신의 것이 되고, 글쓰기는 치유와 성장, 변화를 이끄는 도구가 됩니다.

　이 책은 5부로 구성되어 있습니다. 각 장은 우리가 성숙한 인간으로 살아가기 위해 거쳐야 할 정서적 통합의 단계를 따릅니다. 1장에서는 내면에 일어나는 감정을 정확히 알아차리는 것이 얼마나 중요한지를 다룹니다. 감정을 억누르거나 피하는 대신, 감정이 나에게 보내는 신호를 읽는 법을 배우는 것이 이 장의 목표입니다. 2장은 감정 뒤에 숨어 있는 생각과 신념을 해석하고, 불완전한 나 자신을 받아들이는 과정을 안내합니다. '완벽하지 않아도 괜찮다'가 아니라, 실은 '완벽할 수 없음'을 받아들이는 것입니다. 3장에서는 외부의 시선이나 내면의 강박적인 기준에서 벗어나 나의 선택과 책임, 자기표현을 회복하는 여정을 다룹니다. 나답게 살아가기 위해서는 나의 진짜 목소리를 따를 수 있는 용기가 필요합니다. 4장에서는 타인과 건강하게 연결되는 방법을 모색합니다. 관계 속에서 나를 잃지 않으면서도, 타인의 고통에 공감하고 응답하는 능력을 기르는 것입니다. 5장에서는 상처받은 자신을 다정히 마주하고 회복하는 방법을 이야기합니다. 자기비판에서 자기돌봄으로 나아가는 성숙의 단계입니다.

감정은 어떻게 우리 편이 되는가

이 책의 제목인 '나를 지키는 감정'이라는 말에는 두 가지 의미가 담겨 있습니다. 하나는 감정이 나를 지켜 준다는 뜻이고, 다른 하나는 내 마음을 지키기 위해 감정을 들여다본다는 의미입니다. 이 둘은 다른 내용 같지만 결국 하나의 맥락으로 이어집니다.

우리는 흔히 감정을 통제해야 할 문제처럼 여기지만, 감정은 우리를 괴롭히는 나쁜 에너지가 아닙니다. 모든 감정에는 나를 위한 목적과 메시지가 있습니다. 분노는 잃어 버린 힘을 되찾으라는 외침이고, 불안은 불확실함을 견디는 힘을 가지라는 신호입니다. 슬픔은 잃어 버린 것을 애도하고 회복할 시간을 가지라고 말하며, 기쁨은 내 삶이 어디로 향해야 하는지를 알려 줍니다. 이렇게 보면 감정은 골칫거리가 아닌, 나를 지키고 성장하게 만드는 내면의 안내자입니다.

감정은 자기상실을 겪지 않기 위해 가장 먼저 다뤄야 할 주제입니다. 하지만 이 책은 감정 다루기에만 그치지 않습니다. 심리학과 철학, 영성의 관점을 아우르며 성숙하고 품위 있게 살아가기 위한 통합적 지혜를 나누고자 했습니다. 당신이 자신의 감정을 차분히 들여다보고, 삶을 새롭게 조망하며, 작은 실천으로 나아갈 수 있도록 글을 엮었습니다.

심리학자이자 치유 글쓰기 안내자로서 다시 읽고 사유할 만한 문장들을 오늘의 삶에 맞는 언어로 풀어 내고자 했습니다. '좋은 문장'이 담고 있는 메시지를 분석심리학, 인지심리학, 감정이론 등의 관점에서 쉽게 설명하고, 각 문장 뒤에는 필사 후 곱씹어 볼 수 있는 짧은 질문을 덧붙였 과정을 열어 준다는 사실이 놀라울 따름입니다.

위대한 문장은 인간의 의식이 응축된 결정체입니다. 그 안에는 삶을 통찰하는 진실이 담겨 있습니다. 우리는 그것을 '지혜'라고 부르지요. 지혜란 존재와 삶의 본질을 붙잡아 본 경험에서 나옵니다. 그런 문장을 읽으면서 우리는 타인의 의식을 빌려 더 넓은 세계를 볼 수 있습니다. 조금 더 성찰적이라면 좋은 글귀를 통해 감정과 인식이 하나의 흐름으로 엮이며 마음 깊은 곳에서 '나'를 만나는 시간으로 확대됩니다.

손으로 글을 쓰는 행위는 집중력을 높이고 감정 인식 능력을 키워 줍니다. 또한 문장의 의미를 정서적으로 처리하고 기억에 정착시키는 심리적 통합 과정이기도 합니다. 실제로 손으로 글을 쓰는 활동은 뇌의 감각 운동 영역과 감정 처리 영역을 동시에 자극하며, 자아성찰을 돕는 방식으로 작용한다는 연구 결과도 있습니다.

'100일'은 심층심리학적으로 변형과 통합의 기간을 상징합니다. 불안정하고 위태로운 시기를 견디는 시간이 되기도 하고, 정체성이 성숙해지거나 조정되기도 하지요. 결국 그 기간이 끝나는 시점은 이전 상태에서 새로운 상태로 나아가는 변곡점이 됩니다. 당신이 이 책을 통해서도 그런 경험을 하길 바랍니다. 대단한 변화가 아니더라도 변화의 동기가 되는 불씨 하나를 지핀다고 생각하면 좋겠습니다. 꼭 100일이 아니어도 괜찮습니다. 100일은 어디까지나 상징이니까요. 중요한 것은 '내면이 단단한 사람이 되겠다'는 결단과 자기 속도에 맞는 실천입니다.

림 있는 문장을 만나면 정성스럽게 따라 쓰며 마음을 다잡곤 했지요. 한 권의 노트를 다 채우고 나니 마음이 조금은 단단해졌는가 봅니다. 따라 쓰는 재미가 시들해지더라고요. 하지만 좋은 문장을 간직하고 싶은 욕구는 여전히 남아 있었습니다.

'치유하는 글쓰기 연구소'에서 연구원으로 일하던 십여 년 전, 다시 필사의 세계로 돌아왔습니다. 박미라 스승님의 지도 아래, 동료 마리 선생님이 필사와 '치유 글쓰기'를 접목하는 프로그램을 만들었고, 저는 그 과정을 함께 모니터링했습니다. 안내자가 제공한 문장을 필사한 뒤 그 문장에서 떠오른 기억이나 생각을 글로 정리하는 방식이었습니다. 단순히 문장을 옮겨 적는 데 그치지 않고, 능동적으로 되새기며 나의 언어로 정리하는 경험이었습니다.

왜 우리는 울림 있는 문장을 따라 쓰는가

아름답거나, 지혜롭거나, 혹은 숨기고 싶은 어두운 부분을 꼬집는 문장들은 우리 마음을 건드리고, 움직입니다. 내가 알아야 할 내 마음의 한 측면, 다시 말해 알고 있다고 착각했던 마음, 알기를 거부하는 마음, 알고 싶지만 알 수 없는 마음을 보여 주기 때문입니다.

우리는 앞에서 언급한 내 마음의 한 측면을 주시할 필요가 있습니다. 내면의 조각들이 문장을 통해 말을 걸어오는 것이니까요. 그 목소리를 소중히 받아들일 때 삶을 보는 시선이 달라집니다. 시선이 달라지면 태도가 바뀌고 변화는 자연스럽게 뒤따릅니다. 단 한 줄의 문장이 이 모든

PROLOGUE

자신과 삶을 다시 바라보는 가장 느린 방법

제가 필사를 처음 해 본 건 이십여 년 전입니다. 그때 썼던 필사 노트를 꺼내 보니 첫 장에 이런 문장이 적혀 있었습니다.

"아, 이제야 나는 알았다.
이 세상의 인간에게는 제 자신으로 하여금
자신으로 인도되는 길로 가는 것보다
더 마음속으로 거슬리는 일은 없다는 것을!"
- 〈데미안〉

이 문장을 다시 보는 순간 신기하게도 당시의 호락호락하지 않았던 현실과 고된 마음이 선명하게 떠올랐습니다. 예전에 저는 책을 읽다가 울

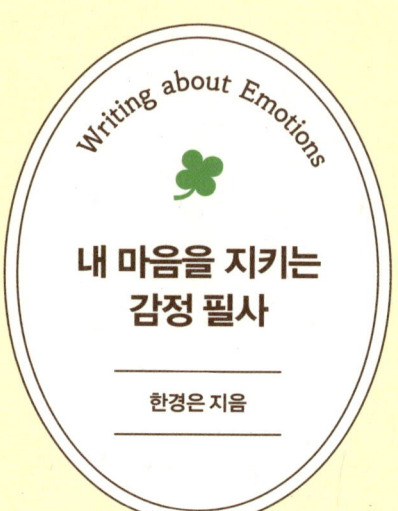

내 마음을 지키는 감정 필사

한경은 지음

내 마음을 지키는
감정 필사